教育部人文社会科学 2015 年度青年基金项目

"民间音调与北京民俗文化传承"（15YJCZH071）

教育部人文社会科学研究项目

民间音调
与北京民俗文化传承

蒋聪 著

学苑出版社

图书在版编目（CIP）数据

民间音调与北京民俗文化传承 / 蒋聪著．
—北京：学苑出版社，2020.12

ISBN 978-7-5077-6110-8

Ⅰ．①民… Ⅱ．①蒋… Ⅲ．①俗文化—研究—北京
Ⅳ．① G127.1

中国版本图书馆 CIP 数据核字（2020）第 265735 号

责任编辑：乔素娟
编　　辑：黄　佳
封面设计：陈四雄
出版发行：学苑出版社
社　　址：北京市丰台区南方庄 2 号院 1 号楼
邮政编码：100079
网　　址：www.book001.com
电子邮箱：xueyuanpress@163.com
销售电话：010-67601101（销售部）、010-67603091（总编室）
经　　销：全国新华书店
印 刷 厂：河北赛文印刷有限公司
开本尺寸：710mm×1 000mm　1/16
印　张：24
字　数：376 千字
版　次：2022 年 1 月北京第 1 版
印　次：2022 年 1 月北京第 1 次印刷
定　价：138.00 元

序 一

"民间音调与北京民俗文化"这个课题，是我受首都师范大学青年教师蒋聪之邀参与的。蒋老师做这个课题，我是非常支持的，也是我曾经想深入进行研究的内容，但一直繁忙，没有腾出时间。

我平时主要的工作是记录民歌、民间音乐，以北京各区县民歌为主，偶尔也参与其他地区的民歌记谱。北京民歌内容题材涉及很广，有生产生活、民间传说、历史人物、写景抒情等传统民歌，还有抗日战争至中华人民共和国成立早期的新民歌等。在记谱的过程中，常遇到北京方言语音、词汇以及生活习俗的问题，有些文字、字音、词义也需要查阅文献，或请教参加录音的老艺人和民俗专家等。记谱中也会发现一些民间小调的"前世今生"，如《鲜花调》与打花鼓、打连厢的密切联系，[1]让人们在民间歌舞中找到了"茉莉花"的踪影；传唱千年的《王员外休妻》，歌中唱到的析津府等地名足以说明其历史的久远；[2]还有《织手巾》与《小白菜》《沂蒙山小调》千丝万缕的联系[3]……民歌把历史画面带到我们面前，也带我们走入历史。

除了北京民歌，我曾于2010年出版了《老北京叫卖调》（人民音乐出版社）一书，其中收录了800余首叫卖词，我本人也录制了70余首老北京叫卖调。该书是有关老北京叫卖调的第一本专著，其中包括众多行当，并对繁杂的行当进行较为系统的分类，让读者便于对过去的吆喝有更清晰的了解。我开始收集北京叫卖调起于二十世纪七十年代中期，那时还不敢大张旗鼓，只是默

---

[1] 陈树林.《茉莉花》与打花鼓、打连厢.中国音乐，2006（1）：177-181.

[2] 陈树林.让我们认识北京民歌，待发表.

[3] 陈树林.《小白菜》与《沂蒙山小调》.中国音乐，2007（4）：227-228.

默坚持,先在顺义收集,1989年调入民间音乐集成编辑部之后,对全市其他区县的民间歌曲都有接触。接触的民间艺人越来越多,记录了各类风格的民间歌曲,收集材料以备后续之用。现在回忆起那些叫卖,都觉得真真切切地响在耳边,很有韵味。如卖冰糖水的李振东有六段《卖冰糖水》,[①]他是顺义东杨镇人,每年农历三月至五月穿梭于密云、怀柔、三河等地庙会,他常把传统故事唱进叫卖,如姜太公钓鱼、杨家将、王宝钏、窦娥等;除了小商贩,也有民间音调的"票友",如顺义天竺村看场院的何凤山,他会唱许多民间小调和叫卖调,而且都非常有味道,他唱的《卖花》《雕翎配》《探清水河》《边关调》《王员外休妻》等都是听学来的。这也说明这些小曲、叫卖在过去很流行。

多年来我一直与北京各区县保持联系,常参与各级非物质文化遗产代表性传承项目的申报推荐会,经常下镇下村去民间采风,对他们的传承与存续状况进行了解。有些有难度的曲调存在传承问题,而且时间紧迫,因此,我一直希望把自己会的这些北京民歌传承下去。我曾参与编写北京市中小学《地方民间音乐》教材,并先后在中国音乐学院、中央音乐学院、首都师范大学、北京教育学院、多个区县中小学教师培训以及2009年北京传统音乐节上讲授北京民歌。早年间,授课的时候能够得到培训学员的回应,他们小时候曾听到父辈或祖辈唱过这些歌。近些年的培训中这类回应几乎没有了,可以说是北京地区音乐文化传承的断代。但老师和学生们在听到这些既熟悉又陌生的民间音调时,表现出了极大的学习热情,感受到其中的生活趣味和艺术乐趣,希望能够学会、学好这些传唱百年乃至千年的民间精髓,愿意将这些音乐文化传递给下一代。他们对民间音乐文化的认同让我感到欣慰。

蒋聪老师也是因为《老北京叫卖调》一书和首届北京传统音乐节通过谢嘉幸教授找到我的。在几次聊天中,我发现她是一个非常细致认真、虚心好学的年轻学者。每次讲民歌或叫卖调,她都仔细聆听,之后还会和我讨论一些关于

---

① 《中国民间歌曲集成·北京卷》编辑委员会.中国民间歌曲集成·北京卷.中国ISBN中心出版,1994:838-841.

记谱过程、歌词中的典故、北京方言读音、节庆民俗等问题，然后一一做记录；有些问题我也不曾想得特别深入，在讨论之中逐渐形成一些新的认识，相互启发。

  对于"民间音调与北京民俗文化"这个课题，我们讨论了多次。我认为北京民歌中蕴含了古人留给我们的各种信息，在不能人人上学的年代，这些民歌就是老百姓的"教科书"。如果说摇篮曲是"妈妈的歌"，那么劳动歌曲就是"爸爸的歌"，给人们带来细腻的情感，也带来生活的力量。民歌教给孩子们自然界的知识、历史故事、神话传说，以及做人的道理，小则规范人的行为，大则促进社会的和谐稳定。虽然不是所有的民歌都具有这一功能，但绝大多数民歌能够被传唱上百年甚至上千年，是因为其为人们所喜闻乐见、思想健康的内容而流传，这是随着生产生活的发展逐步选择的过程，是百姓的选择。好的歌曲更久远，人们从中得到道德的教育，美化心灵的教育。我们往往注意口口相传的用语言表述的历史故事、人物典故，却忽视了由民歌传唱的教化内容。这种寓教于乐的方式是自古就有的，是我们忽视的形式与内容，而不是现代教育中的"创新"。民歌的唱词中包含着中国传统文化的精髓：教人学好，劝人向善。

  我写作《老北京叫卖调》的初衷是要把这一城市胡同中的音乐文化跟随商业历史的档案一起传承下去，它们是城市音乐的一部分，是生活的一种记载。老北京叫卖调的时令民俗气息是非常浓的，有些叫卖是"只言片语"，有些则是融会了生活知识、生活习俗的"小百科"。叫卖调的曲词映射着过去的生活品味和讲究。叫卖，也称吆喝，古代对叫卖的称呼多样。就"吆喝"一词来说，根据多年的采风、记谱、研究经验来看，"吆"意味"卖"，如吆花生、吆脆枣、吆鸭梨；"喝"意味"买入"或"收进"的意思，如称收破烂的为"喝破烂的"——"喝破烂的来了！"，还有"喝鸡蛋儿的买呦！""喝鸡鸭鹅毛""喝潮银子""喝锡镴铜"等。在本课题查找文献过程中看到金受申先生的《旧京货郎》一文，得到了更多证据支持和印证，这说明语言用字上的讲究。老北京叫卖调中涉及的食物和用品有很多与节庆、时令有关，正如闲园鞠农《一岁货声》中所记载的各月的货声，时令和季节性是较为明显的，而通年的叫卖多是常用的东西。北京地区较为有特点的年节都能从叫卖中反映出来，如上元节、太阳节、燕九节、碧霞元君诞辰（妙峰山庙会）等都能找到相应的叫卖声。叫卖词多为小商贩自己创作，有相互学习的成分，也有加工改编的成分，其中有些词是历代相传而得的。老北京叫卖调具有趣味性——如卖口香糖中介绍口香糖功用时的俏皮；知识性——如卖酸梅汤中提到材料的来源；隐秘性——如硬面饽饽叫卖节奏的不同暗示是不是卖大烟，卖猪头肉会照顾回民的感受而吆喝卖熏鱼等；有些还要故意制造悬念——如卖扁干桃中唱了半天才知道所卖之物；有些还要讲一些故事，寓教于卖——如前面提到的卖冰糖水，还有卖年画、卖香面等叫卖中会涉及传统故事。

叫卖调的一大特点就是旋律和语言结合紧密，依字行腔，所以很少出现倒字现象。在和蒋老师的讨论中，因每首叫卖调无叫卖人的信息，无法得知唱者的方言口音，她认为应从腔词关系以及衬词特点的角度分析北京民歌的腔词关系规律，由此来判断叫卖调是否出自北京人之口；我虽记得采录的叫卖人多为北京人，但有些老艺人是学唱的，这就很难判断学唱内容的来源和特点，因此我支持她尝试这样的研究方法，只有这样才能掌握北京叫卖以及民间小曲腔词关系的特点。叫卖调和民歌小曲、曲艺说唱及戏曲相互借鉴吸收，兼容并蓄。在我的印象中，卖西瓜的叫卖调多为商调式，这在蒋老师对叫卖调的调式分析中也得到了一定证实。

应该说这一课题是民间音调（特别是老北京叫卖调）研究的延伸，不仅关注叫卖调的本体，还关注历史、广告功用、民俗信息、方言语音、听赏感受等诸多方面，尝试为小商贩的叫卖调勾画出一个完整的画面。希望这项研究能为民间音调研究打开新的局面，也希望能为民间音乐教学提供一定的参考，把千百年来的民间音调更好地继续传承下去，让年轻一代不盲目地为创新而创新，而是在了解、熟知传统音乐文化的基础上进行创作，从中汲取精华，只有这样新的创作才能得以"立足"，传统永远是文化的根。

陈树林
2020 年 8 月

序 二

拿到这本书稿时,我眼前一亮。不仅因为这部著述的学术品质和创新,更在于作者于浮躁环境中求沉稳,潜心于历史文稿的研读,着眼于口传文本的呈现,勤勉于民俗文化的探究,遂呈现出这部《民间音调与北京民俗文化传承》。

这是一位年轻学者对一个地方文化遗产项目实实在在的学术钻研成果。近年来复兴传统文化之风盛行,传承非物质文化遗产之气也成潮流,各地各类非物质文化遗产研究所、研究中心如雨后春笋般出现,以文化遗产传承为名的科研项目琳琅满目,此情此景,似乎让人看到了对传统文化优秀遗产的挖掘、传承和发扬光大的希望。然而,一段喧嚣过去,沉下去的是经费,浮出来的依然是躁动,令人眼花缭乱的项目和投入的经费在许多地方并没有换来多少有价值、有分量的研究成果。在这样的背景下,这部专著彰显出作者踏实的学术态度——潜心向学,为深入了解民间音乐而多次走访京津冀多地乡村采访民间艺人,记录质朴的乡土音乐和民俗——其所呈现出来的学术分量也值得掂量和赞许。

这部著述的研究对象"老北京叫卖调"是一项北京市市级非物质文化遗产。坦率地说,我对"遗产"的挖掘持肯定积极的态度,对"遗产"的传承却不甚乐观。这源自我个人多年来所做的羌族民间音乐的挖掘、收集、整理,以及研究和教学传承工作。应该说,我的这一工作和本书作者的研究有着专业类别和目标指向上的一致。但这么多年来,无论是尽个人之力前行,还是从宏观的角度审视,我对民间传统文化艺术的传承愿景仍心存担忧。何以至此呢?

自二十世纪八十年代初开始深入羌族地区收集羌族民歌时,我的这种观点就开始形成了。随着经济大潮的波涛汹涌，商业气息无孔不入，加之农村生产关系和生活方式的改变，民族民间文化艺术所赖以生存的生态土壤发生了很大的改变，生存环境受到强烈冲击。地处崇山峻岭中的羌寨里，除了中老年人，许多青少年已经不会或不喜欢羌族歌舞了。三十多年过去，再次研究和推动羌族音乐的传承，我发现如今的羌民们大多已不会说羌语、唱羌歌，平日也较少穿羌服、佩羌饰，其生活方式已经在很大程度上被汉化。羌族的传统礼仪活动，多只在一年一度的旧历羌年等羌族传统节日才展示出来。这意味着这个民族的文化艺术已经逐渐成为与现实生活相分离的、缺乏活力的"非物质文化遗产"了。不仅羌族，其他少数民族的情况也大抵如此。我认为，传承和弘扬民间文化艺术，一定要以本民族传统自然生活条件和传统文化生态环境为依托，除此，别无有效途径。换言之，民族文化艺术的生存与传承，必须植根于本民族自然生态和文化生态的土壤，离开这个土壤或这个土壤质地发生大的变化，民族民间文化艺术的传承就是一句空话。可见，民族传统文化传承要保留他们的生活习俗、语言文字、音乐舞蹈等，民族文化教育要长期重视这一问题。申遗以传承为长远目标，只有通过各种形式的教育熏陶才能得以实现。

由老北京叫卖调联想到羌族音乐，是因为二者之间的关联。在性质上，两者都属于中国传统民族文化的一部分，都被赋予了亟须挖掘、整理的角色和传承的愿望。二者作为口头非物质文化遗产，依靠的都是世代口口相传，都因为所赖以生存的生态土壤和环境的历史改变，而遗失或濒临遗失。老北京叫卖调的存在所依赖的是老北京民俗文化赖以生存的土壤，即特定历史时期的北京城市及其城市私营商品经济活动，关乎于与这些商业活动密切相关的老北京地区的农业、畜牧业、水产业和手工业的历史发展状况，民俗礼仪，与商业活动密不可分的叫卖实用功能与价值。时代变迁，历史上的老北京已经不复存在，叫卖调所依存的传统商业模式也不复存在，叫卖调也就从大街小巷中逐渐销声匿迹了，这是不以人们主观意志为转移且无法逆转的客观现实。比叫卖调更加艺术化的传统艺术形式，如民族戏剧中的京剧、民间说唱艺术中的京韵大鼓等，尚且只能作为文化艺术遗产存在，更何况与现代城市统一化管理的市民生活和商业生活远离的叫卖调。北京民间成立了叫卖调传承的团体，再现这古代的口头声调的魅力，为老北京人怀旧"城市声腔"留下了欣慰的念想。

那么，研究老北京叫卖调的价值何在？

首先，还是因为老北京叫卖调的艺术"遗产"性质。道理其实很简单，"遗产"的价值就在于它的"过去"。大到历史的宏观层面，小到历史的微观颗粒，人类历史的发展告诉我们，越是清醒地了解和客观正确地认识过去，就越有助于人类在文明发展良好愿望的前提下，对现实和未来方向有所把握。具体到民间商业叫卖现象，如同所有的民俗文化现象一样，它反映了一个特定的地域和历史时期庶民百姓、大众苍生生存和社会商业生活的一个侧面。正如本书中所展示的，从叫卖调这个点，我们就能够了解历史上叫卖调赖以依附的商业活动及其性质，还能够了解与这些商业活动联系紧密的城市历史、农业、畜牧业、手工业，以及与叫卖调相关联的其他文学艺术形式这个大面。通过"点"和"面"的关照，能够帮助人们更好地了解老北京的城市发展概貌和历史，能够通过对现在北京的历史参照，生发出关于北京这座城市特色的消失和遗留、保存和修复、现在和未来的思考。这是我认为挖掘这一非物质文化遗产的价值所在。

民间叫卖调具备两个特有的功能：生活（商业）实用性功能和艺术表现性功能。失去实用性功能，叫卖调无以生存，必定成为遗产；而挖掘这一遗产的艺术表现性功能，不仅能够让人们借此了解特定的历史场景，还能够通过叫卖调特有的艺术听觉特征，活化人们记忆中与之相关的特定生活场景，激发对历史过往传统场景和美好情感的温馨回忆。人们常常是把叫卖调当成城市传统文化艺术中的一个灵动符号来看待的。记得我在欣赏《清明上河图》的时候，细细端详之中，脑子里便会浮现出古时江南城镇特有的吴侬软语和街巷里弄中的小调俚曲等音响，这音响让画面活了起来，仿佛看见小贩们挑着小担，走家串户，摇着敲着各自的响器，叫卖吆喝。那声声叫卖调，伴随着不紧不慢的脚步节奏，或高亢或委婉，或悠长或短促，或粗壮或细柔，不急不躁，气定神闲，由远而近，由近渐远。恰是这脑子里的声景表象，使得那街上怡然行走的众生相活灵活现，历史也由此展开它鲜活的人文气息。不知别人欣赏此画时是否也会有这番神游的感受。

我也曾去浙江河姆渡遗址参观，在展柜前细细端详那七千年前卵形古埙和骨笛，脑子里便浮现出混沌而发、土声地气、古拙呜呜的埙声。当时就想，如果展厅里播放特制的古埙和骨笛的背景音响，产生一种适宜的现场音效，一定会对参观者产生一种神秘、悠远的立体心理场感应。对于老北京而言，明代嘉靖末年到万历前期的绢本增色画《皇都积胜图》中的明代北京城，城门巍峨，人物形形色色，商铺各行各业，一幅民俗和市场商品经济发展的繁荣景象。欣赏此画，脑海里就会浮现出老北京叫卖调所特有的京腔京调吆喝声，这叫卖调就如同这斑斓色泽中不会因画卷恢宏而疏漏的点睛色彩，会使画面活起来。

自2007年"老北京叫卖调"被列为北京市市级非物质文化遗产民俗类项目以来，和北京庙会一样，成为老北京人非常熟悉的一个民俗事项。叫卖调的腔，是典型的京腔，叫卖调的调，是典型的京调，它不仅是简单的贩卖吆喝，而且是唐宋以降老北京民间生活、民风民俗的活生生的写照。叫卖调的表演，可以让人们感受到老北京历史上老百姓的气质和精神风貌。而这种独特的朴实无华的精神气质，反映出老北京市民生活的烟火气息，刻画出老北京下层人民在市井中清贫而安然的生活场景。相比如今，人们在现代生活快节奏中感到疲劳，在繁杂密集的信息中感到无所适从，在网络时代感到人与人之间既亲近又遥不可及，难怪老一代北京市民一听到这些儿时熟悉的叫卖调，就不由得油然生出一种亲切的回味，而年轻一代也许会由此向往一种返璞归真、滋养心灵的有温度的人际关系和社会生活。

无论从静止的画面中产生的声景意象，还是叫卖调在现实场景中的表演所产生的效果，都使得叫卖调和其他传统民间音调作为非物质文化遗产具有了挖掘、整理、研究的价值和意义。它们本身具有灵动的、活化石的特征，虽已"沉睡"或行将消失，但如果沉下心来加以挖掘、发现和擦拭，就会发现，其实颗颗都是民族悠久历史长河中沉淀下来或被泥沙掩埋的细碎宝石。在它们的映照下，人们才得以更清楚地回望自己过往足迹的生动细节和精神风貌；

也因为有了它们，人们才得以清晰地看到历史与当下的区别与差异。或许，它们还会引发人们对未来社会"希冀什么、留下什么，往何处去"之类的发展模式有所触动和反思吧。

这部专著的内容设计与构架也是颇有讲究的，一个叫卖调，编织出一张跨学科的交叉网络，关联着老北京的历史、文学、商业广告、心理学、语言学、戏曲曲艺等诸多学科的相互脉络。作者显然是希望从多个视角更全面地认识老北京叫卖调，寻找其中隐藏的民俗文化特质，探索老北京叫卖调等民间音调，唤起人们的文化心理认同。作者在研究中收集了大量的文献资料，如《贸易》和《一岁货声》，寻到早期的手抄本，并比对不同抄本，从中探寻传抄过程中人们对早期叫卖调的认识。作者还通过查询元明清时记录民俗的书籍、志书、诗词、北京农业经济发展的书籍等，希望从中找到现有的老北京叫卖词中的历史踪影，分析叫卖词和历史上农业、畜牧业、水产业、手工业与生活的关系。作者还查阅了戏曲曲艺类的文献，看到叫卖调与戏曲曲艺的历史关联和传承方式。作为一个音乐心理学专业的年轻学者，对这些非音乐专业的文献收集整理和分析论证，做到如此细微，可见其所具备的学术功力和心性素养。

和任何著述一样，其中总还是有些遗憾的。现有的音乐文献少有关于老北京叫卖调的专著论述，代表性的记述见著名音乐史学家杨荫浏先生1955年《谈谈未被注意的民间音调》一文中提到的叫卖调对音乐的重要性。何以至此？我觉得一个主要原因就是缺乏乐谱与文字对其音乐艺术特征的记载与表述。历代的叫卖调全凭商业小贩们在各自经销门类口口相传，在城市叫卖调仍然盛行的民国时期，简谱已经开始普及，却仍少见叫卖调的乐谱记载，这就在很大程度上限制了对叫卖调本身音乐特征的研究。另外，叫卖调，关键词在于"调"。而此处的"调"，主要与北京方言的吆喝声调相关，是吆喝声的调门儿高低和长度的适当夸张，与音乐歌唱中的音调关系似乎并不十分密切，即便使用乐谱来记谱，也难以记录还原其本来的吆喝腔调。叫卖调为适应商品贩卖的实用需要而生，主要体现的是叫卖商品的实用功能，其吆喝声调和句式相对短小，与其说是音乐音调，不如归类于语言声调的艺术性夸张，这也是不容易记谱的原因之一。因此，即便有乐谱，早期的音乐家们并没有将其归于音乐门类而予以重视。再者，从记载来看，叫卖调基本少有具有固定音高的乐器作为叫卖辅佐工具来使用，因此，人们将叫卖用器称为"响器"（多为打击乐类），而非"乐器"。

由于以上所限，本书的内容就难免侧重在老北京民风民俗、民间文学、农业、畜牧业、手工业、商业乃至农历气象等与叫卖调的渊源关系和相关性等方面的详细记载和分析论述中，而对叫卖调的音乐特征的描述与分析，就显得有些力不从心而有所局限。对于这一点，作者本人也已有意识，如作者所言，"叫卖调主要是依字行腔，即使稍长的叫卖歌也基本符合这一特点，要研究老北京叫卖调的腔词关系，需要了解北京地区的方言俗语和语音特点，看其曲调是不是符合北京方言的变化特点；如果不符合，需要寻找相应行当生意人的来源，再做进一步的腔词关系推测。这一方法是一种新的尝试，也许能破解老北京叫卖调的'音调特点'"。这段话，能够给我们对作者在本书的基础上对叫卖调进一步的研究，破解其"音调特点"留下期待的空间。

近年来，在北京的庙会等节庆场面频频出现老北京叫卖调，而这些声调的吆喝总能吸引人们的耳朵和眼球，让人们驻足聆听观看，很多老北京人留恋那个味道，年轻人感到新鲜，外地游客也对此好奇，如此商业性的京腔京调，甚至可以作为北京的一张名片。鉴于此，作者以自己的心理学专长，从心理学角度对大学生群体进行了社会调查，调查项目包括对大学生听赏老北京叫卖调的感受、对新旧叫卖词的喜爱程度、对北京小吃和老字号的熟悉程度等。调查的目的在于了解叫卖调以及人们对家乡文化和地域文化的认知和认同程度。这是作者从音乐社会心理学角度对文化心理认同研究的一个尝试，给这部著述在叫卖调的研究视角上提供了一个新的维度。作者为我们了解、认识一个现代化大都市的历史风貌与精神气质，提供了一个既有相关历史文化背景知识又有多维度学术参考价值的研究成果。这本书不失为一部有学术品位、价值和学术精神特质的跨学科专业著述。

周世斌

2020 年 8 月

前　言

"民间音调与北京民俗文化"这个选题来自两个初衷,一个是源于德国留学期间在声音广告公司的实习,一个是源于杨荫浏先生对民间音调(叫卖调)在我国传统音乐发展中重要地位的评价。

在德国留学期间,我曾在一家声音广告公司实习,声音广告这个领域在德国发展较好,公司不仅有商业上的声音广告设计业务,也有学术上的研究,曾邀请声音设计、音乐、广告、经济等专业的高校学者举办讲座。在实习期间,我主要完成公司设定的博士研究项目,除此之外,还关注各种媒体广告中的广告音乐,参加讲座。在学习研究的过程中,了解到广告音乐并非现代产物,而是有着悠久的发展历史,古代商业活动中伴随着的叫卖算是声音广告的雏形;西方城市的街道在近两三百年来视觉上的变化并不大,但街道上的声景发生了较大变化,原来的马蹄声和铃铛声被汽车的引擎声和喇叭声取代,街上穿梭的小贩的叫卖声也渐渐被电子的声音广告取代。时代在变化,商业在发展,声音广告与生活需求、城市规划、感官体验等多方面有关,其内容和形式也在发生着变化。古今中外,广告音乐从"实体"街面走向"虚拟"媒体,从个性的叫卖到为塑造品牌而设计的声音广告,宣传的东西或服务琳琅满目,有些随时代消失,有些是新产品,变化中不变的是声音的宣传功能,这一直贯穿商业历史。

商业宣传是声音广告的一个重要功能,但从其本体来看,其音乐、语言的特点都隐含了一个地区或一个民族的音乐、语言和民俗文化特点。在研究民间音调过程中,查阅到杨荫浏先生于1955年发表的《谈谈未被注意的民间音调》一文,其中提到了五种民间音调(叫卖调列在其中)在中国传统音乐中的重要地位、对音乐创作的影响，以及其中音乐与语言的关系。但对民间音调（特别是叫卖调）的研究少之又少，以"叫卖调"为主题词在中国知网搜索，从1988年至今，仅有45篇文献，且绝大部分出现在2000年以后（如图1）；以"吆喝"为主题词进行搜索，共有451篇文献，但其中有很多是用"吆喝"的引申意思，而非指传统商业小贩的"吆喝"行为本身，即便如此，大多数文献出现在2000年以后（如图2）。这里不排除文献发表量自2000年起有所提升的情况，但也确实说明曾经"未被注意的民间音调"逐渐被重视起来，特别是2010年之后的文献数量有了较为明显的增长。

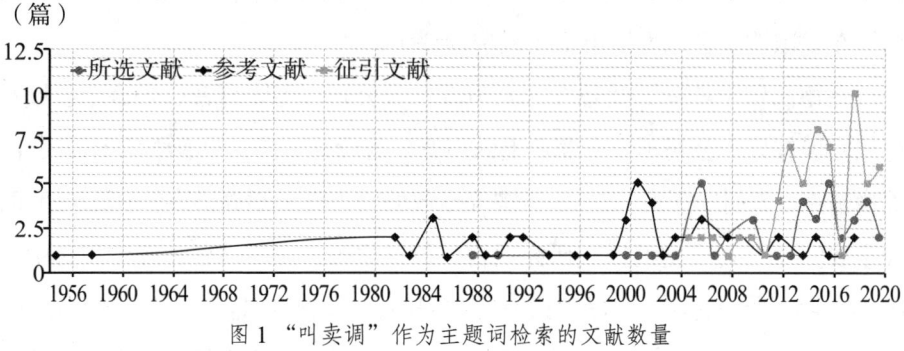

图1 "叫卖调"作为主题词检索的文献数量

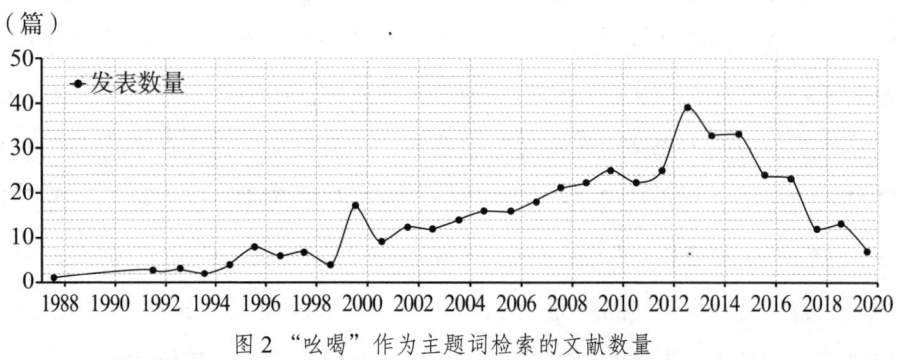

图2 "吆喝"作为主题词检索的文献数量

民间音调受到重视主要体现在非物质文化遗产保护活动方面。如老北京叫卖调于2007年被列入北京市非物质文化遗产名录，老天津叫卖调于2009年被列入天津市和平区和红桥区非物质文化遗产名录等。有意思的是，叫卖调没有被列为音乐类，而是被列入民俗类，这足以体现叫卖调和生活息息相关。非遗活动让人们重新关注昔日的民俗，同时也给人们提供了学习、展演、传承的机会，叫卖调等民间音调早已登上舞台，也已进入校园、庙会，生动地展现在当代人面前，让习近平主席的"乡愁"理念落实在各种文化活动中。遗憾的是，叫卖调这种"系于"商业情境的民俗形式，只保留了艺术形式，而丧失了功用部分，其中的生活趣味成了"千古绝唱"，留下的是人们对过去的声腔情结！

以上两个原因是进行本项研究的初心，在研究过程中还得益于专家给予的动力，使得本课题顺利进行。2009年看到中国音乐学院李西安教授策划、谢嘉幸教授统筹的首届北京传统音乐节，当时笔者在德国留学，虽还没有研究民间音调的具体想法，但看到这个音乐节涉及了北京多个地区的音乐形式（北京民歌、延庆跑旱船、京西吹奏乐、京南吹奏乐、顺义大胡营高跷、顺义杨镇龙灯、开路飞叉、太平同乐秧歌圣会、举刀拉弓、中幡、狮子舞、宋各庄铜锣会、鼓舞太平、群英同乐小车圣会、抖空竹、曾庄大鼓、幼童少林五虎棍、京味叫卖组曲等），感到欢喜、亲切又好奇，非常想参加，但因学业未能回国，遗憾错过。后来也一直关注后续几届北京传统音乐节的内容，每届都有代表北京音乐文化的精彩内容。在开始研究民间音调之时，与谢嘉幸教授取得联系。在他的引荐之下，有幸认识了北京传统民歌大师陈树林老师。陈老师非常耐心和蔼，详细地介绍了他从年轻时开始收集民间曲调的经历，以及记谱中的点点滴滴，从他对北京民歌如数家珍的介绍中，感受到他对北京民歌由衷的热爱，而且希望能把他会唱的民歌在学校中传承下去。陈老师对北京民歌的珍视和执着追求感染了我，也坚定了我要将此课题做好的决心。很荣幸能够邀请陈老师参加本课题，陈老师在课题中更多的是学术顾问的角色，每每向他请教时，他都给予细致入微的讲解，使我往往在知晓答案之后能有更多的收获，从更深的文化角度认识现象的本质，并了解民俗历史。除此之外，在陈老师的带领下，深入北京周边多个村落采风，在采风中陈老师和当地乐人用民歌交流，很快打成一片，在这个过程中能感受到音乐是拉近人与人距离的桥梁，也充分体现出陈老师对北京地区音乐的熟知。中国音乐学院刘沛教授在研究和翻译大量音乐心理学著作之余，也致力于将民间民族音乐带入中小学课堂，他对本项研究给予了支持与肯定。本项研究尝试用民间音乐和叫卖调作为音乐心理实验的材料，将音乐心理研究与民俗研究相结合，在已有的音乐心理实验范式上进行调试，这也曾得到上海音乐学院李小诺教授的认可和鼓励。

吆喝，亦说亦歌；叫卖，亦叫亦卖。自古有城就有市，有市就有商。商为商贾，贩夫贩妇。最早的商贸活动中的"声"似一句句原始广告声，俗话说，卖什么吆喝什么。最初的叫卖声就起源于商业的需求，不可分割。古老的商贸活动中一切都是原始而极简的买卖交易，将语言变成乐声，拖长或音韵多变，为效果而创。

声与音都为语言的艺术，语言文字记录在史书中，唱词与曲谱记录在曲集中。古书文献中，多部民俗文献记录了有关吆喝叫卖的活动或短小的叫卖调，都以文字记录。唐代乐坊的词牌有些与叫卖调有关（如【卖花声】）。宋元时期古文献中的吆喝叫卖声突然多了起来，到元杂剧，有了曲谱记录，但不是现代的记谱方式。这并不单单是古人在艺术发展上的小小进步，其根本原因在于宋代城市管理上发生了重大变革。

宋之前，自古到唐的城市管理都是"里坊制"，即居住地与市的卖场位于各自独立的坊内；到了宋代开始实行"街巷制"，城中坊墙被拆掉，原来坊内封闭的市场场所进行的商贸活动扩展到城中的大小街巷。城与市合为一体，成为新型城市融合体。坐贾在城中的主要街区排排连接，行商（指小生意人）推车挑担步行穿梭于城中的众多小巷里。这些小生意人只有用高扬的自声吆喝和响器，才能唤出庭院里的市民百姓出来买他们的食品物品。宋代城市由封闭到开放，在当时是很轰动的大事件，是千百年来第一次城市大开放、大融合，大环境的改观。这是城中百姓喜闻乐见的大事，方便了交通，方便了购物，加之小生意人的送货上门，成了城中百姓百年不遇的新鲜事，因而这些历史上的小人物和他们的叫卖调与商贸活动被艺人传唱开来，记录下来。一声声叫卖调，由个体到叫卖社，到编写成较大型的货郎戏，一步步传承并创新。叫卖形式一部分走向艺术舞台，保留在戏曲中；一部分留在民间，让今天的人们感受吆喝叫卖的原貌。可见，艺术上的变化与城市变革是分不开的，历史上的小生意人用叫卖声和响器方便丰富了百姓生活，也在艺术发展史上留下了不可忽略的一笔。

直到清代，民间有两个独立版本的小册子问世，专门记录吆喝叫卖，这是我国有关叫卖的最早文本专著。作者不仅是民间民俗爱好者，还对唱曲有浓厚兴趣，这才有心关注并记录下早期街市上曼妙的叫卖。只是可惜文本中仍然没有曲谱。新文化运动之后，我国第一代音乐人也开始关注民间音调，并创作与市民生活有关的歌曲，如聂耳的《卖报歌》等。除了歌曲创作，叫卖调也成为电影、电视、相声、曲艺、小品、戏曲、话剧的重要艺术素材。到二十世纪七十年代末，改革开放后，对叫卖调的研究较二十世纪初的情况大不相同，呈现出前所未有的研究新面貌。二十世纪末二十一世纪初，吆喝叫卖的出版形式多样，有文字版、光盘版、网络版，甚至还有手机铃声版。研究视角也越来越交叉，如民俗、历史、语言、文字、商贸、绘画、农业、心理等。叫卖调进入非物质文化遗产名录，走进大中小学课堂教学，进入中小学音乐课本，随叫卖爱好者组织的专业艺术叫卖队走入社区教唱，活跃在年节庙会等民俗活动中，还为博物馆制造声景氛围，这一时期用各种不同的方式展示了叫卖调的回归。

进入二十一世纪后，城市乡镇新兴起快递业，从业人员已达1000余万，延续了过去小生意人送货上门的方式，虽然这与手艺和叫卖无关，但快递小哥传承了小生意人传统商业生意中的辛勤与吃苦耐劳的精神，这是中华民族的美德。2014年，我国修订了《商标法》，允许声音注册商标，使得吆喝叫卖这一古老的广告形式迎来了新的商机，叫卖了千百年来的音调终于有了一个提升的新台阶，声音也有了高级的归属——"声音商标"。这是过去那些年代，多少小生意人都不会想到的事。据了解，目前有2—3个叫卖调在申请我国的声音商标，希望它们能为过去几千年老叫卖人圆了声音的梦想。2020年6月，因新冠肺炎疫情，在国家的支持下，重启"地摊经济"，新时代又唤回了小摊贩群体。它将形成怎样的发展规模，是否会再现"叫卖调"的风采，人们拭目以待。

叫卖调的发展来自城市的大变化，从城的坊市游走到城市的大街小巷及大小胡同，这个变化在历史上体现了时代的发展和前进，百姓的生存能力都蕴藏在那小小担子、小小背筐、小小的独轮车、小小的摊棚之中，连着南腔北调的乡土气息的声声精彩的叫卖调，传承了几百年的商业方式，为城市百姓的生活带来了极大的方便！这些方便背后是多少小商贩的艰辛与自信，泪水与汗水，一代一代传承的还有我国劳动人民吃苦耐劳的毅力和精神，将鼓舞后代永不忘本！叫卖声的乐观、自强的生活观，带给城中百姓的声味乐趣，给人们留下深深的念想。老北京叫卖调，出自各地小商贩之口，唱响在北京，成为老北京一道亮丽的风景线。它既是北京的声音品牌，也是北京人的乡愁。

2013年11月26日，习近平总书记提出：中华传统文化是我国民族的"根"和"魂"[1]。本课题研究的民间单调就是我国传统音韵的"根"和"魂"，要理清楚它的历史渊源，肯定它存在的时代和社会价值，要增强我国传统音乐的认同感和文化观，做好传承工作，是为了"让城市留住记忆，让人们记住乡愁"。

本项研究将沿着杨荫浏等前辈指引的学术方向前行，从广告音乐思考开始，从历史、民俗、农业、商业、语言、心理、传承等角度对民间音调（以老北京叫卖调为主）进行较为多面的探讨，来了解其历史根源、发展过程及现实的情况，厘清这个小问题大脉络的全貌，去解析那些曾为民间生活增添了听觉色彩的民间音调。因时间和篇幅有限，文中如有不当之处，敬请读者批评指正。

蒋　聪

2020年11月

---

[1] 中共中央宣传部.习近平总书记系列重要讲话读本.学习出版社，人民出版社，2014：100.

目 录

第一章　民间音调从文本到声音再到新声 / 001

　　第一节　北京叫卖调历史的早期文献 / 002

　　第二节　二十世纪北京叫卖调的文献与研究 / 019

　　第三节　二十一世纪北京叫卖调的文献与研究 / 034

第二章　民间音调与农业、畜牧业、水产业及手工业 / 049

　　第一节　北京人口成分变迁 / 051

　　第二节　北京叫卖调与农业 / 058

　　第三节　北京叫卖调与畜牧业 / 074

　　第四节　北京叫卖调与水产业 / 079

　　第五节　北京叫卖调与手工业 / 082

第三章　民间音调与民俗商业文化 / 091

　　第一节　"叫卖"于"市" / 091

　　第二节　北京城市街区、胡同与庙会 / 106

　　第三节　北京叫卖生意人的组织 / 114

　　第四节　北京叫卖与民俗 / 129

第四章　民间音调与都市声音变迁 / 159
第一节　声音品牌 / 159
第二节　民间口头商业广告 / 169
第三节　北京老字号知名度调查 / 181

第五章　民间音调与语言、曲艺、戏曲 / 191
第一节　我国历代民俗文献中的叫卖调 / 191
第二节　老北京叫卖的方言特点 / 205
第三节　叫卖与曲艺戏曲 / 220
第四节　老北京叫卖调的腔词关系 / 230

第六章　民间音调与音乐心理研究 / 261
第一节　北京叫卖与北京人的"乡愁" / 262
第二节　北京叫卖与文化心理研究 / 272

第七章　民间音调与教育 / 297
第一节　二十世纪初的民俗与民间教育 / 297
第二节　二十世纪高校中的民俗与民间音乐教育 / 305
第三节　叫卖歌新作 / 310
第四节　北京叫卖调与音乐教育 / 320

参考文献 / 341
中文参考文献 / 341
外文参考文献 / 353

后　记 / 359

第一章　民间音调从文本到声音再到新声

当商贸街市发展到《清明上河图》所呈现的繁荣景象时,人们走在热闹的街巷中不仅可以看到一簇簇逛街游赏的人群、招幌飘扬的大小店铺和行街兜售的小商贩,还可以听到街市上熙熙攘攘的交谈声、此起彼伏的叫卖声和乐器般各种响器的声音。古代对招徕市声的记录更多的是用文字描述街市景象、买卖人的状态以及他们叫卖吆喝的语言和响器,虽有诸如【货郎儿】【卖花声】之类与叫卖相关的曲牌、词牌出现,但较为系统介绍叫卖吆喝的文献并不多见,相关信息只是散落在各类文献中;清代以后,有关叫卖吆喝的文献逐渐增多,对其腔调的记录也更加生动,对响器进行绘图和分类,之后逐渐有用乐谱记录叫卖的音调。冯骥才先生在《找回的乡音》中提到民俗学家张仲的一句话:"那些吆喝声音已经没处去找了。声音是关键,是魂儿……"冯先生认为"声音最容易消失,消失后便无影无踪"。[①] 此项研究将从北京叫卖调的最早文字记录中寻找失去的声音,从有记录的乐谱中找回音调,再从现代人的叫卖声音中找回哪怕失去的声音之"魂"。

北京所在地区自古就是重要的南北商贸交易之地,来自东北各省、河北、山东、山西、内蒙古及南方诸省的生意人将他们的物品汇集至此,带来了各地的风味物品,也带来了各地乡音的叫卖,延续千年。这在唐、宋、元、明时期的文献中都有描述;自清代以来,记录老北京叫卖的文献逐渐增多,记录更加翔实。叫卖的小曲小词里潜藏着"大学问""大百科""大历史",多少探究要去寻觅,多少点缀要去查求,一声声掷地有声,一腔腔回肠荡气,

---

① 冯骥才. 找回的乡音 // 贾长华,鲍国之主编. 老天津的吆喝. 天津人民出版社,2013:1-2.

各具特色，构成了独特的民俗文化。本章将从清代至今的文献来看老北京叫卖吆喝的特点及其发展变化。

第一节　北京叫卖调历史的早期文献

清代有一些描写和记录街市景象的文献，但值得注意的是，清末出现了两本专门记录北京商业吆喝习俗的手抄本：一本是清代汉严卯斋的《贸易》（乙巳九月初二日），据王文宝先生推测，该书最晚笔录于光绪三十一年（1865），是目前发现的最早记录北京叫卖语言的文本。文中记录了走街串巷的小贩和摊铺坐商的两大类吆喝声；另一本是清代闲园鞠农蔡绳格著的《一岁货声》（也称《燕市货声》，手抄本）[①]，成书于1906年，其中记录了从除夕到次年腊月老北京一年四季的商业宣传吆喝声。

一、清末汉严卯斋的《贸易》

1.《贸易》"序"

清代汉严卯斋的《贸易》（不晚于1865年）为手抄本[②]，是目前发现的最早专门记录北京吆喝的文本。王文宝先生将其影印本在《吆喝与招幌》一书中全文刊登，让今天的读者有幸了解清代商贸景象和吆喝形态。

在列举各类吆喝之前，汉严卯斋主人作《贸易》"序"，首先对吆喝进行了描述："凡做小本经计（纪）[③]以吆喝为先，俱是分出腔调，有高有底（低），有音有韵，犹如唱曲（咘）一般，此系京城内外大小贸易吆喝，不比外省吆喝，字眼要斟酌、要真着。"这段描述可以说是汉严卯斋主人对吆喝的主观听赏

[①]　国家图书馆所存为北京史研究专家张江裁（张次溪）所订的油印本，属"京津风土丛书"中的一册，由北京双肇楼印于中华民国二十七年（1938年）6月。

[②]　王文宝先生已将该手抄本捐赠给北京民俗博物馆。
　　王文宝. 常惠对抢救非物质文化遗产之贡献与台湾出版的"俗文学丛刊". 西北民族研究，2010（1）：190.

[③]　括号中的字为现在所用字。

体验，其中包含对吆喝的声腔、曲调、咬字、音韵、选词、用句以及情感投入等方面的体验表述，并认为其优美程度如同"唱曲"。可见，听者是在"欣赏"吆喝，而不是当作街市的"背景音乐"一听了之。这反映出汉严卯斋主人的审美能力和审美意识。这段简短的描述也反映出老北京吆喝的悦耳程度——具有音乐性，或者说具有传统戏曲的影子。

《贸易》"序"中还介绍了各类生意人："诸般营生各样贸易不同，所货卖者有吃的、有喝的，有使的、有用的，有穿的、有带（戴）的，又有居家离不了的各样等等不一；有推车的、有握筐的、有担担子的、有挑圆笼柜子的、有卖卜的，有摆滩（摊）的、有搭棚子的、撑大布伞的，又有在铺内吆喝卖的，有在大街小巷敲动响器的，也有不言语做买卖的，不得一样。"可见，行商和坐商的形式多种多样，卖的物品品种繁多，叫卖的方式也不同，一幅清代京城街市景象逐渐清晰起来。

2.《贸易》中的吆喝叫卖

《贸易》的正文，根据王文宝先生的说明，大体分为两部分：走街串巷小贩的吆喝声和摊铺坐商的吆喝声。文中对吆喝声的分类是以商业形式划分的，而不是按商业行当划分的。在走街串巷小贩一类中，一句句叫卖词依次罗列，相对散乱，没有规律可循。有些吆喝注明了响器，所包含的叫卖涉及各种风味小吃、糖果、主食、副食、鲜花、果品及日用品、修理等服务类，内容较为丰富，可以了解到那个年代的生活吃食、用品与今日的有何相似与差异。

摊铺坐商一类主要包含香面子摊、大荤铺（铺内吆喝）、二荤铺（窝窝馆）[①]和几个估衣摊的吆喝。相对于前面走街串巷小贩的吆喝，这一类吆喝篇幅较长，对物品或食品进行全面介绍，有的还涉及民俗功用，比如香面子是

[①] 请教王作楫和陈树林两位老师，大荤铺和二荤铺的区别在于二荤铺可以自带食材，由店里做，所以店里卖的为一荤，自带食材做的为一荤。二荤铺还有两种说法，一是指猪肉、羊肉两种；二是指猪肉和猪内脏（"下水"）两类荤菜。也有"炒来菜儿"的说法，和以上两位老师说的一样。

周家望.老北京的吃喝.北京燕山出版社，2007：123.

为了三月三祭拜王母娘娘用的，估衣的花纹、样式也有许多讲究，如女马褂"双桃红的颜色吧不算旧呀……绣花边吧茉莉串呀，满他提花绦儿吧"。话语间，能够体会到汉严卯斋主人在《贸易》"序"中所说的"不比外省吆喝，字眼要斟酌、要真着"，商家从顾客的角度出发，结合民俗情境说明物品的功用，顾客听了觉得很有趣也很贴心，也许就把东西收入囊中。所以，吆喝也要"传情达意"，把东西的好处说到顾客的心坎里。

行商的叫卖相对短小精练，卖什么吆喝什么，有些吆喝顺便说明了价格，更多地起到了"声音标签"的作用；坐商的叫卖比较完整，语言幽默俏皮，既起到了介绍产品的作用，又能起到活跃气氛、吸引顾客的作用，交流的同时把物品推销出去，一举两得。

3. 汉严卯斋主人

这位笔录《贸易》的汉严卯斋主人究竟是谁呢？有关他的信息少之又少。王文宝先生曾提到这份《贸易》手抄本是由民俗学前辈常惠先生传给他的，常惠先生所珍藏的是由"汉严卯斋（奉宽）记录"的。[1] 奉宽先生，字仲严，别署小莲池居士，室名汉严卯斋[2]（位于什刹海附近[3]）。他乃元太祖成吉思汗三十世孙，自幼学习多种文字，是早期的古文字学者。[4] 此外，他对清代子弟书也颇有研究，曾为金台三畏氏的《绿棠吟馆子弟书选》作序，始终致力于子弟书曲本的搜集、整理、编目和传播。[5] 由此，可以理解汉严卯斋主人所具备的审美能力和审美意识。只有知道何为"唱曲"，才能"聆听"吆喝陶醉其中，并知道其是否像"唱曲"。奉宽先生对子弟书的了解和造诣足以让他对吆喝做出深刻的认识和评价。

奉宽先生对吆喝的关注不是一时兴起，而是延续了三十年，这才能有见

---

[1] 王文宝.常惠对抢救非物质文化遗产之贡献与台湾出版的"俗文学丛刊".西北民族研究，2010（1）：190.

[2] 石继昌.春明旧事.北京出版社，1996：19.

[3] 昝红宇.清代子弟书稀见序跋考略.晋阳学刊，2015（2）：43.

[4] 戴鑫英（巴图）.早期古文字学者——鲍氏父子.满族研究，2003（4）：86.

[5] 昝红宇.清代子弟书稀见序跋考略.晋阳学刊，2015（2）：43.

字如闻其声的感受。他在《贸易》"序"中写道:"录此志卅(年)前,北京民俗之望有志民俗者可参考否?"短短一句话,表达了奉宽先生不仅把吆喝作为一种声音艺术来看,而且是作为一种民俗来审视。吆喝反映出商业中的五行八作,也反映出日常所需和生活方式,内涵丰富。只可惜《贸易》仅展现了吆喝的词,而音调部分进入历史谜团,等待人们去猜测。

《贸易》中的吆喝见本章附录。

4.《贸易》中各种摊铺的吆喝声

文中有几种商摊的记录,如香面子摊、撑大布伞、大荤铺、二荤铺、估衣滩(摊)、东四牌楼估衣、阜成门的估衣等。

摊铺是生意人经营的一种方式,要比走街串巷的小商贩经营的品种多些,有个遮风挡雨的固定铺面。铺面的大小、条件也不尽相同,有的简陋,有的奢华些。摊铺中经营什么就吆喝什么,有饭铺、酒铺、面摊、茶馆、杂货铺等,还有估衣摊、旧衣摊等。各种吆喝声是小生意人对经营产品的一种口头广告式的宣传,这也是流传于民间的最初的广告形式,土声土语、土食土物,而形成了民俗风味、民间习俗。至今,有些村落还在手工制作自己的特色食品,在当地各民俗节日时少量上市,过了民俗节可能也就不做了,而这些吆喝声就再也听不到了。如张家口怀来县与北京延庆区还保留着一种地方小吃——"头二营月饼"①,据河北怀来县存瑞镇政府的池艳慧先生讲,这月饼已有

---

① 池艳慧. 头二营供销社月饼:"杀鞑子"与"团圆". (2019-09-05) [2019-12-13]. https://www.sohu.com/a/338920881_820924.

["头二营月饼"是当地民间生产的月饼,与其他月饼不同之处在于取用的面是小米面、黄米面的混合面,再合着胡麻油和蜂蜜做成的月饼面皮,酥软而久放不坏。名称源自明朝时期从河南调来的三个军营守护京城,以防"鞑子"来犯。怀来地处北方,干旱少雨,地理条件不产麦、稻,仅有荞麦、谷子、高粱、黍子和多种豆类,他们因地制宜采用小米面、黄米面代替麦面,没有白糖用蜂蜜,胡麻油也是当地的特产,本地产的枣、豆类、葵花仁、花生仁、核桃仁、豌豆等多种山货合成了月饼的美味馅料。

这一独特的地方特产月饼味道有别于我国自古以来的南方月饼(以麦面为主的苏式月饼和广式月饼)。]

500年的历史,仅在每年的中秋节制作出售,当地人可以品尝到很特别的"古老的味道",但与之有关的叫卖很难听到了。近两年这月饼在平日也能买到。

在历史民俗的一些史籍中多数记录了有关叫卖吆喝的活动和语言,但作为完整专门的记录,《贸易》还是首本。虽然有些错别字,分类不清晰,但还是为后人了解叫卖语言留下了宝贵的(生活)文字数据,为语言学、民俗学、音乐学、广告学等研究提供了一定的参考价值。

二、闲园鞠农的《一岁货声》

《一岁货声》是清代第二本专门记录北京吆喝的文本,也称《燕市货声》,由闲园鞠农蔡省吾先生于1906年所著,至少比《贸易》晚41年。现国家图书馆藏有影印本,名为《燕市货声》,为张江裁先生[①]所编的"京津风土丛书"中的一部,由北京双肇楼印于中华民国二十七年(1938年)校印,其抄本已不易寻找。首都图书馆有一本封面题字"闲步庵藏"的抄本,为吴晓玲先生所赠,有钤"晓铃藏书"朱文印;也有张江裁先生所编的"京津风土丛书"中的《燕市货声》。除此之外,还有两个《一岁货声》的抄本分别被收录于北京出版社出版的《一岁货声》和首都师范大学出版社出版的《一岁货声 孺子歌图》中。

1. 闲园鞠农蔡省吾

《一岁货声》由闲园鞠农蔡省吾所著。关于蔡省吾先生的资料并不多,除了《一岁货声》中李霈所写的"蔡省吾先生事略",再有就是石继昌先生所著的《春明旧事》中的小文"闲园鞠农记货声"和"汉军八家述略"。综

---

① 张江裁(1909-1968),字次溪,笔名燕归来簃主人,曲艺史学家、民俗学家,曾在北平研究院史学会从事北京史籍的整理研究工作,曾编纂、整理、校勘、撰著了二百余篇关于北京民俗、人物传记、梨园旧闻等文稿,多有"双肇楼印本"字样,"京津风土丛书"就是其中较为重要的有关北京民俗的文献资料,其中包括张江裁所辑的《北京崇效寺训鸡图志》《燕居修史图志》,所撰的《燕京访古录》《燕京负贩琐记》《天津杨柳青小志》《东莞袁督师后裔考》等,其他为明清学者的文本。这为研究北京民俗文化留下了宝贵资料。

合三篇小文，闲园鞠农蔡省吾先生的情况大概如下：闲园鞠农原名蔡绳格（1856—1933），字省吾，镶黄旗汉军人①，住在距雍和宫东柏林寺半里的石头桥附近；曾任二等侍卫，于庚子年护驾御敌受伤，后闻友人殉国，自刎未遂；后性情淡泊，"尝慕晋陶渊明"，"能诗文，嗜菊花"，在敬畏堂偏西选了块地，好菜圃花坛，尤其是菊花，"手植佳菊数百种"，②故自号"闲园鞠农"。曾撰有《闲园菊花品名录》，并绘有《闲园菊影》，足以看出他对菊花的热爱。这里说明了笔名的来历，彰显了他的个性，潇洒而又娴静，享受田园生活。"石继昌先生还提到了"绳格侄松龄，即北京老保人蔡友梅先生"，他为清末民初著名京味小说家，"家学渊博颇深，长于文事和医学"，③他的京味儿小说有一百余部。蔡省吾喜爱菊花，蔡友梅喜爱梅花，他们的名字都与各自喜爱的花有关，可见文人雅致一般。蔡友梅与齐如山几乎是同时代人，都"爱戏如命"，又都舞文弄墨，同钟爱北京民俗，应许相识或相闻。

张次溪先生的"蔡省吾先生像讚"也为了解蔡省吾先生保留了一丝线索：

静如止水，动若云行；岸然道貌，浑穆心灵；

克矜水物，克谨视听；高山仰止，坚贞先生。

通过张次溪先生的"蔡省吾先生像讚"，能够感受到这位闲园鞠农的风骨，为人正派谦逊，质朴淳和，品德高尚，可谓"坚贞先生"。

至于为何蔡省吾先生能够记录下这些货声，他是否也有戏曲方面的熏陶呢？从以上的文字中不易看出，但他曾写过《北京艺人小志》，④其中对石玉昆的演唱技艺给予高度评价，这说明蔡省吾先生对子弟书有相当细致的研究，其鉴赏力很不一般。

---

① 石继昌文中记述为"隶汉军正白旗"．石继昌．春明旧事．北京出版社，1996：314．

② "蔡省吾先生事略"．

③ 刘云，王金花．清末民初京味儿小说家蔡友梅生平及著作考述．北京社会科学，2011（4）：71．

④ 姚颖．略论清代北京的说唱艺人．北京社会科学，2010（5）：52．

蔡省吾先生对生活的热爱不仅限于菊花，对北京风土的志趣涉及很多方面，如游记、诗文、谚语、杂剧、商贾、商标、食品、地理、货声等，从民俗到戏曲曲艺，是一位研究北京民俗的专家，曾写过《燕城胜迹志》《北京岁时记》《北京礼俗小志》《燕城花木志》等，[①]有三四十种，为后来的北京民俗研究留下宝贵资料，但许多"今不知流落何所矣！"。张江裁先生在《燕京岁时记（外六种）》的跋语中提到"先生为最早整理北京风土史料第一人"[②]。

2.《一岁货声》之版本

（1）原本（手迹本）

　　蔡省吾（1856—1933）的《一岁货声》成于1906年，在石继昌的《闲园鞠农记货声》一文中记载："蔡先生力作，要属《燕市货声》一书。……所关民俗者甚大。于是按季节一一录之，……实开后来民俗学者之先河"。[③]但蔡先生的原本未寻见。

（2）齐如山抄本

　　齐如山先生（1875—1962）的《一岁货声》抄本，是目前看到的最早抄本，他应是最先抄写此书的，并在自己的抄本上留下了"眉识"。在《故都市乐图考》序中写道："余曾将北平小贩何时售何物，由元旦起至除夕止，依时归纳，辑成一书，名曰《北京货声》。"[④]序后落款为"民国二十二年齐如山识"，即1933年。由此推测，《北京货声》出版应早于1933年，但未找到，这本书是否与《一岁货声》相同也未可知。

　　齐如山19岁（1894）入清同文馆学习外语，通德语、英语、法语，25岁离开同文馆。他的哥哥齐笠山赴法加入李石曾（1881—1973）、蔡元培组织的"赴法勤工俭学同盟会"活动。李石曾是中国第一位留法学生，与

[①] 王文宝编著.吆喝与招幌.同心出版社，2002：252.

[②] 王碧滢，张勃标点.燕京岁时记（外六种）.北京出版社，2018：248.

[③] 石继昌.春明旧事.北京出版社，1996：159.

[④] 齐如山.北京三百六十行.沈阳：辽宁教育出版社，2006：184.

齐如山家是同乡。光绪末年，李石曾在法国创办并经营豆腐公司，在中国国内招工。原宣统年间与他人设立留法勤工俭学会，在国内短期培训后，送国内青年学生赴法留学。齐如山也加入组织工作中，因此他与蔡元培应很熟悉。

齐如山怎样得到蔡省吾的《一岁货声》不得而知。冯蒸教授用30多年，在首都图书馆见到了齐如山《一岁货声》的抄本，就是二十世纪三十年代初他的抄本，应早于他的《故都市乐图考》。首都师范大学出版社出版的《一岁货声 孺子歌图》中收录的正是齐如山版的抄本。

（3）刘半农抄本

刘半农（1891—1934）曾获得齐如山本，并在抄录时见留有齐如山的"眉识"。刘半农发在《宇宙风》杂志时，将《一岁货声》发名为《旧京货声》，同齐如山曾用名相同。刘半农与齐如山一起在故宫博物院担任戏曲研究工作，齐如山酷爱京剧，与梅兰芳（1894—1961）为挚友；刘半农酷爱音乐，也写剧本，曾一起讨论过剧本。1930年4月28日，南京政府教育部任命刘半农为国立北平大学女子文理学院院长。1931—1933年前后，齐如山曾在北平女子文理学院任教，他在"女子大学时间最久，也不过一个学期"。[①]因此，刘半农与齐如山相识，刘半农从齐如山那里借到《一岁货声》的手抄本是可信的。

书内第一页有刘半农手写的内容："旧京货声一册 闲园鞠农，不知是何许人。此齐如山抄藏本。眉识出如山手。二十一年春，借录存之。半农"。从刘半农先生的题字得知，抄本为刘半农先生（1932年[②]）从齐如山先生处的抄本转录的，而当时他并不知闲园鞠农为何人，可能由他人代抄。无论怎样，应该说是刘半农留下的一版手抄本。

（4）周作人抄本

周作人（1885—1967）曾以岂明为署名，先后在1934年1月和2月在《大

---

① 齐如山.故园风华：齐如山八十往事回忆录.北京：龙门书局，2012：304.

② 王文宝编著.吆喝与招幌.同心出版社，2002：251.

公报》上分别发表了两篇关于《一岁货声》的小文，后收入他的文集《夜读抄》中。《一岁货声》开篇中写道："从友人处借来闲步庵所藏一册抄本，名曰《一岁货声》，有光绪丙午（一九〇六）年序，盖近人所编……"可见周作人先生看到的版本是闲步庵所藏的抄本，写借书的时间是1933年，向"闲步庵藏写本抄讫"。这一版本应是不含"蔡省吾先生事略"的，所以周作人先生猜测"盖近人所编"。文中还提到了序文和凡例，时间顺序从除夕至腊月；关于文中注解写道："此书因系传抄本，故颇多错误，下半注解亦似稍略，且时代变迁虑其间更不少异同，倘得有熟悉北京社会今昔情形如于君闲人者为之订补，刊印行世……"，由此推测这个版本中可能有批注之类的文字，也许就是齐如山先生的眉识。

周作人借来"闲步庵"藏写本之后也抄留一本，收录在北京出版社出版的《一岁货声》中。

（5）"闲步庵"藏写本

闲步是沈启无的字，"闲步庵"是他的室名，沈启无是周作人的学生、弟子。这份藏写本是沈启无所写还是别人所写不得而知。沈启无于1932—1936年任北平大学女子文理学院文史系教授，此时是刘半农任学院院长，周作人也曾在北平女子文理学院教书，但在1930年前已离开此院。沈启无是否从刘半农那里借过抄本无从考证，此藏写本来自哪个抄本没有说明。因此，杨良志先生提出沈启无给周作人的抄本有三种抄本"选择"：齐如山抄本，刘半农抄本，沈启无抄本。沈启无抄本没有下文，他借给周作人的抄本是谁的原本，无据可查。

（6）张次溪印本

国家图书馆所藏的繁体字影印本《燕市货声》（电子版）为张次溪于"中华民国二十七年六月双肇楼校印"的印本，保留较完整的信息。书名页为周作人题的书名和"闲园鞠农著 东莞张江裁订"，左下角为"周作人题"和周先生的印，可见此书名页为周作人先生书写。次页为"蔡省吾先生肖像"，由李霈先生所绘。下一页为"次溪张江裁敬题"的"蔡省吾先生像讚"。之后依次为"蔡省吾先生事略"（李霨拜譔）、"燕市货声序"（含凡例）、"燕市货声"三个部分。

二十世纪三十年代，张次溪曾任职于国立北平研究院史学研究会，"得齐如山批本，不知眉识为齐如山所作，乃将其纳入其中"，[①] 这里说明了这版印本是依据齐如山抄本而成。张次溪（1909—1968）的印本订印于1938年。

（7）"北平研究院史学研究会抄藏本"

二十世纪八十年代初，民俗学家常惠先生赠予王文宝一册手抄本，就是"北平研究院史学研究会钞藏本"，此抄本为"直写"，书开口处印"北平研究院史学研究会钞藏"字样。

刘半农与常惠"在北京大学和北平研究院长期共事"。常惠过了半年之后，了解到闲园鞠农的情况，告之了刘半农。这一抄本应为转抄齐如山的抄本，也是刘半农的转抄本，其中内容没有改动。而张次溪的印本在内容上进行了小部分改动。

王文宝见到常惠赠予他的抄本就是有刘半农题识的史学研究会抄本，王文宝一直保存着，在与出版社印书时，此抄本再没有回到他的手中，一直是他的遗憾，也是今天读者的遗憾。如今只能在他的《吆喝与招幌》（2002）一书中见到这一印本的全貌，这版手抄本至今未见。

史学研究会抄本与张次溪的印本区别在于：抄本中，一律题为"一岁货声"，而印本为"燕市货声"；在"蔡省吾先生事略"之前没有"蔡省吾先生肖像"和"蔡省吾先生像讚"；在凡例之后，有"一岁货声目次"，这是印本中没有的；抄本中的眉识为齐如山先生所批，而张次溪先生将其一并纳入文中注解校印出版，但个别字句有出入，其原因不得而知；抄本正文从"除夕"开始，至"腊月"结束，而张次溪印本从"元旦"开始，至"除夕"结束；抄本十二个月之后有通年、不时、商贩、工艺、铺肆五类，之后还有一个工艺类的"补遗"，而张次溪印本中将补遗部分直接放入"工艺"类。张次溪

[①] 王文宝编著.吆喝与招幌.同心出版社，2002：251.

印本为了解《一岁货声》做了更多补充。

（8）翁偶虹印本

翁偶虹（1908—1994）于2004年出版《北京话旧》中"货声"（简体字本）："复得闲园鞠叟所缉《燕市货声》一书，先我多年，证我亲耳所闻者，相差无几。"写出368个叫卖声词语，与《一岁货声》编排近似，但在民俗讲解中更加详细，也有不同之处，用《货声》为名，以示区别。

（9）王文宝印本

王文宝在《吆喝与招幌》一书中收录的北平研究会抄藏本[清]闲园鞠农《一岁货声》（简体字本）。值得一提的是，王文宝对全书进行了标点标注，为"王文宝标点本"，读者可以从中更清晰地了解书中记录叫卖的各类食品和物品。

（10）曲彦斌印本

曲彦斌于2001—2002年出版《中国招幌与招徕市声》《中国招幌辞典》两部著作，其中都收录了张次溪印版的《燕市货声》（简体字本），前有"曲彦斌校点"后为"据东莞张江裁氏次溪氏订"本校点。

（11）杨良志印本

杨良志于2015年10月编辑出版《一岁货声》（北京出版社），收录了周作人抄本和张江裁印本（繁体字本），都是原本，非常珍贵。首次公开出版周作人手抄本，字迹整洁隽秀，很有书法功底，字字写在小作文格纸里，无标点符号，断句有空格。工整的字句间，可以看出周作人发自内心喜欢民俗生活与民间音调。同时收录的张江裁印本原样本，纸张发黄，繁体字竖排，无标点符号。书中还收录了民国时期与叫卖吆喝有关的几篇名家文章，有周作人的《一岁货声》（1934.1.17），《〈一岁货声〉之余》（1934.2.17），吕方邑的《北平的货声》（1936），纪果庵的《北平的"味儿"》（1944），金云臻的《曲巷市声（记三个有特色的街头小贩）》（1996），石继昌的《闲园鞠农记货声》（1996），杨良志的《后记》，内容上存在联系。杨良志的"后记"对其全书作了编辑的总结，概括梳理清晰，用心收录叫卖吆喝几个文献，展现了对传统文化的热爱，深感对北京民俗音调情有独钟。

（12）周建设主编印本

周建设团队于 2015 年 11 月出版"明、清、民国时期珍稀老北京话历史文献整理与研究"系列丛书，丛书影印本共 31 册，分两批全部出版。《一岁货声》即为其中之一。

冯蒸记录了寻找抄本的经历。一本"函面题签作'闲步庵藏'及'知堂题'，下钤阳文篆字'周作人'小章。此书后归周氏"，中国科学院（中国社会科学院）语言研究所的吴晓玲先生"走访周氏，购求其藏书之语言及民俗有关者，《一岁货声》遂归公有"。侯宝林在整理传统相声《改行》中卖蔬菜部分时，曾借阅过此书。此书后来由吴晓玲先生赠予首都图书馆。此版本收录在《一岁货声 孺子歌图》一书中。从笔迹上来看，与杨良志编辑出版的周作人笔迹不同；从眉识来看，与齐如山眉识版一致，即"注释是双行小字占一行"[①]。此版应为齐如山抄本的抄本。冯蒸教授"为一睹一个手抄本的风采，寻访 30 多年"，实属不易，为保留老北京货声史料做了很大贡献。

《一岁货声》自问世以来，历经百余年的传承，可分为两个历史时期：①于 1906 年蔡省吾自写本传出，得到了二十世纪三十年代几位早期著名民俗家的重视，先后有齐如山、刘半农、沈启无、周作人、北平史学研究会等抄本，以及张江裁印本留世，为后来人研究北京民俗、北京语言和音调等留下了宝贵的史料。②二十一世纪以来，国家高度重视以"乡愁"传统文化的收集与整理工作，历时 15 年，使得《一岁货声》多次进入研究者的视线，先后有翁偶虹、王文宝、曲彦斌、杨良志、周建设、冯蒸等专家学者研究并再搜寻制作出版了齐如山、周作人的手抄本和张江裁的印本等，一展其真容。《一岁货声》的别名曾为《旧京货声》《北京货声》《燕市货声》《货声》，读者不再为寻找留遗憾。因史料有限，有一些信息未查明，一些版本未寻见，如齐如山抄本时间不知，《北京货声》未见，沈启无抄本未见，北平文史研究会抄藏本未见等。错误之处，待以后补正。

---

① 史金生.京味研究的史料集成.（2018-07-12）[2020-10-13].http://m.cssn.cn/zx/zx_bwyc/201807/t20180712_4501392.htm.

表 1-1　《一岁货声》版本百年延续表

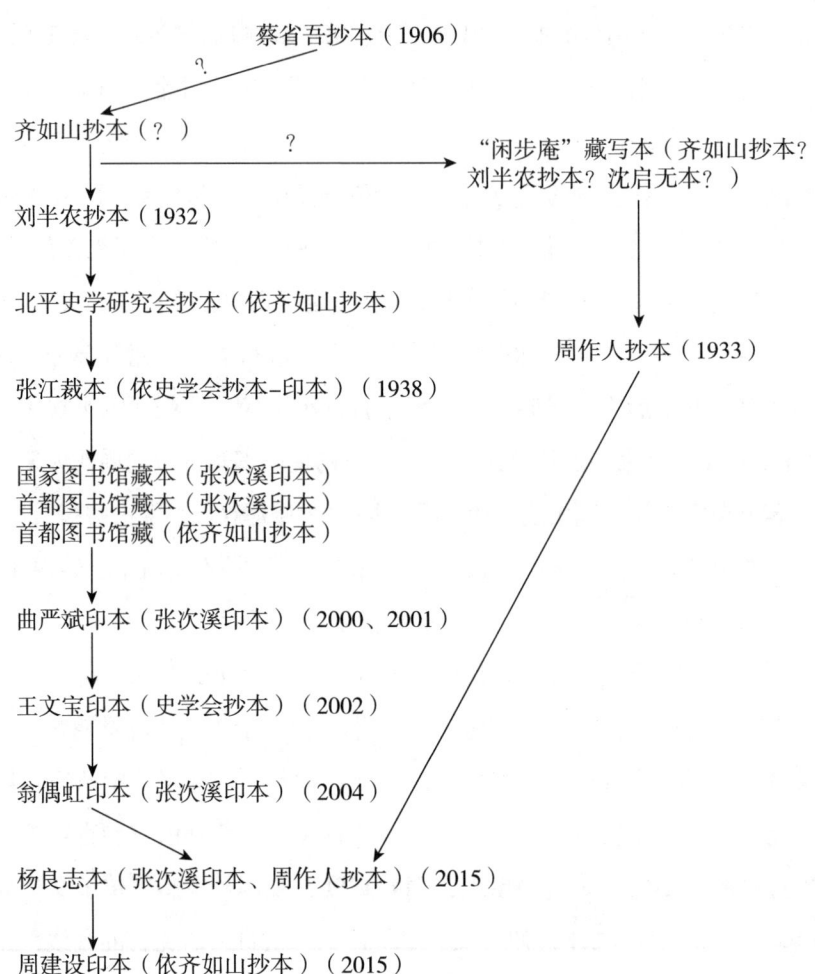

3.《一岁货声·序》

此序为蔡省吾先生于光绪丙午年(1906)所撰。风格不同于《贸易》"序",没有直接描述所收录的吆喝特点,而是从自然界的虫鸣鸟鸣说起:

> 虫鸣于秋,鸟鸣于春,发其天籁,不择好音,耳遇之而成声,非有所爱憎于人也。而闻鹊则喜,闻鸦则唾,各适其适,于物何有,是人之聪明日凿而自多其好恶者也。朝逐于名利之场,暮夺于声色

之境，智昏气馁，而每好择好音自居，是其去天之愈远而不知也。嗟乎，雨怪风盲，惊心溅泪，诗亡而礼坏，亦何处寻些天籁耶？然而天籁亦未尝无也，而观夫以其所蕴，陡然而发，自成音节，不及其他，而犹能少存乎古意者，其一岁之货声乎。可以辨乡味，知勤苦，纪风土，存节令，自食乎其力，而益人于常行日用间者固非浅鲜也。朋来亦乐，雁过留声，以供夫后来君子。①

他认为天籁之音作用于人时并无情绪上的差异，而人们对这些自然界声音的好恶皆由主观认识产生，久而久之失去了对天籁本质的认识，不知何为天籁、何处寻天籁，借此影射社会的变化："雨怪风盲，惊心溅泪，诗亡而礼坏"。而一岁货声正是天籁，既有天籁的特点——"以其所蕴，陡然而发，自成音节，不及其他，而犹能少存乎古意"，声音自然生成，还能承载文化意蕴，又有社会功能——"可以辨乡味，知勤苦，纪风土，存节令，自食乎其力，而益人于常行日用间者固非浅鲜也"，透过货声可以了解吃穿住用行、节令风俗和生意人的劳苦，信息丰富。从这段文字可以看出作者对生活观察细致入微，很有生活趣味，同时对北京民俗文化认识深刻，关注社会变化，体谅劳动人民疾苦。

在"凡例"中列出六点，对书中包含的吆喝进行了整体说明：

第一条说明所集货声出现的场所："凡一岁货声注重门前，其铺肆、设摊、工艺、赶集之各类，皆附入以补不足"；

第二条对货声的商业形式进行分类："凡货声率分三类，其门前货物者统称货郎，其修作者为工艺，换物者为商贩；货郎之常见者与一人之特卖者，声色又皆不同"；

第三条说明六种典型的货郎类型："货郎之提篮、握筐、肩负、

---

① 选自周作人先生于《大公报》发表的《一岁货声》中所作的标点，后收录于他1934年出版的文集《夜读抄》中。王文宝先生所作标点与周作人先生略有不同。

挑担、推车、持器，凡六种各有定具，诸凡不同，仅以常见特用者，分志于货声下，不能尽述也"；

第四条说明所记录货声的年代（1831年以后的货声）和变化："凡同人所闻见者，仅自咸、同年后，去故生新，风景不待十年而已变，至今则已数变矣。往事凄凉，他年窬寐，声犹在耳，留赠后人"；

第五条说明了记录的方法和标记："凡货声之从'口'旁诸字者，用以叶其土音助语而已，其字下……者，是重其音，像其长声与余韵耳"；

第六条说明卖货的时间："凡工艺商贩中，如酒坛必开河时买；锔缸多腌菜时之类，则随其附入；又如售卖之无定时者，赶当贱攘旧废偶来之物，则别为不时"。

从凡例的六条说明可以看出蔡省吾先生的货声"研究思路"，首先界定收集的货声来自哪些商业场所和商业形式，其次把货声分门别类，说明各类货声的特点和所用的器具，然后说明记录货声的方法以及出现的时间，对人们聆听货声的心理感受也进行了描述。这个研究思路很有条理，蔡省吾先生对货声的认识涉及三个方面：①声音层面，尽可能记录货声中的词、音、韵以及所用器具，必要时用符号标记，可见蔡省吾先生听赏能力的功底；②民俗文化层面，清楚记录货声出现的时间、场所以及商业行当，说明其功用，由此反映出老北京的民俗文化；③情感层面，货声能够唤起对过去生活的回忆，让人留恋。

4.《一岁货声》中的吆喝

《一岁货声》中的吆喝突出了"一岁"的时间概念，一岁同一年，夏朝称为"岁"，周代称为年。延续至今。[①] 吆喝按时间进行排序。这里以齐如山先生眉识的版本为例，其时间顺序是从除夕开始至腊月结束，按农历月份，之后是"通年""不时""商贩""工艺""铺肆"五个类别。"注"中包

---

① 张衍田著. 中国古代纪时考. 上海古籍出版社，2019：96.

含了大量的民俗信息、北京方言发音。

除夕包含八段货声，均为食品类。有些是专门在除夕这个时间卖的，比如荸荠，有"必齐"之义；有些是通年都卖的，如江米的热年糕、杏仁茶；还有的是随季节变换食材的，如果子干。

正月的货声主要包括元旦、立春、初二、初八、元宵节等正月的吃食，突出了"年味儿"；玩的有"口琴"（实为卖骰子、纸牌、骨牌等）、大小金鱼儿和挑子里卖的各种小玩意儿等，突出了过年的娱乐性。

二月的货声以熟食、零食和蔬菜为主，还有一些生活用品和孩子玩的小玩意儿。

三月的货声逐渐表现出季节的特点，应季的鲜花、蔬菜依次登场，如蝴蝶花、苦荬菜芽、白花藕、花椒、香椿等。

四月到七月的市场最为丰富，花卉、蔬菜、水果、河鲜更加多样，老北京的菜篮子可谓选择甚多，五月、六月主要增多冷饮，如冰核儿、雪花儿落等，夏季日用品也相继出现，如扇子、雨伞等。

八月之后蔬菜、水果、花卉相继减少，补充热量的肉类开始增多，如羊腱子、五香酱肉等；热食增多，如茶汤、面儿茶等；酱菜类也出现，意味着储存食物的冬天要到了；生活用品类中有锔缸的，赶毡子的，做鞋垫、毡垫、耳朵帽儿的，卖干劈柴、零炭等。一切都在为寒冷的冬天做准备。

到了腊月开始为过年做准备，年画、对联、绫绢花、神纸等一一置备，各种杂耍也都吆喝着招徕观众；食物类的货声不是很多。

通年的货声主要涉及老北京的主食，如烧饼、油炸鬼、切糕、热年糕、馄饨、豆腐脑儿、炒肝儿、灌肠儿、卤煮、炸豆腐等，这些是每天必备的食物，也足以反映出老北京的小吃品种丰富多样，还有一些是常用的生活用品，煤油、绒线等。

不时地货声没有很强的季节性，食品中有肉类、粥类等，更多的是日用品，如风车、鞋面、笊篱、夜壶、钢针、砂锅、煤土、小板凳、火绒子等。

商贩和工艺两类的区别主要是：商贩主要靠以旧换新或收旧物换钱为生，

如酒坛子、茶碗、首饰、蜡油、旧鞋换钱等；工艺主要靠手艺为生，如修桌椅板凳、修锅碗瓢盆、打铁器、剃头、修脚、磨刀、算卦、吹糖人等。

铺肆主要是粥铺的货声。

纵观全文，北京街市一年的商业画面随之展开，可以理解为何书名最初为《一岁货声》，作者就是按时间顺序记录各行业的货声，展现了当时一年的商业声景变化。除了货声，还详细记录了各行业买卖的形式、所用的器具、制作工序和用料以及吆喝时用的响器，咸丰、同治年间与后来吆喝叫卖的不同，反映出社会的发展变化。总的来说，《一岁货声》反映出小商贩的"行规"和辛劳，以及老北京的"口味儿"和生活习惯。呈现一派民俗风貌，令人向往，耐人回味。

三、《贸易》与《一岁货声》之比较

这两本早期记录货声的小册子为人们了解清代商业街巷声景打开了一扇窗，透过窗口，仿佛感受到旧时燕京熙熙攘攘的街道、穿梭的人群和此起彼伏的叫卖声。《贸易》抄录者汉严卯斋主人（奉宽先生）和《一岁货声》的作者闲园鞠农（蔡省吾先生）都出生于显赫的大家，对戏曲曲艺、文化、社会等方面涉猎很广。他们对货声的感受、评价会更加深刻，收集众多货声更加出自内心的喜爱和赞赏。在两抄本的序中，两位先生对货声有共同的认识：①货声"悦耳"，与唱曲相似，乃天籁之音；②货声是民俗文化的一部分，为之后的民俗研究提供了重要参考。

两抄本的内容在编排上有很大差异。《贸易》的作者已无从查找，其思路可能就是记录商业贸易中的货声，没有任何分类，排列无序，也没有任何注解，而《一岁货声》作者蔡省吾先生思路清晰，将一年的货声按月份先后列出，附有注解，让人们更清晰真切地感受到商贩的劳苦和乐趣，也将货声与节气、时令、农事、饮食、风俗习惯联系在一起。

在货声的内容上，虽然《贸易》要比《一岁货声》早至少41年，但可以看到从饮食到生活用品在近半个世纪的时空里具有一致性和延续性，如老

北京的油炸鬼、烧饼、面儿茶、江米糕、麻豆腐、火烧儿、马蹄烧饼、炒面、豆腐脑儿、蜜饯、炸糕、艾窝窝、绫绢花、口琴、各类花卉等，在两本中都有涉及，变化不大，足以体现出当时饮食多样化、生活丰富多彩。

在语言上也有很多相似之处，体现了北京与其他地方语言的融洽的特点，如"荸荠果咪，好吃又好剥咪！""江米果馅若儿糕哦""一个大钱儿来果丹皮来一光板块哎！"……商贩们用的响器有些一致，如卖白糖打小锣，耍傀儡子的打大锣，吹糖人的打大锣等；有些则不同，如卖绒线有摇铃的（《贸易》），也有摇长把鼗的（《一岁货声》）等，也许不同地区的小商贩进京后仍保持原地区的风俗。这些货声充满艰辛与快乐，困苦的劳作与质朴美好的声韵同在，延续着传统的习俗与经营模式，生活里充满多彩的故事，字字句句唱出的都是底层人们的生活真意。

第二节　二十世纪北京叫卖调的文献与研究

一、二十世纪上半叶北京叫卖调的国内外文献

二十世纪上半叶社会动荡不安，但老北京基本的商业活动仍在继续，底层小商贩生意依旧，所以还有叫卖存在的空间。这一时期关于叫卖的文献逐渐增多，叫卖声的质朴与情趣不仅吸引了国人，还吸引了外国人对其进行研究。先后出现若干本专著，如1935年齐如山先生编纂的《北京货声》和《故都市乐图考》，还有1936年美国人塞缪尔·维克多·康斯坦特（Samuel Victor Constant）所著的《京都叫卖图》（*Calls, Sounds and Merchandise of the Peking Street Peddlers*），1941年日本商人中岛幸三郎所著的《中国行商人及其乐器》[①]等。有关货声的文章有1915年11月在《余兴》杂志上刊登的由晓霞撰写的《北京货郎声记》，金受申先生于1942年在《立言画刊》第200—202期上撰写的三篇《旧京货郎》等。

---

① 《支那行商人及其乐器》，本书译为《中国行商人及其乐器》。

1. 国内文献

《余兴》杂志于1915年11月刊登的由晓霞撰写的《北京货郎声记》，虽只是一篇文章，而不是著作，但也收集了"都门之常日常年穿街逾巷只小本经营"①的吆喝叫卖。文中描绘了京城叫卖"一年四季无一日无一时无之"的忙碌景象，然后将常年日用品的吆喝按时序列出，但没有标明出现的时间。文中实际收集的不是货声，而是有货声的"小本经营"，如卖炭、推车子卖羊肉、换取灯、喝潮银子、拨浪鼓、摇笨鼓等。只有个别的有清晰的叫卖词，如糖杂面的叫卖："姑娘吃了我的糖杂面，又会扎花又会纺线；小秃儿吃了我的糖杂面，明天长头发，后天梳小辫。"②叫卖词经常信口而编，但都还押韵。这些小生意有些可以从名称直接看出所卖货物，有些行业看不出，作者对这些小生意进行了注释，内容包括俗称、说明买卖的具体内容、使用的响器、做生意的时间等。小生意包括卖食品类、生活用品类、收旧物类、算卦卖图类、杂耍卖艺类等。生意种类非常丰富，声音种类也极为多样，可以想象作者所说的"一年四季无一日无一时无之"的情景。

《北京货郎声记》比《一岁货声》晚近10年。虽然《一岁货声》于1938年才出版校印本，但之前以手抄本的方式流传，已有齐如山先生的批注。《北京货郎声记》的作者晓霞乃一笔名，原名已不易查找，其是否读过《一岁货声》也不得而知。根据注释将所列货声与《一岁货声》进行比对，不尽相同，《北京货郎声记》更加细致，吃食基本一致，而生活用品和杂耍表演类更加丰富，有一些是《一岁货声》中没有的，如玉泉山冻豆腐、念喜歌（"在正月初二日至初五为度"）、打大板（上等乞丐逢年过节时在各大铺唱大板）等。这些足以反映出作者对北京生活的熟悉程度，观察细致入微，作者认为上海的繁盛和江南的食味都不及北京，"其应时对景琐碎之食品及零星贩卖未有多于北京以上者也"③，足见其对北京的偏爱。所以，《北京货郎声记》其实

---

① 晓霞.北京货郎声记.余兴，1915（11）：24.
② 晓霞.北京货郎声记.余兴，1915（11）：27.
③ 晓霞.北京货郎声记.余兴，1915（11）：27.

是通过货郎很好地反映了北京的生活风俗，是北京民俗研究的重要参考之一。

戏曲理论家、史学家、民俗家齐如山先生曾有两本著作记录了北京的吆喝，一本是现在较为容易见到的《故都市乐图考》，收录于《北京三百六十行》；另一本是《北京货声》，这在《故都市乐图考》的序中提及："曾将北平小贩，何时售何物，由元旦起，至除夕止，依时归纳，辑成一书，名曰北京货声"。①如此看来，《北京货声》比《故都市乐图考》成书要早。而《北京货声》现未见任何手抄或校印版本。②

齐如山先生著的《故都市乐图考》于1935年由北平国剧学会出版。这本著作记录了京城的叫卖之声，内容依次为"故都市乐图考序"、"故都市乐图考总目"、正文部分"故都市乐图考跋"。与《贸易》和《一岁货声》关注点不同的是，齐如山先生依据响器材质对商贩进行分类。

《故都市乐图考》中"序"写于民国二十二年（1933），由此推测齐如山先生可能从那时开始写或已写成《故都市乐图考》。在这部书"序"中，以人力车的变化来说明时代变化之快，这些变化又反映出不同时代的审美特点；就"沿街肩担贸易之小贩"的叫卖而言，齐如山先生与《贸易》的作者有同样的感受，即"宛转悠扬，悦耳动听，且有时有白有唱，与戏曲无异"，表现在唱腔、节拍、速度、唱白等方面。由此，分别对叫卖进行分类，比如有"较快之板"（如卖烧饼、油炸果、江米凉糕、艾窝窝的叫卖），有"较慢之板"（如卖江米灌馅、甑儿糕、果子干、玫瑰枣的叫卖），有"唱白之分"（如卖切西瓜零售的叫卖），有"成套之词句"（如粥铺、卖香面的叫卖）；还对叫卖的"乐器"，文中统称之为"唤头"，根据八音进行分类，"唤头"的材质主要为金革、竹木、丝，而几乎没有匏土石材质的响器。

《故都市乐图考·跋》着重讨论了古代乐器随社会变化逐渐失传消失的悲惨现状，"中国几千年以来，乐器之多，大致有几千种。如今尚在应用者，实

---

① 齐如山. 故都市乐图考. 北平国剧学会，1935：4.

② 胡淳艳. 齐如山藏书印经眼述略. 晋图学刊，2018（1）：50. 据该文描述《北京货声》手抄本可能藏于艺术研究院，但未查到。

在是不多了",同时强调了商贩中仍保留较多古代乐器的"乐观"局面,由此说明齐如山先生为何要绘此图册,其目的是要保留这些"将弃而不用"的古代乐器。

正文中一共收录了 40 种"唤头"。每一种唤头都配有一段文字说明、一幅商贩画像和一幅唤头的图片。齐如山先生将商贩所用唤头依其功能分为四种:①与所卖之货无关的一种专门乐器,如摇鼓等;②用其兜售货物的物件,如盆、瓢等;③表演之需的乐器,如耍傀儡用的大小锣等;④劳作工具所用的物件,如钉鞋用的钉尺等。[①] 但 40 种唤头并非按此类别排列,而是按乐器种类排列。

每种唤头、乐器的文字说明介绍了器型和发声方式、在哪些行当中使用、在哪些文献里记载过该乐器以及在什么场合下使用等信息。通过与北宋陈旸的《乐书》所绘乐器进行比对以及各朝代的文字记载,能够看出这些乐器的"身世",有些历史相当久远,如"卖大麻子、花生、棉花子等灯油者"使用的贾铎,在《乐书》中也有记载,也许可以追溯到魏晋时期,《晋书·荀勖传》中提到商人使用的牛铎,也许和此贾铎类似;[②] 磨剪刀者用的铁拍板,现代人也非常熟悉,据推测可能与《唐书·礼乐志》中记录的高倡伎的铁板极为相似;[③] 再如吹糖人者用的锣、耍傀儡者用的锣和小锣等用于清朝禾辞桑歌乐,卖耍货和卖豌豆糕的糖锣类似安徽凤阳花鼓戏的小锣,卖冰糖子者和小炉匠用的铴即为清朝凯歌乐的铴等,诸多商贩使用的唤头可以在清代乐舞等古代音乐以及西部少数民族音乐中寻到踪影。

齐如山先生对北京货声的观察可谓面面俱到、细致入微,从唱腔到节奏和音韵,从唤头的使用方式到与古乐器的对比,足以说明齐如山先生深厚的戏曲音乐知识背景,他充分挖掘了北京货声的艺术性。短小的叫卖实际是戏曲音乐的缩微"模型",特别是那些能够唱成套词句叫卖的商贩,如卖粥、油炸鬼、

---

① 齐如山. 北京三百六十行. 辽宁教育出版社,2006:225.
② 齐如山. 故都市乐图考. 北平国剧学会,1935:8.
③ 齐如山. 故都市乐图考. 北平国剧学会,1935:20.

香面的等,叫卖已成为他们的一项重要"职业技能",能够更好地招揽顾客,提高收入。

金受申先生于1942年在《立言画刊》第200—202期的《北京通》栏目中发表了三篇《旧京货郎》。这三篇文章与以往收集货声的文献不同,"只谈北京已经消灭的货贩",也就是说写的是"几十年前"的小商贩。这些小商贩之所以消失是因为受到社会变化的影响。生活中有废除的有新兴的,相应地,吆喝中就有消失的和新出现的。棉花糖就是二十世纪初出现在京城的,三十年代又出现了小豆刨冰、冰棍等,这些食品的吆喝才相继出现,而消失的吆喝已随着社会生活状态的改变消失在历史中。

文中详细介绍了11种货郎,包括照西湖景的、卖豌豆的、哭糖人、染绸缎挑子、串粗米、铜器挑子、卖槟榔的、卖火石火绒的、卖杂面的、几种卖糕点的和几种手艺人。有些行当,金受申先生对某些小商贩进行了细致观察和描述,记录于此,其中"照西湖景的"的妇人、卖豌豆妇人、哭糖人的男子是三位个性鲜明的小商贩。金受申先生认为齐如山先生所记的"三十年前之照西湖景"可能"文胜质之消,有些不尽同于事实了",所以"必须另记"[1],说明两者记录的可能为同一妇人,因未见齐如山先生记录版本,无法比较。其吆喝内容与照西湖景所看的照片有关,也许此版不含"艺术加工"。而卖豌豆妇人在吆喝之余会唱小曲,哭糖人的男子以哭丧的方式吸引人,且经营了很长时间。这些小商贩在吸引顾客的技能上真是各有各的"绝活"。其他行当货郎的经营方式以及相关行业的民俗信息,在文章中也一一进行了介绍。

虽然内容不多,但文章中的描述让人们看到了一个个鲜活的小生意人,感受他们的生存状态,走进那个时代的社会生活,这些足以令人们"抚今追昔"。吆喝叫卖也不仅仅是生意场的一部分,同时也是反映"社会活动状态"和"社会进化程度"的一个方面,其变化随社会而变化。不同时空的对比,让人们感受到"古今亦复不同"。[2]

---

[1] 金受申.北京通:旧京货郎:抚今追昔感慨系之.立言画刊,1942(200):15.

[2] 金受申.北京通:旧京货郎:抚今追昔感慨系之.立言画刊,1942(200):15.

2. 外文文献

目前查阅到的最早的有关北京叫卖的外文文献是美国人塞缪尔·维克多·康斯坦特（Samuel Victor Constant）于 1936 年著的《京都叫卖图》[①]。如果从英文名称"Calls,Sounds and Merchandise of the Peking Street Peddlers"直译，应为"北京街头小贩的叫卖、声响和买卖"。李国庆先生在《〈京都叫卖图〉及其作者》中介绍说，此文为康斯坦特在华文学院获文科硕士的学位论文，于 1936 年由北京驼铃（Camel Bell）出版社排印，其中包括数幅黑白和彩色插图、黑白照片和剪纸，但北京图书馆出版社出版的译本中只保留了彩色插图，乐谱也只有两段（"卖果子干儿的曲子"和"磨刀者之歌"），有些遗憾。

原文中作者曾写了一段序[②]，这在 1936 年北京驼铃（Camel Bell）出版社出版的版本中可以找到，其中还有一篇作者所写的中文的序，署有中文名字康士丹，时间为"中华民国二十五年四月"，即 1936 年 4 月，而这段序在北京图书馆出版社出版的译本中没有。这段文字分析了中国的墙院生活与小商贩叫卖之间的相互依存关系，由此说明吆喝的广告作用，从商业形式的角度区分了丰富繁多的小商贩种类（有卖的、有买的、有交换的、有修理的、有卖艺的）。叫卖多种多样，有些悦耳，有些刺耳；有些有乐器，还有一些无叫卖。康斯坦特关注了商贩使用的乐器，"从藏传佛教的号角到棍子敲茶壶、葫芦或敲卖的其他物件等"。虽然商贩种类繁多，但同一行当也有一定之规，文中收集了近六十个行当，按春夏秋冬四季排列，每个行当有一段文字说明，有叫卖词的先写出叫卖词，然后介绍所卖的货物、盛货物的器具以及行当的相关信息，并附上一个小商贩画像和一个乐器图片。这样的编排思路与《故

---

① ［美］塞缪尔·维克多·康斯坦特.京都叫卖图.陶立译.北京图书馆出版社，2004.

② Samuel Victor Constant. Calls,Sound and Merchandise of the Peking Street Peddlers. Camel Bell，1936.

都市乐图考》和《一岁货声》的排序相似。① 此外，还说明了文中的叫卖词采用威妥玛式拼音法进行标注，数字表示汉语四声。

在康斯坦特列出的四季叫卖中，春、秋、冬季各约有十多个行当，夏季最少，只有五个行当。这些行当中，食品、日用品、修补/旧货类和游艺类大概各占四分之一。在每个行当的说明中，能够感受到一个西方人的观察视角，还能感受到作者为了让西方读者更好地理解每个行当，会将物品或生活方式与西方进行对比。如"卖口琴儿的"这一行当，表面上是卖口琴，实为卖骰子和牌，在解释骰子时，作者写道"这对外国人来讲没什么不同"，解释纸牌时，"这种牌戏很像外国人玩多米诺骨牌"；② "摇堂鼓儿的"主要卖各种小的生活用品，其中提到顶针，"西洋女裁缝常用的盖住整个指尖的顶针就显得笨拙了些"③。每个行当的文字说明不仅是对行当或小商贩的简单描述，还探索背后的文化历史内涵，让西方读者全面了解中国文化。如"算命的"行当中介绍了易经和八卦，"卖粽子的"行当中介绍了《离骚》和屈原，"卖果子干儿的"行当中介绍了冰盏的来历、半月形传说与药王的故事，"修脚的"行当中提到北平的中华民国大总统曹锟的修脚匠私自扣留军费，"改变了中国历史"④ 等。可见，作者不是看热闹听热闹，而是透过叫卖看到了更深层次的中国社会生活现状、风俗习惯、传统文化和历史。从这些小生意人的叫卖、买卖中展现了北平百姓生活的大视野、大环境、大社会的全貌。

而文中所展现的两段五线谱记录的叫卖，可能是叫卖调最早的乐谱记录。齐如山先生曾说货声"非以五线谱之法谱之不为功也"⑤，而康斯坦特尝试以

---

① 沙湄. 货郎声声入梦来. 读书. 1996（5）：97.

注：译版中的参考文献翻译有问题，沙湄先生指出应为齐如山先生的《故都市乐图考》和手抄本的《一岁货声》。笔者将参考文献的拼音与威妥玛式拼音法进行比对，确实参考的这两部著作。

② ［美］塞缪尔·维克多·康斯坦特. 京都叫卖图. 陶立译. 北京图书馆出版社，2004：3.

③ ［美］塞缪尔·维克多·康斯坦特. 京都叫卖图. 陶立译. 北京图书馆出版社，2004：18.

④ ［美］塞缪尔·维克多·康斯坦特. 京都叫卖图. 陶立译. 北京图书馆出版社，2004：38.

⑤ 齐如山. 故都市乐图考. 北平国剧学会，1935：4.

西方人记录音乐的方式记录下叫卖的旋律,让人们有了依谱寻声的可能。"卖果子干儿的曲子"的旋律轮廓和京味儿语言的四声和语调非常相近,而"磨刀者之歌"的旋律轮廓和北京话不相近,似乎带有一些非北京人的口音。也许五线谱记录的叫卖与真实的叫卖还有一定距离,但一声声吆喝叫卖可以更清晰立体地展现在人们耳边让人们有更切身的感受。

另一本外国文献是日本商人中岛幸三郎于1941年所著的《中国行商人及其乐器》,此书目前还没有中译版。书中收录了三十六个行当及其使用的乐器,如卖药的虎撑子、卖烧饼的小梆、卖酸梅汤的冰盏、卖粽子的饧箫、卖玩具的糖锣、卖香油的钲等。每个行当配一个由李观宸制作的风俗人偶的照片,并介绍乐器的形制、使用方法和相关的风俗。

两位外国人的著作都反映出他们对北京货声的浓厚兴趣和密切关注,也许北京货声是他们接触中国社会文化最简单最直接的途径。然而,这些简单直接的用于商业的"艺术形式"并不浅显,而是蕴含着丰富深厚的音乐、戏曲、曲艺、民俗、社会、文化、历史等众多信息的知识"博库",是万花筒般的缩影,让人沉醉其中,回味无穷。

3. 其他民俗文献

在有关北京的传记、散文、小说、诗词中,叫卖也常常出现。这些文学作品中的叫卖大都依赖于某个场景,更加生动鲜活。

张恨水曾在抗战之后回京定居,用白话填了一首《摸鱼儿》描写禁夜市声,其中写道:"谁吆唤?隔条胡同正蹿,长声拖得难贯。硬面饽饽呼凄切,听着令人心颤。将命算。扶棍的,盲人锣打叮啴缓。应声可玩。道萝卜赛梨,央求买,允许辣来换。"[①]《一岁货声》和《北京货郎声记》中记录的硬面饽饽都是"通年夜间卖"[②],"此项生意不做,都是夜间才卖呢"[③];在清代文

---

① 张伍.忆父亲张恨水先生.北京:十月文艺出版社,1995:308.
② 王文宝编著.吆喝与招幌,同心出版社,2002:176.
③ 晓霞.北京货郎声记.余兴,1915(11):26.

人的诗词中也有如此写照,如夏仁虎《旧京秋词》、何耳《燕台竹枝词》中有诗句描写寒夜卖硬面饽饽的场景,就连清代宫廷也将饽饽列为晚膳①,可见硬面饽饽是老北京夜宵。而卖硬面饽饽的小商贩要顶着寒风为晚归的人们备上吃食,吆喝之声在听者听来显得"凄切",吆喝者本身也许带有劳累和倦意,但不会以"凄切"的声音叫卖生意。这流露出作者对小商贩的怜悯。这种感受在其另一篇文章《市声拾趣》中也有表露,"我们在暖温的屋子里,听了这声音,觉得既凄凉,又惨厉,像深夜钟声那样动人,你不能不对穷苦者给予一个充分的同情"。②夜间盲人算卦在萧乾的《吆喝》中也出现过,只不过打的不是小锣,而是小钹,这与《故都市乐图考》和《京都叫卖图》所记录的算卦盲人所持乐器相符。

张恨水还记录了一些吆喝,有的吆喝词有趣:"落花生,香来个脆啦,芝麻酱的味儿啦","哦!吃啦甜来一个脆,又香又凉冰激凌的味儿。吃啦,嫩藕似的苹果清脆甜瓜啦";有的唱曲有味儿:"馄饨开锅……自己称面自己和,自己剁馅自己包,虾米香菜又白饶。吆唤了半天,一个子儿没卖着,没留神饶去了我两把勺",这句开头像"大花脸喝倒板"③,后面和着曲调。可见张恨水对北京市声颇有体会,也毫不掩饰对北京市声的喜爱:"所听到的小贩吆唤声,没有任何一地能赛过北平的。北平小贩的吆唤声,复杂而谐和,无论其是昼是夜,是寒是暑,都能给予听者一种深刻的印象……他们能在声调上,助字句之不足。至于字句多的,那一份优美,就举不胜举,有的简直是一首歌谣""也许是我们有点主观,我们在北平住久了的人,总觉得北平小贩的吆唤声,很能和环境适合,情调非常之美"。北京市声不仅给听觉带来享受,还与环境相匹配,相互衬托,让人感到舒适和谐,也给生活增添了许多趣味。

吕方邑在《北平的货声》里回忆了充满北平四季生活的货声,"音调和

---

① 李德生编著. 烟画中国 360 行·吃喝玩乐. 江西教育出版社,2017:90.
② 张恨水. 市声拾趣 // 徐永龄主编. 张恨水散文(第 1 卷). 安徽文艺出版社,1995:226.
③ 张恨水. 市声拾趣 // 徐永龄主编. 张恨水散文(第 1 卷). 安徽文艺出版社,1995:226.

什物之间，有一种和谐存在着"，这点与张恨水有同感；同时也对比了南京的货声，北平货声婉转动听、诙谐幽默、情感丰富，"有的悠扬婉转，有的哀婉凄恻，有的高亢壮烈，使你心神要跟着它走，感出时序的流转，发出人性的流露，喜怒哀惧，任由它来领导"。① 这段话足以使我们感受到货声的艺术性，听北平货声宛如看一出街市小戏，其中有生活中的人情冷暖，有买卖中的你情我愿，有节令中的礼仪习俗，艺术、娱乐和生意都不误。北平货声带给人们的是一种多感官的情景回忆，有声有味有画面，能够唤起心中的那份乡愁。

有意思的是，硬面饽饽的叫卖出现在多位作家的文中，除了上面提到的张恨水，在吕方邑的《北平的货声》（1936）、顾随的《积木词》（1936）、马文珍《北平秋兴》（1938）中的"惜别词"、萧乾的《吆喝》（1985）等多篇作品中都有提到，但每个人的听赏感受并不完全相同。马文珍与张恨水相似，感受到硬面饽饽叫卖的凄凉，而顾随与吕方邑描述较为相似，一个是"破空而至"，一个是"卒然一声"，但顾随也许没有感受到吕方邑所说的那种"毛发俱立"，而萧乾感受到"厚实""朴素"。硬面饽饽的叫卖到底是凄切、令人毛发俱立还是厚实，现在已无从判断，但作家们的感触不同也许反映听时的心境，前三位写于战乱时期，而后者写于和平年代，当时体验和回忆是不同的。

除以上文献外，还有（清）雷梦水《北京风俗杂咏》（1982）②、李家瑞《北平风俗类征》（1937）、齐如山《北京三百六十行》（1941）、[日]奥野信太郎著作《随笔北京》（1940）、[美]西德尼·D.甘博《北京的社会调查》（1921）等著作。文章有[英]斯提维尔《北京的声与色》（二十世纪二十年代）、潘漠华《在我这巷里》（二十世纪三十年代）、夏丏尊《幽默的叫卖声》（1934）叶枫《北京的市声》（1939），还有张恨水的《市声拾趣》《老北京儿歌》《北平旅行指南》等文，都记录了当时的生活场景与北京叫卖声，为北京市声的研

---

① 吕方邑.北平的货声.宇宙风，1936（19）：355.

② 注：1982年出版。

究留下宝贵的历史资料。国内外学者都有对北京民间小商贩的关注，对北京民间行业及产业做了细致研究。值得一提的是二十世纪三十年代，俄作曲家尼古拉耶夫斯克创作了北京市井风情的《北京胡同》交响诗，其中乐段与北京吆喝相似、如《卖小金鱼》《卖月季花》《卖扁缸桃》等。[①]

民国时期，有关北京叫卖调的文献也都反映出动荡的社会现状。作为社会底层的小商贩生活更不易，但他们仍然游走于庙会、市场、街巷之间，坚守着劳动者的尊严，也用一声声叫卖温暖人心。声音中弥漫着浓浓的人情味，给人以生活的希望和乐趣，展现了底层小商贩为生存而固有的韧性、乐观和顽强。

二、二十世纪下半叶北京叫卖调的国内文献

1. 传统音乐研究中的叫卖

二十世纪下半叶，中华人民共和国成立之后，百业待兴，很多停止已久的行业慢慢恢复，对于民间音乐的研究也刚刚开始。杨荫浏先生1955年在《人民音乐》第6期发表的《谈谈未被注意的民间音调》中提到了五种民间音调，叫卖的音调就是其中之一。它与其他四种民间音调（吟诵诗词的声调、宣读宝卷的声调、哀哭的声调、方言的声调）的艺术价值在于"它们曾是我国古来民间音乐遗产的组成部分"[②]，这些音调不仅可以用于创作，更重要的是有助于民间音乐的研究。就叫卖而言，杨荫浏先生认为这种音调经过加工后"与'大曲''慢曲'等高度发展了的音乐艺术曲调连接在一起，成为一种组曲"。宋代发展出了"唱赚""嘌唱"等形式，宋代程大昌对"嘌唱"的解释为"凡今世歌曲，比歌郑、卫又为淫靡，近又即旧声而加泛滟者名曰嘌唱"[③]。杨荫浏先生有关叫卖的文字虽然简短，但留下了非常重要的音乐史学信息，把叫

---

① 张雅晶，阿隆·阿甫夏洛穆夫的《北京胡同》. 北京观察，2011（1）：62.

② 杨荫浏. 谈谈未被注意的民间音调. 人民音乐，1955（6）：25.

③ （宋）程大昌. 演繁露 卷九. 嘌. 远方出版社，2001：107.

卖与唐宋时期的大曲、唱赚、嘌唱等民间音乐联系在一起。因此，叫卖是研究古代和现代民间音乐的一个纽带。以往的文献更多地强调了叫卖的民俗意义，而杨荫浏先生应是指出叫卖调具有音乐史学意义的第一人。

2. 乐谱音频中的叫卖

二十世纪六十年代初，中国音乐家协会、民族音乐研究所、音乐出版社等单位开始收集地方民间歌曲，北京市主要由北京艺术学院采录。在"文化大革命"十年中断之后，七十年代末中华人民共和国文化部和中国音乐家协会再次启动了民歌收集工作，北京市的民歌采集也都恢复了。1982年，北京市各区县文化馆成立民歌采编组，三年间大量采集，1985年之后少量补充。[①]《中国民间歌曲集成·北京卷》中的叫卖调主要为二十世纪七十年代末以后采集的[②]，涉及11个城区，各区县采录叫卖歌36首，附录部分的叫卖调114首，用简谱记录。这应该是首次大规模地用曲谱记录叫卖歌和叫卖调，依照曲谱有了还原叫卖的可能。其中叫卖歌以顺义县最多，共13首，其次是东城区9首和崇文区8首；叫卖调以崇文最多，共32首，其次西城区22首，远多于其他区县。然而，这些数量也许并不能说明某个地区的商业贸易繁荣或小商贩聚居的情况，因为可能受到采集范围和条件等方面的制约。从吆喝叫卖的内容上来看，瓜果蔬菜占25%，主食占21%，副食占18%，饮品占7%，肉蛋类占3%，花、金鱼占7%，生活用品占19%。

用乐谱记录叫卖的文献并不多，高凤山先生的《吆喝声》是较为重要的一篇，收录在《北京往事谈》一书中。高凤山先生是著名的曲艺表演艺术家，他的这篇文章真正记录的"声"，其中有简谱记录的吆喝一百多段，十分宝贵，要比王文宝的部分叫卖曲谱、《中国民间歌曲集成·北京卷》叫卖中谱曲记录早很多年。书中首先将小商贩分成两类：有吆喝声的和"八不语"。有吆喝声的按四季排列，还有季节性不强的吆喝，每段吆喝介绍了相应的习俗；"八

---

① 陈树林先生关于叫卖调的口述。

② 陈树林先生关于叫卖调的口述。

不语"即没有吆喝只有响器,行当包括"卖掸子的、修脚的、绱鞋的、劁猪的、锔碗的、行医的、剃头的和粘扇子的"①。《北京往事谈》中还有一篇是傅惠的《胡同里的响器》,介绍了15种响器,每种响器描述了器型、使用方式以及使用的行当,但并没有同齐如山先生那样进行历史考证,也没有图片。

1983年春节联欢晚会上,北京人艺的"花甲合唱团"表演了《老北京叫卖组曲》。虽然这只是一个节目,但说明了北京人艺的老艺术家们为了更真实地呈现京味儿话剧中老北京的生活气息和市井特点,努力寻找、收集、模仿、学习各类吆喝。这个节目其实是北京人艺的保留节目,早在1952年就在农机厂演过,1962年在中央电视台"笑的晚会"上演过,"文革"期间因被说成"恶毒宣扬美化小商贩,为资本主义复辟招魂叫喊"而停演,②直至1983年恢复,2012年北京人艺建院60周年走基层晚会上再次上演。这都得益于焦菊隐先生1951年排演老舍先生经典话剧《龙须沟》时,要营造出北京南城小商贩叫卖场景的要求,这些吆喝都是老艺术家们在南城体验生活时收集学唱的。③后来《老北京叫卖组曲》中又融入了话剧《茶馆》和《骆驼祥子》中的叫卖。④《老北京叫卖组曲》中一共出现了25个不同行当的叫卖,51种叫卖声,按从早到晚的时序排列,由早上的麻花烧饼开始,到夜间的硬面饽饽结束,有相应的响器(震惊闺、唤头、冰盏儿、小皮鼓、小梆子等)伴奏。表演中虽然进行了一定程度的艺术加工,但仍保持原汁原味,画家吴冠中曾对这一节目高度评价:"春节之夜,在众多令人欢笑的电视节目中,我特别喜爱人艺合唱团的叫卖,腔调逼真,节奏组织得十分和谐。在美的享受中我被带到了几十年前,初到北京的回忆中,在街头巷尾处处听到的叫卖声,尤其是在寒夜、

---

① 高凤山.吆喝声// 中国人民政治协商会议北京市委员会文史资料研究委员会编.北京往事谈.北京出版社,1988:293.

② 蓝荫海.《老北京叫卖组曲》讲座.史家胡同博物馆"红色讲堂".(2014-04-13)[2019-12-07].http://www.360doc.com/content/18/0330/06/41469469_741420043.shtml.

③ 蓝荫海.《老北京叫卖组曲》的由来.文艺报,2012-07-02(4).

④ 蓝荫海.《老北京叫卖组曲》来自话剧《龙须沟》.(2011-06-02)[2019-12-07].http://www.chinanews.com/cul/2011/06-02/3086756.shtml.

霜晨，这些叫卖声更感人心肺，声腔是美的，是智慧的创造，但大都诞生于苦难的生活。"[1]老艺术家们的表演版可以作为二十世纪四五十年代北京叫卖的宝贵声音史料的永传珍品。

3. 民俗文献中的叫卖

二十世纪下半叶也有学者从民俗的角度回忆、记录北京的叫卖，如翁偶虹先生的《货声》和翟鸿起先生的《老北京的街头巷尾》等，都较为详细地记录了他们听过的北京货声。相比于最早的《贸易》和《一岁货声》中记录的北京货声，这两个文献中记录的北京货声要晚半个世纪以上。

翁偶虹先生的《货声》大概成文于二十世纪八十年代，看完花甲合唱团的演出之后。其目的一方面要记录每日伴随耳边、口开心扉的"本于生活之籁的美""有内容的美"，另一方面是为了纪念故友，著名的戏剧大师焦菊隐先生（1905—1975）。[2]全文共收录了东西南北四城走街串巷的流动商贩和在街头、庙会摆摊的固定商贩的叫卖词368段，每个叫卖词都配有一段商贩活动情景的描述，便于读者了解和想象。季节性的流动商贩的时间性较强，按十二月排序，从正月至十二月，共253段。固定商贩随节令变化不十分明显，有些是常年的流动商贩，包括日常饮食、生活用品、换买旧废、吃喝技艺五类，共84段；有些是街头摆摊的，16段；有些是长期在市场、庙会摆摊的，15段。整体上来讲，《货声》中的叫卖词与《一岁货声》中的叫卖词差异并不大，翁偶虹先生也表示《一岁货声》"成于清光绪丙午前后，先我多年，证我亲耳所闻者，相差无几"。叫卖条目的编排方式参考了《一岁货声》，条目更多，注释部分对生产过程、制作工艺、材料产地、使用方法、价格变化、时令风俗等内容描述得更加细致、清晰、完整，而且对比了同一叫卖词东西南北四城的差异。《货声》展现了北京

---

[1] 蓝荫海.《老北京叫卖组曲》讲座. 史家胡同博物馆"红色讲堂".（2014-04-13）[2019-12-07]. http://www.360doc.com/content/18/0330/06/41469469_741420043.shtml.

[2] 翁偶虹. 货声 // 北京话旧. 百花文艺出版社，2012：119.

内九外七的商业特点,详尽的注释有利于现代的读者了解当时的社会。翁先生的《货声》正式出版于2004年,由百花文艺出版社搜集整理出来,作为《北京话旧》文集中的一章出版,2012年再出增订本。其中《货声》为118—188页,在全书中占有较重分量。

翟鸿起先生的《老北京的街头巷尾》先后发表在《北京文史资料》第50辑(1994)和第52辑(1995)。文中首先回顾了旧时人们与游商的相互关系,孩子对庙会杂耍的好奇、期盼和喜爱,而社会的发展将这些都留在了记忆里。街头巷尾的人群被分为"浪迹街头的艺人""走街串户的工匠""街市的星相卜算""沿街乞讨的乞丐""流窜闹市的'小绺'""沿街叫卖的小贩"六大类。除了《北京货郎声记》中提到过乞丐,其他货声的文献几乎没有涉及乞丐,而偷鸡摸狗的"小绺"就更不能算货郎了。艺人主要包括5个杂耍类、大鼓书和捏面人;工匠包括修理类、磨刀、打鼓的(收旧物)、收文玩、收银圆、摆棋式等12类;卜卦有黄鸟叼卦、盲人打卦、蓍草占课3类。各类小商贩共37类,描述很具生活气息,小商贩们做买卖的方式、与顾客打交道的方式一目了然。这里记录的艺人、工匠、卜卦和小贩大多是二十世纪四五十年代的情景。而国营和公私合营之后,小商贩逐渐减少;十一届三中全会之后,个体商贩又得到发展,叫卖声再次飘荡在街巷间、菜摊上。①但二十世纪八十年代后的叫卖声与过去的食品和物品的叫卖声差异较大,几乎听不到太漂亮有特色声腔的叫卖声,以单一叫声为主,寥寥无几的非北京声腔,声色韵味水平降低很多。随着住宅区类型的改变、科技的发展、社会经济的变革,传统的劳作模式逐渐改变,叫卖声也随之消失。

二十世纪上半叶社会是动荡的,卢沟桥事变之后,全城晚8点实施宵禁,胡同中的叫卖也发生了变化,白天如旧,晚上的硬面饽饽叫卖和打更的声音随之消失。二十世纪下半叶是社会发展发生巨大变化的时期,五十年代城市中的叫卖声没有了,改革开放后恢复了一段时间,也慢慢消失了,偶尔能听到几声收废品或磨剪刀的叫卖声及录好的电声喇叭扩音的响声。社会生活的

---

① 王文宝编著.吆喝与招幌.同心出版社,2002:序.

改变直接影响小商贩们的生存状态，这受到社会制度、经济、科技等多方面的影响。小商贩们的生存状态发生改变，作为"门面"的叫卖也随之改变。在叫卖即将消失时，学界（音乐、民俗、文学、语言等领域）意识到叫卖的研究价值和重要性，启动了一系列收集、整理、保护、研究工作，并一直延续至今。

第三节　二十一世纪北京叫卖调的文献与研究

进入二十一世纪，街巷中鲜活的叫卖虽然少了，但是关注叫卖的学者越来越多了，相关的著作、音像资料、网络视频、研究文章、民间团体越来越多，叫卖也越来越多地出现在影视作品中。这些也许是二十一世纪留住叫卖最有效的方式，在各种媒体再现叫卖的风采，使得人们不会忘记并永远怀念曾经的岁月和叫卖声带来的乐趣。

一、专著与音像出版物

二十一世纪有关北京叫卖调的专著主要有三部，其中两部书后附光盘，一部是单独出品的光盘。一本是北京民俗学家王文宝先生编著的《吆喝与招幌》附光盘，另一本是北京民歌专家陈树林先生著的《老北京叫卖调》附光盘，还有一本是孟雅男先生著的《叫卖声声话北京》及单独出品的《老北京叫卖调经典唱段选集》光盘。

王文宝先生编著的《吆喝与招幌》收集了老北京胡同里悠扬动听的吆喝叫卖声350多种、响器50多种、招幌170多种。[1]文中根据吆喝的内容分类，分为吃食类（包括小吃和其他食物、饮料等）、菜蔬类（包括青菜和其他动植物菜）、糖果类、服饰类、用品类、服务类、娱乐类、收换类和其他类，

---

[1] 王文宝编著.吆喝与招幌.同心出版社，2002：目录，序.

食品类的吆喝最多。这样的分类把吆喝与生活中的衣食住行相联系，更清晰地看到某一类行当的商业民俗，有助于研究商业史和社会的发展变化。文中有些吆喝配有简谱，其主要参考了高凤山先生的《吆喝声》，还收录了汉严卯斋《贸易》的影印本和闲园鞠农的《一岁货声》的全文。

陈树林先生的《老北京叫卖调》是基于在北京各区县三十余年的民间歌曲采集工作收录的近900段吆喝，其材料可谓相当丰富。更可贵的是，陈树林先生还亲自演唱吆喝，配合这本书录制了一张光盘。书中包括三个部分，第一部分为叫卖调概述，介绍了叫卖调的概念、产生渊源、史料记载、种类特点，还解释了"正宗"的误区，说明了叫卖调的采集过程；第二部分对四类吆喝——食品和水产品，生活用品，收购业，修理、加工、技术服务业——进行了详尽的介绍，比如水果类，不仅介绍了四季的水果、产地和销售，还分析了水果叫卖调的特点。这些内容涉及历史文献、文学诗词、方言民俗、地方风物等，知识面非常开阔；第三部分是四类吆喝的唱词和谱例，每段谱例注明了采集的区县、演唱人和采录人，还配有对歌词中特殊词句的讲解，非常细致。陈树林先生的这本书可以说是老北京叫卖调的"百科全书"，读起来收获满满。这本书充分体现出陈树林先生严谨的治学态度，以及多年收集并记录民歌所倾注的心血，也说明了记录民歌不仅仅是记录词谱那么简单，想要弄清其中的含义，就要从了解当时的社会、生产、环境、生活、民俗、方言等方方面面入手，只有这样才能还原出一个完整、立体的叫卖。乔建中先生评价这本书为"全国第一本以省市为对象的'叫卖调'专著"，足以见其学术分量。

北京的几位吆喝叫卖老先生也曾录制了几张光盘，给后人留下了宝贵的音像资料。"叫卖大王"臧鸿老先生于2003年出版了《老北京吆喝》，其中包括78段吆喝，涉及食品、生活用品、修理、服务等多个行当。臧鸿老先生还说过相声、演过电影，把吆喝叫卖带入其他艺术，把京味儿表现得淋漓尽致。2005年"老北京女叫卖大王"张桂兰录制过一张CD，其中包括80段叫卖。①2010年"京城叫卖真人"张振元先生录制光盘上、下二张,其中包括叫卖与吆喝180首。孟子厚等著的《声景生态的史料方法与北京的声音》附光盘中收录了卢志东、武荣璋、杨长河和臧鸿4位吆喝艺人的叫卖调,共168段,每个人都有自己的特点和风格。同一个行当,几位老先生的吆喝不尽相同,这也就是陈树林先生说的,吆喝并没有一个统一的标准,吆喝者各有各的特色,听者各有各的喜好。老北京吆喝第三代传承人孟雅男策划的《老北京叫卖调经典唱段选集》于2016年出品,其中收集了孟雅男等老北京叫卖团成员和中华耕织文园老北京文化艺术团演唱的吆喝,共88段,除此之外还有一部老北京叫卖情景剧,表现出浓浓的京味儿。他们的声音更具现代青年人的声腔,似老道而秀气,富有时代气息,为传统声腔的传承与传播做了细致的工作。

老北京的吆喝并非北京独有,也不都是北京人的吆喝,小商贩来自各个地区,周边居多。天津、河北地区的小贩到京城做生意有地理上的优势,其他小生意人也可能到天津、河北地区谋生,吆喝也会出现在津冀的街市上,同时吸收当地的语言和音乐特色。相应的著作有《中国民间歌曲集成·天津卷》,录入天津叫卖调47首,有面食、冷饮、药糖、菜、花、服务业等,这些叫卖调来自六个城区县的民间老艺人的传承;②贾长华的《老天津的吆喝》,全书图文并茂,单页为图,双页为文,一页一种天津吆喝,共75种,每页一种吆喝在前,下面讲述一段与这段吆喝有关的民俗故事,写得很精细、风趣,吆喝内容主要包括面食、蔬菜、饮品、瓜果、糕点、手艺品、修补服务业等,突出了天津生活的特点,如卖秫米饭、卖大馃子面儿茶、卖茶汤、卖药糖、卖拔糖等;著名民间文艺家民俗家王和平著《津声津世 就是这么哏——流逝在时间里的市井吆喝》一书,收集吆喝100种,图文并茂,主要有面食、蔬菜、瓜果、糕点、饮品等,还有日用杂货、修补服务业等。讲述了与吆喝

---

① 孟雅男.叫卖声声话北京.北京兴联合旅游文化发展有限公司,北京正明圣达图文设计有限公司,2017:103.

② 吕骥主编.中国民间歌曲集成·天津卷.中国ISBN中心出版,2004:643.

相关而风趣的民俗故事,还介绍了几个天津食品老字号,他认为"吆喝是民俗文化中的重要组成部分,是我们城市中不可缺少的文化基因。吆喝就是一种'心'声";高伟的《胡同里的叫卖》中讲述了几个行当、老字号和市场中的吆喝。河北省的民歌集成出版于1995年,收录叫卖调11首,附生活音调—叫卖调11首,共22首,另还有一些地方志书籍中,如保定、唐山等地,包含叫卖调。张玄著的《叫卖调的艺术存续》于2019年出版,书中分析了各地叫卖调与音乐、戏曲中相应素材的特点和联系。

除了传统的文字书籍记录外,舞台剧目、相声小品及影视作品中,都收录有小商贩的叫卖声。光盘是二十一世纪的新媒体样式,新出现的光盘出品了多名叫卖传人的吆喝叫卖集成,说明出版界很重视声音的传承及传播工作,捕捉了传统民俗音乐事项存在的动向与意义,使得这一民间古老朴素的声腔艺术搭上了新时代新媒体的快车,为网络传播做好了数字化的准备。

二、其他研究文献

北京叫卖调的研究越来越多,研究的视角也越来越广,涉及民俗、商业、音乐、语言、文学、诗词、戏曲、美术等多个领域,而且具有多学科交叉的特点。民俗学领域有曲彦斌主编的《中国招幌与招来市声——传统广告艺术史略》(2000)、《中国招幌辞典》(2001),常人春、高巍著的《旧都百行》(2003),邓云乡著的《邓云乡集——云乡话食》(2004),杨海军著的《中国古代商业广告史》(2005),陈树林、许椿主编的《中国广告历史文化》(2007),翟鸿起著的《胡同,瞬间逝去的风景》(2009)、王秉愚编著的《老北京风俗词典》(2009)、周果著的《当代北京广告史话》(2011)、赫英忆主编的《渐行渐远的吆喝声——北京老行当纪实》(2017);语言学领域有曹炜、吴汉江著的《商品叫卖语言》(2006);诗词领域有杨良志编的《寻味老北京》(2017)收录了三百余首吟咏北京风物的竹枝词;戏曲研究有翁敏华著的《古剧民俗论》(2012)中的《元杂剧〈百花亭〉与行商叫卖习俗》一文;声学领域有孟子厚等著的《声景生态的史料方法与北京的声音》(附光盘)(2011);美术领域有李德生著的《老北京的三百六十行》(2006),李德生、苑焕乔著的《烟画老北京 360 行》（2016），画家方砚著绘的《逝水胡同》（2011）和《流年市井》（2012），《北京民间风俗百图》（2003）、首都博物馆的《华梦遗珍：老北京三百六十三行绘本》（2007，2019 书中图由清末民初民间画师手绘）等，都有涉及老北京吆喝的内容。从各地商业叫卖发展过程来看，老北京的叫卖规模大，行当种类繁多，叫卖形式多样，内容随四季变化，曲调有北方特点，但不以北京方言为主，这些特点让老北京的叫卖明显区别于其他地区的叫卖。在美术领域，烟画、连环画、外销画等都会以各种商业行当作为创作题材，有些画作特别展现了小商贩们叫卖时的风采，这一领域构成了民俗画中很有特色的一支。国外对小商贩的研究专著有［法］罗朗斯·丰丹的《欧洲商贩史》，其中提到小商贩"挨家挨户，上山下乡，逐块田地叫卖兜售廉价商品"。

相关的文章有王文宝的《专门记录清代北京商业宣传吆喝习俗的两个手抄本》、樊普的《清代北京地区的商业广告》、伊永文的《清代北京的货物方式》、丁雪的《京味吆喝声的韵律特征分析》、杜冉冉的《老北京叫卖：京味"清明上河图"》、王梓霖、张维佳的《老北京商业字调与音程的关系》、陈半生的《吆喝声中忆旧京》等。首都师范大学丁立敏的硕士学位论文《明清以来北京地区汉族民歌的传播及其艺术特征》中有一章专门分析了"北京地区叫卖歌的流传状况及其艺术特征"[①]，文章从北京城市"凸"字形布局、满汉经济政策、城市管理、胡同民宅样式以及商品销售方式等方面说明了老北京叫卖调存在的必要性和广泛性；从音乐的角度分析了叫卖调的音阶、调式、速度、节奏节拍、旋律、润腔等，还关注了唱词在韵脚、衬词等语言方面的特点。叫卖调也引起了国外城市学研究者的兴趣，法国里昂东亚学院冯艺（音译）的《想象的声音：民国时期北京的叫卖调》[②]（英文）一文中，从社会学

[①] 丁立敏. 明清以来北京地区汉族民歌的传播及其艺术特征——基于《中国民间歌曲集成·北京卷》的音乐分析. 首都师范大学硕士论文，2009：80-96.

[②] Feng, Yi. The Sound of Images: Peddlers' Calls and Tunes in Republican Peking. http://beijing.virtualcities.fr/Texts/Articles?ID=58, 2008.

角度对民国时期的小商贩进行中外文献收集与调查，其中包括老照片、报纸、著作、画册等媒介呈现和描述的小商贩形象，各种行当此起彼伏的吆喝声被描述为"街道剧院"（street theater），这些给当时的居民和外国人都留下了深刻的印象。小商贩是社会阶层的一部分，小商贩的吆喝叫卖是社会生活的一部分，小商贩是"街道剧院"中的演员，吆喝叫卖是他们展示货物和自己，娱乐大众、与大众沟通的重要方式。

从史料到语料分析，从文本记录到声景原貌非遗传承，对老北京叫卖的研究已经形成了较为复杂的多学科交叉的研究网络，互相渗透、互相借鉴，为更全面认识和了解过去大众普遍熟悉的"艺术形式"奠定了基础。其换了新貌，文字、声态和环境同步再现，真正实现了现实版的还原旧貌的梦想，给读者听者展示了更多更具象的真实版的视听感受，只有在社会发展到新媒体高速发展的今天才会实现。

本章小结

老北京叫卖的魅力在于"简约而不简单"。"简约"表现为叫卖词不长，曲调也并不复杂，受到社会各层人士的关注和喜爱。因为叫卖的出现和人们的生活息息相关，叫卖词通俗易懂、诙谐幽默，曲调悦耳动听。其"不简单"在于吆喝叫卖不是某段历史时期孤立的"艺术"，而是具有历史渊源的，形式上与唐宋时期的大曲或民间艺术有关，所用响器也可以从历史中溯源，曲调与语言有密切联系，叫卖词的韵脚与诗歌有关。因此，短小精练的叫卖调折射出一部百科全书，反映出人们的文化审美观，震撼心灵，埋在心底永久的记忆吸引着人们去探索。

附 录

附一：《贸易》中走街串巷的吆喝叫卖声

食品类：

《贸易》的吆喝声像是从早餐开始的，"粥哦甜浆粥咧呀哎 大油炸鬼来 热烧饼热啊好热吙"，直到现在北京的早餐也保持着"豆浆，油条、烧饼"，这就是北京传统的早餐套餐。平日的吆喝有"卖麻油 - 香油打铜板""灯笼儿铡草来大田螺蛳来""打糖锣 - 卖小玩又代糖""吹糖人的 - 打大锣"等。

以下为《贸易》中吆喝叫卖的各类食品：

饮品：杏茶、氷（冰）胡（核）兒（儿）

粥汤：甜漿（浆）粥、江米小棗（枣）兒（儿）、元霄（宵）、京米粥、麵（面）茶、茶湯（汤）兒（儿）、豆支（汁）粥、大麥（麦）米粥、餛（馄）飩（饨）、熱（热）面粥、襍（杂）麵（面）湯（汤）兒（儿）

油炸：油煠（炸）鬼、煠（炸）羔（糕）、煠（炸）黃粉駝（驼，坨）子、散（馓）子、蜜蔴（麻）花、排扠（叉）兒（儿）、煠（炸）豆腐（腐）、煠（炸）素三角兒（儿）

烧饼：火燒（烧）、芝蔴（麻）醬（酱）火燒（烧）、千層（层）餅（饼）、黑麵（面）火燒（烧）、馬（马）蹄燒（烧）餅（饼）、硬面（面）餑餑（饽饽）、清油餅（饼）、餡（馅）餅（饼）

蒸食：饅（馒）頭（头）[饅首]、登（澄）沙色（包）兒（儿）、糖三角兒（儿）、熱（热）豆包兒（儿）、愛（艾）窩窩（窝窝）、糖窩窩（窝窝）、羊內（肉）色（包）兒（儿）、菱角（饺）色（包）兒（儿）、糖豆色（包）兒（儿）、色（包）子、白薯（薯）、玉面（面）饅（馒）頭（头）、韭（韭）菜色（包）子、燙（烫）麵（面）角（饺）兒（儿）、燒（烧）賣（卖）

杂食：粮炒面（面）、素焖子、羅（罗）漢（汉）麵（面）筋、凉粉、撥（拨）魚（鱼）兒（儿）、麵（面）餄（饸）拉（饹）、拉皮兒（儿）、煮餑餑（饽饽）、[麵]（面）觔（筋）、大糧（粽）子、（炸）醬（酱）面（面）

糕食：江米果餡（馅）兒（儿）、饡（甑）兒（儿）羔（糕）、豆楂（渣）羔（糕）、江米玫瑰羔（糕）、小棗（枣）絲（丝）羔（糕）、蜂羔（糕）、江米年羔（糕）、凉羔（糕）、桂花糖黄米棗（枣）羔（糕）、菀（豌）豆羔（糕）、抹羔（糕）

豆品：蒸菀（豌）豆、爛（烂）蚕豆、红豆、茨菇（慈姑）、菀（豌）豆、菀（豌）豆黄兒（儿）、焖蚕豆、熱（热）芸豆、菉（绿）豆兒（儿）、老玉米、黄豆

豆腐：豆瀽（腐）兒（儿）、凍（冻）豆瀽（腐）、豆府（腐）干、臭豆府（腐）、醬（酱）豆府（腐）、辣豆瀽（腐）、蔴（麻）豆瀽（腐）、小豆瀽（腐）、豆瀽（腐）腦[脑]（脑）兒（儿）

蔬菜：辣菜、酸黄菜、香椿、芸萹（扁）豆、菀（豌）豆莆（角）、黄瓜、茄子、香菜、辣蓁（秦）椒、架東（东）[冬]瓜、溝（沟）蔥（葱）、嫩韮（韭）菜、蒜苗、蒿子秆兒（儿）、白菜、芥菜、老倭（窝）瓜、葫（胡）蘿（萝）莆（卜）、變（变）蘿（萝）莆（卜）、水蘿（萝）莆（卜）、豁菜皮、豆芽菜、木瓜、老虎菜、柏（百）合

河鮮：耦（藕）菜、白花藕、鲜菱莆（角）、老菱莆（角）、老鸡（鸡）頭（头）、嫩耦（藕）、蓂（荸）薺（荠）

魚蝦等：醉螃蠏（蟹）、活鯉（鲤）魚（鱼）、大田螺蛳、蝦（虾）米、海季（鲫）魚（鱼）、黄化（花）魚（鱼）、薰（熏）魚（鱼）

奶肉蛋：奶皮子、奶捲（卷）、觀（灌）腸（肠）、肝兒（儿）、猪血、羊内（肉）、羊肚兒（儿）、羊頭（头）、羊拜（百）葉（叶）、羊腱子、羊頭（头）内（肉）、肥雞（鸡）、肥鴨（鸭）、小雞（鸡）兒（儿）、小鴨（鸭）子兒（儿）、松花蛋兒（儿）、茶雞（鸡）蛋

油酒醋：蔴（麻）油、香油、燒（烧）酒、白乾（干）、醋

腌品： 淹（腌）瘖（疙）疙（瘩）、淹（腌）芥菜、淹（腌）大苤藍（蓝）、淹（腌）螃蠏（蟹）

瓜果： 海棠果、鲜棗（枣）、闻香果、水蜜桃、大杜梨（梨）、大海棠、香瓜、甘蔗（蔗）、西瓜、黑白桑葚、李子、沙果、酸棗（枣）兒（儿）、甜柘（石）榴（榴）、蜜桃、密節（节）梨（梨）、鴨（鸭）廣（广）梨（梨）、大英[橫]（樱）尭[尭]（桃）、嫩糖棃（梨）、梹（槟）榔、蘋（苹）果、白棃（梨）、團（团）園（圆）果、虎拉檳（槟）、大柿子、杏兒（儿）、翠（脆）枣兒（儿）、黑枣兒（儿）

干果： 棃（梨）兒（儿）乾（干）、沙果乾（干）、桃乾（干）、杏乾（干）、李子乾（干）、葡萄[桃]（萄）乾（干）、掛（挂）拉棗（枣）乾（干）、氷（冰）糖葫蘆（芦）、瓜子兒（儿）

蜜饯糖： 棃（梨）羔（糕）、果丹皮、蜜餞（饯）、関（关）東（东）糖、氷（冰）糖兒（儿）

注：[ ]中为原书同一字的另一种写法，如豆府、豆廮。（ ）中为今用字。

《贸易》吆喝叫卖中记录的食品种类繁多，很多食品名称及做法沿用至今，只是有些用字与食品想象中的味道有不同。如豆汁儿，是老北京人最喜欢的小吃，有的老北京人家里还保持着喝豆汁儿的习俗，北京老字号小吃店现今还保留着这一小吃，以满足老北京人的口味偏爱。豆汁儿最早记录于辽代，到宋代得以普及至京城百姓中，清代乾隆年间纳入宫廷御膳。由绿豆做成，制作方式保存至今，由发酵后的豆汁熬制而成。豆汁儿有一种独特的味道，初来京的品尝者会感觉好像变坏的馊味，难以下咽。再坚持喝下去就可以感觉到自苦到微甜的口感，顿觉舒服。夏天有明显的消暑、清热、除燥的作用，对脾胃消化好，以食药用，甜酸苦馊尽在难以表述中。再如北京茶汤不是现代饮料类的饮品，与真正意义上的茶无关。品茶是我国多地传统意义上的习俗，茶叶种类繁多，喝早茶是民间有较长历史的习惯。茶汤仅仅是借用了这一概念，北京茶汤是用高粱面、糜子面做的，也反映了过去北京地区生产的农作物特色。茶汤在明、清时就在民间早餐流行，清代杨米人的《都门竹枝词》中记录："清晨一碗甜浆粥，才吃茶汤又面儿茶。"① 当时卖茶汤的有挑担走街串巷吆喝叫卖的，也有设摊叫卖的。

非食品类：

吆喝声中的非食品类不多，从以下记录的吆喝叫卖声可以看出1865年时，北京城里人的日常生活概况。吆喝声卖的东西也是与市民生活息息相关的必需品，如花、针线、胰子（肥皂）、洋针、红头绳、雨伞、缸、锅、锅盖、碗、刷子等，也有修理的，换东西的，磨剪子、刀的，剃头的，卖珠宝、口琴、字画的，有算卦的，还有卖小金鱼的、小蛐蛐的，有耍猴等其他小动物的，记录的也许不是生活的全部，但可能是在自己家周围听到最多的，这为今天的民俗生活研究提供了实实在在的生活重现。以下为《贸易》中非食品的吆喝叫卖语。

花品： "晚香玉的矮康夫哦，打末（来）多哦花唠末（来）枚桂花唠""来玉耳挖子鞈（占）着臘（腊）梅花唠六個（个）大錢（钱）枝""柘（石）榴（榴）花喏揀（拣）樣（样）儿挑咻""上供的花喏揀（拣）樣（样）挑""玲（绫）絹（绢）末（来）花買（买）呀""花樣（样）兒（儿）揀（拣）樣（样）挑"

针线： "胈（胰）子粉桂花油洋胭脂好洋針（针）""花樣（样）兒（儿）揀（拣）樣（样）兒（儿）挑鋼（钢）條（条）洋針（针）哪""画花鞋（鞋）面（面）洋線（线）縧（绦）子""賣（卖）絨（绒）線（线）-摇（铃）铃""紅（红）頭（头）繩（绳）兒（儿）来倆（两）個（个）大錢（钱）賣（卖）一探（朵）呀"

布毯： "發（发）行價（价）的狗牙縧（绦）子一百錢（钱）三尺""卖縧（绦）子-摇鼓皮""堂布哦带子""買（买）毛氊（毯）呀"

---

① 北京市第二服务局编.中国小吃 北京风味.中国财政经济出版社，1981：2.

修理换物："收什（拾）棹（桌）椅（椅）板櫈（凳）""收什（拾）雨傘（伞）哝（咦）""换曲灯兒（儿）来换肥皂子兒（儿）若哦""碎銅（铜）爛（烂）鉄（铁）来换錢（钱）"

厨房用品："换茶碗来盖哎碗哦""鍋（锅）灰炉子呋""砂吊子砂鍋（锅）呋""水杓（勺）飯（饭）杓（勺）鞋（鞋）刷马（马）刷子呀大小笊籬（篱）呋""買（买）大小赶面（擀面）帳（杖）哦""石板朱（来）缸盖使去小驴駝（驼）""箭杆朱（来）鍋（锅）盖""据（锔）破缸哦""小炉匠 - 据（锔）碗""賣（卖）炭的 - 摇古（鼓）""来数燈（灯）盏（盏）碗来呋"

柴草称桶："松柏枝兒（儿）朱（来）芝蔴（麻）楷（秸）啦""大小木頭（头）底兒（儿）呀""燈（灯）草壮燈（灯）草""買（买）摧（炊）箒（帚）大高粮（粱）條（笤）箒（帚）""修秤的""發（发）行價（价）的抓髻义子两把头（头）的化皮桶兒（儿）買（买）呀""收拾錫（锡）拉（镴）傢（家）伙"

剃头："木梳攏（拢）子瓜（刮）頭（头）的篦子哎""買（买）好嘔（呕）頭（头）（呕）发嘔（呕）哎""剃頭（头）的 - 打换（唤）頭（头）""磨剪子强[戗]（抢）剃頭（头）刀子喊（咦）""磨剪子了强[戗]（抢）剃頭（头）刀子"

缝鞋修脚："鞋（鞋）墊（垫）朱（来）毡熱（热），樵鞋（鞋）丁（钉）子""皮匠 - 缝鞋（鞋）""阡針（针）爛加子修脚刀大小剪子使去""火絨（绒）子来火石褋（杂）鞋（鞋）釘（钉）子"

琴画宝石："百分来掛（挂）錢（钱）朱（来）門（门）神皂（灶）王来書（书）朱（来）賣（卖）画兒（儿）""口琴来賣（卖）口琴啊""褋（杂）銀（银）欠来玉石宝石来買（买）呀"

卦卜："算靈（灵）卦占灵錁（锞）两大錢（钱）算一卦武文功名都能看吉凶禍（祸）福我也会算 - 打板的""占靈（灵）錁（锞）誠（诚）则靈（灵）男講（讲）妻財（财）共子禄女講（讲）

嫁娶定合婚-打板的"

鱼虫："買（买）大小哛小金魚（鱼）兒（儿）耒（来）哎""抓油胡鹵（卤）耒（来）呀"

玩物："賣（卖）鉄（铁）絲（丝）灯籠（笼）的""狗窩（窝）来狗窩（窝）呀""耍猴兒（儿）的-打大鑼（锣）""耍狗雄（熊）的-同""耍傀儡子的-同""耍老鼠的-打大鑼（锣）""跑漢（旱）船的-打鑼（锣）鼓"

可以看到，这些行业有的仍存在，有的用品现在已不复存在，如取灯儿、石板缸盖、拢子、篦子等。有的行业自二十世纪五十年代后没有了，如算卦的，但后来有些民间地方又兴起来了。

附二：《贸易》中简化字说明

简化字的概念不应该是二十世纪二十年代之后才开始的，而是在历史的漫漫长河中生成或衍生变化而形成的，与我国的传统文化一样，也有着悠久的历史。最初简化字的形成应来自史学、诗学等文人，或民间流行，但简化字没有登大雅之堂，一直被视为异体字、非正规字，尤其是草书、行书的变体。钱玄同曾说："数千年来，汉字的字体是时时刻刻在那儿被减省的。从殷周之古篆变到宋元简体，时时刻刻向着简易的方面进行，可说是没有间断。"[①]简体字的大量使用是在唐以后，历代都有简体字在使用。到清末，有学者陆费逵正式发表的《普通教育应当采用俗体字》一文。从这本清代汉严卯斋的《贸易》手抄本就可以看到文中不少简化字，如言字旁简化为"讠"。自汉代就有简化字，在汉朝史游的《急就章》中就有"讀"字为简化的"讠"，如誌简化为志。《贸易》中的一些简化字，如豌豆，写菀豆；豆汁，写豆支；梨糕，写梨羔；藕，写耦；擀面杖，写成赶面帳，等等。从中可以看出民间的书写比较随意，用字不太讲究规范，但字音意思都写明白了，简化字没有统一规定，但是出现得比较多。二十世纪二三十年代，就有一些学者热心简化字运动，

[①] 钱玄同.减省现行文字的笔画案.钱玄同文选.四川文艺出版社，2010：145.

提出汉字改革"已经到了'火烧眉毛'的地步",一方面民间流行的简化字多而不规范,另一方面钱玄同认为汉字的繁难,是"学术上、教育上之大障碍"。[①]二十世纪五十年代,我国正式采用《汉字简化方案》,简化字在繁体字之前就有,有的简化字后来成了繁体字,在这个方案确定后,才真正意义上的简化汉字的全面使用和推广。

附三: 　　　　　《贸易》中用字与今用字对比

旧字	今字	旧字	今字	旧字	今字
多們	多么	打價	定价	置上	置办
奏事	就是	吆喝	吆喝	睄睄	瞧瞧
對筋	对劲	甯绸	宁绸	腰抬	抬高
腴	瘦	盛洛	盛上	颠颠	掂掂
分两	分量	豁者	或者	樂拉	乐啦
之周身	全身	满他	都是	龍凤	龙凤
氷盤	冰盘	按的	暗的	蒲扇	芭蕉扇
扭判	拧不过	叩	扣	白乾	白干
里鸡	里脊	燒紫盖	烧紫盖	娇燶	焦馏
顽子	丸子	焳酱	炸酱	面醋	面醋
逛湯	汤满	雌寔	瓷实	荔子	栗子
豆廲、豆府	豆腐	菉豆	绿豆	元湯	原汤
鷄哥	几个	裡頭	里头	家稍	家烧
才料	材料	廷當	做好	柏合	百合
會神仙	会神仙	船邦	船梆	繼子	绦子
合况	何况	燒賣	烧卖	餡餅	馅饼
翠	脆	觔刀	劲道、筋刀	嚐	尝

---

① 钱玄同.减省现行文字的笔画案.钱玄同文选.四川文艺出版社,2010:143.

续表

旧字	今字	旧字	今字	旧字	今字
大錢	铜钱	淹菜	腌菜	襍面	杂面
肉钉	肉丁	高做料	放佐料	稱早	趁早
開执	开着	果滩	果摊	團园果	团圆果
檳子	槟子	蘋果	苹果	靈卦	灵卦
到比	反而	煑馂馂	水饺	季鱼	鲫鱼
麵觔	面筋	蘿莆	萝卜	酸枣	酸枣
靈金果	灵金果	黄化鱼	黄花鱼	收什	收拾
一觔	一斤	飴拉	饸饹	雨伞	雨伞
氷胡	冰胡	柘榴	石榴	毛毡	毛毯
棹椅	桌椅	板樽	板凳	赶面帳	擀面杖
杓	勺子	笊籬	笊篱	羊拜葉	羊百叶
攏子	拢子	爪頭	抓头	燈盏碗	灯盏碗
据破缸	锔破缸	硬面馂馂	硬面馂馂	蝦	虾
观肠	灌肠	飯囤	荎饭物	錫拉	锡镴
粮炒面	炒面	養活	养活	堂布	
梹榔	槟榔	爛铁	烂铁	摧箒	炊帚
髻叉子		化皮桶		溝葱	沟葱
一楳	一朵	胰子粉	肥皂粉	排扠	排叉
撥魚	拨鱼	蓁椒	大辣椒	掛錢	卦钱
愛窝窝	艾窝窝	鹹食	面糊饼	鋼條	钢条
楪桃	樱桃	菱莆	菱角	英尭*	樱桃
種子	种子	枚桂花	玫瑰花	胡	核
蜜餞	蜜饯	耦	藕	葡桃	葡萄
藁薺果	荸荠果	克瓜子	嗑瓜子	菀豆	豌豆
黄粉驼子	黄粉坨子	油禾鱼	鱿鱼	豆支粥	豆汁粥

续表

旧字	今字	旧字	今字	旧字	今字
煃羔	炸糕	油炸鬼	油条	麵茶	面儿茶
录豆	绿豆	饡羔	甑糕	菓子	油条
翎绢	绫绢	畫	画	爉加子	夹子
白蔌	白薯	果子干	柿饼	掛拉棗	挂拉枣

注：从以上这些字的对比来看，旧字与今字的字意相似的占多数，字意差异的占少数。

从字形来看，有一部分为繁体字，如"撥魚"；有一部分为作者自己的简笔字，如"枚桂花"；有的简笔字是规范的，如"一勺"；有的简笔字不规范，如"克瓜子"；有的字要按字音猜意思，如"羊拜葉"——羊百叶、"豆支粥"——豆汁粥；有的一字是两种写法，如㮈桃，桃左右结构，英㮈的桃是上下结构；木英也是两种写法，一个写英，一个写木英。《金史》中葡萄写为"蒲桃"，用字还是有历史演变的。看来那个年代民间记录事物写字很随意，不是正式出书，不必在意。

第二章 民间音调与农业、畜牧业、水产业及手工业

　　北京的地貌是在"燕山运动"①（距今14000万年至7000万年）之后形成的。由于地质变化断裂作用的不同，产生了较为多变的地势，既有山地突变为平原的地区，也有由低山缓慢变为丘陵再变为平原的地区。总体来说，北京的地理环境是西北部为连绵的山地，东南部为广阔的平原。这里的气候属于暖温带半湿润大陆性季风气候，山区有多种针叶树、阔叶树和落叶树，平原有各种杂草和水生植物。这样的地形地貌和自然气候条件，为人类的生存提供了可能。二十世纪初，先后有考古学家在周口店龙骨山发现了距今70万年至20万年的北京猿人和距今3万年的山顶洞人，说明在很早以前这个地区就比较适合人类居住。

　　从无文字记载的原始部落到传说中的黄帝时代也许一直有人居住，现在不易考证。而在此之后，北京地区的历史都能在史书上找到。在远古的五帝时代，北京所在的北方地区被称为幽陵（颛顼）、幽都（尧）②、幽州（舜），之后这里一直被称为幽州。周代时，分封了两个诸侯国，一个是蓟国（今广安门一带），一个是燕国（今房山区境内）。③西周末或东周初，蓟国被燕国

---

① 萧宗正，杨鸿莲等著.北京中生代地层及生物层.地质出版社，1994.10：104.

② 《尚书·尧典》"申命和叔，宅朔方，曰幽都。"出自：冀昀主编.尚书（先秦元典），线装书局，2007.5.

③ 侯仁之.论北京建城之始//北京市文史研究馆编.京都忆往——《北京文史》集萃.北京出版社，2006：441.

所灭，燕国迁都至蓟城，从那时起蓟城发展成为华北平原北部最大的城市。从秦始皇统一中国到辽代以前，蓟城一直是州郡的治所（即地方政府驻地）。辽代，以蓟城为陪都，相对于首都为南京，又称燕京。金代迁都燕京，改称中都，成为北方的政治中心。元代至清代（明代于1421年由南京迁都至北平）一直作为国都，成为国家的政治中心。

从地理位置上看，蓟城是多条交通要道的交会点。蓟城连接中原内地、东北平原和蒙古高原，是北方地区的重要交通枢纽，往来于此的人很多。有各色各样的北方民族，也有做生意的南方人。来此谋生的生意人涉及各种行业，有大买卖的生意人，也有小买卖的小商贩。他们汇聚在这里，带来了不同的文化、繁多的货物，各民族生活方式在此交融，各地货物丰富了家居所需，让这里也成了北方乃至全国的经济中心和文化中心。

不同的民族、不同地区的人们从事不同的行当，为丰富多彩的民间音调提供了韵汇。不同民族的语言不同，不同地区的方言不同，带来的音乐文化也不同，这为民间音调的多样性提供了可能。不同行当做的生意不同，服务分工不同，产生的民间音调也不同，体现在不同行业的劳动号子、叫卖调等民间音调中。随着劳作方式的改变和生活中方方面面的变化，与不再出现的工种或不再使用的物品有关的一些民间音调消失了，与新的工种或新生事物有关的一些民间音调逐渐出现。记录叫卖的《贸易》《一岁货声》等文献已反映出民间音调随着时代生活的变化而变化。

这些民间音调是生活化的，不仅反映生活的常态和各个行业的特点，还反映出人们的生活与节气时令相一致，表现出过去的生活习俗和节日民俗。就北京叫卖调而言，以食品为主，这既与北京的农业、农作物、畜牧业、水产业的发展有密切的关系，也与农耕的节气有关系，还有一部分生活用品，与北京手工业的发展有着密切联系，也与一些节日民俗有关。北京叫卖调中有人有物有故事，有吃有喝，有歌有曲，天地人间，包罗万象，可见，这口口相传的不仅仅是民间音调，还有千百年相传的民俗和地域文化。

第一节　北京人口成分变迁

北京地区自古就是重要的区域中心。早期作为中原王朝的北方军事重镇，或作为北方邦郭南端城，辽代之后逐渐转变为全国的政治中心、经济中心。这里一直是北方民族与中原交往的要塞，是建都之后各地移民汇聚的城市，也是各类商人进行贸易、物资集散之所。

殷墟出土的甲骨文中记载，夷、狄、戎、蛮等部族，各占一方，构成了"四方"的少数民族。华夏民族之外的"方"或"邦"都可以称为少数民族。东夷、西戎、南蛮、北狄，每一个大族群都有若干个分支，有三千多个族邦之多。[1]他们与中原的华夏民族杂居交错，在华夏大地上繁衍生息。

早在夏商时期的古蓟国和古燕国之时，北京地区就是汉族和北方少数民族杂居的地区。

夏商时期，西北地区有两个主要的游牧民族：戎、狄。这两个民族各自有很多分支，发展壮大之后一些分支开始向东迁徙，进入中原，其活动时间到春秋时期都有记载。戎，包括山戎（即北戎），居于燕国的东北，即今天北京北部、河北张家口和承德、辽宁西部、内蒙古东南部山间盆地[2]，有很多支系；在西周畿内还曾有申戎、犬戎、骊戎等支系。其中山戎部落有太阳崇拜，这也是早期部落文化中较为常见的原始崇拜，其势力发展得较早，春秋时期长期与燕、赵、齐、鲁、郑等国相抗衡。山戎曾攻打燕国，燕国求救于齐国，齐国将山戎击退。狄，包括赤狄、白狄、长狄。春秋时期，狄发展迅速，纷纷建立小国（代、鲜虞、肥、鼓、无极等国），燕国曾陷入狄人的这些小国包围之中，后有鲁国灭肥、晋国灭鼓、魏国和赵国先后灭中山国（鲜虞改国

---

[1]　"逮汤受命，其能存者三千余国。"《后汉书》志十九《郡国志一》引《帝王世纪》，中华书局，1965。

[2]　冯金忠，陈瑞青.河北古代少数民族史.民族出版社，2014：12.

号为"中山")。① 戎和狄所建的政权大多在战国时期被消灭，之后两族融入中原民族。有学者认为，匈奴族是戎、狄的后裔。

北京地区东北方向的东部、中部和西部有三个大的族系，东部有肃慎（也称息慎），后演变为挹娄、勿吉、靺鞨、女真；中部有濊貊、索离、夫余、豆莫娄系，之后一部分融入高句丽，另一部分融入渤海人及汉族；西部有东胡、鲜卑、室韦、契丹、蒙古系。其中肃慎是早期势力发展较大的民族，以鸟为图腾，经考证可能为鹔鹴（指鹔鸠，鹰的一种）。肃慎在商周之前就已存在，且在东北建立了肃慎国，位于黑龙江下游和牡丹江下游流域，与夏有往来。西周时，曾与燕国等国一样臣服周。肃慎或息慎或稷慎都是女真的同音异译。东胡，这个名称大概从战国之后兴起，为胡族向东发展的一个分支，后与地方的野猪图腾氏族相结合，在春秋时期，泛指北戎或山戎；秦汉之后，东胡族不复存在，而后在南北朝时期，野猪图腾氏族发展起来，即为契丹。

除肃慎、东胡外，商代东北还有一个重要的古老的方国——孤竹国，位于今河北、辽宁、内蒙古交界处。② 考古发现，孤竹先民可能就是"红山"族人南下的商人后裔贵族群体，曾为商朝在北方的重要诸侯国之一。春秋时期，齐国桓公在讨伐山戎时也攻打了孤竹国，后又一次起兵将孤竹国消灭。战国时期，其属地归于燕。③ 其他民族也有前往中原和北京地区活动的记载。

秦始皇统一中国后，开始推行郡县制，将天下分为三十六郡，鼎盛时期扩至四十八郡。④ 北京地区有广阳、渔阳两郡（包括蓟、良乡、渔阳、军都、居庸、上兰等县），为秦代北方边陲，直接面对北方的匈奴、东胡、夫余、肃慎以及高句丽等民族。匈奴，前面已经说过，是戎、狄的后裔。东胡，与

---

① 于德源.北京史通论.学苑出版社，2008：115.

② 西南起今河北迁安、卢龙；沿渤海北岸东抵辽宁兴城；北达辽宁北票和内蒙敖汉旗南部的光芒范围之内。

陈平.燕史纪事编年会按.北京大学出版社，1995：54.

③ 北宋乐史编著的《太平寰宇记》载：辽宁朝阳地区"殷时为孤竹国，春秋时为山戎之地，战国时其地复属燕"。

④ 这个数据史学界尚无定论。

山戎有一定关系，但与匈奴不同。夫余，与肃慎的图腾相似，也是以鸟为图腾，经考证有些氏族以凫（野鸭）为图腾，但语言不同于肃慎语系，而是与濊貊族语系的高句丽语言相近，东汉时期与中原联系加强，并臣服于东汉，设辽东郡，至南北朝时期为勿吉族所灭。高句丽，属于九夷之一，东部的少数民族之一，源于貊族，可能是从北夫余的分支中分出来的，从汉代起将高句丽所在区域立为一县，隶属玄菟郡。

有两个民族是西汉时期出现在东北地区的，是乌桓族和鲜卑族。这两个民族是从东胡族解体时期分裂出来的。乌桓族，也称乌丸族，是东部九夷中的赤夷与东胡人组合的部落，其语言与东胡相同。乌桓族曾臣服于匈奴。东汉末年，在匈奴胁迫下攻打中原，破幽州，掠汉民十万户，后被曹操征服，带回十万汉民，并将乌桓族残余带入中原，编为骑兵。未进中原的乌桓族与鲜卑族融合，乌桓族的历史至此停止。鲜卑族和乌桓族一样曾受匈奴牵制，后归附东汉，打败匈奴，之后匈奴人都自称鲜卑人。西晋时期，东部鲜卑分为三个部落：慕容、段氏、宇文。慕容和段氏建立了政权，宇文部落原为匈奴人，语言、风俗与鲜卑族不同。

五胡十六国时期，北方少数民族纷纷建立政权，在北京地区就出现多次少数民族政权更迭：匈奴后裔建立前赵；羯族灭前赵建立后赵，后被将军冉闵所灭，国号改为冉魏；鲜卑灭冉魏，所建立的前燕入主中原；氐族人建立的前秦灭前燕，成了中国历史上第一个统一北方的少数民族政权；之后鲜卑人独立，建立后燕，后分为北燕和南燕；鲜卑的另一支复建代国，国号为魏，史称北魏；最终，北魏灭北燕等国，并征服北方柔然，统一北方。南北朝时期，北魏结束了一百三十五年北方的混战局面，进入新的历史时期，曾与周边勿吉族有往来，但北魏后分为东魏、西魏，分别被北齐和北周取代，最终北齐被北周所灭。这些国家主要由鲜卑族的后裔所统治，北周后，鲜卑族逐渐消失。这一历史时期除了前面提到的匈奴和鲜卑，出现了羯族和氐族，五胡中北方占了四个。羯族，为康居的游牧民族，隶属于匈奴，但与匈奴有别，学界认为与月氏为同一族源，东汉时迁入中原。氐族，是一个西北古老的农耕民族，迁徙并不频繁，甲骨文中曾有记载。其在东汉之后因战争原因部分进入中原，建立多个政权，动摇了西晋的统治，建立的前秦随着征战东晋而瓦解。

隋唐时期，国家基本处于统一状态。隋代，北方的少数民族政权有西突厥、东突厥、室韦、奚、契丹、靺鞨、高句丽等；唐代，先后收复了西突厥和东突厥、奚和契丹等民族，室韦归顺于唐，唐以羁縻政策对少数民族进行管理。这些民族都受到隋唐文化的影响。其他周边国家也与隋唐进行了很多文化交流，如高昌、高句丽、新罗、百济、日本等，唐在经济、文化、军事等方面达到盛世。这些民族中，室韦与契丹同源，有北称室韦、南为契丹之说，室韦也是以野猪为图腾，分布在嫩江流域，并逐渐扩大领地，隋唐时期发展到九个部落；金代时室韦与女真族、蒙古族融合，逐渐退出历史舞台。奚为东胡后裔，曾与契丹隶属于宇文的部落，语言文化习俗与契丹相似；曾臣服于突厥，后归服于唐；辽代时奚与契丹族融合，辽后不再有历史记载。靺鞨，源于肃慎的后裔挹娄，北魏时称勿吉，北齐起称为靺鞨，分布在松花江和嫩江流域，发展为七个部落，其中粟末靺鞨在挹娄故地建国，唐封其为渤海国，大量吸收唐文化；辽代被灭，遗民被迫迁徙，与汉、契丹、女真、高句丽等族融合。

辽，为日益强大的契丹族所建立的北方政权。燕地为陪都南京。金，为女真族建立的国家，定都于燕京，改称中都。女真，为靺鞨的一支黑水靺鞨，五代时改称女真，为区别渤海国的靺鞨后裔，辽时称其为"生女真"；金代曾几次把东北的女真人、契丹人、奚人迁入华北、中原等地。元，为鞑靼部落的蒙古族，源于室韦族蒙兀部，从辽时逐渐发展壮大，金代末期，先后灭西辽、金、宋，成为中国历史上首次由少数民族建立的大一统的政权，定都于此为元大都。明代，汉族在南方起义，向北推进，最终推翻元朝统治，都城由应天府迁至顺天府，对少数民族采取羁縻政策。清代的满族源于女真族，源于"九夷"中"满饰"，史学界还有其他解释。女真族在金王朝瓦解后散落为多个部落，元代对女真实施高压政策。明取代元，女真纷纷归顺。东北地区一直有类似的族名，如"满番（bó）""满浦"，明代时成为一个完整的部落，建立后金，皇太极将族名改为"满洲"，改国号为"大清"，后迁都北京。

这里不是要讨论历史和民族发展的细节问题，而是从梳理围绕着北京地区的北方地区政权的更迭以及北方少数民族的信息中，看到北京地区所处地理位置的重要性，以及多民族在这片土地上的融合。从古蓟国、古燕国算起，北京地区经历了周、秦、汉、西晋、后赵、前燕、前秦、后燕、北魏、隋、唐、后唐、辽、金、元、明、清等大大小小的政权割据、更迭，长期处于北方、华北、中原政权的边界区域，是历来的边陲重镇。这里留下了多个民族的身影，戎、狄、肃慎及其后裔东胡、夫余、高句丽、鲜卑、乌桓、匈奴、突厥、契丹、室韦、奚、蒙古、满洲等民族支系。这些民族部落之间相互融合，也与汉人相互融合，有些族系延续下来，有些族系在一定时期内强大，分分合合，族系更迭，之后"消失"了。尽管如此，民族支系的共性文化依旧传承，一些较有特点的族系文化在融合中也保留了下来，这些可以通过考古发现的各种工具、器皿、生活用品、头饰、服饰、瓦当、砖雕、墓壁画上等视觉形象反映出来，还有些以相对无形的文化传承下来，如音乐、舞蹈、小戏、神话、传说等。把这些信息与典籍、诗文、竹简、铭文等文字信息相对照，可以更清晰地认识某个民族的特征，也可以为民间仍流传的风俗、艺术形式或传说找到解释的源头。

这些民族中有游牧民族、狩猎民族、农耕民族和渔猎民族，不同的生活方式形成了不同的民族性格，产生了不同的文化。从图腾来看，主要出现了两种图腾：一种是兽图腾；一种是鸟图腾。兽图腾的民族部落主要是游牧民族和狩猎民族，有东胡、室韦和契丹，以野猪为图腾；突厥以狼为图腾；乌桓、鲜卑以马鹿为图腾。鸟图腾的民族部落主要是农耕民族和渔猎民族，有肃慎、夫余、女真等，以鸂鶒、凫、海东青为图腾。现在的赫哲族、鄂温克族、满族等族仍延续这个传统。海东青在辽代曾是重要的贡品。[①] 从艺术文化来看，东夷的濊貊族及其后裔在音乐文艺方面发展较好。濊貊族是农耕民族，其后

---

① 海东青为汉语鹅鸠的音译，鹅鸠很有可能是五方神鸟中的鸂鶒。

裔夫余、高句丽也继承了这种生活方式。夫余是个能歌善舞的民族，在《后汉书·东夷传》中就有记载"行人无昼夜好歌吟，音声不绝"，《三国志·东夷传》也有迎鼓的歌舞祭祀记录"以殷正月祭天，国中大会连日，饮食歌舞，名曰迎鼓"，迎鼓的节日在西南许多民族可以看到，这是由中原传至周边民族，《晋书·四夷传》曾有"会同揖让指仪，有似中国"的记录，说明夫余与中原交流较频繁，向中原学习了很多。汉桓帝也曾以黄门鼓吹角抵戏接待夫余的贵客，这些都足以说明这个民族对艺术的热爱。高句丽族在很多方面与夫余较为相似，能歌善舞，能够彻夜歌舞不息，有琴、筝、篳篥、横吹、箫、鼓等乐器。曾受汉武帝刘彻赏赐的一批"鼓吹伎人"，其"高丽乐"或"高丽伎"早在南北朝时期就已传入中原，隋代列入七部乐、九部乐，唐代列入十部乐。女真族在音乐方面也有一定发展，有自己民族的乐器鼓和笛，曲子有《鹧鸪曲》，且更多地受到中原影响，常用的乐器有箫、琵琶、笙、鼓等，金代宫廷的乐工歌女能表演柳永的《望海潮》。作为游牧民族的契丹有自己民族的音乐，也爱好女真的鼓笛之乐，北宋宣和年间曾出现用契丹和女真民族音乐素材创作的作品，如《蓬蓬花》《四国朝》《异国朝》《六国朝》《蛮牌序》等。他们也吸收了中原的很多音乐元素，宫廷中能够演奏雅乐、大乐、铙歌横吹乐，民间有百戏、杂剧等散乐。有一个少数民族乐器要提及，与已经消失的羯族有一定关系，就是羯鼓。学界对羯鼓的起源认识不一，有一种说法，羯鼓源于羯族，请见《羯鼓录》和《通典》所记。[①]不管羯鼓源自何处，可以肯定的是羯鼓在龟兹乐中占有重要地位，唐玄宗称之为"八音之领袖"，唐代曾有《羯鼓录》，其中有曲目一百三十余首，足以说明羯鼓在隋唐宫廷音乐中的重要性。还有一个与少数民族有关的文学作品要提及，就是《箜篌引》，这是古朝鲜歌谣，但《箜篌引》还出现在《琴操》《古今注》等多个版本，对歌谣的内容有多种解读，对箜篌这个乐器也存在着多种认识。就箜篌而言，有学者从乐器历史发展和演奏方式角度分析，认为该乐器实为卧箜

[①] "羯鼓出外夷，以戎羯之鼓，故曰羯鼓"（南卓《羯鼓录》）。"羯鼓，……以出羯中，故号羯鼓，……"（杜佑《通典·卷一百四十四·乐四》）。

篌，而非竖箜篌，卧箜篌在古朝鲜地域的墓葬壁画中多次出现。[1]

从语言来看，同族系的语言相同，如东胡语族有鲜卑、乌桓；肃慎语族有挹娄；濊貊语族有夫余、高句丽、濊貊、沃沮；契丹文属阿尔泰语系蒙古语族，女真文属阿尔泰语系通古斯语族，这两个民族都发明了自己的文字。这些语言在不同程度上影响着华夏民族语言和语音的发展，汉语的上古前期以殷商语为主，融合了胡狄、氐羌的成分；汉语上古中期的西周以京畿雅言和西周雅言为主；汉语上古后期的东周，东周雅言（镐京雅言与商洛雅言的融合）；上古时期的秦汉，汉语和周边民族语言共存，以洛话或晋语的中原音为代表；汉语中古前期，北方在少数民族统治之下，胡狄语曾占主流，但最终被汉化，由河洛雅言取代；中古后期的隋唐宋时期，由长安雅言转为中原雅音，辽金时期，为受阿尔泰语影响的汴洛雅音；元明清至近代，由汉语蒙语相互影响形成的蒙元北方汉语，转变为江淮中原官话，由于明都城由南京移至北京，江淮官话受到北音和少数民族语言的影响，清代中后期以汉语为共同语，官话又受到满语的影响，最终形成新的北方官话，与现在的标准话相近[2]。

音乐、乐器、语言等文化是随着民族的发展、迁徙、融合而发展变化的。在民族文化交流中不断地相互影响，既有民族化的过程，也有汉化的过程。音乐文化的交流对民间音乐和宫廷音乐都有很多影响。民间很早就有大量的民间歌曲，《诗经》、相和歌等是最好的证明，市民音乐也逐渐繁荣，少数民族的民间音乐也渗透其中；宫廷音乐最为人熟知的隋唐音乐，在七部乐、九部乐、十部乐中包含了汉族、少数民族以及外来民族的音乐。这些音乐并不是隋唐时期才传入的，而是之前的南北朝时期传入的。在语言上的交流出现了汉语和少数民族语言共存的现象，语音上发生着改变，词汇上也丰富许多。文化上的融合为艺术的多样性提供了丰富的语汇资源。

---

[1] 张哲俊.《箜篌引》是古朝鲜的歌谣吗? 外国文学评论，2016（2）：221.
　　林谦三. 东亚乐器考. 上海书店出版社，2013：210.

[2] 周祖庠. 新著汉语语音史. 上海辞书出版社，2006：14.

第二节　北京叫卖调与农业

北京地区的地势地貌、土壤类型、河流水系以及气候等条件，为不同农作物的生长提供了良好的自然环境。北京地形西北高，东南低，地貌主要分为山地和平原两种，平原地区、河谷地带以及低山阳坡等地的土壤比较肥沃，有利于农作物的生长；水系主要有永定河、潮白河、大清河、温榆河、蓟运河五大水系，是北京地区的生存命脉，滋润着周边的土地。气候特点主要为冬春季较为干旱，夏秋季雨涝增多。从历史来看，北京地区曾在西汉时有大暴雨，东汉至南北朝时期，气候变化剧烈，多次出现旱灾、暴风等天灾，隋唐时期较为平缓，仅出现了五次水灾，辽金时期出现了多次较为寒冷的天气，元代旱灾水灾较为频繁，明清之后北京地区较为寒冷，旱风增多，气候干燥。总体来说，这些自然条件较有利于多种农作物的生长。低山、丘陵、台地地区主要有高矮秆豆类、玉米、小麦等粮食作物；平原地区主要有玉米、高粱、土豆、薯类、豆类、谷子、芝麻、小麦、大麦、水稻、瓜类等粮食作物，也种有油料作物以及棉花等经济作物。

一、北京农业的历史

根据考古出土的农具、石器、陶器以及动物骨骼来看，北京地区早在新石器时期就有了原始农业的迹象。沟河是北京最早产生原始农业萌芽的地区，[1]其他遗迹主要是在平原和山脉过渡地带，如怀柔、密云、顺义、平谷、朝阳和海淀等区县的遗址都是位于这样的地带，这里没有沼泽，也没有茂密的森林，土地易于开垦，为种植农作物提供了耕种的土质保障。北京地区"夏家店下层文化"以及商周的出土文物都能说明，在那个久远的年代就已经有可以煮饭的鬲，可以蒸饭的甗，可以盛放饭食的簋，可以盛酒的各种酒器，农

---

[1] 于德源. 北京农业经济史. 京华出版社，1998：17.

具也逐渐丰富,特别是房山的古燕国遗址出土的农具,说明了生产水平有所提高,可以进行播种、松土、产地等多种精细耕作。这里也许没有出土过碳化谷物,但分布在燕山南北的其他夏家店下层文化遗址曾出土过碳化谷物,包括粟、稷[①]等,这说明夏家店下层文化分布的区域已经有较为发达的农业。一些史料也记载了夏商时期北方的农作物,在中原和华北地区主要以粟、黍、稻米或大豆等为主食,夏代以粟为主,商代以粟、稷为主,特别是粟,曾被作为官位俸禄和钱谷出纳的折算标准;[②]商代对农业生产极为重视,以粟类粮食种植为主,也已有大麦、小麦、高粱和大豆等。这体现了我国农业起源"北粟南稻"的北方特点。《尚书·舜典》孔疏云:"民生在于粒食。"是说先民食粒,"米而不粉"[③]。而蔬菜瓜果类的记录和考古实物相对较少,《吕氏春秋·本味》中有一则给商汤开的食谱,其中有蘋(水藻)、木实、木叶、树菜、芸蒿、水芹、菁、土英等蔬菜,有棠实、百果、甘枦、橘、柚等水果。但其中具体是哪些蔬菜和水果,已不易考证。酒类的酿造已经颇具规模,酒的种类也较为多样,有用粟制的粮食白酒,有稻米酿的醴酒,有黍酿的酒(称为鬯),有桃、杏、枣等酿的果酒,还有一些舒筋活血、清热解毒、润肠通便的药酒等。肉类和水产品也较为丰富,肉类主要依靠家禽家畜或打猎带回的野味,水产品主要依靠在河湖中捕捞、垂钓等方式获得。总体来说,夏商时期的生产生活已经比原始社会有了很大进步,种植、畜牧、狩猎等方面的生产力都有所提高。

春秋时期的燕国国力弱小,到了战国时期生产力有了显著提升,农具大多为铁制工具,种类增多,以镰、钁、斧、犁、铲最为常见,农业迅速发展,由原来的地广人稀之地变为"渔盐枣栗之饶"之地。在《战国策·燕策》中记载了苏秦和燕文侯的一段对话,说燕国"民虽不由田作,枣栗之实足食于

[①] 粟,去皮为小米;稷,学界认识不一。《说文解字》载:"黍为大黄米,稷为小黄米"。

[②] 王祯《农书·百谷谱·谷属·粟》:"夫粟者,五谷之长,中原土地平旷,惟宜种粟。古今谷禄,皆以是为差等;出纳之司,皆以是为准则"。

[③] 宋镇宗.夏商社会生活史(上).中国社会科学出版社,1949.9(2005.10):346.

民矣",且"粟支十年",这足以说明燕国当时的农业生产实力。《周礼·职方氏》中说明北京地区适合种三种谷物,即黍、稷、稻。秦统一之后,燕地的政治地位下降,成为抵抗北方民族侵扰的边郡,不安定状况也影响了农业的发展。两汉时期,北京地区的农业生产有所恢复,并有了新的飞跃,农业生产工具、农产品存储和加工技术都有了很大进步。不仅如此,为了在冬天也能吃上新鲜的蔬菜,开始尝试"温室"技术,通过提高屋内温度来促进蔬菜生长,这是我国温室的雏形,但使用不广泛,北京地区还待考察。粮食依然以粟类谷物为主,蔬菜水果类也丰富许多,《礼记·内则》中曾记有17种果品:"芝、栭、菱、椇、枣、栗、榛、柿、瓜、桃、李、梅、杏、楂、梨、姜、桂",这些品种对应现在哪些水果,已经不易考证。《大戴礼记·夏小正》介绍了物候和天象,其中涉及各月的物候和不同作物的农时,几乎每个月都有一定收获:正月"囿有见韭","梅、杏、杝桃则华","采芸(芸蒿)";二月"荣堇(苦菜)、采蘩(白蒿)","荣芸,时有见稊,始收";三月"采识(识,草也)","妾、子始蚕","祈麦实。麦实者,五谷之先见者";四月"囿有见杏","王萯秀","取荼(苦菜和茅菜的白花)";五月"乃瓜。乃者,急瓜之辞也。瓜也者,始食瓜也","启灌蓝蓼","煮梅。为豆实也","菽糜";六月"煮桃";七月"秀雚苇""灌荼";八月"剥瓜""剥枣。零(果子都掉下来了)";九月"荣鞠树麦";十二月"纳卵蒜"等。从这份十二月的物候变化中,可以看出汉以前甚至更早时期的时令蔬菜水果,韭菜正月就可以吃到,二月有苦菜和白蒿,四月有杏,五月较为丰富,有瓜和梅,还有豆类做的粥,六月有桃,八月摘瓜摘枣和其他熟透的果子,九月种麦子。这里要注意的是《夏小正》中的十二月可能与现在所用的农历十二月不完全一致,有学者认为其实为"十月太阳历"[1],也有学者认为是"十二月历"[2],但与《礼记·月令》按四季而分的物候有一些差异[3]。尽管《夏小正》和《月令》

---

[1] 陈久金.论《夏小正》是十月太阳历.自然科学史研究,1982(4):305.

[2] 胡铁珠.《夏小正》星象年代研究.自然科学史研究,2000(3):246.

[3] 何幼琦.《夏小正》的内容和时代.西北大学学报(哲学社会科学版),1987(1):26.

产生的先后顺序仍存在争议，其内涵的辩证思想也有一定差异，但都为农业生产活动以及历法发展奠定了一定基础。这也许在一定程度上启发了时序类民歌的叙述方式，而民间歌谣中也确实存在按时间叙事的作品，最早的时叙类当属《诗经·豳风·七月》，以及南朝乐府民歌《子夜四时歌》等，这些都是为后来出现的像《十二月花》《四大景》等时序类民歌奠定了民间基础。但就《夏小正》《月令》《七月》出现先后的问题，学界尚无定论。

  从东汉末年至南北朝，战乱不断，汉族和少数民族居民逃亡、迁徙频繁，农业发展受到一定限制。从另一个角度来看，人口流动也促进了落后地区生产技术的进步。曹魏时期，北京地区成为北方军事重镇，农业上最重要的贡献就是改善河道，修建戾陵堰（今永定河上），开凿车箱渠，建立了北京历史上最早的大规模农田水利工程，可灌溉周边百万亩农田，以此来解决军粮问题。西晋十六国时期战乱，水利设施几乎荒废，农业萧条。北魏之后，对水利设施进行修复使用，形成了更大的水利工程体系，加强幽州地区抵抗水旱灾害的能力；此外，还积极发展农桑，实行均田制和三长制，减轻农民负担，使农民生产积极性提高，农业生产发展较好；贾思勰所写的《齐民要术》既是对已有农业技术的总结，也对后世的农业生产具有指导意义，从中也可以看到农业物种的丰富，以及农业技术的进步。隋代大运河的开凿沟通了海河、黄河、淮河、长江、钱塘江五大河流，把北方和江淮富饶之地联系起来，加强了南北经济文化交流。唐代时期，幽州的农业生产水平有所恢复，其他和北京地区相关的檀州（今北京密云）、妫州（今北京延庆、河北怀来等地）人口大幅增加，社会经济也得到发展，谷物种类比原来有所增加，以粟为主，还有小麦、水稻、胡麻、豌豆、大麦、燕麦、荞麦等，其中小麦最迟于东汉时期在北京地区广泛种植；[1]芝麻相传是汉代张骞出使西域时带回我国的，也有考古发现南方（湖州市钱山漾新石器时代遗址和杭州水田畈史前遗址）很早就有种植芝麻的历史，北方芝麻种植是从南方带来的；豌豆可能是张骞出使西

---

[1] 于德源.北京农业经济史.京华出版社，1998：133.

域时带回的；燕麦大概是唐代由西方传入的①，但也有学者认为燕麦起源于中国②。蔬菜瓜果种植丰富许多，据说隋唐时期蔬菜可达三十多种，引进的蔬菜有莴苣、菠菜、牛皮菜、胡椒等。北京本土栗子和枣早在战国就已名闻天下。桑树种植广泛，促进了丝织业绢行的发展。此外，农业种植技术有很大提高，《四时纂要》记载了许多粮食作物、蔬菜、果木和油料作物等的种植技术以及副产品加工技术，从中也能反映出农作物种类的丰富。

辽金时期，北京地区的蔬菜、水果等物产已经相当丰富。辽对农业生产较为重视，农业未受过多破坏，并鼓励百姓开垦荒地，扩大种植面积，甚至可以此免赋役十年。但有意思的是，辽一度禁止农民引水种稻，其中既有军事原因，又有契丹对河渠的畏惧，后因维持辽南京（今北京）的基本经济需求，不得不放弃种稻禁令，恢复水稻生产。辽代农作物的种类有粟、黍、稻、稗、菽、稷、麦、豌豆、荞麦等。辽对农业的扶植还体现在对"特产"的管理，辽南京的炒栗已成为当地特产，辽还设置了栗园司以掌管种栗等事宜，可见栗子对于城市经济发展的重要性。辽代"破回纥"，把西瓜引入中国，并在统治区内广泛种植；辽代的果类有梨、枣、海棠、杏、桃、李、柿、樱桃、榛、栗、大籽松。蔬菜类有芹菜、回鹘豆、韭菜、菱芡、葵、葱、姜、蒜等。金代时，西瓜种植推广到南方。后因水灾、蝗灾、旱灾等天然灾害，人口大量流失。金代农业状况可以从出使金国的宋使许亢宗的话语中看出，他赞言"膏腴蔬蓏果实稻粱之类，靡不毕出，而桑柘麻麦羊豕雉兔，不问可知"；③金中都的人口有所增多，有东北的大量少数民族迁入，为保证都城的粮食需要，④除了有当地的粮食生产，还依靠河北、山东等地的漕运，并为此疏浚了多条漕渠。金代的农作物主要有粟、麦、豆、稻、荞麦、稗等；果类有西瓜、枣、栗子、

---

① ［日］星川清亲.栽培植物的起源与传播.段传德，丁法元译，河南科学技术出版社，1981：27.

② 李刚，田伟，李成雄编著.莜麦新品种与高产栽培技术.山西人民出版社，2006：32.

③ 于德源.北京农业经济史.京华出版社，1998：147.

④ 张博泉.金代经济史略.辽宁人民出版社，1981：35.

橙子、樱桃、石榴、李子、杏、葡萄、秋白梨等；蔬菜有豌豆、葱、芹菜、豆、葵、竹笋；有腌菜保存的习俗，腌咸菜、酸菜、韭菜花、蒜、黄瓜等。

元代农作物的种类大大增加，粮食作物仍以谷、麦、黍、稻、豆为主。豆类作物有黑豆、小豆、绿豆、白豆、赤豆、红小豆、豌豆、板豆、羊眼豆、十八豆、黄豆、芝麻、苏子等品种；麦类有小麦、大麦等品种；黍类有糯黍、小黍、蜀黍（高粱）等；水稻也普遍种植，有专门生产稻米的"稻户"。蔬菜的需求量也增多，园艺种植十分发达，种类有白菜、甜菜、蔓菁、王瓜、萝卜（红、白两种）、茄（白、紫、青三种）、菠菜、冬瓜、梢瓜等园圃种植的蔬菜24种，野生的有蕨菜、山韭、马齿苋、七击菜、野蒜、豆芽、山葱、高丽菜、苦苗菜等40多种。水果有葡萄（马奶、色紫、小核）、苹婆（苹果）、桃（络丝桃、麦熟桃、大举桃、山红桃、鹦嘴桃、细桃、五月桃、冬桃等10种）、栗（西山栗园、斋堂栗园、庆寿寺栗园等）、西瓜、甜瓜、黄瓜、胡桃、香水梨、榛（汉榛、胡榛）等十多种。[1] 花生在元代时已传入，元代贾铭著的《饮食须知》已有记载。

明代的水稻种植在一些区域有所发展，明政府曾招募南方人来京种水稻。明代主要的农作物有粟、黍、稻、小麦、大麦、脂麻（芝麻）、蜀黍、绿豆、黑豆、白豆、荞麦、棉花、丝、棉等。可以看到，棉花在明代已经是较为重要的经济作物，这得益于元代的推广种植。[2] 最值得赞赏的是明代万历年间玉米和甘薯的传入，丰富了杂粮的种类。除此之外，明代还引入了很多农作物，有南瓜、烟草、番茄、向日葵等。果木主要有桃、杏、核桃、枣、栗、榛、李、梨、苹果、樱桃、葡萄、西瓜等，最著名的有文官果（槟榔）、林檎（槟子）、苹婆、秋子、杏、八旦杏（也称巴达杏）、李、胡桃、白樱桃。[3] 随着城市的发展，城市居民对蔬菜的需求量有所提高，北京周边的产菜区逐渐发展起来，温室技术也有所提高。蔬菜种类有黄瓜、丝瓜、豆芽、扁豆、韭菜、薹菜、

---

[1] 熊梦祥. 析津志辑佚. 北京古籍出版社，1983：225-229.

[2] 冯泽芳编著. 中国的棉花. 中国财政经济出版社，1956：20.

[3] 于德源. 北京农业经济史. 京华出版社，1998：305.

芹菜、茄子、山药、菠菜、芥菜、白菜、土豆、胡萝卜、水萝卜、茴香、姜、大蒜、葱等。其中胡萝卜、丝瓜大概是在宋代传入的。明代曾有人把北京的蔬菜水果种类与南方进行对比，认为北京的物产在品种上多于南方，在品质上也很有特点，有些水果比南方的口感还要好。明代还有一类种植业值得一提，就是养花业，这在明代刘侗等的《帝京景物略》中有详细的描述。北京种花的区域主要集中在右安门外南十里的草桥，几乎家家以种花为业。春、夏、秋三季花卉不断，品种繁多，春季有梅花、山茶花、探春花、海棠花、丁香花、桃花、李花、牡丹、芍药、栾枝等；夏季多草本花卉，有蜀葵、莺粟、凤仙、鸡冠、玉簪、十姊妹、乌斯菊、望江南等，还有木本的石榴花；秋季有红白蓼、木槿、金钱、秋海棠、木樨、菊等；三季常开的有长春、紫薇和夹竹桃。有花卉种植，自然就会有鲜花买卖，"都人卖花担，每辰千百，散人都门"[①]，可以想象千百人挑担在城门卖花的热闹场景，以及有鲜花点缀的明代北京百姓生活。明代也遭受了旱灾、水灾、风灾、蝗灾等自然灾害，给农业生产带来了巨大损失。

  清代对北京地区的水系进行了治理和开发，一定程度上恢复并促进了农业经济生产，特别是稻田的耕种。国内外的经济交流频次增多，一些新的物种被引进，农产品种类比明代更加丰富。主要的粮食作物是粟和高粱，因北京较为干旱，不太适合小麦和大麦的种植，莜麦取而代之；旱稻种植也多于水稻的种植；豆类繁多，有青大豆、黄大豆、黑大豆、白大豆、褐豆、虎斑豆、紫豆、黄小豆、白小豆、赤小豆、黑小豆、绿豆等；糜子和晚豆（豌豆）也偶作抗旱的杂粮补种。玉米和甘薯的种植比明代更广泛，清早期两者曾是皇家贡品，清中后期有文献表明两者在北京地区的种植已经较为广泛；芝麻的种植比明代更为普遍，不仅用于食用，还用于照明。[②] 北京地区的蔬菜种植主要是官菜园（如今西城区官园、枣林街一带）和私菜园，温室栽培已经较为普遍。蔬菜主要有白菜、唐白菜、油菜、瓢儿菜、甜菜、莴苣、扫帚菜、蕨、

---

① （明）刘侗，于奕正.帝京景物略.上海古籍出版社，2014：175.

② 于德源.北京农业经济史.京华出版社，1998：303.

蔓菁、苋菜、白花菜、黄花菜、菠菜、茭白、芹菜、茄子、辣椒、蘑菇、苤蓝、萝卜、土豆、芋头、百合、香椿芽、豆苗菜、笔管菜、木兰菜、木耳、苜蓿菜、龙须菜、甘露、刀豆、豇豆、香菜、葱、蒜、蒜苗儿等。果类除了北京特产的枣、栗之外，也增加了许多品种，有银杏、石榴、杜梨、倒吊果、呀儿果、沙果、虎喇槟（火腊槟）、林檎、柿子、松子、山楂、桑葚、阳桃（猕猴桃）、无花果、文官果、莲子、菱、芡、慈姑、荸荠、铁梨等，其中许多品种由外地引进，如马奶葡萄从新疆引进，西瓜和香瓜从哈密、榆次等地引进。这些蔬菜瓜果进入市场，相应的叫卖随之产生。花业更加繁荣，丰台一带的花卉种植依然兴盛，且运用了温室种植技术；除此之外还出现了专门的花卉市场，再有就是在京城的几大庙会上卖花。花卉品种也有所增多，如小绣花、八仙、瑞香花、迎春花、金雀花、紫藤花、蔷薇、红花、向日莲、转枝花、晚香玉、石竹花、草莫林、剪春萝、剪秋萝、杜鹃、映山红、爬山虎、马兰花、琼花（向日葵）、米囊花、金银花、兰枝花、珍珠花、金铃、敷地锦、棣棠、牵牛花、水仙花、蝴蝶花、仙人掌等，种类繁多，数不胜数。清代经历的近三百年间也遭受了旱灾、水灾、泥石流、地震、蝗灾等数次自然灾害，给农业生产和人民生活造成了巨大损失。

　　北京地区的农作物从仅有的几种谷类作物和野菜逐渐发展到十几种粮食作物以及数十种蔬菜水果，农作物品种的丰富是多方面因素作用的结果，有自然条件的作用，有种植方式的改良，有种植技术的提高，有国内外物种的引进，有人们对食物多样性的需要，有对新物种的好奇，还有生活方式和社会经济的变化等。这些因素让农作物从零星的园圃种植发展到规模化的区域种植，从自给自足的农耕小院走向商品化的市场，从某地的专属特产发展为多地共享食材，从时令生产发展到跨时令生产。农业的发展不仅影响人们的饭桌，众多经济作物还影响生活的方方面面，从麻到棉的应用，芝麻、花生等从食品到榨油，人们对花卉需求的增多，以及其他药用作物、糖料作物、染料作物等，都为生活增加了许多温度、味道、色彩和趣味。

二、北京叫卖调中的农作物

追溯北京地区的农业，也是追溯北京地区的生活，与之相伴而生的民间音调也是随着农产品的变化而变化。它们反映出随时令变化的农耕劳作、时令物产、产地品质、百姓喜好、社会风俗等。农作物种植、引进、交易的历史，可以让人们更清楚地感受民间音调存在的历史感。农业劳作随时令进行，可以让人们感受到大自然带来的时间观念。民间小调中有许多唱农作物和花的歌曲，叫卖调、叫卖歌中也有很多和瓜果、蔬菜、花卉有关。人们在传唱和叫卖的同时，也在传承劳作方式以及传统的农耕时令观念。这种看似娱乐的方式起到了普及农业基础知识的作用，也充分体现了我国的农耕文化的延续。

从《大戴礼记·夏小正》《小戴礼记·月令》到《四民月令》（东汉·崔寔著）、《四时纂要》（唐·韩鄂著），这些记录农事的历书、农书、杂录虽然并不是系统专业的农书，但在民间传播较广。民间传唱的有关农耕的诗歌，从《诗经·豳风·七月》到《子夜四时歌》等，把农耕知识或经验浓缩之后简化编成朗朗上口的歌谣，方便传唱，便于传承。这些农书和歌谣的共同特点在于，都依据时间（月份、季节）的顺序描述物候、气象、天文、耕作、礼仪、法令、禁令等信息，这说明万物生长和人的行为都应遵循自然规律。作为农耕历法的二十四节气充分体现了这个特点。二十四节气起源于夏商时期，于战国时期基本形成，至秦汉时期完善定型。[①]二十四节气对农业生产有一定的指导作用，如今民间还在传唱节气歌，也在编唱各行业的节气歌。

北京地区的民间歌曲中有大量有关蔬菜、水果、花卉的小调、叫卖歌和叫卖调，有些小调可以追溯到明清时期，传唱了许多代。从这些民间歌曲中，可以看到有些内容是按时序排列的，如以某种花卉或农作物为起兴来传情达意或述说故事，叫卖歌和叫卖调也表现出明显的季节或时令特点。

先来看看蔡省吾《一岁货声》中收录的与农作物有关的叫卖调。之前已经介绍过，《一岁货声》是按月份排列的叫卖，每个月有不同行当、不同物品、不同服务的叫卖。这里将农作物的吆喝分为蔬菜、果类、花卉三类。

[①] 沈志忠.二十四节气形成年代考.东南文化，2001（1）：53.

1. 蔬菜

随季节而销售，二月叫卖的菜类有菠菜、韭菜（"野鸡脖的盖韭"）[①]、羊角葱；三月有菠菜、小毛菜、苦荬菜（今名苣荬），果市以花椒、香椿（"嫩了芽的香椿"）开市；四月叫卖的有慈姑、小葱、莴苣菜、嫩水萝卜、白菜、蒿子秆、蒜、黄瓜、沟葱、辣秦椒、豌豆角儿、芸扁豆；五月有老玉米、大海茄、架冬瓜、老倭瓜、茴香菜、马兰、韭菜、豆芽菜、青豇豆、小白菜；六月有小芥菜；七月有跟头菜、菜心、生白薯、芋头；十月有白薯、胡萝卜、大萝卜、黄豆芽；腊月有山药、火芽菜。

2. 果类

果类包括水果和各种干果。三月菜市以葡萄、枣的叫卖结束；四月叫卖的有杏儿、甜樱桃；五月有甜瓜（白沙密）、早香瓜、桑葚（供佛）、大樱桃、李子、五月先（桃）；六月有西瓜（推车或挑筐卖，"赛过通州的小凉船儿"）、蜜桃、熟海棠（十钱一碗，一文"一大"碗）、鲜榛子、红沙果；七月有虎喇槟[②]、闻香果、沙果、梨、大蜜桃、鸭梨、大白蜜桃、大苹果、枣、葡萄干、脆枣、鸭广梨、蜜节梨、大果子、山里红；八月有咸核桃、咸栗子、海棠、沙果、柿子（高庄）、大酸枣、沙果、苹果、团圆果子；十月有挂拉枣（去枣心的干枣）、柿饼、红海棠、黑枣；冬月（十一月）有橘、柚、橙、香蕉、青果、甘蔗（卫货挑卖）；腊月有荸荠（除夕晚间卖，取"必齐"之义，辟邪）、瓜子、糖葫芦（推车卖）、杂果（挑子卖）。

[①] "五色韭菜是名扬四海的老北京传统口味蔬菜，原是北京郊区大兴区瀛海庄的特产，因其从根到梢呈现白、黄、绿、红、紫五种颜色而得名。五种颜色的组合光彩夺目，犹如野鸡脖的羽毛，故古时小贩叫卖时称呼为"野鸡脖子"。它的乳名为"丁韭"（早期发明栽培者是清朝末年同心庄村丁姓农民），又称'冬盖韭菜''芽子韭''常韭'（常姓菜农种出产品很出名）。"北京老口味蔬菜｜"五色韭菜"，古时称"野鸡脖子".（2018-02-03）[2019-07-08]. https://www.sohu.com/a/286434149_120047471.

[②] 槟子是苹果和沙果的杂交品种。昔日井陉大山里的当家水果、即将成为历史，你吃过吗？.（2017-05-06）[2019-07-08]. http://www.sohu.com/a/138730729_671778.

3. 花卉

三月有叫卖桃花、杏花、蝴蝶花;四月卖蜀葵花(蜀锦,俗称"熟九")、玫瑰花、芍药花(杨妃傻白、千叶莲、南红)、蘹康(鸡苏、香草并一切花秧);五月有葫芦花、石榴花、晚香玉(一个大钱十五朵);九月有九花(菊花俗称九花)。

从清末的叫卖记录来看,北京集市中的蔬菜、水果和花卉种类非常丰富,与清代北京的农业种植情况相对应,基本上是北京地区生产的农作物,且种植历史都比较长,如栗子、枣、槟子、苹果、杏、葱、大蒜、韭菜、菠菜、茴香、白菜、土豆、胡萝卜等,在京种植时间长达几百年。每月、每季的蔬果花卉都会伴着一声声叫卖,每一声叫卖都有别样的韵味。蔬果花卉的时令特点被"移植"到叫卖上,声声叫卖也具有了季节和时令的特点。每当听到某个叫卖,能够马上感受到相应的时令物候景象。

以时系事是农书编排的一种方式,还有一些是按生产项目编排,或两种编排方式兼有。以时间(季节、节气、月份)为线索的农书在古代农书中占了相当大的比重,传播较广,是农家月令的主要参考。月令体裁的农书主要有《四民月令》、《四时纂要》、《荆楚岁时记》(南北朝梁·宗懔著)、《农书》(元·王祯著)、《田家五行》(元末明初·娄元礼著)、《便民图纂》(明·邝璠著)、《沈氏农书》(明末)、《农圃便览》(清·丁宜曾著)、《花佣月令》(清·徐石麒著)等,[1]还有很多已经遗失了。月令体裁更方便人们安排生产活动和相关的社会行为。遵循自然规律,掌握季节时令变化,既积累了生产生活经验,又形成了一定民俗。民间有许多节气歌和谚语仍在流传,与民间音调相对应,从中可以领略旧时的农业劳作,指导人们生活,起到劝慰或警示作用。这里选出一些京津冀地区的农谚,与仍在传唱的小曲[2]进行对照,农谚与民间音调相映成趣。

---

[1] 董恺忱. 试论月令体裁的中国农书. 北京农业大学学报, 1982(1): 85.

[2] 小曲为笔者采录,请见:四季人生吟畅沁——清音古曲二十四节气与人生//2018中国嘉兴二十四节气全国学术研讨会论文集. 中国书店, 2018: 187-195.

春季包括立春、雨水、惊蛰、春分、清明、谷雨六个节气。俗话说"春打六九头",数九是从冬至开始算起的,每九天为一阶段,六九的头一天是立春,从这天起,天气回暖,可以开始春耕了。"春打六九头"对农家是个好兆头,如"庄稼佬不犯愁""不种芝麻不出油"。除此之外,还有"立春好栽树,果木顶一谷"。立春是二十四节气之首,曾是数个朝代的"春节"。雨水时"雨水清明紧相连,抓紧植树莫等闲"。惊蛰对农业生产是一个非常重要的节气,有"过了惊蛰节,春耕不停歇"的说法,如果不耕地,就会"蒸馍跑了气",也是"不会打算盘"的表现。惊蛰是"地气通""百虫动""小麦要返青""大地万物生"的时节,有"惊蛰栽蒜"之说。但如果惊蛰碰上雷雨,则"谷米无高价""农家发大愁"。春分时节也要劳作,"春分耩小麦,清明见麦苗""春分有雨家家忙,先种瓜豆后撒秧"。清明出现的时间和天气决定了丰收的景象,"二月清明一片青,三月清明一片白""麦怕清明连夜雨,稻怕寒露一朝霜""清明不见风,芝麻豆子好收成""清明前,种花园,清明后,吃蚕豆"。谷雨不仅有谷物谚语,"谷雨麦怀胎,立夏抽出来""谷雨芝麻小满黍,过了立夏种上谷",还有"谷雨杏花开,小满叶儿圆"等果木谚语。在河北地区采录的民间小曲中也有相应概括:"立春生萌芽,和风皆动运转发。商出行贾开市,万物随市价。雨水更温雅,沿河开柳放杨花。田舍工养牲口,春耕秋刹耙。惊蛰无底冷,文人上学农春耕。各匠艺交主户,买卖钱活动。春分二月中,接修果木养蚕虫。按本业受地利,别怨凭天命。清明寒食节,坟头添土恸悲切。桃杏梨花开放,坐胎长枝叶。谷雨地霜缺,琴棋书画会贵客。同类人见同类,知己话亲热。"这里不仅涉及了农业,也涉及了士农工商的活动。谚语配上【采茶歌】【山坡羊】等传统曲牌传唱至今,成为传统民俗的一部分。春季六个节气大致对应农历的正月、二月和三月,街面上卖的蔬菜有二月的"水捆的菠菜来,六个大钱一簇!卖韭菜来!两大钱的羊角葱!野鸡脖的盖韭!",三月的"鲜花椒来,嫩了芽的香椿来!",果类还没大量上市,毕竟杏花才开。鲜花在三月开始上市,有叫卖"栽桃杏花来!""栽花来,栽蝴蝶花来!"在集市上传开来。叫卖中还暗含着一个俗语，就是"正月葱，二月韭"，春季的葱和韭菜不仅是最好吃的，也有很好的食疗作用，营养价值高，对人体益处多多。

夏季包括立夏、小满、芒种、夏至、小暑、大暑六个节气。夏季是植物生长的季节，也是花吐芬芳的季节，农贸市场汇集的农产品要比春季丰富许多。立夏是夏季的开始，预示了丰收的景象，"豆子立了夏，一天一个样""谷子立了夏，生长靠锄把""胡麻播种在立夏，开花开到秋了巴""立夏出蒜，不出就乱""花出立夏土""立夏到小满，种菜都不晚""立夏地里拔棵草，秋后吃个饱""立夏东风，五谷丰登""立夏山头青，夏至绿满川""立夏三天见麦黄，立夏十天麦焦黄"。小满意味着繁忙的收割时节要开始了，"到了小满节，昼夜难得歇""节到小满见三新，樱桃黄瓜大麦仁""小满不锄田，不过三五天""小满插齐秧，三分粮入仓""小满见青杏，桃是五月鲜""小满桑葚黑，芒种大麦割""小满种棉花，秋后不归家"。芒种是农忙时节，"芒种到，无老少""芒种见锄刀，夏至见豆花""芒种三天见麦茬"，一片忙碌的景象；芒种天气和出现的时间也影响收割，"芒种有雨收麦地，夏至有雨豆子肥""四月芒种熟了麦，五月芒种麦不熟"。夏至是白昼最长的一天，许多农谚也在描述这一时节的天气，"夏至无雨三伏热""夏至有云六月旱，夏至有雷三伏凉"；也有耕种的指导，如"麦到夏至谷到秋，寒露才把豆子收""夏至不刨蒜，蒜在泥里烂""夏日不种棉""夏至东风摇，麦子水里捞""夏至十日麦青干，小暑不割麦自死"。小暑天气逐渐变热，"小暑快入伏"，但还是有一些劳作，"小暑谷露头""小暑不栽薯，栽薯白受苦""小暑芝麻大暑粟"。大暑是最热的时节，许多南方的农谚反映了这个气候特点，北方这时还可以种芥菜。河北民间小曲中唱到的夏季是："立夏巽风高，坡下农工热难熬。见一人站树下，仔听黄雀叫。小满似火烧，绣女停针把扇摇。子弟班弹丝弦，吹歌琵琶乐。芒种天气长，草苗湛清二麦黄。锄大秋耩小苗，都盼普雨降。夏至阴克阳，山清水秀人乘凉。买卖好工夫贵，莫要闲游逛。小暑降虫灾，旱涝不匀天命该。勤谨里俭吃用，知己早安排。大暑伏才来，净云无雨水道开。穷宅舍富门户，男女分内外。"这里对节气气温的感受较多，也体现出立夏到夏至时多个行业繁忙的劳作，小暑和大暑期间的农活相对较少。夏季六个节气大致对应农历的四月至六月，田里种的作物种类多，收割的品种也多了，街面上卖的蔬果花卉也随之增多。叫卖的蔬菜有四月的"小葱儿来，莴苣菜呀！嫩水萝卜来，白菜呀！蒿子秆来，蒜苗来！豌豆角儿来，黄瓜来！沟葱辣秦椒来！"，五月的"栗子瓤儿的来，卖老倭瓜来，约①茴香菜呀！马兰韭菜，约青豇豆喂！抓小白菜来，约豆芽菜来！"，六月的"来哎！约老黄豆来，抓小芥菜！"。果类有四月的"杏儿咪，熟又烂咪，酸咪还又管换来呀，烂杏儿巴达②来！""赛了虎艳的来，带把来甜樱桃！"，五月的"仨大钱，俩大钱来！"（五月鲜）"甘蔗味来，旱秧儿来，白沙蜜的好吃来！"（卖甜瓜），六月的"块又大，瓤儿又高咧，月饼的馅来，一个大钱来！"（卖西瓜）"块儿大，瓤儿就多，错认的蜜蜂儿去搭窝，亚赛过通州的小凉船儿来哎！一个大，一个大，一个大的钱来！"（卖西瓜）"喝了水的来，蜜桃来哟～～！③一汪水的大蜜桃，酸来肉来，还又换来！玛瑙红的蜜桃来噎哎～～！"。花卉有四月的"花儿呀，玫瑰花呀，抓玫瑰瓣！""芍药来，杨妃咪，赛牡丹来，芍药花～～！"，五月的"嗳～～十朵，花啊晚香啊，晚香的玉来，一个大钱十五朵！"从吆喝中可以看到，芥菜、杏、五月鲜的桃都与农谚中的种植相吻合，其中"五月鲜"原意是指北京地区农历五月先成熟的桃，应为"五月先"，后取谐音为"鲜"。

秋季包括立秋、处暑、白露、秋分、寒露、霜降六个节气。立秋是秋季的开始，人们对凉爽的秋天充满期待，准备庆祝大丰收，也准备播种秋冬蔬菜。农谚中既有天气的描述，如"朝立秋，冷飕飕；午立秋，热死牛；

---

① 俗念"要"，平声，即称量也。

② 巴达杏是一个品种。

③ 拖长音。文中"叫卖语"引自王文宝《吆喝与招幌》中。

夜立秋，热到头"，"立秋滴几滴，一秋无透雨"，"立秋三场雨，夏布衣裳高搁起"，"立秋中伏尽，处暑末伏完"，也有农耕指导，"立秋拔麻，处暑谢瓜"，"立秋锄破皮，秋后顶一犁"，"立秋处暑，种菜莫误"（种萝卜、胡萝卜、白菜、甘蓝、芹菜等）"立秋打花椒，白露打核桃"，"立秋三天遍地红"（高粱成熟），"立秋十日动镰刀"，"立秋摘花椒，秋分打红枣"，"棉花过了秋，高矮一起揪"。处暑定年景，"处暑大风霜来早"，"处暑不种田，种了也枉然"（晚稻），"处暑收黍，白露收谷"，"处暑见新花，莫忘水浇田"（棉花），"处暑萝卜白露菜"。白露天有凉意，作物成熟，等待收获，"白露不出，寒露不熟"（中稻），"白露打核桃，秋分下杂梨"，"白露谷子秋分豆，寒露麦子小盘墩"，"白露砍高粱，寒露打完场"，"白露早，寒霜迟，秋分种麦正当时"，"白露五升，寒露一斗"。秋分时"过了秋分无生田，即可开始动刀镰"，"秋分见麦苗"，"秋分荞麦割不得，寒露谷子等不得"。寒露时节北方昼夜温差大，"寒露百草枯"，"寒露霜降十月临，耕地扎菜正当紧"，"寒露收谷忙，霜降快打场"，"寒露不出葱，必定半截空"，"七月小白菜，寒露市上卖"。霜降时"麦浇黄芽谷浇老，黄豆最怕霜降早"，"霜降起葱，立冬收菜"（大白菜），"霜降要出姜，不出姜冻膀"，"霜降摘柿子，立冬打软梨"，"霜降不拢菜，必定有一坏"。民间小曲中的秋季景象是："立秋斗蟋蟀，金风未动蝉先知。人工纯粪土大，结成好籽粒。处暑暴雨稀，家家铺排做棉衣。扦高粱拔芝麻，摘棉花割黍稷。白露交中秋，林园场铺人歌讴。少吃酒莫赌钱，积余防备后。秋分庆丰收，国泰家祥齐叩头。多亏了天地恩，圣君常保佑。寒露雁南飞，禽兽躲藏知时刻。世道改风俗变，一辈差一辈。霜降光阴催，看刻不久天黄黑。路上行人七十稀，哪个活百岁。"这里的农业活动与农谚中的相对应，秋天的丰收要感谢天地眷顾和皇恩浩荡，反映出小曲产生的年代沧桑，一年的光景也折射出人的一生。

秋季六个节气大致对应农历的六月至九月，街市上的蔬菜有七月"抓菜心来！"，果类依旧丰富，有七月"虎拉槟的闻香果，嫩白梨耶！赛过豆腐的，沙果梨呀！""深州的大蜜桃！"，到八月"咸核桃来，咸栗子！树熟儿的海棠来哎，沙果子的味来！南瓜大的来，柿子来，涩来还又换来！大酸枣儿来！""高庄儿的柿子来哎，六个大钱一簇来！""今日是几来，十三四来；您不买我这沙果苹果闻香的果来哎，二百的四十来！"而此时的花卉已过旺季。

冬季包括立冬、小雪、大雪、冬至、小寒、大寒六个节气。立冬是寒冷天气的开始，"立冬阴，一冬温；立冬晴，一冬凌"，万物收藏，农活也逐渐进入尾声，但还有一些要做，"冬耕多一遍，夏收多一石"，"立冬不拔菜，必定受霜害"，"立冬藏萝卜，小雪要藏菜"，"立冬打软枣，萝卜一齐收"。小雪天气能够预示来年，"小雪大雪不见雪，小麦大麦粒要瘪"，"小雪满天雪，来岁必丰年"，"小雪降雪大，春播不必怕"，"小雪无云大旱年"；过冬的方式是"小雪白菜大雪葱，萝卜地里能过冬"。大雪时节也预示来年的收成，"大雪晴天，立春雪多"，"寒风迎大雪，三九天气暖"，冬储要"大雪过后菜入窖"。冬至是白昼最短的一天，开始数九，在农耕中也是一个转折点，"冬至不过，地皮不破"，"冬至雪茫茫，开年粮满仓"，"过了冬，日长一棵葱；过了年，日长一块田"。小寒和大寒是最后两个节气，北方农耕已经停止，农谚不多，经常将两个节气连着表述，"小寒大寒不下雪，小暑大暑田开裂""小寒大寒，打春过年"。河北民间小曲中的冬季是："立冬朔风多，牢守田园就不错。争什么名和利，闭门家中坐。小雪踏背河，忙里偷闲找解脱。养心身顾性命，增福免灾祸。大雪小阳春，但有吃穿不出门。半路苦宿孤店，提起打寒甚。冬至热难温，滴水成冰不找人。调糠菜喝稀饭，强似断了顿。小寒三九天，少吃无穿穷人难。叹鳏寡恤孤独，积德行方便。大寒整一年，离乡背井谁可怜。早回头蹬古道，居家大团圆。"这里描写了北方的寒冷、生活的拮据以及对弱势群体的怜悯，农耕停歇正是人们休养生息的时间，以迎接新一年的劳作。冬季六个节气大致对应农历的九月至腊月，街市上的叫卖也冷清许多，农历九月有"栽九花来！"，十月有"象牙白来辣来换，不辣的来脆哎萝卜来哎～！"，腊月有"约蒉（藏）山药来，火芽菜呀！"[1]可见街上吆喝的和田里种的完全吻合，立冬藏萝卜也和"冬天的萝

---

[1] 注："叫卖语"中的"来"为原手抄本中字。

卜赛人参""冬吃萝卜夏吃姜"等民间食疗俗语相对应，这是人们在食物上遵循自然规律来养生的体现。

四季的农谚和叫卖，春、夏、秋季较多，冬季较少；每个季节的第一个节气农谚较多，其余节气较少。立春和冬至这两个节气要特别说明一下，这两个节气在古代都是重要的节日，立春曾为数个朝代的"春节"，冬至也有"冬至大如年"的说法。至今仍有地区庆祝立春和冬至，如衢州的"九华立春祭"，三门的"祭冬"。这些活动中都会伴随传统的民俗活动，如立春祭的祭春神、鞭春牛仪式，还有相应的《鞭春喝彩歌谣》；祭冬有祭祖、祝寿戏和老人宴等活动。从市场叫卖的蔬菜瓜果来看，也应了"春吃芽，夏吃瓜，秋吃果，冬吃根"这句民间俗语。"看天吃饭"是数百年来农民的劳作与生活方式，"顺应自然"是人们积累的生活智慧。

第三节　北京叫卖调与畜牧业

一、北京畜牧业的历史

北京的畜牧业有悠久的历史，早在新石器时代就有猪、狗、鸡等家畜的痕迹，根据一些陶器的造型可以猜测羊、野猪和人们生活有较密切的关系。春秋战国时期，北京地区的畜牧情况较为发达，可以养马、牛、羊、豕"四扰"，前两种畜类主要满足农业生产需要，牛耕在当时是较为"奢侈"的耕田方式，主要为封建地主所用。魏晋南北朝时期，多个北方少数民族进入幽州地区，不仅带来了北方少数民族的饮食习惯，也带来了游牧技术，与汉民的农耕技术相结合，共同发展，畜牧业生产更加繁荣。如北魏时期，曾将大量耕地改为鲜卑贵族的围猎场所。[①] 隋唐时期，随着多个民族迁入幽州，与汉族杂居成为较为普遍的现象。游牧民族带来了先进的牲畜饲养技术，大大促进了幽州地区的牛、马、羊等牲畜的生产水平。在饮食方面，也存在着"胡化"

---

① 于德源.北京农业经济史.京华出版社，1998：106.

的现象。辽代虽为游牧民族契丹所建,但很重视农业的发展,在《辽史·食货志》中曾记载"诸道兵仍戒敢有伤禾稼者以军法论",且"禁诸军官非时畋牧妨农";建立了国家所有的官营牧场和居民的私有牧场,供畜牧业生产,设立了"群牧"管理机构。① 同时,也设立了围场,为皇帝打猎的场所。金代的女真政权基本延续了辽代的管理方式。辽金的饮食都保持了游牧民族的特点,以牲畜的肉和乳为主,特别是牛羊肉。辽朝接待宋朝使臣的盛宴中包括多种肉类,有熊肪、羊、豚、雉、兔等濡肉,有牛、鹿、雁、鹜、熊、貉等腊肉,还有一种特别的美味是貔狸(黄鼠或地松鼠)。② 辽代还有驼肉、驴肉、狗肉等。金代女真的饮食与辽代相似。元代的蒙古族同样是游牧民族,对畜牧业非常重视,全国的牧马地有14所,元代大都附近的农田有一半会在秋收之后临时转变为牧场。③ 除此之外,还有多处行宫——纳钵。元代主要包括汉族、蒙古族和伊斯兰教各民族等。在饮食上,各民族保持着各自的特点。蒙古族的饮食仍然以肉和奶制品为主,肉主要包括家畜肉(羊肉、猪肉、牛肉、马肉等)、家禽肉(鸡肉、鸭肉、鹅肉等)、打猎得到的野生动物肉(鹿、獐、山鸡、天鹅、兔、土拨鼠等),以羊肉为主;乳品主要来自牛、马、羊、骆驼等家畜。元代颁布过一些食用家畜的法令,如不得杀羊羔和母羊,对宰杀牛、马也有严格的限制。明代的畜牧业也有较好的发展,有官营的牧马业、牧牛业、牧羊业以及其他的官营畜牧业,为封建统治者提供军马储备、供屯田之用、供祭祀或宴飨所需的肉食。华北地区"土地宽广,水草丰美",④ 京畿附近有京草场五处,边草场六处,还有御马苑20所,大片的草场适合畜牧业的发展。京城南二十里的南海子扩大了原来的游猎之地,建立了蔬菜、果园园地,还有獐鹿雉兔,有"南囿秋风"之说,是"燕京十景"之一。

---

① 张志勇.辽朝畜牧法与渔猎法考述.东北史地.2008(1):17.

② 朱瑞熙.宋辽西夏金社会生活史.中国社会科学出版社,1998:62.

③ 于德源.北京农业经济史.京华出版社,1998:179.

④ 明太宗实录.卷180,永乐十四年九月己亥,台北中研院史语所,1962年校印本.

明代饮食中肉食有"八珍",一种说法八珍包括"猩唇、豹胎、金齑、玉脍、紫驼峰、熊蹯、龙肝、龙髓",另一种说法八珍包括"龙肝、凤髓、猩唇、豹胎、熊掌、驼峰、鸽胸、雀舌"。[①]在北方,羊肉比较普遍,黄鼠也被认为是珍味,其余较常见的肉食还有鸡肉、鸭肉、鹅肉、牛肉、驴肉、猪肉等。养猪在明代一度被禁止,因为猪与朱同音,犯了皇帝姓的忌讳,养猪业受阻。清代的满族是渔猎民族,在畜牧业的管理上以及饮食上都与游牧民族和中原民族有一定差异。清代在一定程度上沿袭了明代的官营牧场管理,畜牧业生产发展了许多新技术,使得肉类、禽蛋产品的质量和产量都有所提高,满足民众的日常饮食需要。满族的饮食习惯是促进清代的养猪技术较大提高的原因之一,"七宜八忌"养猪法在民间普及,保证了猪肉质量。[②]满族先民自古就养猪,其养猪的历史悠久,肉食以猪肉为主,认为猪肉是"神肉""福肉",并用于祭祀,食用油也首推猪油,这与契丹族、蒙古族等游牧民族对牛羊肉的依赖不同。满族家宴中也有"八碟八碗"的讲究,常见的八碟有面肠、肉皮冻、条肘肉、炸河鱼、佛手白菜、炒笨鸡蛋、炒蕨菜、猪肉炒粉条,八碗有白肉血肠、烩丸子、猪排骨、素烩汤、下货汤、粉阁子汤、红烧肉、小鸡炖红蘑等,从中可以看出食猪肉的重要性。

二、北京叫卖调中的肉类食品

历史上各民族的饮食汇集在北京地区,形成了北方多民族混合的"北京饮食特色"。在蔡省吾先生的《一岁货声》中,能够找到一些肉类食品的叫卖,有生肉,有熟食,有禽蛋,也有为了饲养之用的动物。从中不仅能看到不同的肉类食品,也能知道这些吃食出现的时间。

---

① 金齑是黄鱼舌下之物;玉脍是鲈鱼脍。金齑、玉脍被隋炀帝誉为"东南佳味"。
  陈宝良.明代社会生活史.中国社会科学出版社,2004:292.
② 徐海荣主编.中国饮食史·卷五.杭州出版社,2014:255.

1. 生肉禽蛋类

生肉并没有什么时间限制,一般全年都有卖。卖的方式也不定,有的是摊位小铺,也有挑杠在胡同卖的。《一岁货声》中记录了不定时能听到的一些生肉类叫卖,如"肥猪肉!香脂油!大块猪肉!""牛肉还有二斤来!";冬季农历十一月时经常能听到"刮骨肉!",这是剔羊骨剩下的肉。禽蛋类有"卖大鸡蛋咧!""鸡蛋咧!"。

2. 肉类熟食

《一岁货声》中的肉类熟食在一些月份出现较多,如夏季五月有"烧羊脖子来,烧羊~~肉来哟!"(回民擅长制作的肉食),秋季八月有"哎羊头肉来、风干来~~羊腱子!",九月有推车卖的"五香~~酱肉"。全年叫卖的熟食有"炒肝儿,香烂哪!""卤煮儿,炸豆腐!"。这些叫卖的熟食比较明确,也有叫卖不十分明确的,如"熏鱼儿,炸面麇来呕!","熏鱼儿"并不是指熏鱼,而是猪头肉,京城卖猪头肉的基本都是这样吆喝,[①]但早期是春三月黄花鱼上市时卖熏鱼的,过季之后卖熏虾、熏猪头肉、熏猪杂碎、熏鸡、熏鸡蛋等,秋季卖熏螃蟹,后来就干脆不卖熏鱼,只卖熏肉了。[②]这种一般是肩挎小红柜兜售,这也是汉民卖熟食的标志。他们卖多种肉类熟食,主要是熏的熟食,包括猪头、猪肘子、猪肥肠、猪绕肠、猪粉肠、猪肝、猪心、猪肺、猪口条、小鸡、螃蟹、鱼、鸡子、宝盖什件,再加上一片火烧,有时也吆喝"烂肉",指的就是这些食品。还有回族推车卖的"羊肉哦哈!摆(百)叶来羊肚儿!"。还有一些是不定时出现的吃食,有"酸酸的,辣辣的,羊肉的热面俺~~咧!""爆肚儿开锅,多四两啊!""炮肉!""香烂驴肉!""肝来牛头肉来!",最后这句吆喝其实不卖肝,只是作为招揽生意的开头叫声。

---

① 陈树林先生口述。

② 常人春,高巍. 旧都百行. 文物出版社,2003:45.

3. 活物

二月有卖小鸡、小鸭子的，有的是买回去给家里小孩儿玩的，有的是买回去自己养的。叫卖词直接明了"小鸡儿养活！""卖小鸭子来！"，集市上也有卖小猪的，"卖小猪儿养活！"。

通过这些叫卖，可以了解老北京肉禽蛋类的饮食。老北京百姓常吃的肉类熟食以猪肉、羊肉、牛肉和鸡鸭等家畜家禽为主，几乎没有野味。肉类熟食加工的方法主要有烧、熏、爆、拌、煮、卤、炸等。肉和内脏几乎占的比例相当，北京有几个老字号和内脏有关，如"小肠陈""爆肚张""爆肚冯"等，穷人百姓吃不起肉，只能吃内脏来解馋，由此能够看出老北京各社会阶层的生活品质。这些有的是汉族的，有的是回族和其他民族的，特别是有些羊肉熟食是回族的，其他食品也能看出一些民族饮食习惯的影子。在数百年民族融合的过程中，民族间的相互渗透影响了饮食文化的方方面面。叫卖方式更容易区分民族特点，回族的食品一般有其较为独特的售卖形式，即多为推车买卖，如烫面饺儿、切糕、羊肉等；汉族有用肩挎小红柜的，卖各种肉类熟食，卖驴肉的小贩背的是"白柜子"。[①] 回族在叫卖语言上也与汉族不同，如卖包子，回族一般叫卖"包儿"，"儿"不是儿化音，而是单独发音，如"新落个屉儿来，要包儿热的来，羊肉包儿的又热来！吃来，包儿得咧热的来！"，而汉族会吆喝"包财"，意思是包子包的是财，图个吉利，如"包财，好白我的面儿来，吃点儿包儿，闹点儿包儿，尝尝包儿馅哎！"可见对包子的称呼有别。另外，回族尽量避免"肉"字，有时会称牛肉、羊肉、鸡肉等为牛菜、羊菜、鸡菜。[②] 肉禽蛋类在北京地区的供应基本上是全年的，秋冬季节牛羊肉会需求量增多，人们在饮食上温补以储存能量。

[①] 常人春，高巍. 旧都百行. 文物出版社，2003：43.

[②] 姜歆. 回族民间商业的招徕市声. 中国民族，2009（3）：50.

第四节 北京叫卖调与水产业

一、北京水产业的历史

北京有永定河、潮白河、大清河、温榆河、蓟运河五大水系。从曹魏时期统治者就开始修浚北京的水系，一方面为满足农田灌溉，另一方面为减轻水患。这些水系还有另一个功能，就是提供水产品，并发展相关的渔业等行业。殷商周时期就有捕鱼的历史，鱼类常被作为祭祀的贡品。幽州（今北京）"其利鱼盐"①，即幽州地区盛产鱼和盐。春秋战国时期，人工养鱼继续发展，到汉代已初具规模，出现了稻田养鱼。汉代出现了最早的养鱼专著《陶朱公养鱼经》（也称《范蠡养鱼经》，北魏贾思勰《齐民要术》中有摘录），②其中主要介绍了养殖鲤鱼的方法，内容包括鱼池的构造、鱼苗的大小、雌雄鱼的比例、放养季节等。唐宋时期为传统渔业发展的高峰，渔具和捕鱼技术都有所增多，人工养殖品种也增加了青鱼、草鱼、鲢鱼、鳙鱼（也称花鲢或胖头鱼），并称"四大家鱼"。鲤鱼养殖一度衰落，是由于鲤与李家王朝的姓同音犯忌，曾禁捕、禁食、禁卖鲤鱼。此外，唐宋时期南方的海洋渔业逐渐成为渔业生产的重心，海味（鱼虾蟹螺）等增多，南宋《西湖老人繁胜录》、吴自牧的《梦粱录》、周密的《武林旧事》等对市场水产品货物进行了非常详细的记录，有鲜鱼、鱼干，还有熟食，说明水产品的加工储藏方法已经较为丰富。元代有熟食，说明水产品的加工储藏方法已较为多样，也方便了水产品的运输和贸易。宋代开始流行吃蟹，在文人中视为雅事。元代虽为游牧民族统治，但也并不忽视渔业，曾颁布《农桑辑要》，其中包括"禽鱼"，借鉴了《齐民要术》中的内容，还曾颁布农桑之制（1270），就水产而言，提出"近水之家，

---

① 周礼·夏官·职方氏。

② 游修龄.池塘养鱼的最早记载和《范蠡养鱼经》问世时间问题.动物学杂志,2004（3）：115.

又许凿池养鱼并鹅鸭之数,及种莳莲藕、鸡头、菱芡、蒲苇等,以助衣食",①对养殖渔业和捕捞渔业课税不同,支持捕捞渔业发展。蒙古族人民也从中学习经验,可以近水捕鱼而食。明代初期,淡水捕捞渔业非常繁荣,如东北的大麻哈鱼、太湖的白鱼、江淮的鲥鱼等都非常有名,多为明清之贡品。后因水土流失,淡水渔业受到一定冲击;海水捕捞因倭寇不断骚扰,曾实行海禁,渔民失去了生存依靠,戚继光平息倭患之后,海禁取消。清代也在顺治、康熙年间实行过海禁,让渔民向内地迁徙,目的是切断沿海居民与抗清势力的联系,渔业遭受很大冲击,渔民生活艰难。但总体来说,明清渔业得到发展,石首鱼(黄花鱼)和带鱼捕捞业兴起,海洋渔场增多,海水养殖向着商品化发展,淡水养殖更加专业化,人工养殖的水产种类逐渐增多,相关的渔业著作也增多。晚清民国时期出现了现代渔业的萌芽:创立了水产学校,培养专业人才;开展科学实验,为现代渔业发展打下基础。

北京不临海,主要以淡水野生水产捕捞为主,水产养殖业远不及农业和畜牧业的发展。《周礼·夏官·职方氏》中记载幽州"其利鱼盐",这点由北京猿人遗址出土的青鱼骨化石和鲤鱼骨化石可以证实,说明人类早就开始捕鱼吃鱼。金代的水产品有不少,如鳇鱼、鲤、鲟鱼、鲫鱼、螃蟹等。明清的志书也说明了北京地区水生动物资源非常丰富,明万历《顺天府志》记载有鲤鱼、鲫鱼、鲇鱼、鲂鱼、鲭鱼、螃蟹、蛙类、田螺等;清康熙《怀柔县志》也记录了黄花镇川河的"怀鲫"、白河的鲤鱼和鲫鱼、钓鱼台以西丰富的鱼虾、七八月的河蟹等;清乾隆时期汪启淑《水曹清暇录》中记载"高梁桥至圆明园、香山,夹河两岸近开水田已有二千余亩……。而丰台穿池筑塘,亦倍于昔,故鱼虾市中不断。菱藕肥嫩,宛似江南……"北京地区养鱼业在乾隆年间增长许多,且京城的水产品主要来自本地,大运河的鲥鱼也很有名。但皇家并不满足于这些日常,在明代,随着都城北迁,水产品一般用冰镇、箬护的方式通过船运或飞骑的办法运至北平,以保证贡品的鲜美;清代也是如此。

---

① 元史·食货志四十六卷。

二、北京叫卖调中的水产品

老北京城里有专门的鱼市,如崇文门外的鲜鱼口、金鱼池都是因此而得名,前门外西河沿、东单、西单、东四、西四、菜市口、鼓楼及京城周边都有大大小小的水产品交易市场。市场上不仅有北京本地的水产,还有许多来自山东、河北、天津等沿海地区的水产。北京地区的水产类有一定季节性,春天有螺蛳,夏天捞虾、卖虾、吃虾,秋天也有螺蛳,但主角是螃蟹。上市的鱼类也有一定时间性,这些从吆喝叫卖中都有所体现。这里把《一岁货声》中的水产类叫卖分为四种:可食的鱼类,可食的非鱼类(虾、贝、蟹等),观赏鱼类,可食的植物类,其中有些是生食,有些是熟食。

可食的鱼类包括河鱼和海鱼,农历三月有"新鲜的咧,黄花鱼来～!",四月有"约海鲫鱼来!""咸黄花鱼来!"。海鲫鱼和黄花鱼都是捕捞的海产品,一般是从天津运来的。

可食的非鱼类包括虾、贝、蟹等,这些小河鲜比鱼类卖得早,从二月就开始卖,种类丰富。二月有"约活虾米来!",三月有"约鲜螺蛳来哟!""约青蛤咧,小菜毛!""灯笼儿,闸草,大田的螺蛳来,蛤蟆骨朵儿大眼贼咧!",七月有"卖呀哎~螃蟹来!"。这些河鲜都是早春就开始卖,都是京郊河塘所产。其中"蛤蟆骨朵儿"是蝌蚪,有些人买回家是养着玩的,也有些人是用来"治病"的,有的叫卖中说明了"疗效",即"大人喝了明眼的,小孩儿喝了磨积的"。

从天津地区的农谚也可以看出水产品(水生动物)的旺季,"海鱼产卵清明前,河鱼产卵清明后""河里鱼打花,天上有雨下""过了谷雨节,百鱼近岸多"等,清明到谷雨是鱼虾出产的旺季,黄花鱼一般农历三、四月上市较多。七月是吃秋蟹的季节,河蟹多产自京东到京南马驹桥一带,个头又肥又大,味道鲜美。有些鱼虾是常年卖,汉民肩挎小红柜沿街兜售。

观赏鱼类,一般正月卖金鱼,取"吉庆有余(鱼)"之意,叫卖为"大小的金鱼儿来!"。金鱼指金鲫,早在南朝时就有记录,以赏玩目的饲养是在唐宋逐渐兴起的,成为皇家贵族、寺庙庭院的点缀。金鱼的品种也越来越多,色彩丰富,外形多样,受到人们的喜爱。一般在集市上买几条金鱼,回家养起来,孩子高兴,大人也赏心悦目。

可食的植物类包括水生植物的根茎、果实等,还有一些小吃。三月初就有"藕来哎,白花藕来!"(温泉藕),四月有"水哎呀,杏儿来喊,一大钱碟的藕蘸蜜!""面淡的慈姑来!",六月有"白花藕来,河鲜来,卖老莲蓬来呀!""鲜菱角来哎,卖老嫩菱角～来哟~!""老鸡头,才上河!",七月有"约跟头菜呀,鸡头米呀!",腊月有"菱角米哟!"。可见白藕上市较早,而且时间跨度较长,夏季还有用白藕做的小吃,有一定的消暑作用。菱角米是做腊八粥用的。水中的果实主要在六月以后收获,有些可以存放较长时间。

北京的水产品有吃的、有玩的、有本地的、有外地的,有河鲜、有海鲜,有植物、有动物,种类不少。普通老百姓不可能总吃鲜美且昂贵的海味,但能用河鲜来充实鲜香口味,让生活更加有滋有味。

第五节 北京叫卖调与手工业

手工业涉及的领域繁多,包括小到针头线脑,大到兵器制造、建筑、石刻等。和百姓生活密切相关的手工业主要包括冶铸业、制陶业、制瓷业、制盐业、丝织业、织染业、刺绣业、石刻及印刷业、酿酒业、糕点业、特色手工艺制作等,随着工艺的进步、商业的繁荣和生活的需要、审美品位的提高,以上行业先后出现,逐渐发展。这里篇幅有限,仅涉及与老北京叫卖相关的一些小手工业,如老北京的小商贩们修理的物品,盆、桶、锅、缸等;装食品、物品、饰品、工具的筐、箱、笼、柜、匣、车等;使用的响器,木梆、糖锣、衔哨、锣、唢呐、钗、小钲、镗鼓、铃、铜鼓、大铎、鼓、铜盆、铜器、铜钲、铜坠、砧、铁唤头、喇叭、铁串铃、竹(板)、弹弦、笛等。

北京地区的出土文物显示,新石器时代早期就有了陶器和大量细石器(转年遗址);新石器时代中期出现了具有艺术形象的石塑和陶塑(上宅遗址),如猴、鸮、龟、猪、鸟首等形象;夏商周时期的青铜器、金器、铁器制品，材质和工艺都在当时处于较高水平，铜饰、玉饰、螺钿漆器等的工艺也越来越精细。从这些器物可以看出，北京地区既与中原地区存在经济文化的往来，也与北方游牧民族有一定的文化交流。春秋战国时期，官营和私营的手工业逐渐分离，私营手工业开始发展，主要为家庭和独立经营的小手工业（编织草鞋、渔网、蒲席等）和豪民经营的大手工业（冶铁业和制盐业等），燕国当时是制盐业中心之一。秦汉时期，冶铁业、制陶业、石作业都有较大发展，西汉采煤技术发展起来。魏晋南北朝时期人口流动较大，对手工业的发展造成一定冲击，这一时期幽州一度发展手工业是因麻类作物种植而兴起的麻布制品，取代了战国时期因桑蚕业而兴盛的丝绢制品。西晋时北京地区的工艺品制造业很发达，特别是铜、银制的手工艺品。隋唐时期小手工业恢复发展，因天气回暖，幽州地区桑蚕业恢复，带动相应的丝织业发展；金银器皿制作精巧，一些器形和图案纹饰反映出波斯文化的特点；陶器、石刻、雕塑等工艺较为精美。另外，隋唐时期还出现了行会手工业，《房山石经题记》中记录了三十种行业（见本书第三章），可见幽州的手工业分工较细、种类较多，已发展到一定水平。辽金时期，官私手工业分工较为明确，冶铸、铸币业为官营，刻经、制瓷等行业有官府的参与，民间的手工业多为生活所需，如印刷、刻经、纺织、陶瓷等，丝织业和麻纺织业仍是辽南京（今北京）的重要手工业，辽代有铁剪子出土，辽代的瓷窑还生产琉璃器，用于建筑构件；金代官私手工业几乎涉及各行业，官府对铸铜业有严格的管理，而其他行业官私更多是技术和手艺高低的区别，工匠有官匠、军匠和民匠之分，制盐业在金代政治和经济生活中占有重要位置。元大都的手工业极为发达，官营手工业几乎垄断所有手工业行业，但民间手工业也有较快发展，如丝织、编织、酿酒、食品加工、家具制造、采煤、铸铜等行业。除了家庭和个人手工业作坊，还有贵族官僚和寺观经营的手工业，金玉雕刻、漆器、笔墨、灯漏、御扇、琉璃制作、造纸印刷以及舟船制造等。北京城南的白纸坊就是元代造纸的地方，到明代发展成为手工造纸作坊的聚集地，白纸坊的名称一直保留至今。明代京城的手工作坊迅速发展，甚至有些街名以产品和生产者的名字命名，如沈篦子胡同、马丝绵胡同、江芝麻胡同等（见本书第三章第二节）。清代官营手工业分工更细、技艺更精湛；民营手工业的规模进一步扩大，主要分为四种类型：家庭手工业、铺坊制、独立作坊制和个体手工艺人，其中个体手工艺人有些在店铺领活，有些游于街巷，从事服务类的行业，如铁匠、补锅匠、木匠、磨刀匠等。他们或挑担或背筐，自带工具，帮助普通居民修锅、打家具、磨刀等。继明代出现的各地工商会馆，清代出现了很多行业会馆，如药行会馆、棚匠会馆、酒业公会、猪行公会、糖饼行会等。

从北京地区手工业的发展来看，陶器、青铜器、玉器、石器、铜器、铁器的制作和加工很早就已存在，而且技术较为成熟；制盐业、丝织业和麻纺织业、酿酒业、工艺品制作、造纸业等一直都是长期具有优势的手工业。京城成为都城之后，官营手工业向着精细化发展，为统治阶级服务，民营手工业也逐渐发展，在维持普通的生活需要的同时，还追求一定生活品质。个体手工艺人，历史上一直就有，在清代其群体特点更为凸显，是城市流动人口的重要组成部分，他们有一技之长，能够满足日常所需的修理、修脚、理发、饮食、游艺等需要。《一岁货声》中的"工艺"部分记录了个体手工业的行当，其中主要涉及修理业（补锅业）、磨刀业、修脚业、理发业、占卜业、游艺等，还有一些散落在各月的叫卖中。

一、叫卖调中的修理业

修理业涉及的东西较多，在"工艺"部分中包括修桌椅板凳、锡镶家伙、漏锅、笼屉、雨伞、秤、锔碗、箍桶等。五月有修雨伞、粘扇子，这体现出用品使用的季节性。在这些修理类的叫卖中，多不说"修"，而说"收拾"，如"收拾雨伞、旱伞！""收拾桌椅板凳！""收拾锡镶家伙！"，也有用"修"的，如"修秤！"。而对锅、桶而言，一般吆喝"箍漏锅呦！""箍桶哇！"，八月也有"粘缸锔缸！"。这些修补匠人一般把要修补的物品带回铺中，修好了再送回。也有挑担箍盆换底的，扁担一头担的是风箱和炉子，一头是放工具和被卷的柳条筐，后来也有把柳条筐换成工具柜的。有的边走边敲铜盆，有的悬挂小铜钲、铜坠，作为响器通告邻里。补锅锔碗都是小炉匠的手工艺活，"锔"和"补"是两种不同的工艺，"锔"一般是在裂缝两旁分别打眼，然后用铜钉扣在眼上，用小锤敲钉，最后用石灰泥抹上，就算锔完了，锔一般适合较厚的锅或瓷具；"补"一般针对较薄的器具，需要用铜或铁熔化成的液体将漏的洞补上，但铜补和铁补的工艺不同。补锅匠多来自河北河间、武安等地，有师承关系，也形成了自己的一套行话和行规，如不宜在胡同口、水眼和寺庙前做生意，工具柜的摆放方向、做活的范围和姿势也有规定，他们的足迹遍布全国各地。[1]有意思的是，小炉匠和补锅匠的祖师并不一样，小炉匠的祖师是胡顶真人，而补锅匠的祖师是太上老君，因此两者有不能"混行"之说，因传胡顶真人曾锔塔，小炉匠有时还可到庙中用饭或借宿。[2]

　　从这些行业中可以看出过去人们生活得节俭，甚至有些拮据。锅是一家老小的饭食依靠，民间一些话语也说明了锅在生活中的重要性，如"砸锅卖铁也要……""日子揭不开锅"等。锅是家里的"大件"消费，过去如果锅漏了，一般都是先补一补，而不是直接扔掉换新的，锔碗也是同样的道理，这就催生并促进了补锅锔碗的修理业的发展。其他修理业与补锅锔碗有些相似，如五月的粘扇子，挎小柜带着工具，悬着数串小铃作为响器，这与箍盆锔碗的工具柜和小铜钲、铜坠有异曲同工之妙。

　　这些修理业的手艺都是古代铜器、铁器等制作工艺的延续，但在今天的生活中很多已经难寻踪迹，有些在文物修复的领域依然保留。

二、叫卖调中的百货

　　百货类主要出现在各月中，五月有"好蒲子，好艾子！"，这是为端午节插在门前辟邪祛五毒之用，和端午有关的还有"买神符！"。和天热有关

---

[1] 李玉川.补锅匠.光彩，1994（8）：53–54.

[2] 胡凡主编.人间传奇——闲话社会中国.北方文艺出版社，2007：257.

的物件有"汤布冷布！"（摇鼗，卖零尺），汤布一般用来擦汗、洗脸、揩脚、沐浴等，冷布是夏天挂在窗上防蚊虫的，相当于纱窗；"卖蒲扇，卖毛扇！"（挑担）"大小的斑竹的帘子来，大小的凉席来！"。十月开始准备过冬的物品，有取暖的材料，"约干劈柴来！""约零炭来！""买烘笼儿使去！""支锅瓦啊抓松花"；有保暖的衣物，"赶毡子赶清水的毡子！""鞋垫毡垫，耳朵帽儿，发行价！"。腊月里卖的主要是过年用的装饰物或家用百货，装饰物有"松木枝，芝麻秸！"（祭神、喊岁用）"门神咧挂钱来！""街门对、屋门对，买横批，饶福字！""揭门神，请灶王，挂钱儿闹几张！""供花来，拣样儿挑！"（挎纸匣）"卖绫绢花！"；家用百货有"箭杆儿锅盖咧！""买石板儿缸盖咧！""买蒸箅儿使去，买插把的笤帚来！""水勺儿饭勺！""筐箩簸箕"（挑担）。通年的有卖绒线（背方竹筐，摇鼗，带小钲；有的挑担带小钲；有的推车）、梳篦、骨簪、顶针（背箱，摇镗鼓儿）等。"不时"中有卖"画花的鞋面儿，洋线绦子！"、布（摇鼗）、小板凳、火绒子、洋胰子、玫瑰碱等。"工艺"中有卖大小洋灯罩儿等。

  这些成品中包含许多民间工艺，如煤窑、烧瓦片、造纸（画门神等用的毛头纸）、纺织、编蒸箅、刨笤帚、编筐箩、编簸箕、制作梳篦等，从粗重的手工活到较为细致的特殊工艺在这些物品中都能找到，虽比不上官营的精美细致，也不比街面店铺卖的质量上乘，但至少可以满足日常急需，或年节需要。有些是"一次性消费品"，如过年贴的对联、门神等装饰物；有些不需要太好的质量，如支锅瓦、笤帚（由高粱穗、金丝草、竹梢、扫帚草制作[①]）、梳篦、顶针、扇子等，便宜能用就可以，无须花费大价钱，这是老百姓的持家之道。这些日用品使用的手艺也是传承千百年，如《隋书·五行志上》有"金作扫帚玉作把，净扫殿屋迎西家"的词句；梳篦在古代称为"栉"，《礼记·玉藻》中有"日五盥，沐稷而靧粱，栉用樿栉，发晞用象栉。"除了这些传统的家用品，也出现了洋胰子、大小洋灯罩儿等，洋胰子就是现在用的肥皂，

---

① 扫帚的历史、起源、发展、制作工艺等详细介绍见.[2019-07-08] . http://www.wftzc.com/news.asp?id=179586.

以前用的是"猪胰子",如今"猪胰子"已经越来越少。生活用品的更替反映了时代的变迁和生活习惯的改变,有些是外来文化的影响。

三、叫卖中的响器

有关叫卖响器的记录并不多,形态描述也不详细。齐如山先生的《故都市乐图考》应是对老北京叫卖响器作最早、最全面整理和研究的重要文献,涉及的响器种类和历史描写得非常细致。相对于文字,画作中保留了更多的细节,是了解旧时叫卖响器的重要途径。

北宋张择端的《清明上河图》呈现了众多货郎的形象,北宋苏汉臣《货郎图》、南宋李嵩画的多幅《货郎图》以及《市担婴戏图》都刻画了民间卖杂货的货郎形象。从这些画作中,可以看到货郎背负的"货架",满满的行囊,琳琅满目的日用百货、玩具和吃食,还有手里拿着、腰上挂的或担子上挑着的各种响器,可见货郎的行头多么丰富。仔细观察这几幅画作对小商贩的描绘,可以看到有的打着响板,有的敲着小鼓或摇着拨浪鼓,有的货架上挂着铃铛、风铃等。

描绘老北京三百六十行的画作也有许多,除了齐如山先生的《故都市乐图考》,美国人塞缪尔·维克多·康斯坦特(Samuel Victor Constant)所著的《京都叫卖图》也收录了一些行当的风俗画和响器的图片,但没有说明出处;《北京民间风俗百图》,收集了 100 幅民间风俗画作,反映了晚清生活百态,其中主要是小生意人的形象,如剃头图、卖茶汤图、卖鸭蛋图、卖芝麻秸图等,每幅图上还配有一些文字来说明该行当或情景。还有两本和烟画有关的著作:李德生的《烟画老北京 360 行》和《老北京的三百六十行》,这两部书收集了旧时香烟中的附赠"小广告"——烟画,也被称为"洋画""毛片""香烟牌子""公仔纸"等,这些烟画涉及古今中外的很多内容,其中老北京的五行八作,衣食住行市廛百业,将小生意人的手艺"装备"和响器画得一清二楚。在《老北京的三百六十行》一书中还包括明清时期刊本中的一些插画。

老北京叫卖中使用的响器种类很多,从材质来看,有铜器,如小锣、铜铃、冰盏等;有铁器,如磨刀的"震惊闺";有木制品,如梆子;有皮制的,如拨浪鼓等。打小糖锣（也称小铜锣）的多为卖小玩具和卖糖的，吸引孩子们来买，这些铜锣出自"响铜作"，这是专门制作铜质打击乐器的手工作坊，响器主要供民间的各种善会或音乐会使用。小生意人自然不会到"响铜作坊"定制响器，很可能是从家中或村中某处拿来用，也许来自善会或音乐会、吵子会等。齐如山先生的《故都市乐图考》中描述卖糖者的糖锣"中隆起如锅，有缘而窄"。卖耍货者的糖锣"颇似安徽凤阳一带，花鼓戏所用之锣，他处不恒见。但彼系左手持，而以右手击之，此则系而击之耳。圆径约六寸余，缘宽一寸，以木棍头绕小带如瓜形之槌击之。"袁静芳先生曾对锣进行分类，分成脐型锣、平型锣、乳型锣三类，[①]糖锣同"汤锣"，属于平型锣，即锣面平坦无锣脐，敲击方式同齐如山先生描述。但卖糖和卖耍货的打锣的槌并不一样，卖糖的用锣槌，而卖耍货的用木板，这种锣是否与其他乐种使用的锣同源，如"十番"乐之类的冀中地区的吵子会、江浙地区的十番锣鼓，或高跷会、地秧歌等乐种中，还有待考证。不管是哪个乐种，可以肯定的是这些乐种与民俗活动有密切关系，如红白喜事、节日庆典或佛道仪式等。小生意人来自民间，或多或少地看到过或经历过这些民俗活动，将其中的锣借用到商业行为中，这些都是潜意识的行为，正说明民俗文化对人们行为活动的影响。

在《京都叫卖图》中记录了磨刀用的"震惊闺"或"惊闺叶"（也有称"挂连"或"钓金龟"）起源的几种说法，[②]一说是源于古代铠甲上的铁片，需要磨刀人进行修理或除锈；一说是磨刀亮得像老式金属镜，原来是卖的或换的金属镜；一说是铁片像古老的刀，还有说是源于古代乐器"铁板"，但铁片之间不像"惊闺叶"一样错开排列。这点与齐如山先生考证相似，他认为"震惊闺"是唐代九部乐中的高昌乐中的"铁拍板"，在《唐书·礼乐志》和宋代陈旸《乐书》中都有记载，但早已不用，满族民间歌舞伴奏

---

① 赵沨.中国乐器.现代出版社，1991：103.
② [美]塞缪尔·维克多·康斯坦特.京都叫卖图.陶立译.北京图书馆出版社，2004：98.

中也许还有保留；①薛艺兵教授认为这是古代"骠国"乐器，《唐书·南蛮骠国传》中有相应记载。②

除了响器作坊，还有班鼓匠。班鼓匠主要是做单皮鼓，为乐队文武场的打鼓佬而用。小生意人中，"打硬鼓儿"和"打软鼓儿"的收旧货行当，所用的鼓多为单皮鼓。"打硬鼓儿"的收买的多是较为贵重的物品，如金银珠宝、潮银子、家具字画等，"打软鼓儿"的主要收旧衣物、破铜烂铁等。虽然他们的鼓不会在班鼓匠那里定制，但都与民间的曲艺形式有一定关系。卖油、卖艾窝窝、卖甑儿糕的梆子也与民间曲艺有一定关系。

老北京手工业各行当中也存在地区特点，如卖笼屉的多来自今天津武清、河北安平两县，卖炭的多为京畿近郊的农民，选煤、摇煤球的工人多为河北定兴人，茶房都是地道的北京人，剃头行业多为京东的武清、三河、香河、宝坻人，浴池业多为河北定兴人，经营大粪厂的多为山东人，水夫也多为山东人，实力雄厚的估衣铺多为山东莱州人，棺材铺和杠房业有山西帮和北京帮之分等。

北京的手工业种类繁多，汇集了各地手艺人的智慧，渗透在衣食住行等生活中的方方面面，每一个行当都为生活做着点滴贡献。这些小生意人用最原始的叫卖行走方式，丰富了城中百姓的生活。百姓生活虽然相对简朴，甚至贫苦，但都能在市场上找到各自所需，乐在其中。

本章小结

北京地区汇集了各民族、各地区的作物、食材和工艺，叫卖调也因此而丰富。老北京的叫卖调和民歌小曲中涉及最多的就是农业中的粮食作物，从中听到了旧时农业种植智慧，靠天吃饭就是要把握农时，这些小曲起到了"农家百科全书"的意义。叫卖调中的肉类食品和水产品展现了更多旧时餐桌上

---

① 董源主编.最新中西乐器制作装配工艺及通用技术与质量鉴别标准实用全书上.中国音乐学院出版社，2004：540-541.

② 薛艺兵.中国乐器志（体鸣卷）.人民音乐出版社，2003：180.

的美味，这些不一定天天都吃，但偶尔改善一下伙食也能提高生活品质，再加上养小鸡、小鱼，与小动物亲近的孩子们真是乐趣多多。手工业种类繁多，小到针头线脑、补锅锔碗，大到矿产建筑、铸币石刻，处处体现了工艺匠心，方便了生活。叫卖中的响器多样，来自民间乐队、曲艺的乐器，丰富了街巷的声景。可见，叫卖带给人们乐观的情绪和生活的信心。

第三章 民间音调与民俗商业文化

老北京的街巷、集市等场所是民间商业文化赖以生存的空间,在那里可以看到琳琅满目的商品,可以听到此起彼伏的叫卖,各地、各族的商人汇聚于此,造就了老北京的民间商业文化。城市的发展和管理、街巷和住宅的布局都影响着商业的规模、买卖的形式、生活的方式等。久而久之,形成了有一定特点的商业模式和商业习俗,也产生了百姓们耳熟能详的老字号。汇聚在京城的这些生意人来自哪里,小生意、小作坊、小店铺是如何发展的,他们和城市的发展是什么关系,对百姓生活有什么影响,商业文化在叫卖等民间音调中是如何体现的,这些是本章要探究的内容。

第一节 "叫卖"于"市"

叫卖,离不开买卖的商业场所。不同于普通的言语交流,叫卖需要卖货人大声地把自己所卖的货物广而告之。如果是几个人面对面的交流,以物换物,或是简单的买卖几个物品,人们无须把嗓门提高、音量放大,以正常的说话方式就可以完成。而叫卖就不适合这样的"迷你交易",它需要有足够的空间让声音传播出去,让尽可能多的人听到,吸引那些潜在客户。当然,这还有一个前提,就是货物一定要足够多,如果只有几件货物,也不需要费那么大气力去叫卖。所以,叫卖应该是在物品较为丰富的情况下,有了足够大的买卖行为发生的空间,商业发展到一定阶段的产物。关于集市、市场的发展,史籍中早有记录,《易经·系辞下》记载:"日中为市,致天下之民,聚天下之货,交易而退,各得其所。" 这应该是我国记录的最早的"市"的商业活动,始于神农氏时期。[①]从中可以看到开市的时间和市的规模,"聚天下之货",可以想象其热闹程度。但其中是否有叫卖,我们不得而知。因此,要了解"叫卖"的产生,就应先了解"市"的产生和发展。

自古以来有城就有市,有市就有商品交易,就有商贸活动。叫卖调就是商品交易活动中不可或缺的"声音",或称为"市声"。"市"的含义是什么?"市声"是从什么开始的,怎样变迁的,叫卖调与城市的起源与发展有着十分密切的关系,难以用简单的言语说清楚。

一、"城"与"市"

与我们现在所说的"城市"不同,"城"与"市"在我国古代是两个不同的词,有不同的所指,但其意义与现在的"城市"概念既有联系,也有差异。

"城"的本义是指墙垣。《说文解字》中,"城"为"以盛民也"。可见,城是由墙围合起来的民居之地,城墙起到防御的作用。围绕宫殿的墙为"城",围绕整个城市的墙为"郭",这样就形成内外两重墙垣,但也并非所有城邑都是如此。《说文解字》对"市"的解释是"买卖之所也",且"市有垣"。可见,市是交易的场所,且有墙垣围绕。这就说明"城"与"市"是两个不同的区域,各自都有墙垣,但两者是什么关系呢?

"城"是随着历史的发展慢慢出现的,是政治和经济发展到一定水平的产物。在原始的时代,人们都是以氏族或部落的方式聚集居住,形成了大大小小的邑,即氏族或部落中心。为了保护部落的安全,人们以种树、修筑栅栏或墙垣等方式建造了防御设施。随着部落规模逐渐扩大,大邑逐渐发展为城市,相关的记载如《轩辕本纪》中"黄帝筑城邑,造五城",《世本·作篇》"鲧作城郭",这都说明在黄帝、鲧的时代就有了城市的雏形。

关于市,《说文解字》中解释为"市,买卖之所也",此说明"市"的含义。在《世本·作篇》中指出:"颛顼时,祝融作市。"祝融是上古炎帝部落的首领,

---

[①] 齐大芝主编.北京商业史.人民出版社,2011:3.

最早创建了集市，也有记载是"神农作市"，"黄帝作设市"。①《尸子》中曾提到"宫中三市，而尧鹑居"，说明在尧的时代就已经有市，而且市就是在邑中。商周时期城市规模继续扩大，社会等级清晰，城郭越来越具有政治和阶级意义，即"筑城以卫君，造郭以守民"。②周代对各等级营建城邑的规模都有详细的规定，在这些描述中也说明了市的位置，《周礼·考工记》记载"匠人营国，方九里，旁三门。国中九经九纬，经涂九轨。左祖右社，面朝后市。市朝一夫"。可见，祖庙和社庙分别位于王城两侧，市场位于王城的后侧。此时，市场已经成为一个独立的区域，与王城分开了。城与市的分离一部分原因是为了保证城内的规范管理，另一个原因是为了不削弱城的政治功能和军事功能。到了西周又有一些城邑中开设市场，城与市有所融合。

城的管理在这个时期初见雏形，大概经过了从农业井田制到闾里制，再逐渐过渡到里坊制的发展过程。"井"在《说文解字注》中解释为"八家为一井。《穀梁传》曰，古者公田为居，井灶葱韭尽取焉。风俗通曰，古者二十亩为一井。因为市交易，故称市井。皆谓八家共一井也。孟子曰，方里而井。井九百亩，其中为公田。此古井田之制。"这里不仅说明了井田制的土地分配方式，也说明了"井中"之市就是城中之市，"市井"是城中买卖活动的特定场所，"市井之民"即指商人。③井田制影响了城的布局，许多城市为方形，其中以通向城门的街巷组成"井"字、"十"字的布局。

井田制随铁器的使用和牛耕的推广逐渐消失，闾里制度逐渐占据主流，其目的是加强中央和君主集权。④汉代之前，"闾里"是城乡规划的基本单位，但最初闾和里是不同的。《周礼·地官·大司徒》中对乡的组织结构有明确说明："五家为比，使之相保；五比为闾，使之相受；四闾为族，使之相葬；五族为党，使之相救。五党为州，使之相周；五州为乡，使之相宾"，也有对里的描述："里

---

① 高介华. 祝融之虚——中国始有（造市）"市"探源. 华中建筑，2007（11）：179.
② 成一农. 中国古代城市城墙史研究综述. 中国史研究动态，2007（1）：20.
③ 陶思炎等著. 中国都市民俗学. 东南大学出版社，2004：21.
④ 符奎. 秦汉闾里户数初探. 中国农史，2016（1）：61.

宰，掌比其邑之众寡，与其六畜兵器，治其政令"，《尔雅·释言》中："里，邑也"，可以看出里和城有关。据研究，西周之前里的等级远远高于闾，战国以后才成了城的基本单位，闾里并行。①可见，随着城邑规模的发展，闾里在不同时期所指的范畴不同。闾里既有人口户籍的意义，如西周时期二十五家为一闾里，也有城邑管理的意义，每个里就是一个基层聚落单位，里有围墙，墙上有门，一里的居民居住其中，方便管理。据文献记载和考古研究发现，当时城市中的宫殿、祖庙、社庙、市、居住区都是由高墙环绕各自封闭的区域，里有里门，市有市门，昼启夜闭，居民出入从令。《管子·大匡》提到"仕者近公，不仕与耕者近门，工商近市"，说明了闾里制度中人们聚居区域是有职业特点的，同时也存在一定阶层分居，只是这里无从判断市是在城中还是在城外，从描述的顺序来看，也许是在城门之外的区域。

　　东汉后期出现了坊的名称，里即坊，北魏之后，以坊为主，坊、里并用直至元明时期。②里坊制大概是在魏晋南北朝时期向隋唐时期过渡时逐渐形成和发展的，在隋唐时期发展到极致，宋代之后逐渐被坊巷制代替。秦汉以后，由于城不再只是权力的象征，容纳了更多的居民，使得手工业和商业逐渐成为城市经济结构的主体，闾里和市、坊相互渗透，为过渡到里坊制作了铺垫。这也是古人城市管理理念由"城以卫君"向"城以盛民"的转变③。隋唐时期的里坊制发展到了极致，坊为居住区，《唐书·宪宗纪》记载："五更开坊门，黄昏闭门"，由坊内的鼓楼击鼓为号；市为交易区，《唐六典》卷七中记载："皇城之南，东西十坊，南北九坊；皇城之东西各十二坊，两市居四坊之地，凡一百一十坊"，由此看出市的位置不同于周代"面朝后市"，而是在皇城两侧，但四坊的贸易区域似乎对于一百一十坊的居民来说有些狭小，一方面说明建市初期贸易规模较小，另一方面也说明狭小的市场不适应商业的发展，终将发生变化。隋唐时期里坊制具有封闭性，主要体现在两个方面：一是围

---

① 臧知非."闾左"新证——以秦汉基层社会结构为中心.史学集刊，2012（3）：43.

② 朱玲玲.坊里的起源及其演变.郑州大学学报（哲学社会科学版），1986（2）：62.

③ 刘临安.中国古代城市中聚居制度的演变及特点.西安建筑科技大学学报，1996（3）：25.

墙的封闭，坊和市都有围墙，进出都要通过坊门，不得翻越坊墙，商业活动禁止在居住的坊内进行；二是严格的夜禁制，坊市分街有专人敲鼓，如不按鼓声开闭坊市，将受刑罚。①唐代市场的规模和管理方式都制约了商业的发展，中唐以后打破了市的时间限制，出现了夜市，坊内也出现了私下买卖和店铺。这些都表明里坊制度已经不能适应商业贸易活动的发展。

宋代中期商业发达，坊市间的壁垒被彻底打破。据《东京梦华录》记载，当时的东京（今开封）已经是市场与居住区相混合的景象，且夜市常至三更。市坊的混杂表现为三种情况：店铺与宅邸混杂；店铺与宅邸分段布置，位于街的两侧；仕民杂处。②从《清明上河图》中已看不到封闭市坊的围墙，而是完全开放的街道商业繁华的景象，店铺基本是沿街而设。市场的繁荣也带动了人们的文化生活，作为民间开放公共娱乐场所的瓦舍勾栏在宋代逐渐形成规模，为民间艺术的传播和相互融合创造了条件。《东京梦华录》中记载了九处瓦舍，内设勾栏，瓦舍不仅是演出中心，也进行一些买卖，所以瓦舍是"面向广大民众的通俗性文化娱乐市场"③。最终里坊制被坊巷制取代，即坊巷成了基层行政单位，是行政、商业、居住等多功能混合的区域，坊巷入口有坊牌，不再有围墙。

在辽南京时期，沿用了唐代幽州城的市坊设置，延续了唐代幽州城旧有的二十六坊，坊有坊门、门楼和城墙，宋代路振《乘轺录》中记载："幽州城……凡二十六坊，坊有门楼，大署其额，有蓟宾、肃慎、卢龙等坊，并唐时旧名也。"说明坊也设立了不同民族的居住区域。市位于城北，"城北有市，陆海百货，聚于其中"，可见当时商品的丰富。金中都时期，与辽南京略有不同，借鉴了北宋汴京的格局和制度，扩展了东、西、南三面，应

---

① 朱玲玲.坊里的起源及其演变.郑州大学学报（哲学社会科学版），1986（2）：63.
② 刘临安.中国古代城市中聚居制度的演变及特点.西安建筑科技大学学报，1996（3）：27.
③ 张莉，郝敬.论瓦舍勾栏的兴废与说话艺术.民俗研究，2013（4）：116.

少于六十二坊①，有些坊不再设城墙，新扩展的地区还出现了开设"门肆"的街巷。另外，城市北部仍保留了商业区域，金中都的商业有所发展。因此，金中都兼有辽南京和北宋汴京的特点，这也说明金代是由里坊制向坊巷制的过渡时期。

到了元代，元大都的城市规划与辽金完全不同，可以说充分借鉴了北宋汴梁的开放式街巷制，但依然保留了"坊"（或称"里"），只是不再有围墙，每个坊都有特定的名字，共五十坊（实为四十九个）。②城市规划充分依据《周礼·考工记》的记载，如根据"前朝后市"，在宫城的北侧，也就是积水潭北侧的斜街（今鼓楼西大街）至鼓楼区域建立了全城的商业中心，这个商业中心因通惠河的漕运直通积水潭而发展起来。另外，都城内还有东西各一稍小的市场；根据"九经九纬"规划了九条南北大街和九条东西大街；根据"左祖右社"建立了太庙和社稷坛等。明代北京城继承了元大都的城市基础，并继续扩大，最明显的变化是坊的增减和更名，以及以胡同命名的街巷明显增多且分布密集。当时，东南西北中五城共三十三坊，原来的"齐化门"改为"朝阳门"，"平则门"改为"阜成门"，与现在的名称一致。京城的商业到明中后期已呈现出国内外货物充盈的繁荣景象，商铺和庙会集市遍布京城，原鼓楼商业区逐渐衰落，而正阳门地区、东四牌楼、西四牌楼附近的商业区发展起来，定期的集市，特别是庙会随着庙宇的增多而增多，规模越来越大，以城西的城隍庙庙会规模最大；内市作为"前朝后市"，主要服务于皇室、贵族、宦官等。③《皇都积胜图》绘制了明代京城市坊的热闹景象。

清代实行旗民分城居住的政策，八旗有非常明确的界限，满洲八旗、蒙古八旗和汉军八旗也是围绕皇城由内向外分布，而汉民居住在外城，清代

---

① 六十二坊这个数字是来自《元一统志》记录的元大都的旧城中的坊，应是元朝前期燕京城坊的数目，而元朝前期燕京城与金中都的状况并不一样。

　王岗.元大都新旧两城坊名略考.首都博物馆丛刊，2009：37.

② 朱玲玲.元大都的坊.殷都学刊，1985（3）：30.

③ 高福美.明代北京城市商业范围及市场分布.兰台世界，2015（27）：18-19.

后期才逐渐允许汉民在内城居住，光绪末年取消了内城八旗驻地的制度。京城内的街道格局沿袭了清代布局，但"坊"的意义几乎完全丧失，不再有城市街区单位的功能，只是按方位列出了十个坊，但并没有什么实质意义。取而代之的是清末出现的"区"，以方便巡警管辖，共有约五十个区。胡同也随城市人口密集程度的加剧和房屋搭建的增多而拆分并增加，数量由明代的六百余条（明中叶）升至近千条（清末），[①]一些胡同名称以派生或谐音的方式进行更名，虽看起来比较文雅，但丢失了城市街巷的历史，只能从古书中寻找原来的踪迹。商业区域随着旗民分居政策发生一定变化，汉人和商人都迁至南城，使得城内的商业受到影响，明代几个商业区几乎消失，到康熙年间才逐渐恢复，虽也有大型庙会集市出现，但商民在内城经商一直没有制度的保障。而城外的商业区发展起来，如前门、花市、琉璃厂等区域发展了具有一定专业性的行业市场，同时也出现了很多商人会馆，带动了南城外的商业发展。清末至民国时期基本延续了庙会集市，并扩大了一些商业区。

从历史的发展来看，城与市经历了由市在城中到厚重城墙阻隔的双重空间再到无墙阻隔市坊杂处的空间变化、由击鼓开闭市到取消宵禁的时间变化、由满足达官贵族到面向各阶层居民的服务对象的转变。城市的管理由维护政治利益到顺应经济发展，最终使城与市的功能相互融合。不同城与市的布局制约了商贩的活动区域和经营方式。里坊制下的商贩活动区域较小，经营方式也相对单一，交易场所是特定的，买卖双方的交流是有时空限制的，双方没有太多交集；街巷制下的商贩活动区域较广，经营方式有多种选择，交易场所不唯一，买卖双方的交流没有太多的时空限制，买卖双方可以融入对方的生活时空，交流更加自然。生意人如何买卖，买卖活动的表现形式是什么样的，还需进一步了解有关"市"的记录。

---

① 张清常. 胡同的兴旺与哀歌 // 张清常. 张清常文集第三卷·胡同研究. 北京语言大学出版社，2006：94.

二、"市"的历史延展

我国古代商业空间经过了"点—面—线—网络—空间"的发展历程[①],商贩开设店铺和游走的空间也随之变化,而他们的活动范围受制于统治阶级的管理。

《周礼·地官·司市》中记载:"大市,日昃而市,百族为主;朝市,朝时而市,商贾为主;夕市,夕时而市,贩夫贩妇为主。"在周代,市场主要分为三类:大市、朝市和夕市,开市的时间不同,对应的商家和买家也不同。大市在午后(日昃大概相当于下午二时)开始交易,以百姓为主,聚集的各类买卖人很多;朝市从早晨开始,主要以商人的贸易为主;夕市从太阳落山时开始,以小商小贩的买卖为主。关于市的管理,《周礼·地官》记载:"凡市入,则胥执鞭度守门。市之群吏平肆、展成、奠贾。上旌于思次,以令市,市师莅焉。"掌管市场的官员要对所卖货物进行评查,看所卖货物是否货真价实,之后要签订买卖契约,在确定各种商品的价格[②]之后,才可以营业开张。价格依据物品的种类、数量、质量、供求关系等而定,不得以次充好,物禁伪。另外,从对女性的教化中也能看出周代对市场的严格监管力度。《周礼·天官·冢宰》中记载"设其次,置其叙,正其肆,陈其货贿,出其度量淳制",说明周代市场不仅有专门的官吏严格管理,分类陈列货物,合理安排店铺,还对市场的货物做出了标准化的单位,如长度单位、重量单位、布幅宽度、布匹长度等,以规范市场。周代商业的另一个特点就是"禁物靡"[③],《周礼·地官》提到"凡治市之货贿六畜珍异,亡者使有,利者使阜,害者使亡,靡者使微",即保证货物充足,对民有利的货物增多,对民有害的消失,奢靡之物减少。试想,在这样一个"以陈肆辨物而平市,以政令禁物靡而均市"严格管控的市场中,商贩似乎缺少了一定自由度,物品价格是既定的,不存在

---

① 彭亚茜,陈可石.中国古代商业空间形态的变革.现代城市研究,2014(9):37.

② 朱红林.《周礼》中所见的商品价格管理问题研究.中国社会经济史研究,2003(2):91.

③ 邹德文,姚晓娟.论先秦对商品的管理及其节约与诚信意识——以《周礼·地官·司市》为例.长春师范学院学报(人文社会科学版),2006(9):44.

价格战，只有"官方指定"这一个金字招牌，市场的活力被限定，所以商人对自己产品的宣传似乎变得没有意义。可见，这里的市是有专门机构管理的市，已形成一定的规模，商贩进入市场后，并不是随意摆摊就可以进行交易的，也不是随便就可以定价的。当时北京地区的农业生产、工商业、手工业等较为发达，加之交通较为便利，其他地区和民族的商人都愿意来此交易，使得大规模的商品交换成为必然，促进了大小交易市场的发展，成为北方商贸活动的中心。

然而历史上对于小商贩的记载并不多，只能通过一些小故事略窥一二。如《韩非子·难一》中的"自相矛盾"："楚人有鬻盾与矛者，誉之曰：'盾之坚，物莫能陷也。'又誉其矛曰：'吾矛之利，于物无不陷也。'或曰：'以子之矛陷子之盾，何如？'其人弗能应也。夫不可陷之盾与无不陷之矛，不可同世而立。今尧、舜之不可两誉，矛盾之说也。"这段典故呈现了一个商贩推销矛和盾的场景，先不论其逻辑是否合理，其目的是要夸自己所卖的东西质量好，而没有涉及价格，这两句广告语也许就是古代的"叫卖"。①这比较符合早期市场对商人和价格的控制，货比货，比的不是价格，而是质量。

秦代至西汉时期都是重农抑商的政策，这种思想也一直延续。文景之治后逐渐出现大商人，贵族和官僚经商的风气越来越兴盛。同时，小商人开设商铺，小手工业者或自产自销，或以其他方式谋求生计。蓟城在那时就已经有了定期的集市，《盐铁论》就有记载："燕之涿、蓟，赵之邯郸，……皆为天下名都，非有助之耕其野而田基地者也，居五诸之冲，跨街衢之路也。故物丰者民衍，宅近市者家富。"说明了蓟城等名都处于交通要道，农牧业物产丰富，"市"在城内有了固定的位置，也出现了专门与少数民族进行贸易的"胡市"。这些都反映出蓟城集市商业繁荣发展，成了北方重要的商贸活动中心。

魏晋南北朝时期商业发展起起伏伏，但商业上也确实有一些实质性的发展，商路变得越来越通畅，贩运贸易逐渐兴盛，对外贸易也越来越频繁。在较为稳定的历史时期，市也有了很大发展，如晋代陆机《洛阳记》中记载了洛

---

① 陈树林.老北京叫卖调.人民音乐出版社，2010：7.

阳的市："三市，大市名也。金市在大城西，南市在大城南，马市在大城东。按：金，市名。商观西兑为金，故曰金市。"可见城周边的市场有了各自的"主题"，说明工商业分工越来越细。市场中除了进行主要的买卖，还有一些服务于买卖人的小商贩，卖粥卖饼等，如傅咸《司康教》中记载"闻南方有蜀妪作茶粥卖，廉事打破其器具，使无为又卖饼于市而禁茶粥，以因老姥独何哉？"。虽然城中有市，但外城才是重要的商业区，《洛阳伽蓝记》中记录了北魏时期的洛阳，除了城内的金市，城外有城西的大市，城东的马市和小市，还有城南的四通市。其中大市和小市周围居民区相对密集，大市在八个里围绕的中心，小市周围有三个里。《洛阳伽蓝记》中写道："凡此十里，多诸工商货殖之民。千金比屋，层楼对出，重门启扇，阁道交通，迭相临望。金银锦绣，奴婢缇衣；五味八珍，仆隶毕口。"可见当时物品丰富、市场繁荣。四通市主要为四方商人和域外商人的买卖市场，周围也有相应的里坊和外来商人住宿的馆。集市似乎也逐渐形成固定规模，在某些地方出现了"五日一会"的集市。[①]蓟城在这一时期屡遭战乱，商业一度倒退到物物交换，之前的商业繁荣景象已变为一片萧条。

　　隋唐时期，一直作为幽州治所的蓟城后来多被称为幽州（今北京）。这里借助运河的开通以及隋炀帝"营建临朔宫"，其政治地位和经济地位有所回升，运河曾有"发江淮以南民夫及船，运黎阳及洛口诸仓米至涿郡，舳舻相次千余里"[②]的景象，物流通畅，物资供应充裕，人口也大量增多。幽州城在里坊制管理下，为商业和手工业划定了特定的区域，这些区域也和坊一样并不开放，由围墙围起来，按照规定的时间随"街鼓"开市关市，有专门管理市场的制度和官员，对市场中交易的商品、价格、质量、度量衡等进行了规定，并对违反者进行相应的处罚。幽州城中的集市呈现出行业细分的特点，仅房山云居寺石经题记就记载了三十多种行业：大米行、白米行、粳米行、屠行、肉行、油行、布行、大绢行、小绢行、彩帛行、丝锦行、染行、幞头

---

① 张旭华. 魏晋南北朝时期北方商业的曲折发展. 郑州大学学报（哲学社会科学版），1998（7）：107.

② 资治通鉴·隋纪五。

行、靴行、五熟行、果子行、淑笋行、炭行、生铁行、磨行、杂货行、新货行等，实际的行业数也许比这个还要多，根据史料记载，在长安、洛阳等地曾有二百二十行。"行"开始指相关行业的店铺和手工业作坊，将其安排在某个区域方便管理，逐渐发展为"具有一定规范性质的行业共同体"①，有"行头"管理和制定物价，出现了进行宗教活动的行社，②也逐渐设定了一些行规来规范行业，行会的雏形慢慢显现。胡商和朝鲜商人频繁在幽州城进行商贸活动。中唐之后，幽州城的市场常有艺人表演，"击筑鼓琴，引吭高歌"。唐代还有一个不容忽视的市场就是草市，即农村或城郊的商贸市场，其覆盖的地域和人群较广，市场物品种类繁多，夜市繁荣，定日开放。草市的繁荣发展达到了能与城市中的市场相匹敌的程度，③农村剩余的劳动力转向商品经营，使得农产品和其他商品形成"农村→草市→中小城市"④流通的形式。草市中丰富齐全的商品、自由的交易、较为"松散"的市场管理，可以说是"街巷制"商业的"预演"。中唐之后，里坊制逐渐被打破，夜市在大大小小的城市中越来越普遍（南方地区尤为突出），这在唐诗中有许多记载，这里不再列举。"市"的这些变化为宋代商业发展奠定了基础。

辽金时期的北京地区在一定程度上继承了唐代的城市管理模式，但也有自身的发展。辽南京"城北有市，陆海百货，聚于其中"，聚集了各地商人，有北方女真、高丽、胡人等民族的商人，更多的是来自南方宋朝的汉人，宋太宗曾诏曰："幽蓟之民，皆吾赤子，宜许边疆相互市易。"⑤其商业贸易不仅限于"市"的区域，城市的重要街道也开设了很多商铺，其中"檀州街"

---

① 冯兵，黄俊棚.隋唐五代时期"行"与城市工商业管理.河北学刊，2017（6）：82.

② 朱淑瑶.略论唐代行会的形成——兼谈唐代行会与欧洲中世纪行会的区别.广西师范学院学报（哲学社会科学版），1983（2）：99.

③ 张雁南.唐代商业发展与农村消费经济结构调整.河南师范大学学报（哲学社会科学版），2009（5）：224.

④ 张邻.唐代的夜市.中华文史论丛（第1辑），1983：241.

⑤ 《宋史》卷一百八十六《食货志下》。

源自唐朝幽州檀州街[①]，逐渐发展为重要的商业街。金中都仿照北宋汴京而建，商业空间继续扩展，由于坊间的围墙拆除，坊内的街巷与坊间的街道相通，如此一来"大街小巷"都成了进行商业活动的空间。分为街市和坊市两种，最有名的街市是"檀州街"和彰义门至施仁门大街（今广安门到虎坊桥西侧），最有名的坊市是檀州街南侧的敬客坊（今牛街北口）和城南的东开阳坊[②]。主要街道有商铺酒肆，小的街巷有商贩走街串巷兜售货物，居民的生活比原来方便了许多；商业市场的周边也出现了歌馆瓦楼，上演"金院本"，供权贵人士享乐；市面上也有供市井百姓消费的娱乐场所，多以讲述历史演义、民间传说为主。这点与南方宋朝街巷的商业贸易和勾栏瓦舍较为相似。此外，在街市中还有设立"胡市"，商人有女真、蒙古、契丹、渤海、回鹘、朝鲜等北方各少数民族，带来许多西域或东北地区的手工艺品、畜产品，也有来自宋朝的商人，带来南方的稻米、茶叶、布帛等。金代统治者推崇公平交易，体恤商人，禁止扰商，这些也体现在商业市场的管理政策中。金中都市场货品丰富，种类繁多，品质上乘，名贵商品市场和文化市场迅速发展，反映出当时的物质生活水平和审美品位。行市的种类也相应增加许多，如油石行、银行、蒸饼市、胭粉市、柴市等。[③]辽南京以及金中都成了北方最为富庶的地区，其商业发展也一度达到了北京地区历史上的较高水平。

元大都时城市继续扩大，人口增多，街巷增加，规划清晰，各类市场遍布全城。鼓楼斜街一带是元大都规划设计中最主要的商业区，这里临近积水潭，江南漕运的船只都停靠于此，货物直达最近的鼓楼斜街商业区，商品琳琅满目。除了南方的货物，还有来自日本、朝鲜，西域的波斯、阿拉伯以及东南亚等国的商品，可谓是世界贸易聚集于此。此外，城内外也有一些市场，

---

① 张天虹.中晚唐幽州城的"檀州街"——从《房山石经题记》谈起//石经研究（第一辑），北京燕山出版社，2016：178.

现有文献中多认为檀州街是东西走向，今广安门内外大街附近，但也有学者根据文献分析认为是南北走向，还需进一步求证。

② 王茹芹.京商论.中国经济出版社，2008：97.

③ 齐大芝主编.北京商业史.人民出版社，2011：37.

各具特色，文明门（今东单南、崇文门北）为"舳舻之津"，丽正门（今天安门南、正阳门北）外为"衣冠之海"，顺承门（今西单南、宣武门北）外为"南商之薮"，平则门（今阜成门）外为"西贾之派"。①元大都还出现了许多专营某类商品的市场，如米市、面市、蒸饼市、菜市、果市、羊市、马市、驴市、骆驼市、牛市、猪市、鱼市、鸭鹅市、鹁鸽市，以及胭粉市、缎子市、皮帽市、靴市、珠子市、沙剌市（珊瑚）、纸扎市、柴草市、煤市、车市、文籍市、花市等，至今北京的一些地名都留有这些市场的"印记"。宗教场所附近的集市规模也相当庞大，定期开市，吸引许多人前往。城内除了市场和庙会，还有很多商铺、酒楼、行院、歌馆也兼卖一些商品。小商贩更多的是以走街串巷的方式兜售商品，叫卖是他们的口头"招幌"。元代胡助《纯白斋类稿》收录的《京华杂兴诗》二十首中的一首就是描写街巷商贩贫苦的生活，其中包括吆喝叫卖的景象："富馔有臭肉，贫衣无完襟。贩夫逐微末，泥巷穿幽深。负戴日呼叫，百种闻异音。"②从诗中能够感受到小贩的叫卖声各色各样，他们辛苦劳作，每天在小街巷间靠叫卖做生意，勉强维持生存。城郊也有定期的集市，贸易兴旺。杂剧、散曲、院本等在勾栏、歌馆等场所表演，票价较贵，多为富贵之人观看；民间的社直、杂戏常出现在节日的街头或庙会，多为普通市民观看。

　　明代北京城的商业活动在元大都基础上继续拓展。明迁都北京后，有计划地进行移民，使得城市人口增长，这是商业发展的重要因素。城市中有一大部分人口从事商业、手工业以及"百工杂作"。到嘉靖、万历时期，京城的商业贸易再次呈现"商贾辐辏"的景象，明《皇都积胜图》记录了当时京城市坊的繁荣景象，其中包括京城几大主要场景：卢沟桥附近的客店和塌房、大明门前的"朝前市"、紫禁城的皇宫、北郊的居庸关等，可谓明代京城的"清明上河图"。大明门前的"朝前市"位于正阳门到大明门之间的棋盘街，货物齐全，应有尽有，还有弹琵琶、唱小曲和数板的艺人，百姓驻足观看，

---

① 齐大芝主编.北京商业史.人民出版社，2011：53.

② 后面还有两句：马流争决拾，曝藏比干薪。苦乐谅习惯，贫富何由均。

市场十分热闹。"朝前市"打破了"前朝后市"的传统城市布局，因这里是明大运河的终点，取代了元代的鼓楼斜街商业区，成为明京城最重要的商业区。《帝京景物略》中还记载了其他几个重要的商业区，包括东华门外灯市、城隍庙市和土地庙市。灯市主要在元宵灯节时开放，庙会按规定的日期开放，这些集市具有商业贸易、民间游艺以及宗教祭祀的多个功能，车马人流不断。除了这些商业区，明代还出现了常年市（或称日日市），经营百姓生活所需的各种商品，有些是批发市场。明末京城很多行业出现了一些著名的店铺，这些都是口碑信誉较好的店铺，如鹤年堂、同仁堂、便宜坊等。京城商人人数较多，经商人的地位有了很大提高，但商人中也分不同种类，有官商，有实力雄厚的富商，有小本生意的普通商人，还有走街串巷的小商贩。明末史玄《旧京遗事》曾描述"京城五月，辐辏佳蔬名果，随声唱卖，听唱一声而辨其何物品者，何人担市也。……盖此以曼声为招，彼以感耳而引"。这说明叫卖之声在明京城的街巷已经非常普遍，小商贩多在居住密集的胡同游走，所卖之物也多是生活所需的水果瓜菜等物，靠叫卖向墙内住家"通报"所卖之物，叫卖的动听程度是吸引顾客的一个重要因素，是分辨叫卖风格的重要因素，也是生意的第一步。

清代因旗民分居以及旗人不得经商的政策，使得商业空间发生了很大变化。京城内几乎不再有集市，明京城的原四大市场移至其他地点，如灯市移至正阳门外，庙市移至外城报国寺，市场仍如期举办，但热闹程度大不如前。城内主要保留了一些与生活息息相关的肉店、酒店、鲜果店等，其中产生了一些延续至今的老字号，如乾隆六年缸瓦市开业的砂锅居、乾隆四十五年隆福寺街的东长顺羊肉（今白魁老字号饭庄）等。居住在城内的人们，生活不太方便，而汉人、商民等都移到南城城墙之外，所以人们要到南城采购生活用品。外城的商业区和专业市场逐渐形成，主要有前门商业区（全国各地商人云集之处）、崇文门外的花市（主要为绢花等人造花行业）、琉璃厂（文化市场）等，与寺庙有关的一般定期有市。南城门附近常有一些商人在此叫卖，并以摇铃传递卖货的信号，其中也有些进入城内冒着风险做买卖。外城也有一些流动摆摊的小商贩，为了生计辛勤奔波于早市、夜市之间，或临街叫卖。清代潘荣陛等在《帝京岁时纪胜》中记述了元旦的热闹街景："闻爆竹声如击浪轰雷，遍乎朝野，彻夜无停。更间有下庙之拨浪鼓声，卖瓜子解闷声，卖江米白酒击冰盏声，卖桂花头油摇唤娇娘声，卖合菜细粉声，与爆竹之声，相为上下，良可听也。"这里突出描写了多个行当响器的声响，可见早在雍正、乾隆时期街头小商贩的响器就已经非常丰富。京城开始出现商帮，他们既有地方同乡会的特点，又掌握着北京众多行业的行会和会馆，如晋商主要为颜料业和粮油业，徽商主要为茶行，宁波商人主要为药材业，等等，一方面保证同乡商人的利益，另一方面保证某一行业经济活动不受牙行的牵制，保证行业规范发展。一些规模较大发展较好的行业出现了经营成功的"好品牌"，很多一直延续至今成为老字号企业。晚清以后，新的商业模式建立，外国资本注入，商品种类大幅增加，行业更加专业化，城内的商业发展起来，庙会兴盛，还出现了近代意义的商业区——新东安市场，商人也有了更多经营活动空间。

市的发展受到城市规模的限制，也随着城市布局有所变化。城市扩大，人口增加，由于要满足日益增长的日常所需及提高生活水平，从事商业的人在逐渐增多。统治者对商业的认识有所改变，支持力度加大，逐渐完善管理制度，商业才能得到繁荣发展。固定空间和时间的市，对买卖双方都是局限，终将被开放的市替代，开放的商业空间为商人们提供了更多的生存空间，有更多的经营方式供他们选择。大宗生意、奢侈品或官商更多的是满足上层阶级的需要，为权贵服务；普通店铺和游商等中小商贩更多的是满足普通百姓的生活需要。商业从单一的坊"市"到纵横城市的"街巷"，为商业民间化打通了道路。在严格管理的市中，商人受到过多限制，卖家和买者在市场中的交流相对缺少生活气息，双方的生活距离较远；在街巷中商业活动更具民俗活力，卖家和买者的交流更加亲切，唠唠家常，增进邻里关系，小商贩可以展现出更多的个性特点。卖家从等买者"上门"到给买家"送货上门"（甚至是按需送货上门），这种买卖关系中微妙变化多了些许互相关心的人情味儿。小商贩们摆摊、走街串巷虽辛苦，但乐在其中，一声声叫卖带着卖者的思绪和乡音，不仅仅是声音招幌，更是暖人人心的生活趣味。

第二节　北京城市街区、胡同与庙会

一、北京的街巷

北京地区自古就是北方的军事、经济要地，自辽代成为陪都南京、金代成为中都之后，其作为政治、文化中心的意义越来越凸显，后来成为元、明、清的都城，历经数百年。辽以前，北京地区虽不是陪都或都城，但城市的发展早已开始，城市中形成了大大小小宽窄不一的街道，仅北京街巷的名称就有至少十种之多：街、巷、胡同、道、路、里、坊、市、口、条。根据语言学家的研究，每个字（词）用于街巷名称的起始时间不同，不同朝代街巷名称出现的多少有一定差异，每个字（词）有一定的指代和意义。

"街"和"巷"是两个很有历史的名称，"巷"自周代就使用，"街"自汉代使用，意思就是"舍间道也"或"四通道也"（张衡《西京赋》），"街"和"巷"在全国各地的使用也非常广泛。

"胡同"在北京街巷名称中非常常见，北方一些城市也有用，是街巷名称中唯一一个由两个字构成的名称（双音节词）。也许有人会认为带个"胡"字，可能是外来的名称，经历史和语言学研究考证，有多种猜测和解释。一种说法是这个词可能不是源于汉语，但"胡"并非表示指外来的。"胡同"在辽代和金代史籍中都未见，元代出现"衚衕"为蒙语的音译，原意为水井，在鄂温克、女真、满、突厥和维吾尔族语言中的水井发音与huto相近，说明这个词的语音在北方民族中较为普遍。由于是音译，所以在历史文献中记录的"胡同"的写法不一，有八种之多。这个词在元代的文献中已不是水井的意思，而是指小街小巷，和现在的意思一样。然而，还有一种观点认为"胡同"与蒙古语并无关系，通过对"衚衕"两个字的考证发现，"衚"在北方的应用相当于南方的"弄"，表示街巷。对"衚""衕"有最早记载和解释的是南朝时期的顾野王编纂的字书《玉篇》，远远早于元代。还有一种说法是源于"巷"的古音,"巷"在汉代读"虹",其切音为"胡洞","虹"与"闳"(有巷门之意)的发音为"胡洞",清朱骏声的《说文通训定声》、徐灏的《说文注笺》等书中有类似的描述,这是明代胡同数量上升的原因之一。[1]

"道"和"路"曾为行政区域划分的单位,在明代以"道"和"路"命名的街巷并不多,二十世纪之后在原外城和近郊地区出现较多。"里"、"坊"和"市"都与古代的城市区域划分的名称有关,"里"和"坊"为居民聚居区,"坊"也有旧时作坊的意思,"市"为货物交换买卖的场所,如"和平里""白纸坊"等。"口"为某地的出入通道,有些与庙会有关,如"闹市口"(原城隍庙附近)、"珠市口"(原猪市口)等。"条"实为数胡同个数的量词,把胡同按顺序排好,省略后面胡同两字,避免重复,如"东四十条"等。

根据张清常先生对北京以"胡同"命名的街巷进行的统计,元代胡同只有29条,明代中叶有601条,清代末年有992条,二十世纪八十年代有1320条。这些胡同并不是北京所有街巷,元代"胡同"应算是新生事物,更多的是火巷,有300多条[2];明代是胡同发展的高峰,有许多是由火巷改为胡同的[3],占街巷的40%—60%,清末这一比例降至35%左右,二十世纪八十年代约占22%[4]。对应胡同所占的比例,可以想象街巷在北京元明清以及现在的总数是以直线上升势态增长,从三五百条增至五六千条,反映出城市扩大的进程。街巷的宽度有一定之规,《析津志》中记载的街制为"大街二十四步阔,小街十二步阔",巷和胡同约为六步阔,大街约为37.2米,小街18.6米,巷和胡同9.3米。

这些宽窄不一的街巷就是商业发生之所,宽的街巷有店铺、有摊位,面向来来回回过路的行人;窄的街巷把一个个四合院串起来,小商贩带着货物和响

---

[1] 王越."胡同"一名源于汉代的"巷".北京联合大学学报(人文社会科学版),2009(5):43.

[2] 王越.老北京:火巷之谜.北京档案,2007(4):49-50.

[3] 火巷,在南方街巷中常用,最初是为防火而建的小窄巷子,巷两边有排水的明沟,以防止火势蔓延,利于同时往来,和行军作战。火巷比巷窄,比胡同宽。

[4] 张清常.张清常文集第三卷·胡同研究.北京语言大学出版社,2006:94-95.

器，或背、或担、或推小车游走在其中，面向墙院中的居家百姓。他们顶着日晒雨淋，冒着严寒酷暑，起早贪黑，辛苦劳作，用自己的汗水养家糊口，也为日常生活带来了很多方便和乐趣。街道上既有人流和马蹄声，也有一声声叫卖和多样的响器声为其点缀，丰富了街巷的声景，久而久之印在人们的脑海里。闻声如见其人，听响如见其物，声音引发的联想让人们对卖的货物更有感官和情感上的期待，也许由此提升了购买欲，提高了小商贩的收入与知名度。

二、北京的商业街巷

元明清时期京城的商业区有些一直延续至今，有些以街名的方式保留了元明清商业的痕迹。元代熊梦祥《析津志》记录了34个市，明代张爵《京师五城坊巷胡同集》、清代吴长元《宸垣识略》也记录了很多商业街巷，表3-1把与旧时市场贸易有关的街巷胡同列出，由街名可以看出当时街巷主要交易的货物，一目了然。①

表3-1 与商业有关的北京街巷名称

今日地名	旧时商业功能	产生时间	地点	备注
	米市、面市	元	旧鼓楼大街西侧（元钟楼前十字街西南角）	（东单北大街有米市大街站）
	羊角市（附近有羊市、马市、牛市、骆驼市、驴骡市）	元	西四南大街附近（元钟楼街西南）	羊市后改名为羊市大街（今阜成门内大街）
	段子市、皮帽市	元	（元钟楼街西南）	
	帽子市	元	（元钟楼）	
	鹅鸭市	元	（元钟楼西）	

---

① 齐大芝.北京商业史.人民出版社，2011：54，116，123，288.

张清常.张清常文集第三卷·胡同研究.北京语言大学出版社，2006：143.

续表

今日地名	旧时商业功能	产生时间	地点	备注
	珠子市	元	（元钟楼前街西第一巷）	
菜厂胡同	菜市	元	王府井西街附近	元丁字街（明代菜厂）
前门 崇文门 西直门外	菜市	元	前门 崇文门 西直门外	元丽正门（明清正阳门） 元文明门（明清崇文门） 元和义门（明清西直门）
大/小鹁鸽胡同	鹁鸽市	元	灯市口附近	
	文籍市	元	（省前东街）	
	纸扎市	元	（省前）	
	靴市	元		卖底皮、西甸皮
	东市	元		齐化门（明清朝阳门）
	拱木市	元		
珠市口	猪市	元	崇文门外	原为猪市口
	鱼市	元	崇文门外	
	柴草市	元	西四北大街南端	
纱络胡同	沙剌市	元	安定门西大街北锣鼓巷西侧	
沙栏胡同			广安门内大街牛街东侧	
	草市	元	各城门外都有	
	柴炭市集市	元	和平街十二三四区光熙北里，王府井大街北段，宣武门外	

续表

今日地名	旧时商业功能	产生时间	地点	备注
煤市街	煤市	元、明	正阳门西侧	
	南城市	元	（大悲阁东南巷）	
铺陈市胡同	穷汉市（卖旧衣）	元	珠市口附近（元钟楼后、文明门、顺城门西、丽正门西）	后改称铺陈市
	蒸饼市	元	（大悲阁后）	
	胭粉市	元	（披云楼南）	
	果市	元	西直门，宣武门，安贞门外（清前门外）	（鼓楼西大街有果子市站，骡马市大街有果子巷站）
	铁器市	元	旧鼓楼外大街（元钟楼后）	
闹市口，成方街	庙会	元	闹市口	原有城隍庙
护国寺街，百花深处	庙会（西庙）	元，明	护国寺街	原有元崇国寺，明改为大隆善寺，大隆善护国寺
白塔寺	庙会	元	白塔寺	
隆福寺	庙会（东庙）	元	隆福寺	
礼士路	驴市	元	礼士路	从驴骡市分离出来
大钱市胡同	钱市	明、清	西直门西北	
骡马市大街	骡马市	明	菜市口东侧	
礼士胡同	驴市	明	东四南大街附近	原为驴市胡同

续表

今日地名	旧时商业功能	产生时间	地点	备注
王府井	商业区	明	王府井（元丁字街）	明改称十王府
大/小纱帽胡同		明	王府井	
灯市口	灯市	明	灯市口大/西街	
韶九胡同，甘雨胡同，锡拉胡同，大豆腐巷，多福巷，翠花胡同，金鱼胡同	卖烧酒、干鱼、豆腐、锡镴、名贵装饰品、金鱼	明	灯市口附近	原为烧酒胡同，干鱼胡同，豆腐巷，锡蜡（清代为"拉"）胡同[①]
前门商业中心（珠宝市街，肉市街，布巷子胡同，果子胡同，鲜鱼口街）	正阳门外商业区	明	前门大街（"大栅栏西南斜出虎坊桥大街，此皆市廛旅店商贩优伶丛集之所，较东城则繁华矣"[①]，清大栅栏原为明廊坊四条）	这一区域明代已有：炭儿胡同，火扇胡同，掌扇胡同，杨梅竹斜街，笤帚胡同，湿井胡同，甘(干)井胡同，博(柏)兴胡同，大/小齐家胡同，蔡家胡同，王皮胡同，取灯胡同，茶儿胡同，樱桃胡同/斜街
	钱局银号			施家胡同，廊房头条
	给百姓盖房、商人开店的建筑	明		廊房头、二、三、四条
琉璃厂	文玩	清		

---

① 刘岳. 北京胡同. 北京出版社，2019：281.

王越. 明代北京城市形态与功能演变. 华南理工大学出版社，2016：137.

续表

今日地名	旧时商业功能	产生时间	地点	备注
	戏班、妓院等	明、清	铁树斜街、棕树斜街（原王广福斜街）附近	百顺胡同，胭脂胡同，韩家胡同，陕西巷，石头胡同，朱家胡同，小力胡同（原李纱帽胡同）
东安市场	商业区	清	王府井	

注：地点一栏为现在的位置，括号中为古代记录的位置。

从表3-1可以看出，这些街巷主要集中在前门、大栅栏、王府井、鼓楼、东四、西四等区域，在地标建筑周围有多条专业商贸和服务的街巷，辐射面较大。除了这些较为密集的商业街区，明清时期还有许多街巷与市有关，涉及税务金融、金属及锻造、燃料、其他自然资源、建筑用料及半成品、主食、副食、酿造和茶点水果、牲畜及皮毛贸易、衣着及织染、日常生活用品、工艺品、文玩、游艺、武器、交通工具、医药及丧葬等，至今仍保留了一些街名，分布不太集中，这里不再罗列。从元代至清代，再到近现代，有些商业区保留下来，有些由于不同原因改名、拆分或合并、消失而难寻踪迹。看着这些街名，一幅热闹的商业贸易市井画卷展开，行人穿梭于街巷，商人各自忙碌自己的生意。

三、北京的庙会

庙会也是市的一种，也称为"庙市"，大概在南北朝时期寺庙与市场已经产生了联系，到唐代已有较大规模。北京的庙市产生于辽代，兴于明代。明代，西单西侧成方街的城隍庙市已有了相当的规模，明末《帝京景物略》记载了城隍庙市的情况："城隍庙市，月朔望，廿五日，东弼教坊，西逮庙墀庑，列肆三里。图籍之曰古今，彝鼎之曰商周，甌镜之曰秦汉，书画之曰唐宋，珠宝象玉、珍错绫锦之曰滇粤闽楚吴越者集。"由此可见，庙市是兼宗教、商贸和游艺于一体的民俗集市。清代，城隍庙市的规模逐渐衰落，广安门内的报国寺庙会、东四牌楼附近的隆福寺庙会、西四牌楼附近的护国寺庙会，以及东岳庙、北药王庙会、土地庙、白塔寺等庙会先后兴起，与琉璃厂、花市等集市相映成趣。清《帝京岁时纪胜》、《旧都文物略》和《京华春梦录》等书籍中记录了庙会的开市时间，见表3-2。

表 3-2　清代庙会开市时间

庙会	开市时间	庙会性质	出处
东岳庙、北药王庙	朔（初一）望（十五）	商业+宗教	《帝京岁时纪胜》，清初 潘荣陛等，雍正乾隆时期
土地庙	逢三	商业	
花市	逢四	商业	
大隆善护国寺	逢七、八	商业	
大隆福寺	逢九、十	商业	
土地庙	逢三	商业	《京华春梦录》，陈莲痕，民国时期，1925
花市	逢四	商业	
白塔寺	逢五、六	商业	
护国寺	逢七、八	商业	
大隆福寺	逢九、十	商业	
大钟寺、白云观、火神庙、黄寺、财神庙、雍和宫、东岳庙、厂甸	一年一开市：正月	商业+游春	《旧都文物略》，汤用彬等编著，民国时期，1935
太阳宫	一年一开市：二月	商业	
江南城隍庙、蟠桃宫、南顶（碧霞元君）	一年一开市：三月	商业+游春	
善果寺、什刹海	一年一开市：六月	商业	
土地庙、白塔寺、护国寺、隆福寺	一年数开市	商业	

从表3-2可以看出，北京庙会之多源于北京的寺庙多、道观多，几乎是

日日有庙会、月月有庙会、节节有庙会，直至二十世纪三十年代依然有近40个大大小小的庙会开市。庙会不仅是祭祀者、消费者或游人的"汇聚之地"，更是小商贩们游走的"求生之所"。庙会中的商人主要有三类：坐商、行商和流动小商贩。坐商有自己的店铺，行商的搭棚和推车及物品可临时寄存在寺庙里，挑担背筐的小商贩自由地穿梭于其间。坐商和行商摊位的大小、位置相对固定，便于管理。行商和流动小商贩一般不会奔波于几个庙会之间，而是随某个庙会，这样既能保证自己的客源，也能有较为固定的休息时间，但也有个别商户参与多个庙会，需要挣更多钱养家糊口。没有庙会时，一些小商贩就活跃于周边的街区胡同叫卖自己的食品物品，与已熟悉的市民建立了良好的买卖关系，稳定了售卖人群，使得他们有相对稳定的收入，生活中多了些安宁与乐趣。

如今北京的庙会已不多，只有在春节时才一起开市，地点、内容都发生了变化，还出现了"洋庙会"，只有商业和娱乐的功能。北京的妙峰山庙会已有三百多年的历史，是华北地区最重要的庙会之一，经历了从香会到花会，从民间花会复兴又到春节商业性庙会，1983年妙峰山传统文化复兴，恢复了妙峰山庙会的生机，至今仍有数以万计的香客、三百余档香会参与其中，保留了民间艺术、民间体育、民间手工艺等民俗文化，也传承了传统社会互帮互助、谦和礼让、急公好义的社会风气，这是普通百姓、普通小商贩薪火相传的精神食粮。

第三节 北京叫卖生意人的组织

北京地区历史上来来往往的生意人有本地人，也有大量来自附近地区、南方各地、北方少数民族以及东亚、东南亚、伊朗、阿拉伯、欧洲等各地的商人。随着生产力的提升，物资丰富，城市人口增多，商人群体也在逐渐扩大，唐代后期越来越多的农民进入商业、手工业等领域，以服务于城市、城郊以及农村日益增长的购买需求。明代京城仅缴纳铺行银的铺户类商业人口就占全市人口的22%，这里还不包括各种肩挑、推车、摆摊的小商贩。[①]商人主要分为两大群体，即特权商人和普通商人。特权商人多指权贵商人或官商、僧侣经商者，普通商人主要包括各类商贩，有做大宗生意的，也有做小买卖的。商业的专业性越来越凸显，行会、帮会、商会萌芽逐渐形成，以保证商人的正当权益以及行业的良性发展。清代后期出现了十大地域商帮：安徽商帮、山西商帮、陕西商帮、福建商帮、广东商帮、江西商帮、江苏商帮、宁波商帮、浙江商帮和山东商帮。在北京，影响较大的有徽商、晋商和宁波商人，还有京帮、津帮、陕帮、山东帮、绍帮、广帮、川帮等。人数较多的有四个帮，河北深冀州帮、山西帮、山东帮和河北高阳帮，他们控制多个行业。小商贩们也有自己的组织，如上海，小商贩们为了保护自己的权益，先后成立了"上海小贩业联合会"（1926）、"小贩业商民协会"（1928）、"法租界摊贩联合会"（1930）等。[②]

　　明清以来，各行业逐渐发展出一些老字号。有些老字号在当时就已经很有名，而有些老字号到后来才逐渐发展起来。每个老字号的发展史不尽相同，有些有一定经济实力而发家，有些经历了小商贩艰苦的"创业阶段"。商业宣传的方式无非两种——招幌和市声。这只是吸引客户的第一步，要想抓住客户的心就要靠服务和口碑。

　　来自这些普通商人和小商贩的叫卖声是京城各个街巷的"保留曲目"，有时也会出现一些新的版本，或改编或即兴。久远的叫卖声已无处可寻，只有通过记录的叫卖词、史书的记录以及老艺人录制的唱片去追溯。京城的商人群体来自南北各地，普通商人构成了商帮、行会，更多集中了来自同一地区的商人，而小商贩作为某一行业的同乡人，在从事该行业时会得到更多的互助机会和信任。这样一来，某个行业不仅有自己的行话和隐语，也许还有相对稳定的方言或口音，叫卖调中也许会体现一些语言文化上的特点。因此，通过商帮了解一个行业，或了解某个老字号的发展过程，进而再看叫卖调可

[①] 张清常.张清常文集第三卷·胡同研究.北京语言大学出版社，2006：161.

[②] 胡俊修.流动摊贩与中国近代城市社会.中国社会科学出版社，2019：49-53.

能会有新的认识和收获。

一、北京的行会、会馆、商帮与行业

"行"早在唐宋时期就已出现,虽然史学界对"行"的性质和功能认识不一,[①] 但有一点认识基本一致,即"行"为某个行业的组织,其逐渐发展成为保护同行从业者利益,监管和避免内外不良竞争的组织。明代京城出现了一些会馆,[②] 这些会馆最初的作用是接待进京赶考的文人举子,与商业关系并不密切,主要具有同乡会的性质。后来随着商业的发展,商业的从业人员越来越多,进京的商人也越来越多,商人会馆逐渐兴起,目的是把同行业的经营者联合在一起,以维护其利益。明代京城共有会馆41个,其中江西籍会馆最多,为14个,福建籍8个,浙江、山西各5个,其他还有安徽、陕西、湖北、四川的会馆。[③] 商业会馆开始出现,如颜料会馆(平遥会馆)。商人会馆也推动了商帮的形成,如嘉靖年间歙县会馆在北京建立,以此作为徽商成帮的前奏。清代,京城的商人会馆更加兴盛,具有工商业性质的会馆共31个,纯工商业性质的会馆共12个。[④] 商帮也在此时形成一定规模。商帮对某些行业具有垄断性,从某种角度上来看,商帮兼有行会的功能,其较强的地域文化纽带把人们联系在一起,真是"帮中有行,行中有帮"。清末时,有些会馆已不再是赶考文人的汇聚之地,也没有了行业会馆的功能,而是成为供同籍的达官贵人活动(如看戏等)的场所。

京城的外地商人中山西人最多。山西帮兴起于元代,山西与蒙古接壤,与蒙古族人的生意较为频繁,因此元代带动了山西商业的发展。他们在京建会馆最早,到清末时山西籍会馆多达近50个,其中商业行业会馆占比较大。

[①] 高寿仙."行业组织"抑或"服役名册"?——宋代"团行""和明代"铺行"的性质与功能.北京大学学报(哲学社会科学版),2011(6):71.

[②] 齐大芝.北京商业史.人民出版社,2011:168.

[③] 孙健主编.北京古代经济史.北京燕山出版社,1996:207.

[④] 孙健主编.北京古代经济史.北京燕山出版社,1996:285,287.

山西籍会馆占京城会馆的十分之一以上。现存最有名的是阳平会馆戏楼，但许多仅存碑记。晋商有两大特点，一是"京师大贾多晋人"[①]，二是行业涉及广泛，"上自绸缎、下至葱蒜，无所不包"，其中最主要的就是明代发展起来的颜料业（平遥会馆）、粮油业（临襄会馆），以及由颜料业发展出来的票号钱庄。晋商分工较细，各县经营的内容有别，如临汾、襄陵商人主要经营油、盐、酱、醋、粮等食品，老字号"六必居"酱菜早在明代就已闻名，临汾商人还经营纸张、颜料、烟行、干果、杂货等，翼城、晋城县商人主要为布号，稷山、绛县商人主要经营烟草，还有一些从事铜、铁、锡、炭、烟等交易。

徽商也是实力很强的商帮，明永乐时期在京建立了最早的会馆——芜湖会馆，是清同治时期建立的第一个省馆，规模为京师各省馆之最。安徽籍会馆数量也很多，但商业行会会馆的特点不很明显，更重视儒家之风。目前保留下来的会馆中最著名的是安徽会馆，在当时是上层人士活动的场所，也是徽班进京时的立足之地。徽商主要经营盐、典、茶、木等行业，开设的店铺涉及当铺、银楼、布店、茶行、茶店等，仅茶行就7家，茶商字号166家，其他的小茶店更是数不胜数。

在京的浙江籍会馆也是数不胜数的，明代就有鄞县会馆（可视为宁波帮形成的标志），而且几乎县县有会馆。浙江商人主要经营银号、成衣和药材，著名的同仁堂就出自浙商。浙东商帮控制着京城的四大钱庄——四大恒（恒利、恒和、恒兴、恒源），向各大商号发放贷款和银票。现在仍保留较为完整的正乙祠就是原来的绍兴的银号会馆。

山东的会馆虽不是最多的，但到京谋生的山东人很多。山东距旅顺较近，与满洲人交易较为频繁，因此在满族入关后山东帮迅速发展。山东人吃苦耐劳，从事的行业主要为饭庄、主食、大肉、粮食、百货、水井、粪便以及金融等。曾在京建立了多个公益性的义馆，如登莱胶义园公所，乾隆年间属于宝应寺，使其几乎成为附产总量（房产、义地）最多的会馆。山东商人经营的领域主

[①] 齐大芝主编.北京商业史.人民出版社，2011：206.

要涉及饭庄、绸缎、估衣、粮食等行业,京城一些祥字号绸缎庄基本为山东孟氏所开。①

广东的商人主要经营香料、珠宝玉器、洋货等。福建的商人主要经营纸、绸缎等。

除了会馆,从康熙、乾隆年间陆续出现其他专门的行业组织,如糖饼行公所、帽业行会、绦行公所、煤行公会、猪行公会、靴鞋行公会、刻字行公会、牛骨行公会等,也有些会馆改为行会。

这些会馆、行会、商帮等汇集的基本上是某一地域有一定商业规模和资本的商人,小商贩很难加入其中。这看似与小生意无关,但地域文化纽带的作用不容小觑。以地域特点建立起来的商业群体,会在商人自我建构和发展过程中形成社群认同,方言能让商人们找到地域文化的归属感,行业的神灵祭祀让商人们找到信仰的精神支柱。小商贩通过方言和神祇两种最廉价的方式找到与会馆、行会或商帮的心理联结。许多行业也是在这种心理联结下,雇用同乡人或批发给同乡人零售,来促进各商号间的团结合作,这在一定程度上加强了以商业地理为基础的行业行为模式。

二、小商贩与叫卖的生意

小商贩一般是指那些没有店铺,靠摆摊、推车、挑担等方式走街串巷的,有学者称之为"行担经济"②。这种形式从宋代开始成为较为普遍的经营方式,一方面是由于街巷制给商业提供了更多自由的空间,另一方面是由于手工业和商业的兴起,让更多的农民走出农业生产,进入城市或城郊的市场。自元代起,京城就聚集了大量来自全国各地的商人和手工艺人,且越来越多,他们进行着各种买卖,开设手工作坊,以供日益庞大的城市群体所需。明代就有对各地商人来京进行贸易活动的记载,谢肇淛《五杂俎》中有"奔走射利,皆五方之民",沈榜《宛署杂记》中有"多四方辏集之人"的记载。不仅如此,

---

① (清)夏仁虎.旧京琐记.北京古籍出版社,1986:97.

② 王一胜.金衢地区经济史研究:960-1949.浙江大学博士学位论文,2003:12.

还有许多徽商以及苏松地区的商人来京做生意。清代小商贩群体主要集中在南城外,清中后期城内的商业才有所发展,商人在城内逐渐增多。清末有记载"各种手艺之人,……亦不下数十万,皆系客民,并非土著"。① 这里足以看出京城很多生意是非本地人经营,人数众多。

小商贩的社会地位不高,在商业群体中属于边缘群体,但从业人数不少,史书中对小商贩的记录较为零散。元代曾有描述小商贩生活状态的记载,"都中经纪生活匠人等,每至晌午以蒸饼、烧饼、鳇饼、软粎子饼之类为点心。早晚多便水饭。人家多用木匙,少使箸,仍以大乌木盆木杓就地分坐而共食之。菜则生葱、韭蒜、酱、干盐之属。"② 可见小生意人日常生活的艰辛,他们早出晚归,一日三餐都是简单对付过去,每天都是忙忙碌碌奔波在路上,穿梭于街巷间。明代商人地位提升,常有商人为了维护自己的利益而抗争,其中也有小商贩的身影,曾有记载"市井游食无业之人,如酒保、磨工、水者皆逐之四出,千余人集于城外东郊,持白劫人,声言自分必死,欲甘心刺瑾,瑾惧,乃复之"③。

各地的小商贩不仅延续同乡人经营的领域,也各自包揽一些小行业领域,具有一定垄断性,一般不串行业。《清末北京志资料》中记载:1)直隶商人。以北京、天津、通州、深州、冀州、东八县人最多。北京人大体上是小商人。东八县人多为下等商人,即苦力,剃头的。2)山西商人。3)山东商人,小买卖人多为苦力活,送水、送报的。4)三江商人,指江苏、江西、安徽、浙江等地商人。5)广东人。6)陕西商人。还有为数不多的四川、河南、湖北、湖南、甘肃、云南、贵州等地的商人。④ 蔬菜、鸡鸭等主要来自城郊,卖果子的小贩分为"京挑""乡挑""山背子"三类,多为京东农民、山里人或乡下人,他们进货渠道和卖的水果种类有所不同。花木主要来自丰台,"而京

---

① 彭泽益编.中国近代手工业史资料(二).生活·读书·新知三联书店,1957:516.

② (元)熊梦祥.析津志辑佚.北京古籍出版社,1983:207.

③ 《明武宗正德实录》卷四十一.

④ 舒志钢.古都商事——老北京商贸轶话.机械工业出版社,2011:71.

师丰台，于四月间连畦接畛，倚担市者，日万余茎"。^①山西临汾人主要经营酱醋行、油盐屋，以及榷厂和杠房业，京帮也有做榷厂和杠房业的。"昔人数尤众者为老米碓房、水井、淘厕之流，均为鲁籍"，清代得硕亭《草珠一串》（又名《京都竹枝词》）有一诗"草帽新鲜袖口宽，布衫上又著磨肩。山东人若无生意，除是京师井尽干"，描述了山东人对京城送水行业的重要性。山东人还经营油盐屋，多为前店后作坊式，还有蒸锅铺，"卖的多是发面（软面）馒头"[②]，还有花卷、三角馒头、豆包、枣蒸饼等，……蒸锅铺，除自家售卖太阳糕外，还批发给一些走街串巷的小贩。京东人也有经营油盐屋，多为天字号的酱园，如"天义顺"。河北人主要经营织布、药材、车轿、首饰，以及浴池业（定兴人），后来也涉足书店、古董字画业。茶叶店主要为安徽、福建商人所垄断。江西人主要经营书店。这些小商贩虽然没有行会，但有内在的行业之规，如收购旧物的，俗称打鼓的，他们的行规是如卖家卖一物，第一个打鼓人交易不成，第二位出的价必少于前者，如交易再不成，第三位出的价更少，他们有时会相约出现，以压低价格；山东水夫与本地水夫的水道和井水范围不同，互不侵犯，在一定程度上避免了冲突；粪夫也有粪道范围划分，以避免纠纷。

一些小生意人、小作坊主为了让人记住自己的商品，通常会冠以制作者的姓氏，如豆汁张、豆汁何、豌豆赵、切糕杨、羊头马、爆肚冯、奶酪魏、豆腐脑白、爆肚满等；有的坐商的字号，也标出创建人的姓氏，如烤肉季、烤肉宛、全素刘、馄饨侯。这种命名方式在北京的一些胡同名中也可以看到，如前门大街附近的赵锥子胡同、大栅栏西街附近的王皮胡同（皮匠）、赵登禹路附近的苏萝卜胡同、珠市口西大街的板章路和板章胡同（案板）、广安门内大街的醋章胡同等，有意思的是胡同名有些是姓氏在前物品在后，与前面食品的命名不完全一致。

这些"名小吃"有些发展到今天成了较大的食品餐饮企业，也有一些仍

---

① （清）潘荣陛.帝京岁时纪胜.//王碧滢，张勃标注.燕京岁时记（外六种）.北京出版社，2018：42.

② 常人春.老北京的民俗行业.学苑出版社，2008：184.

然保留着家族式的传承方式。"酸梅汤"是北京土法制作的传统饮品,是老字号信远斋、九龙斋的名牌饮品;"豆汁儿"是北京的名片,"馊糟而不坏","酸苦而能忍",一种难解难说的味道,既有豆汁儿"专卖店",如丁记豆汁店、锦馨豆汁店、瓷器口豆汁店,又能在小吃店找到,如护国寺小吃、隆福寺小吃等;"冰糖葫芦"最有人缘,而信远斋、九龙斋、不老泉早有名气,红螺近年获大奖。"冰碗儿""萨其马""豌豆黄儿""驴打滚儿""艾窝窝"等也是同样,不仅小吃店有,如护国寺小吃、南来顺、锦芳小吃、隆福寺小吃等,食品业老字号也有制作,如御食园、稻香村、红螺等;"焦圈""姜丝排叉""螺丝转儿""饹馇儿""面儿茶""炒肝儿"在小吃店都能吃到,如护国寺小吃、隆福寺小吃、南来顺等;"烧卖""炸三角"是都一处的特色小吃,一直保留至今,值得一提的是"炸三角"旧时只是叫卖小生意人特有的自制食品,而其他饭馆店铺无售卖[①];"爆肚",既在爆肚店能吃到,如爆肚冯、爆肚张、爆肚王、南来顺爆肚石、爆肚满等,在小吃店也有,如护国寺小吃、隆福寺小吃等;"卤煮火烧",是大顺斋、小肠陈、和义斋的特色小吃;"白水羊头",一直是羊头马、李记白水羊头、天兴居的看家名吃;"麻豆腐",在鸿宾楼、南来顺能吃到;"雪花儿落"是民间自制的早期冰激凌,有两种做法,民间也叫"刨冰",现做现吃,现在旅游点也能品尝到。不管怎样,这些名称以实体商业的形式传承下来,或者以地名的方式保留下来,都说明这些老字号口碑好,商品和服务深入人心,老字号代表了口味、技艺和品质。

吆喝叫卖随着小商贩在街巷、集市、庙会的增多成了京城一景,他们或走街串巷,或背筐、挑担,或摆摊、推小车,或开小铺,各有各的经营方式。元代熊梦祥的《析津志辑佚》,明末史玄《旧京遗事》,清代《燕京杂记》、潘荣陛等的《帝京岁时纪胜》以及明清时期的"竹枝词"等史料文献和文学作品中都记载了京城的叫卖,虽然跨越数百年,但热闹的场面、萦绕耳边的声景一直没有变。叫卖是小商贩宣传商品的方式,一般为小商贩自己吆喝,

---

① (清)爱新觉罗·瀛生. 老北京与满族. 学苑出版社,2005:173.

但也有商家雇人叫卖，可见叫卖对于商家的重要性。叫卖的同时会使用一些响器，各个行当使用的响器不同。当时听到的不是今天听到的"北京腔调"，现在的叫卖主要是北京人的音调。此起彼伏的声音中充满各种方言、各种音调、各种音色，也蕴含着各种生活趣味、曲艺品味、风俗习惯，通过听觉触及人们多感官的需要。

本章附录中列出了卖主食类、汤粥、饮品类、豆类、蔬菜、酱菜类、鸡鸭类、水产类、糖果类、水果类、干果类、日用品、服务类、修理类等行业使用响器以及经营方式的情况。

三、叫卖声起家的北京老字号

北京很多行业都有老字号，有食品类、餐饮类、服装类、生活用品类、工艺美术类等。北京老字号自2005年起有了自己的组织——北京老字号协会，协会建立初期就有一百多家老字号企业，截止到2019年，北京老字号企业已达197家，其中中华老字号117家。商务部流通业发展司于2012年发布了《"中华老字号"认定规范（试行）》，定义了"中华老字号"为"历史悠久，拥有世代传承的产品、技艺或服务，具有鲜明的中华民族传统文化背景和深厚的文化底蕴，取得社会广泛认同，形成良好信誉的品牌"[1]，并说明了七个认定条件[2]和要经过由各行业专家、法律专家、商标专家、品牌专家、企业管理专家、质量专家、历史学家等构成的专家组来评定的方式。中华老字号面向全国的企业，北京老字号面向更多北京的企业，认定标准基本一致。

北京老字号的饭庄可以用几个数字来总结：八大楼、八大居、八大坊、八大春、八大堂、四大顺、南宛北季，另外还有糕点糖果铺八大家，就连糕

---

[1] 中华人民共和国商务部流通发展司. "中华老字号"认定规范（试行）.（2012-09-20）[2019-08-20]. http://ltfzs.mofcom.gov.cn/article/aw/201209/20120908348719.shtml.

[2] 1. 拥有商标所有权或使用权。 2. 品牌创立于1956年（含）以前。 3. 传承独特的产品、技艺或服务。 4. 有传承中华民族优秀传统的企业文化。 5. 具有中华民族特色和鲜明的地域文化特征，具有历史价值和文化价值。 6. 具有良好信誉，得到广泛的社会认同和赞誉。 7. 大陆资本及港澳台地区资本相对控股，经营状况良好，且具有较强的可持续发展能力。

点还有八大件（有大八件、小八件、细八件），可见北京食品餐饮业的老字号有多么丰富，吃的品质有多少讲究。八大楼包括东兴楼（萃华楼）、泰丰楼、致美楼、鸿兴楼、正阳楼、庆云楼、新丰楼和春华楼，现在仅有前三家保留；八大居有福兴居、万兴居、同兴居、东兴居、万福居、广和居、砂锅居和同和居，现在仅有后两居保留；八大坊有泰合坊、六合坊、均宜坊、明宜坊、便宜坊，还有三个坊是便宜坊的分号，现在只有便宜坊尚存；八大春包括芳湖春、东亚春、庆林春、淮阳春、新陆春、大陆春、春园、同春园，每个饭店都有各自的地方风味，现只有同春园保留下来；八大堂有福寿堂（金鱼胡同）、惠丰堂、聚贤堂、聚寿堂、燕寿堂、庆和堂、会贤堂、福寿堂（前门外打磨厂），八大堂相对比较考究，多在府邸聚集区，现只剩下惠丰堂；四大顺[①]包括东来顺、南来顺、西来顺、又一顺，都是清真饭馆，如今都在营业；南宛北季指烤肉宛、烤肉季，目前也都在营业。糕点糖果铺八大家包括稻香村、桂香村、正明斋、大顺斋、通三益、春华斋、信远斋、公兴顺。除了食品餐饮业，绸布业还有"八大祥"，包括祥义号的瑞蚨祥、瑞林祥、瑞生祥、瑞增祥、瑞成祥、益和祥、广盛祥、谦祥益。这几个都在前门附近，此外，东四牌楼有东升祥，西四牌楼有丽丰祥。

每个老字号的成长过程各不相同，有的为经济实力较好的坐商起家，有的是从小铺、小摊、小席棚、推车、挑担、背筐等贫苦的小商贩起家。大顺斋（1637）为南京人回民挑担叫卖；烤肉宛（1686）为河北大厂人推车叫卖；烤肉季（1861）为通州人回民推着独轮搭小棚子叫卖[②]；桂馨斋（1736）为南方夫妇设摊起家；[③]都一处（1738）为山西人搭席棚起家；月盛斋（1775）为北京人摆摊叫卖；[④]正阳楼（1821）为山东人摆摊叫卖；全聚德（1864）为河

---

① 也有说四大顺是东来顺、天义顺、永昌顺、又一顺，其中天义顺和永昌顺为东来顺开设的两个酱园。

② 丁维峻主编.北京老字号.人民日报出版社，2009：127，227，228.

③ 北京西城老字号谱系研究领导小组编著.北京西城老字号谱系丛书.食品加工卷·茶叶卷·中药业卷.北京联合出版公司，2015：21.

④ 刘秋霖等编著.老北京的传说[招牌·招幌·市井].中国文联出版社，2006：111.

北人小生意起家;[①]东来顺(1903)为河北人回民摆饭摊叫卖;西德顺爆肚王(1903)为山东人摆摊叫卖;春华斋(1903)为北京人摆小摊出身,被称为"京城糖葫芦大王";丰盛公(1903)为京满人开奶酪铺;稻香春(1914)为江苏人摆摊起家;[②]羊头马(清道光时期)为北京人挑筐沿街叫卖;馄饨侯为北京人靠肩挑走街串巷叫卖;豆腐脑白为北京人摆摊叫卖。

北京老字号中有些保留了较为详细的企业发展历程,这里综合了部分食品餐饮业的北京老字号信息,按初期的经营方式进行分类(见表3-3)。

表3-3 部分北京老字号创立信息

初期经营方式	老字号	创始人	创立年代	最初的商品	备注
挑担叫卖	大顺斋*	南京人	1640	糖火烧、卤火烧	清真
	西德顺爆肚王*	山东人	1903	爆肚	
	馄饨侯*	北京人等	1946	馄饨	七家馄饨摊儿(北京人、山东人、河北人)
挑筐叫卖	羊头马	北京人	清道光年间	白水羊头	也有推独轮车的
推独轮车叫卖	烤肉宛*	河北大厂人	1686	烤牛肉、酱牛头肉、牛头肉片、包子、烧饼	清真
	烤肉季*	通州人	1848	烤羊肉、手扒羊肉、炸羊尾、扒羊头	清真
	东来顺*	河北人	1914	涮羊肉、羊肉杂面、荞麦面	清真

---

① 柯小卫.当代北京餐饮史话.当代中国出版社,2009:9,18.

② 张双林著.老北京商市.北京燕山出版社,2007:18.

初期经营方式	老字号	创始人	创立年代	最初的商品	备注
摆摊叫卖	护国寺小吃*		元代	许多小吃	每月农历初八有庙会、摊贩
	小肠陈*		十九世纪中叶	卤煮小肠、卤煮火烧	
	茶汤李		1858	茶汤、油茶、杏仁茶、藕粉	
	豆腐脑白	山东人	清同治年间	豆腐脑	
	王致和*	安徽人	1669	豆腐、臭豆腐	
	爆肚冯*	山东人	1875	羊爆肚	
	壹条龙*	山东人	1785	涮羊肉	清真,原名南恒顺羊肉馆
	桂馨斋*	不详(南方夫妇)	1736	酱菜	属南酱园
	月盛斋	北京人	1775	酱牛肉、烤牛肉	清真,也曾挑担买过
	东兴顺爆肚张		1883	爆肚、涮羊肉	
	锦馨豆汁店		1910	豆汁	清真,原豆汁儿丁
	全素斋*		1904	宫廷素菜	曾为御膳房厨师
	稻香春*	江苏人	1912	油酥肉饺、香肠	南味食品
	延吉餐厅*		1943	朝鲜冷面	
	庆丰包子铺		1948	包子等	原万兴居

续表

初期经营方式	老字号	创始人	创立年代	最初的商品	备注
摆摊叫卖	全聚德	河北人	1864	卖鸡鸭	
	隆福寺小吃*		1956	多种传统小吃	多摊贩
	稻香村*	南京人	1895	糕点	属南味糕点店
	正阳楼	山东人	1821	小酒	
	张一元*	安徽人	1900	茶叶	1896年摆茶摊
小棚、小铺	柳泉居*	山东人	1567	小酒菜、黄酒	酒铺
	都一处*	山西人	1738	烧麦、晾肉、炸三角、马连肉	
	天福号*	山东人	1738	酱肉铺、酱肘子	
	同和居*	山东人	1822	炸酱面、干炸丸子、熘丸子、米粉肉、炒肉片	
	会仙居		1862	小菜、烫酒、炒肝、白水杂碎、家常菜、三不沾	
	天兴居*	北京人	1862	炒肝	
	奶酪魏		1888	奶酪	
	红螺食品*		1909	果脯、羊羹	
	和义斋小吃		1927	门钉肉饼、卤煮火烧、炸灌肠	
	六必居*	山西人	1530	酱菜	小店铺
	桂香村*	安徽人	1916	接卖经营稻香村，开的分店，改为此名	常州人将其买断
	吴裕泰*	安徽人	1887	茶栈	

续表

初期经营方式	老字号	创始人	创立年代	最初的商品	备注
小作坊	便宜坊*	南京人	1552	生鸡鸭、焖炉烤鸭、桶子鸡	
	北京红星公司*		1949	二锅头	
	四和顺豆腐坊	12家老字号组建而成		白玉豆腐	北京豆制品二厂

注：*为中华老字号，参考商务部业务系统统一平台、中华老字号信息管理网站：http://zhlzh.mofcom.gov.cn/index.jsp。

  这些老字号和京城百姓的生活息息相关，许多成了百姓的首选，一条顺口溜反映出老字号的深入人心："炒菜丰泽园，穿衣瑞蚨祥，酱菜六必居，抓药同仁堂。"老字号也进入了北京的歇后语中，如"东来顺的涮羊肉——真叫嫩""六必居的抹布——酸甜苦辣都尝过""砂锅居的幌子——过午不候"，话语间既道出了各老字号的特点，也带着诙谐幽默，耐人寻味。

  看着这些老字号最初的经营方式，再联想《贸易》《一岁货声》等文献中记录的吆喝词，那时记录的吆喝词中也许有一些就是某个老字号的"雏形"。一声声带着乡音的叫卖飘荡在前门、厂甸、天桥、什刹海、珠市口、骡马市大街、西单、西四、东四、东安市场等市场、庙会、胡同街巷间，有些简短直接，有些逗趣般述说着故事，有些借语言特点自成曲调，有些借用婉转动听的小曲。这些为生计而发自内心"创作"的叫卖调，尽管不够完美，甚至有些粗糙不雅，但都是小商贩们最淳朴的表达，指向商品或服务，也是与行人、顾客沟通的方式。叫卖在最初的商业经营过程中是必不可少的，起到口头广告的作用，形成了特定的民俗商业文化。

四、北京小吃调查

如今的年轻人是否还知晓北京小吃呢？通过调查可以了解。此项研究中，被试为北京在校大学生，先后对两组大学生进行了有关北京小吃的调查，一组主要以熟食和小吃为主，一组主要以点心和面食为主，让学生选出他们知道的北京小吃。在熟食和小吃组中，调查了219名学生，他们最熟悉的三种北京小吃是冰糖葫芦（74.4%）、酸梅汤（68.9%）和烤白薯（64.8%），最不熟悉的是硬面饽饽（8.6%）、雪花儿落（11.8%）和油炸鬼（13.2%）。这个结果很有意思，其实油炸鬼就是油条，油条在北京的早餐中是非常常见的，只是语言随时间而变化或消失；雪花儿落可以说是中式冰激凌，在刨冰上放上红果酪和浓浓的酸梅汤，再加上果子干，现在被各种冰棍、冰激凌代替；硬面饽饽是过去夜间常卖的硬饼，现在被各种面包、糕点等代替。雪花儿落和硬面饽饽现在都不常见了，知道的人就少了。

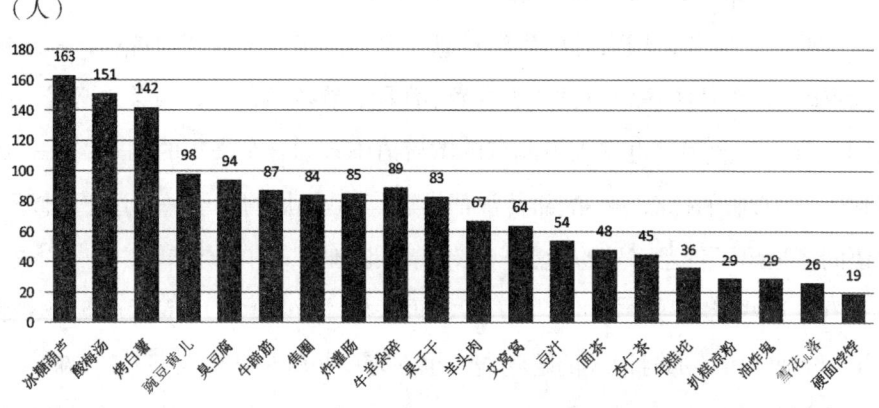

图 3-1　学生知道的北京小吃（熟食和小吃组）

在点心和面食组，调查了北京263名大学生，其中有29名学生未做选择，实际只有234名学生完整回答。他们最熟悉的三种北京小吃是爆米花（58.5%）、褡裢火烧（50.9%）、蜂糕（50.9%），最不熟悉的三种小吃有太阳糕（7.7%）、冰碗儿（11.1%）和缸炉（11.5%）。太阳糕是北京在农历二月初一（也称中和节）祭祀太阳神的贡品，"二月朔，京师市人以米面团成小饼，五枚一层，上贯以寸余小鸡，谓之太阳糕"①，现在民间少有祭太阳神仪式了，与之相伴的太阳糕也很少了；冰碗儿也是消夏食品，其中主要有莲藕、莲蓬子、鲜菱角和老鸡头，切成小块，放上冰块和白糖；缸炉（炉为轻声，略带儿化音）是一种点心，原来和五毒饼同季节卖②，现在义利糕点店还有卖。可见食品随礼仪的消失而改变，随着生活方式而改变。

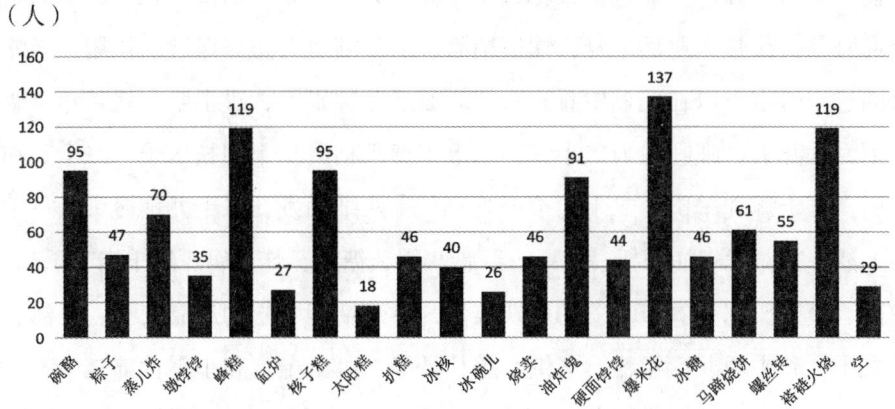

图3-2　学生知道的北京小吃（点心和面食组）

第四节　北京叫卖与民俗

《一岁货声》（1906）中记载的叫卖声大多和食物有关，也有一些生活用品。有些商品有较为明显的季节性，只在特有的月份卖；有的是全年卖，有的是不固定时间卖。在具有季节性的食物和生活用品中，有很多与传统节日有密切关系，有一定民俗寓意。

元月最重要的节日就是"春节"，但这一概念是辛亥革命之后推广公历时才确立下来的。现在所说的"春节"，即农历初一，为古代的"元旦"，即一年岁首，而"元旦"的日期根据不同朝代的历法，日期也不相同。古代

---

① 徐珂编撰.清稗类钞（第一册）.中华书局，1984：27.

② 傅朝阳.方言小词典.山东教育出版社，1987：306.

的"春节"是指二十四节气中的立春，和"过年"不直接相关，而古代的"过年"是迎接作为岁首的"元旦"。《一岁货声》中记录的除夕元旦应为旧历的"元旦"，和今天的"春节"是一回事。古代的年夜饭可没有现在这么多选择，饺子也是明清之后成为年夜饭菜单上的必备佳肴。早期年夜饭更多的有"麦饭""五辛盘"、椒柏酒（椒花酒）、屠苏酒、桃汤等，其中各朝代的"五辛盘"略有差异，主要包括大蒜、小蒜、韭菜、芸薹、胡荽、葱等，目的是疏通脏气去伏热，避病健身；饮椒柏酒、屠苏酒也有防疫保健的作用。老北京的过年习俗可以在民谣中看到："老婆老婆你别馋，过了腊八就是年，腊八粥，喝几天，哩哩啦啦二十三，二十三糖瓜粘，二十四扫房子，二十五炸豆腐，二十六炖羊肉，二十七杀公鸡，二十八把面发，二十九蒸馒头，三十晚上熬一宿，大年初一扭一扭……"腊八粥、糖瓜、炸豆腐、炖羊肉、杀鸡、发面、蒸馒头都是春节大餐的前期准备，春节期间常吃的还有饺子、豆酱、炸丸子、芥末墩儿、年糕、蜜供、萨其马等，可见主食和小零食都是少不了的。初一到初八也有许多讲究，如初二回娘家、迎财神，初五破五"赶五穷"、开市，初八观灯等。

　　《一岁货声》中记录的除夕和元旦的吆喝叫卖非常丰富，元月的叫卖也基本归在这两个节日之中。这些叫卖有的来自通年的小摊小贩，有的也许来自庙会。元旦、除夕卖的食品有干碗酪、杏仁茶、带汤儿的热豌豆、荸荠果、冰糖葫芦、杂果挑、茶果、江米果、糖杂面、江米的热年糕、蜂糕、艾窝窝（枣、糖、白糖芝麻澄沙）、粳米粥、素包子、玉面馒头、甑儿糕、豌豆黄儿、三角儿炸焦（带卖干烧酒）、江米白酒、烫面饺儿等，其中年糕、蜂糕、糖杂面、茶果、冰糖葫芦、杂果挑的各种坚果和糖果，粳米粥等是很有节日气氛的小吃。粳米粥是初一开摊，初五撤；茶果卖整个正月。这些小吃能在街巷、庙会上吸引不少顾客；有些借着正月初一的吉日开张，如蜂糕、素包子，图个吉利。果子干挑子和硬面饽饽是通年的，果子干挑子各季节卖的食品不同。除了好吃的，还有好玩的。打糖锣挑子卖各种小玩意儿，有小孩儿玩的，如七巧图、万花筒、小弩弓、小风筝沙燕、各种小鞭炮、大小金鱼儿（有"吉庆有余"之意）等；有生活用的，如琉璃小烟袋、门帘、八卦等。一些叫卖中还预示节庆活动，如"哎，活鲤鱼呀"，批注为"初二日祭财神，生祭毕送河中"，这反映了北京（北方）的节日民俗，初一接财神，初二祭财神，北京五显财神庙在此时香火尤为旺盛，① 还有"数灯支碗来"，批注写"初八日祭星、灯节用"，认为初八是诸星下界的日子，应燃灯为祭，北京白云观有星神殿，反映了人们的星宿崇拜，② 在《燕京岁时记》中有此习俗记录。

农历二月二是比较重要的民间节日，也称为挑菜节、踏青节、迎富节、农事节、农耕节等。二月二大概是从元代兴起的，逐渐与"龙抬头"联系起来，到清代流行起来，各地还伴有许多民俗活动，而今天仍保留的民俗活动较少，熟知的有理发、吃糖豆等。对于"龙抬头"的解释，一说是和星象、物候、气候、农业生产有关③，也有说与佛教故事有关④。一些寺庙会举行祈福法会，民间百姓也自愿供佛，祈求祥和。《一岁货声》中二月吆喝就有"供佛的太阳糕"，批注写"初一日祭"，可见这与祭祀礼仪有关系。农历二月初一是祭祀太阳神（也称大明神）的日子，也称"中和节"，对太阳的崇拜由来已久，出土文物中有很多带有太阳纹，《礼记·礼器》中记载"大明生于东，月生于西"，这是北京日坛和月坛建立的依据。北京的日坛就是在明嘉靖年间（1530）修建，此后明清两代的皇帝每逢二月初一都要到日坛祭拜太阳神，清朝灭亡后只在民间还保留着祭祀活动。这里所说的"供佛"，也就

---

① 李国江.庙祭民俗在现代新兴庙会中的再现——以北京莲花池庙会五显财神信仰为例.温州大学学报（社会科学版），2014（5）：53.

② 殷登国.正月初八顺星——顺星礼俗与古代中国人的星宿信仰.紫禁城，2010（2）：118.

③ 张勃.先有"二月二"，后有"龙抬头"——二月二的起源、流变及其文化意义.民间文化论坛，2015（5）：106.

④ 佛教圣地五台山举行二月二供佛斋天祈福法会.（2016-03-12）[2019-09-01]. http://www.hxfjw.com/news/china/0312201628646.html, 2016.3.12.

是祭拜太阳神。祭祀太阳神的仪式已于2011年恢复。[①]另外，民间还有初一、十五上香的礼仪活动，这一礼仪行为形成大概在南北朝时期[②]，比二月二的节日习俗形成更早。

农历五月有"供佛的哎，桑葚来，大樱桃来！""买神符！"，这里供佛原因也有多种，也许是朔望日，也许是初五的端午节，但最有可能的应该是五月十三的关帝圣诞日，也有称关帝圣神君降临日、伽蓝菩萨诞辰日等。这是老北京比较重要的民俗活动，根据碑刻记载，从明代时就有庆祝活动，一直延续至清代，地点主要集中在正阳门关帝庙和西皇城根白马关帝庙，其他关帝庙（五圣庙）也有香会庆典。[③]关帝庙在北京很多，《宛署杂记》中记录明代宛平县有51座，清乾隆十五年（1750）出版的《京城全图》标注有121座，占京城寺庙的十分之一，清末民初达到近300座[④]。关帝庙的大量修建和官民祭拜的庆祝活动反映出浓厚的关帝信仰，且佛教、道教都有供奉，民间还有把关帝作为财神爷或行业神（如典当业、布业、烟草业、颜料业、扎染业、绸缎业、饭庄业等多个行业[⑤]）供奉，可见这个民俗节日覆盖了社会各阶层、各行业，祭拜关公主要为祈求风调雨顺、生意兴隆，这也是五月十三香火旺的一个原因。这一民俗活动在《帝京景物略》中也有记载。端午节有应季的果子干，果子干挑子有批注写道："以柿饼、杏干作，带汤，加藕片或梨片，端午撒。"

腊月的吆喝有很多与准备过年的祭祀装饰有关，且与游艺有关，叫卖比其他各月都多。与节庆年俗的有："画咧年画！""达子香盘！""门神咧挂钱来！""街门对，屋门对，买横批，饶福字！""揭门神，请灶王，挂钱儿闹几张！""供花来，拣样儿挑！""卖绫绢花热！""松木枝，芝麻

---

① 金鉴. 亲历恢复祭祀太阳神典仪. 寻根，2011（5），77-81.
② 龙圣. 朔望烧香祭祖礼仪考源. 民俗研究，2017（2）：54.
③ 鞠熙. 碑刻所见十八世纪北京内城民俗的变化. 华东师范大学学报（哲学社会科学版），2015（2）：78.
④ 王铭珍. 北京的关帝庙. 北京档案，2011（5）：54.
⑤ 习五一. 近代北京的行业神崇拜. 北京联合大学学报（人文社会科学版），2005（3）：77.

秸！"杨柳青的年画、门神、挂钱、对联都是贴在门楣和门上的装饰；灶王、供花是屋内摆的；松木枝、芝麻秸是三十晚上要踩的，俗称"踩岁"，把污秽踩光，来年吉祥；达子香盘是满族祭宗祠用的，由达子的花叶研磨制成，过年时满族会祭拜祖先。与游艺有关的叫卖有跑旱船、耍傀儡子、耍耗子、耍猴儿、鳌山灯，可见年前的游艺表演就开始了，其中跑旱船唱的是山西曲，耍傀儡子有八大传统剧目，百姓对这些小戏耳熟能详，而孩子们觉得耍耗子、耍猴儿、鳌山灯更有趣。

本章小结

短小的叫卖，可以说"简约而不简单"，折射出不同行业的特征和早期商业状态，商人来自不同地域和社群归属，也展示了节日的食俗，有趣多样的游艺种类和娱乐项目，物品丰富的节日市场，佛教、道教、民间宗教的信仰，以及生活中方方面面的民俗文化。这么多文化因素、社会信息集中在短小的叫卖中，让人们沉醉在欢乐喜庆的节日气氛中，流连于街巷店铺、庙会摊位间，感受着各家独特的味道与人情，这些记忆伴随人们长大，有些已逝去，有些与时俱进变化了很多，存留在记忆中的让人怀念，成了乡愁的一部分。

附：小商贩吆喝叫卖声、响器与经营方式汇总

糕类	叫卖/响器	买卖用具及方式	走街串巷	街口/庙会摊	市场/店铺
年糕/豆面糕	叫卖声	推独轮车小白圆蒸笼	√	√	√
江米热年糕	叫卖声	肩挎小白圆笼，长托盘	√	√	√
栗子糕	叫卖声			√	
豆糁糕	叫卖声	推小车、炉、蒸笼			
太阳糕	叫卖声		√	√	√不叫卖
蜂糕（回民）	敲小木梆	推小车、挎长托盘	√		
凉糕	叫卖声	推独轮车、挑担	√	√	

续表

糕类	叫卖/响器	买卖用具及方式	走街串巷	街口/庙会摊	市场/店铺
扒糕（凉粉）	叫卖声	推独轮车、挑担	√	√	√
切糕	叫卖声	推独轮车、挑担、背架子	√	√	
大块切糕	叫卖声	推独轮车		√	
小米枣切糕	叫卖声	推独轮车		√	
抹糕	叫卖声	推独轮车		√	
甑儿糕	小哨、敲小木梆、叫卖声	挑担两头支高架炉箱	√	√	
豌豆糕	小木板击糖锣	背木筐、挎圆笼	√	√	
黄米面儿烙糕	叫卖声	推独轮车	√	√	
白芸豆糕	叫卖声	挎筐	√	√	
丝糕	叫卖声	推独轮车	√	√	
煎糕	叫卖声	担炉铛	√	√	
奶子糕	撞铜冰盏	白漆圆笼	√	√	

蒸煮类	叫卖/响器	买卖用具及方式	走街串巷	街口/庙会摊	市场/店铺
糖馒头	叫卖声	背筐	√	√	√
馒头	叫卖声	背筐、挑圆笼	√	√	√
玉面儿馒头	叫卖声	背筐	√	√	
包子、饺子	叫卖声	挑担	√	√	√
素包子-蘑菇馅	叫卖声	挑两套细长笼屉	√		
澄沙包	叫卖声		√	√	
韭菜包子	叫卖声	负筐		√	√

续表

蒸煮类	叫卖/响器	买卖用具及方式	走街串巷	街口/庙会摊	市场/店铺
菱角包	叫卖声		√	√	
糖豆包	叫卖声		√	√	
素三角儿	叫卖声		√	√	
羊肉包儿	叫卖声		√	√	
烧麦	叫卖声		√	√	√
油麦卷	叫卖声	大笼屉	√	√	
芸豆卷	叫卖声	独轮车、挑筐	√		
烫面饺儿	叫卖声	方盘蒸笼圆笼挑子	√	√	
烫面饺(回民)	叫卖声	推小车	√	√	
蒸烫面饺儿	叫卖声	两轮车炉-锅上二圆笼	√	√	√
煮饺儿（煮饽饽）	叫卖声			√	√
水饭	叫卖声			√	√
水饺儿	叫卖声			√	√
面条	叫卖声	推车	√	√	√
老玉米	叫卖声		√	√	

饼类	叫卖/响器	买卖用具及方式	走街串巷	街口/庙会摊	市场/店铺
桂花饼	叫卖声			√	√
月饼	叫卖声	小独轮车	√	√	
煎饼	不叫卖			√	√
馅儿饼	叫卖声			√	√
蒸饼	叫卖声			√	√
玉面儿饼	叫卖声		√	√	√

续表

饼类	叫卖/响器	买卖用具及方式	走街串巷	街口/庙会摊	市场/店铺
芸豆饼	叫卖声	挎篮、背木柜、推小车	√		
烧饼、麻花儿	小木梆		√		
黄米面儿火烧	叫卖声		√	√	√
马蹄儿烧饼	叫卖声			√	√
肉饼	叫卖声			√	√
吊炉儿烧饼	叫卖声	吊炉		√	√
豆馅儿烧饼（蛤蟆吃蜜、糖饽饽、澄沙饽饽）	叫卖声		√	√	√
油酥火烧	叫卖声		√	√	√
卤煮火烧	叫卖声			√	
糖饽饽	小锣		√		
硬面饽饽/墩饽饽（晚间）	叫卖声	握筐、背筐、担笼、头顶箩、提马灯	√		
锅饼	叫卖声	推独轮车	√		
糕饼	叫卖声	推独轮车、挑担、提篮、脖背木箱	√		
缸炉、薄脆（子儿饽饽）	叫卖声	挎三层大屉笼、担两长圆笼		√	
糖火烧	叫卖声		√		

炸食类	叫卖/响器	买卖用具及方式	走街串巷	街口/庙会摊	市场/店铺
炸糕	叫卖声	背筐、独轮车	√	√	√

续表

炸食类	叫卖/响器	买卖用具及方式	走街串巷	街口/庙会摊	市场/店铺
小炸食（小八件）	叫卖声	红绿纸包吃	√	√	
油炸果（鬼）	叫卖声	肩前挎大平托盘	√	√	√
馓子、麻花儿	叫卖声		√	√	
炸三角儿-炸焦	八楞毂鼓	肩绊方盘、背圆笼	√		
炸豆腐、丸子、火烧窝头	叫卖声	推独轮车、挑担		√	√
卤汁丸子	叫卖声	推独轮车		√	√
炸饹馇儿（咯乍、饹饳）	叫卖声		√	√	√
炸面筋（猪头肉）	叫卖声	背圆红漆椭圆形木箱	√		
炸蜜麻花儿	叫卖声			√	√
排叉	叫卖声			√	√
炸鸡蛋	叫卖声			√	√
烫面炸糕（回民）	叫卖声			√	√

其他吃食类	叫卖/响器	买卖用具及方式	走街串巷	街口/庙会摊	市场/店铺
艾窝窝（回民）	小木梆	独轮车长方箱、挑担、挎篮	√	√	
驴打滚儿	叫卖声		√	√	√
糖杂（咂）面	叫卖声	挎筐	√	√	
豌豆黄儿	叫卖声	独轮车、沙鼓子	√	√	√
小窝头	叫卖声		√	√	√

续表

其他吃食类	叫卖/响器	买卖用具及方式	走街串巷	街门/庙会摊	市场/店铺
抻面	叫卖声				√
凉炒面	叫卖声	担黑漆圆笼	√	√	√
油炒面	叫卖声	挑担，四方木盘		√	√
酸辣羊肉面（杂面）			√		
蒸而炸	叫卖声			√	
黄鱼儿面筋	叫卖声			√	
饸饹	叫卖声		√	√	
蜜供尖儿	叫卖声	推车	√	√	
江米坨儿	叫卖声	推独轮车		√	
黄粉坨子	叫卖声	推独轮车		√	
江米凉糕	小木梆		√		
江米藕粽子	饧箫		√	√	
豆墩	叫卖声				√
江米藕	叫卖声		√	√	
元宵	叫卖声			√	
黄黏米小枣粽子	饧箫	独轮车、圆筐箩	√	√	
粽子	饧箫	推独轮车、背圆扁桶	√		
熟鸡头米（芡实）	叫卖声	推独轮车	√	√	
串米	叫卖声		√		
凉粉儿（扒糕）	叫卖声	推独轮车、挑担，方木盘、木桶	√	√	

续表

其他吃食类	叫卖/响器	买卖用具及方式	走街串巷	街口/庙会摊	市场/店铺
玻璃粉儿（米粉）	叫卖声、冰盏	白漆圆笼	√	√	
旋粉儿	叫卖声		√	√	
合菜（旋粉）	叫卖声	挑担	√	√	√
拨鱼儿	叫卖声	白漆圆笼	√	√	
粉皮儿	叫卖声		√		
馄饨	叫卖声、小木梆	挑担火炉、煮锅	√	√	√
爆玉米花	叫卖声	背筐	√	√	
鲜榛子	叫卖声	推独轮车	√		
菱角	叫卖声	挑筐	√	√	
生白薯	叫卖声	推独轮车	√		
煮玉米	叫卖声	背木桶	√		
煮白薯	叫卖声	小车，火炉、挑担、铁皮油桶	√	√	√

汤粥类	叫卖/响器	买卖用具及方式	走街串巷	街口/庙会摊	市场/店铺
菱角米（腊八粥）		推独轮车，大筐	√		
大米粥	叫卖声	挑担，圆笼锅	√	√	√
甜浆粥	叫卖声		√	√	√
粳米粥-红枣	叫卖声			√	√
豌豆粥	叫卖声	挑担、火炉、锅	√	√	
八宝莲子粥	叫卖声				√
八宝茶汤	叫卖声				√

续表

汤粥类	叫卖/响器	买卖用具及方式	走街串巷	街口/庙会摊	市场/店铺
玫瑰枣汤	叫卖声		√	√	
小米粥	叫卖调			√	√
栗子面粥	叫卖调			√	
面儿茶（糜子）	叫卖声	火炉，锅，大伞	√	√	
老豆腐	叫卖声	挑担四方木盘、锅	√	√	
豆腐脑儿	叫卖声	挑担沙坛子、炉-锅，铜小铲	√	√	√
小豆腐	叫卖声	挑担	√	√	
豆腐茶鸡蛋	叫卖声		√	√	√
豆汁儿粥	叫卖声	木凳-碗台、炉-锅	√	√	
熟豆汁儿	叫卖声	推车、木圆笼、砂锅	√	√	
生豆汁儿/麻豆腐	叫卖声	推车、两个大圆桶	√	√	√
奶酪	叫卖声	挑两大圆木桶	√		√
奶皮子、奶卷儿	叫卖声			√	
杂面汤	叫卖调			√	√
茶汤	叫卖调				√

饮品类	叫卖/响器	买卖用具及方式	走街串巷	街口/庙会摊	市场/店铺
茵陈酒（野蒿子）	叫卖声		√		
江米酒	冰盏、叫卖声	挑担	√	√	√
烧酒				√	√

续表

饮品类	叫卖/响器	买卖用具及方式	走街串巷	街口/庙会摊	市场/店铺
啤酒				√	√
大碗茶	叫卖声	大茶壶		√	
杏仁茶、豆腐浆	叫卖声	挑细高白圆笼	√	√	√
大碗茶	叫卖声	大茶壶		√	
果茶	叫卖声	推车	√	√	
茶汤/油茶	叫卖声	大铜壶	√	√	√
酸梅汤、酸枣汁儿、果子干	冰盏（铜盏）	挑担，白漆圆笼，大布伞	√	√	√
柿饼汤	冰盏（铜盏）	挑担，白漆圆笼		√	
山里红汤	叫卖声、冰盏	挑担	√	√	
冰镇薄荷水	叫卖声	挑担	√	√	
冰激凌/雪花儿落（酪）	叫卖声、冰盏	小轱辘车、挑担红木漆大木桶	√	√	
冰核儿（碎冰）	冰盏（铜盏）	挑筐、小推车	√		
冰棍儿	叫卖声	小轱辘车	√	√	
刨冰				√	
水		马车、挑担	（送家里）		

菜类	叫卖/响器	买卖用具及方式	走街串巷	街口/庙会摊	市场/店铺
大白菜	叫卖声	推车	√	√	√

续表

菜类	叫卖/响器	买卖用具及方式	走街串巷	街口/庙会摊	市场/店铺
小白菜、韭菜	叫卖声	推车	√		
菜心儿	叫卖声	推车	√		
小菜毛	叫卖声	担篓	√		
跟头菜	叫卖声	推车	√		
青菜	叫卖声	挎篮子、挑担、推车	√	√	√
韭菜、茴香	叫卖声	挑担、推车	√		
菠菜	叫卖声	挑担、推车	√		
黄豆、芥菜	叫卖声	挑担、推车	√		
雪里蕻、芥菜	叫卖声	挑担、推车	√		
芥菜	叫卖声	挑担、推车	√		
大苤蓝	叫卖声	挑担、推车	√		
苣实（曲麻菜）	叫卖声	挎篮	√		
火芽	叫卖声	挎篮、挑担	√		
豆乙菜（豆芽）	不吆喝	挎篮、挑担	√		
黄豆芽儿	叫卖声	挎篮、挑担	√		
山野菜	叫卖声	挑担	√		
萝卜	叫卖声	推车、挑担	√	√	
青萝卜、红萝卜	叫卖声	挎篮子、挑担子	√	√	
小葱儿、水萝卜	叫卖声	挎篮子、木制筐子	√		

续表

菜类	叫卖/响器	买卖用具及方式	走街串巷	街口/庙会摊	市场/店铺
胡萝卜、心里美	叫卖声	挎篮子	√	√	
扁豆	叫卖声	挑担	√		
香菜、辣秦椒	叫卖声	挑担	√		
水萝卜	叫卖声	背柳筐	√		
香椿、花椒	叫卖声	挎小篮子	√		
蒿子杆	叫卖声	挑担	√		
海茄子、冬瓜	叫卖声	推车、挑担		√	
老倭瓜	叫卖声	推车、挑担	√	√	
木瓜	叫卖声	推车、挑担	√	√	
倭瓜、茴香	叫卖声	推车、挑担	√	√	
芋头	叫卖声	推车、挑担	√	√	
藏山药	叫卖声	推车、挑担	√	√	
山药	叫卖声	推车、挑担	√	√	
藕	叫卖声	推车、挑担	√	√	
白花藕	叫卖声	推独轮车、挑担	√	√	
茨菰、茨菇	叫卖声	推独轮车、挎篮	√		
老鸡头	叫卖声	挑筐	√		
鸡头米	叫卖声	挑筐	√		
大蒜	叫卖声	挑担、挎篮	√		
蒜苗	叫卖声	挑担、挎篮	√		
大葱/沟葱	叫卖声	挑担、挎篮	√		
鲜蘑菇	叫卖声	挑担、挎篮	√		

续表

酱菜类	叫卖/响器	买卖用具及方式	走街串巷	街口/庙会摊	市场/店铺
豁菜	叫卖声	挑担	√	√	√
酱菜	叫卖声	推车、挑担	√	√	√
辣菜（芥菜疙瘩）	叫卖声	推车、挑担	√	√	√
豆儿酱	叫卖声	推车、挑担	√	√	√
酸菜	叫卖声	推车、挑担	√	√	√
腌菜	叫卖声	推车、挑担	√	√	√
腌疙瘩	叫卖声	推车、挑担	√	√	√
腌芥菜	叫卖声	推车、挑担	√	√	√
酸黄菜	叫卖声	推车、挑担	√	√	√
芝麻酱	叫卖声	推车、挑担	√	√	√

豆、豆制品类	叫卖/响器	买卖用具及方式	走街串巷	街口/庙会摊	市场/店铺
豆嘴	叫卖声	挑担、挎篮	√		
豌豆黄	叫卖声	独轮车	√		√
豌豆	叫卖声	肩背细长柳条圆笸框	√		
臭豆腐、酱豆腐	叫卖声	提罐、挎篮、挑担罐	√		
杏仁豆腐	叫卖声				√
蒸豌豆	叫卖声	挑担、挎篮	√		
铁蚕豆	叫卖声	挎篮	√		
烂蚕豆	叫卖声	挑担、挎篮	√		
煮毛豆	叫卖声	挑担、挎篮	√		
汤儿豌豆	叫卖声	挑担、挎篮	√		√

续表

豆、豆制品类	叫卖/响器	买卖用具及方式	走街串巷	街口/庙会摊	市场/店铺
牛筋儿豌豆（回民）	叫卖声	挑担、挎筐、白色木柜	√	√	
蒸芸豆	叫卖声	挑担、挎篮	√		
煮蚕豆	叫卖声	挑担、挎篮	√		
扁芸豆	叫卖声	挑担、挎篮	√		
红豇豆	叫卖声	挑担、挎篮	√		
豆腐丝儿	叫卖声	挑担、挎篮	√	√	
冻豆腐	叫卖声	推车、担桶	√		√
豆汁儿、麻豆腐	叫卖声	推车、担桶	√	√	√
豆汁儿、焦圈儿	叫卖声	推车		√	√
素闷子、豆儿酱	叫卖声	挑笼	√	√	
豆豉豆腐、油炸面筋	叫卖声	挑笼	√	√	√
老豆腐	叫卖声	挑担、木圆笼、砂锅、柳条筐		√	
豆腐脑（回民）		推车	√	√	
五香干豌豆	叫卖声	挎篮	√		
油类	叫卖/响器	买卖用具及方式	走街串巷	街口/庙会摊	市场/店铺
香脂油	叫卖声	挑担圆桶	√		
香油	敲木棒子	挑担圆桶	√		

续表

豆、豆制品类	叫卖/响器	买卖用具及方式	走街串巷	街口/庙会摊	市场/店铺
麻油	打铜板，叫卖声	挑担	√		

肉类	叫卖/响器	买卖用具及方式	走街串巷	街口/庙会摊	市场/店铺
烤牛肉（回民）	叫卖声	推双轮车、木盘子		√	
牛头肉（回民）	叫卖声	推双轮车，木柜-玻璃罩、掮筐		√	
卤牛肝（回民）	叫卖声	推双轮车，木柜-玻璃罩		√	
五香酱肉（回民）	叫卖声	推车		√	
羊肉杂面（回民）	叫卖声	推车		√	√
烧羊肉（回民）	叫卖声	推车、白色木柜	√	√	√
牛肝、牛板筋、牛肚、牛肠、牛杂碎	叫卖声	推双轮车、木盘子		√	√
羊头肉（回民）	叫卖声	推车、挑担、背椭圆筐，提马灯	√		√
羊双肠、羊霜肠子（回民）	叫卖声	背大椭圆笼、炉-锅	√		√
羊肉（回民）	叫卖声	推车、白色木柜	√	√	√

续表

肉类	叫卖/响器	买卖用具及方式	走街串巷	街口/庙会摊	市场/店铺
羊肚儿（回民）	叫卖声	推车、白色木柜	√	√	√
羊腱子（回民）	叫卖声	推车、白色木柜	√	√	√
羊百叶（回民）	叫卖声	推车、白色木柜	√	√	√
熏猪头肉、熏鱼、熏鸡蛋、熏大肠、熏猪肝、炸面筋	叫卖熏鱼	背红油漆木柜	√		
苏造肉	叫卖声				√
猪血	叫卖声	推车、挑担	√		
肥猪肉	叫卖声	挑杠	√		
炮肉	叫卖声	推车-火炉	√		
酱肉	叫卖声	推车	√		
刮骨肉	叫卖声	挎扁长圆木箱	√		
卤煮小肠		推车		√	√
煎灌肠儿	叫卖声	挑担、火炉、圆笼	√	√	√
爆肉、爆肚	叫卖声	推双轮车		√	
炒肝儿	叫卖声		√	√	
猪肉（熏鱼）	叫卖声	肩挎小柜	√	√	√
小猪		推双轮车		√	
熏鱼、炸面筋	叫卖声	肩挎小红柜	√	√	

续表

肉类	叫卖/响器	买卖用具及方式	走街串巷	街口/庙会摊	市场/店铺
驴肉	叫卖声	荆条筐、白色木柜	√	√	√
卤鸡	叫卖声	挎圆、柳木盘	√		√
猪肉丸子	叫卖声			√	√

鸡鸭类	叫卖/响器	买卖用具及方式	走街串巷	街口/庙会摊	市场/店铺
油鸡	叫卖声	挑担	√		
野鸭脖	叫卖声	挑担、挎篮	√	√	
鸡蛋	叫卖声	挑担	√	√	
松花蛋	叫卖声	挑担	√	√	

水产类	叫卖/响器	买卖用具及方式	走街串巷	街口/庙会摊	市场/店铺
鲤鱼	叫卖声	挑担、木盆	√	√	
海鲫鱼	叫卖声	挑担	√	√	
黄花儿鱼	叫卖声	挑担	√	√	
腌黄花儿鱼	叫卖声	挑担	√	√	
螃蟹	叫卖声	挑担	√	√	
田螺	叫卖声	挎篮	√	√	
大田螺蛳	叫卖声	挎篮	√	√	
煮咸螺	叫卖声	挎篮	√	√	
小虾米	叫卖声	挑担	√	√	
螃蟹	叫卖声	挑担	√	√	
青蛤	叫卖声	挑担	√	√	
腌螃蟹	叫卖声	挑担	√	√	

水果类	叫卖/响器	买卖用具及方式	走街串巷	街口/庙会摊	市场/店铺
樱桃、桑葚	叫卖声	挎篮	√	√	
青杏蘸蜜	叫卖声	挎篮	√	√	

续表

水果类	叫卖/响器	买卖用具及方式	走街串巷	街口/庙会摊	市场/店铺
杏儿（八达岭）	叫卖声	挑担、挎篮	√	√	
李子	叫卖声	挑担、挎篮	√	√	
香瓜	叫卖声	推车，筐、挑担	√	√	
西瓜	叫卖声	推车，筐、挑担		√	
桃子（深州）	叫卖声	推车，筐、挑担	√	√	
蜜桃	叫卖声	推车，筐、挑担	√	√	
葡萄、枣	叫卖声	推车，筐、挑担	√	√	
沙果、苹果	叫卖声	推车，筐、挑担	√	√	
沙果	叫卖声	支大布伞		√	
闻香果	叫卖声	支大布伞		√	
苹果	叫卖声	支大布伞		√	
石榴	叫卖声	支大布伞		√	
香果	叫卖声	推车，筐、挑担	√	√	
槟子	叫卖声	推车，筐、挑担	√	√	
槟榔	摇八棱鼗鼓、摇大铎	挎大元宝筐	√	√	
梨	叫卖声	推车，筐、挑担	√	√	
白梨（东山）、沙果	叫卖声	推车，筐、挑担	√	√	
鸭儿梨、苹果	叫卖声	推车，筐、挑担	√	√	
鸭广梨	叫卖声	支大布伞		√	
金橘	叫卖声	挑担、挎篮	√	√	
柿子	叫卖声	推车，筐、挑担	√	√	
海棠（红、白）	叫卖声	挑担、挎篮	√	√	

续表

水果类	叫卖/响器	买卖用具及方式	走街串巷	街口/庙会摊	市场/店铺
酸枣	叫卖声	支大布伞		√	
甘蔗	叫卖声	推车、挑担	√	√	
香蕉	叫卖声	挑担、大筐	√	√	

干果类	叫卖/响器	买卖用具及方式	走街串巷	街口/庙会摊	市场/店铺
核桃	叫卖声	挑担	√		
糖炒栗子	叫卖声	顶长笸箩	√	√	√
干鲜果	叫卖声		√	√	√
炒花生	叫卖声	挎大竹筐、背口袋	√	√	
半空儿（炒花生）	划响铜、铁棍、叫卖声	背口袋、小碗	√		
煮花生	叫卖声	挎篮		√	√
五香花生米	叫卖声	挎篮	√	√	
炒煮花生、瓜子	叫卖声	挎篮、背口袋	√	√	
咸栗子	叫卖声	挎篮	√	√	
炒瓜子	叫卖声	挎小筐（戏园子）	√	√	
菱角	叫卖声	挑担	√	√	
荸荠	叫卖声	挑担	√	√	
莲子	叫卖声	挑担	√		
莲蓬	叫卖声	挑担	√		

糖果类	叫卖/响器	买卖用具及方式	走街串巷	街口/庙会摊	市场/店铺
馅儿糖	小锣	背方盘	√	√	
糖稀	吹芦苇叶-饧箫,瓦瓶	挎篮	√		

续表

糖果类	叫卖/响器	买卖用具及方式	走街串巷	街口/庙会摊	市场/店铺
糖杂面	叫卖声	提篮	√		
儿童小食品	敲小糖铜锣	挑担、背筐	√	√	
秋梨膏	叫卖声	挎篮	√		
洋糖	拉四弦琴		√		
吹糖人	敲铜锣	挑担	√	√	
画糖人儿	叫卖声	挑担	√	√	
抽糖人	抽签筒 晃响声	挑担 木箱	√	√	
糖抓彩	叫卖声	布袋、方盘	√		
梨膏糖	叫卖声	挎篮	√		
蜜饯糖渍品	叫卖声	挑担	√		√
药糖	吹唢呐	挎篮	√		
玫瑰糖	叫卖声	挎篮	√	√	
桂花糖	叫卖声	挎篮	√	√	
关东糖	叫卖声	挎篮	√		
酥糖	敲小锣	挑圆笼大托盘	√		
糖瓜儿、糖饼	小铜锣	挑子	√		
人参糖（玩具）	敲糖锣	大纸柜	√		
棉花糖	叫卖声	推小车	√		
大挂山里红	叫卖声	肩背筐、挎篮、串挂肩	√	√	
挂拉枣儿	叫卖声	挎篮、挑筐	√	√	

糖果类	叫卖/响器	买卖用具及方式	走街串巷	街口/庙会摊	市场/店铺
酸枣	叫卖声	挎篮、挑筐	√	√	
黑枣	叫卖声	推车、挑担、筐	√		
山楂糕	叫卖声	推车	√		
果丹皮		推车	√		
果子皮		推车	√		
柿饼儿	叫卖声	推车、挑筐	√		
果干	叫卖声	推车	√		
果子干	二铜冰盏	担白漆圆笼	√	√	
槟榔	摇八棱拨浪鼓	大圆宝箱	√	√	
杂抓	叫卖声	推车	√	√	
果子干（柿饼）	二铜冰盏	二轮木车、担白漆圆笼、炉-锅	√	√	
（大小）冰糖葫芦儿	叫卖声	三轮车-锅，挎长形篮	√	√（大）	√
冰糖子儿（一个山楂）	扁长木板敲小铜锣-铴	提木盘	√		
糖球	打糖锣		√		

鲜花类	叫卖/响器	买卖用具及方式	走街串巷	街口/庙会摊	市场/店铺
芍药	叫卖声	推车、挑担、挎篮	√	√	
玫瑰	叫卖声	推车、挑担、挎篮	√	√	
香玉	叫卖声	推车、挑担、挎篮	√	√	
牡丹	叫卖声	推车、挑担、挎篮	√	√	
夜来香	叫卖声	推车、挑担、挎篮	√	√	

续表

鲜花类	叫卖/响器	买卖用具及方式	走街串巷	街口/庙会摊	市场/店铺
珍珠蓝	叫卖声	推车、挑担、挎篮	√	√	
茉莉花	叫卖声	推车、挑担、挎篮	√	√	
指甲花	叫卖声	推车、挑担、挎篮	√	√	

日用品类	叫卖/响器	买卖用具及方式	走街串巷	街口/庙会摊	市场/店铺
供花	打鼓	背纸匣	√	√	√
绫绢花	打鼓	挑两摞绿方匣	√	√	√
绣石榴花	叫卖声	背大纸箱子	√	√	√
香包	叫卖声	挑担、竹竿吊	√	√	√
染绸子、缎子		挑箱	√	√	√
汤布、冷布	摇长把小籈鼓	推车、挑担	√	√	√
卖布（粗布）	摇长把籈鼓	推车、挑担	√	√	
布、衣物	打鼓携瓯口大小进敲击	挑两筐、背布包	√	√	
枕头		背布包、肩扛	√	√	
毡帽	叨念	背布褡裢	√	√	√
绒线	摇长把籈、小钲、铃唤娇娘（惊闺）	推车、背方竹筐 挎篮	√	√	√
绦子	摇籈	挎篮	√		
鹅毛扇	叫卖声	挑担	√	√	√
蒲扇	叫卖声	背小筐	√	√	√

续表

日用品类	叫卖/响器	买卖用具及方式	走街串巷	街口/庙会摊	市场/店铺
梳子等	摇镗鼓儿、摇铃；镗鼓-铜鼓	挎篮	√	√	
数灯支碗	叫卖声	挑担，浅筐	√	√	
灯盏碗	叫卖声	挑担	√	√	
砂锅	叫卖声	挑担	√	√	√
铁壶	叫卖声	挑担	√	√	√
水勺（罗盖、礤床、筷笼）		挑担	√	√	
筐箩、簸箕		挑担	√	√	√
打瓢（鸡毛掸子、扫帚）（瓢、簸箕、刷子、搓板等）		挑木架子	√	√	
夜壶	叫卖声	挑担	√	√	√
灰纸、豆纸	叫卖声	推独轮车	√	√	√
大高粱条帚	叫卖声	挑担	√	√	√
干柴	叫卖声	推独轮车	√	√	
芝麻秸、松树枝	摇铃、叫卖声	挑担浅筐	√	√	
木炭	摇堂鼓、摇大面鼓	推两轮车、挑担，大筐	√	√	
香烟		背木箱	√	√	
蒲艾	叫卖声	挑担、挎篮	√	√	
瓷器	叫卖声	挑担、挎篮		√	√

续表

服务类	叫卖/响器	买卖用具及方式	走街串巷	街口/庙会摊	市场/店铺
换取灯（火柴）	叫卖声	挑担大框、背大筐	√	√	
铁匠车	锤敲砧	推车		√	
锔碗	小铜钲、铜坠、扁长木板敲小铜锣-铴	挑担，木箱子、提木盘	√	√	
补锅、盆		挑担，木箱	√	√	
修伞		挑担		√	
粘扇子	上悬小铃数串	背小柜	√	√	
修补旧铜器	敲铜盆	挑担	√	√	
换茶碗饭碗		挑担	√	√	
磨剪子、剃头敲	铁拍板	扛板凳	√	√	
剃头匠	执铁唤头（惊闺叶）敲击小木梆	扛板凳	√	√	√
修脚匠	敲双小木梆			√	
算命	弹弦、吹笛、击鼓、铜点、打堂鼓、带唱曲			√	

续表

服务类	叫卖/响器	买卖用具及方式	走街串巷	街口/庙会摊	市场/店铺
算灵挂	磕竹（板）			√	
估衣				√	√
喝（收）潮银子	叫卖声、打鼓	背蓝布包	√		
各种药	摇铁串铃、虎撑子	背药箱、布囊	√	√	
旧物换玩具针线	打镋锣、打云锣	背木箱、推车、挑担	√		
收旧货（衣、画、文房四宝、古董、珠宝）	打小鼓	挑担	√		

娱乐类	叫卖/响器	买卖用具及方式	走街串巷	街口/庙会摊	市场/店铺
画	叫卖声		√	√	
年画	叫卖声			√	
黄历、歌谣	叫卖声		√	√	
门神	叫卖声		√	√	
口琴	喇叭声		√	√	
苇笛	苇叶	挎篮子	√	√	
捏江米人、捏面人		长架箱		√	√
画糖画	叫卖声	圆盘、小铁勺		√	
吹糖人	鸣锣	推车，木箱、挑担		√	
抓糖人	恍签筒			√	
灯笼	叫卖声	推车	√	√	

续表

娱乐类	叫卖/响器	买卖用具及方式	走街串巷	街口/庙会摊	市场/店铺
大小金鱼		挑担，矮木桶，鱼缸		√	√
鸟	（鸟叫声）	推车		√	√
小鸡	叫卖声	挑担、方盒子	√		
小鸭子	叫卖声	挑担、方纸盒	√		
蝈蝈	（蝈蝈叫声）	挑担		√	√
蛐蛐	（蛐蛐叫声）	挑担		√	√
草编玩具	叫卖声	挑担	√	√	√
耍鳌山灯	敲锣打鼓击钹	挑担基层高笼屉		√	
耍耗子	敲锣	挎木箱子		√	
耍猴	敲锣	背木箱子		√	
跑旱船	敲锣打鼓击钹			√	
耍狗熊	敲锣			√	
耍傀儡子（木偶戏）		挑担		√	
唱本、书		背书箱	√	√	

以上条目来自《贸易》《一岁货声》《燕市负贩记》《北京话旧》《京都叫卖图》《吆喝与招幌》《故都商市》《旧都百行》《老北京的商市》《老北京的街头巷尾》《云乡话食》《老北京三百六十行》《老北京的风俗》《逝水胡同》《流年市井》《北京庙会旧俗》《故都三百六十行》《瞬间逝去的风景》《老北京与满族》《老北京庙会》等著作。因食品物品种类很多，叫卖声和推车、挑担、挎筐不一定都准确，也有推测的部分，如水果挑子涉及各种水果，商贩们不会叫卖出所有水果，但只要熟悉水果挑子的叫卖声就会知道有什

水果。还有一些街口小摊位的小商贩是否也有叫卖声，也难推测。表中选择的食品物品基本以有记录的叫卖声和响器为主，有些扩展但不多。值得说明的是，很多食品物品没有被收入表中也与这方面有关，因有文字记录的吆喝叫卖声有限，不能囊括那个年代所有的食品物品。对于没有查到的部分也没有标注。

  从附表可以看到在过去的年代，小商贩是怎样工作的，以此来维持家人的生活，他们用最原始的叫卖声和众多响器，大都提篮、挎篮、背篮、背筐、背木箱、背圆笼、挑担、推小独轮车、推双轮车等穿梭于京城街巷胡同中，其中篮子、筐子、圆笼各异，响器使用也各异，却有一定的行业规范，也有民族的颜色差异，其显示了历史长河中各行业习俗的延续，也显示了小商贩人的创造力，不同的小商贩人根据自己的能力实力积极生存，自食其力而不惧天气或社会动荡等，展现了中华民族普通小商贩人不屈不挠的生活态度和吃苦耐劳的顽强精神。

第四章　民间音调与都市声音变迁

老北京叫卖在过去的主要用途就是广而告之，每个小商贩的叫卖特点不同，形成了自己的风格和特征，可以说这些叫卖声音（包括响器）就是他们商品和服务的品牌商标，让人闻声便知来者，也能把声音和物品或服务相联系。过去人们可能没有意识到商标的重要性，声音作为商标的意义就更没有得到重视。而今，2014年《中华人民共和国商标法》（2013年修正，以下简称《商标法》）中标明声音可以注册商标，这对声音领域是件好事，对于企业的产品宣传也是个好消息。声音商标是短小精悍的音乐语言片段。如果北京老字号企业的商品能结合老北京叫卖声，以新的声音广告品牌定位，在声音商标的法律保护下，两者结合将唤起老北京叫卖调的新作用。叫卖调声音品牌将走上商业产品广告传播的"大堂"，展现老北京传统文化，可满足百姓的怀旧心理体验。

第一节　声音品牌

2014年5月1日起《商标法》（2013年修正）中标明声音可以注册商标，这说明商标不再仅限于视觉（文字、图形、字母、数字、三维标志、颜色组合等），听觉感受将受到重视，声音商标也为企业打开了商业市场产品宣传的一扇窗。我国已有一些好的声音广告，虽然以前《商标法》无声音注册商标的规定，声音却发挥着声音品牌的作用，给予听觉感官美好的享受，辅助对其商品的记忆与识别能力。

一、声音商标

声音商标,也称"听觉商标",是以声音作为识别标志的商标。[①]最早将声音作为商标注册的是美国,美国于1948年通过了《兰哈姆法》,相当于美国的商标法,其中包括对声音商标的界定,即"能够通过听觉而不是视觉予以确认和区分商品或服务的标识"[②]。"美国全国广播公司"(NBC)的三声钟声于1950年注册为声音商标[③],这也成为世界上第一个声音商标,但这个商标并不是从注册时才开始使用,而是早在1929年就出现在广播电视中。此后,法国、新加坡、澳大利亚、德国、韩国、土耳其、俄罗斯、印度、中国香港特别行政区和中国台湾地区等都逐步将声音商标纳入《商标法》。

熟知的声音商标有英特尔的芯片广告,其声音被中国网友戏称为"等灯等灯";米高梅电影公司的"狮子吼";诺基亚的开机旋律;麦当劳的"我就喜欢"(i'm lovin' it),有多国语言版本;苹果电脑的开机声音,还有奥迪、可口可乐、肯德基、德国电信、奔驰、索尼等公司都相继注册了声音商标。这些声音商标都出现在其广告中,有些是原有的音效或旋律动机,有些是经过改编的旋律动机,有些与产品相结合,具有很强的产品标识性。

我国自2014年5月1日起实施新的《商标法》(2013年修正)之后,截至2020年5月,声音商标的申请多达749件。[④]从这一数据可以看出,企业对声音商标有着极大兴趣,希望突破传统的视觉商标。在这些申请中,目前有五种状态:"注册","等待实质审查","驳回复审中","申请被驳回、不予受理等,该商标已失效","此商标正等待受理,暂无法查询详细信息"。其中一些新申请的声音商标处于"等待受理"状态,其余大多数处于"申请被驳回"的状态,一小部分处于"等待实质审查"和"驳回复审中",而仅有22件处于"注册"状态,这说明审核较为严格,其审核标准值得关注。

---

① 吕淑琴,陈一痕编著.知识产权法辞典.上海辞书出版社,2018:182.

② 宋建宝.欧美声音商标的注册要求.人民法院报,2019-09-20(8).

③ 潘晓宁.欧美特殊商标制度比较研究.上海经济研究,2010(5):80.

④ 中国商标网,http://wcjs.sbj.cnipa.gov.cn/txnT01.do 商标综合查询。

这里仅关注"注册"状态的声音商标。

我国首例注册的声音商标是中国国际广播电台广播节目的开始曲（如图4-1所示）。还有两例与媒体有关，一个是中央人民广播电台的"小喇叭"，另一个是中央电视台的新闻联播片头音。这两个声音商标都是广播电台使用已久，甚至是伴随几代人成长的声音。这三例声音商标都附有谱例和对谱例的文字说明，较为详细。

图 4-1　中国国际广播电台声音商标[①]

该声音商标是中国国际广播电台广播节目的开始曲，全长 40 秒，共 18 小节，四分之二拍慢板节奏，G 大调和 C 大调交替转换。前四小节为整段声音商标前奏部分，曲调为 G 大调；中间 11 小节为整段声音商标主题部分，曲调为 C 大调，其中第十二、十三小节播音员报出"中国国际广播电台"的呼号后音乐延续两小节，主题部分结束；最后三小节钢片琴再次奏响主题音乐，转调回 G 大调，该声音商标结束。

"注册"的声音商标中，有些是国际上已经认证过的声音商标，还有一些是国内公司申请的声音商标。国际上已认证过的声音商标由以下企业申请：诺基亚公司、二十世纪福斯电影公司、英特尔公司、三星电子公司、尤妮佳股份有限公司、奥誓公司，宝马公司、乔丹有限公司等。二十世纪福斯电影公司的声音商标是开片音乐，乔丹有限公司的是影视片头音乐，三星电子公司的是手机铃声和一段水流声，奥誓公司的是真假嗓音急变互换方式唱出的"Yahoo"，尤妮佳股份有限公司的是由女声唱出的"sofy"。

---

① 国家工商行政管理总局商标局商标评审委员会. 商标审查及审理标准.2016：124.

已"注册"的国内公司申请的声音商标已经在实际的商业领域中使用多年，有北京奇艺世纪科技有限公司申请的爱奇艺出品视频的片头曲；广州酷狗计算机科技有限公司申请的酷狗软件打开时的声音"hello kugou"；上海灿星文化传媒股份有限公司申请的中国新歌声"We Sing China"；广东益华集团投资有限公司申请的电子产品"小霸王"的声音商标，这一例的特点是由国际影星成龙原声朗读的"望子成龙小霸王"，具有独特性，另外这个声音商标不仅出现在广告中，还与产品相结合，是电子产品的开机音频，具有较强的产品识别力。

虽然目前我国声音商标的审批率不高，但能够看到企业在声音商品设计和开发领域的众多尝试。还未正式审批的声音商标中，有许多公司都是采用无言语的声响，有些是电子声效，如腾讯科技（深圳）有限公司的QQ中的各种生效（"嘀嘀嘀嘀嘀嘀"、"咳咳"、"嘟嘟嘟嘟嘟嘟"、"咚咚咚"、"咔嚓咔咔喔"）等；有些是自然声或人发出的声音，如上海艾佣游科技有限公司的滴水声，北京三百六十行互联科技有限公司的喷嚏声，安徽古井贡酒股份有限公司的喝酒声等；有些是简短的言语词，有象声词，如黑龙江日月峡大森林旅游有限公司的"唵啊吽"，湖南临武舜华鸭业发展有限责任公司的"咧啰"；有些是短小的话语，如北京猎户星空科技有限公司的"我在"、"唉"等；有些是产品名或包含产品名的语句，如北京京东叁佰陆拾度电子商务有限公司的"京东"，徐福记国际控股集团有限公司的"徐福记"，上海寻梦信息技术有限公司的"拼多多"，虎牌热水瓶株式会社的"Tiger"，大丰区旅游行业协会的"大丰好玩呢"，湖北良品铺子食品有限公司的"让嘴巴去旅行 良品铺子"等；有些是短小的旋律，如广东太阳神集团有限公司的"当太阳升起的时候"，上海市慈善基金会的"热腾腾地播撒 蓝天下的至爱"等。还有一些公司在声音商标设计中注意了文化因素，如张志启的"桂花云片糕，窑湾桂片又来了"，这是家私人企业以"叫卖调"申请的声音商标；苏州老万年文化发展有限公司用的是苏州的卖花声"哎，卖花哎，栀子花白兰花，栀子花白兰花，卖花哎"，吆喝声之后配有一个琵琶乐句。还有新疆维吾尔自治区尉犁县非物质文化遗产保护中心的一系列维吾尔族音乐。从这些声音商标注册与申请的情况来看，有几家用了"叫卖调"的材料，使叫卖调还原了原始广告声音的意义。

二、声音商标的审核标准

　　曾经一些人们耳熟能详的声音广告暂未获批或未申请声音商标,如恒源祥(集团)有限公司的"恒源祥 羊羊羊"、杭州娃哈哈集团有限公司的"娃哈哈"还没有正式获批,南方黑芝麻糊广告中那声"黑芝麻糊嘞~~!"的叫卖未申请声音商标注册(也许和企业经营状况有关),让人有些遗憾。还有一个值得注意的事件就是全国首例声音商标案:腾讯公司于2014年5月4日将QQ应用程序运行中的"嘀嘀嘀嘀嘀嘀"作为声音商标,向国家工商行政管理总局商标局提出注册申请,但被驳回,在之后的复审过程中也未获批。2016年腾讯公司将国家商标评审委员会诉至北京知识产权法院,2018年10月北京市高级人民法院终审判决认定QQ的声音商标具有显著性,支持其注册为声音商标。这些案例让人们重新思考声音商标应如何界定,其审核标准应包括哪些条件,注册要求有哪些。

　　2016年12月,国家工商行政管理总局商标局发布了新修订的《商标审查及审理标准》,其中增加了"声音商标审查标准、审查意见书在审查实务中的运用标准"[①]。文件中对声音商标进行界定:

　　　　声音商标,是指由用以区别商品或服务来源的声音本身构成的商标。声音商标可以由音乐性质的声音构成,例如一段乐曲;可以由非音乐性质的声音构成,例如自然界的声音、人或动物的声音;也可以由音乐性质与非音乐性质兼有的声音构成。[②]

---

① 国家工商行政管理总局商标局商标评审委员会. 商标审查及审理标准. 2016:2. 在2016年之前可能还有一份名为《声音商标形式与实质审查标准(试行)》,但未在官网上找到,但有一个博客中有具体内容:声音商标形式与实质审查标准(试行).(2018-05-18)[2019-09-10]. http://blog.sina.com.cn/s/blog_15e17c3ac0102y09y.html;还有一个博客有对文件的解读:戴启旺. 我国声音商标的审查标准探析——《声音商标形式和实质审查标准(试行)》解读.(2016-03-22)[2019-09-10]. http://blog.sina.com.cn/s/blog_15e31873f0102x36v.html.

② 国家工商行政管理总局商标局商标评审委员会. 商标审查及审理标准. 2016:122.

审查包括形式审查和实质审查两个部分。形式审查包括申请声音商标声明、声音样本、对声音商标的描述（音乐性质、非音乐性质、兼有音乐性质和非音乐性质的声音商标）、声音样本与商标描述的一致性、使用方式。实质审查包括禁用条款（国歌、宗教、暴力等不可用）、显著特征、相同近似三个方面的审查。

可以看到，在形式审查中声音商标的形式并没有什么限制，根据声音商标的定义，可以接受音乐或非音乐的各种声响，主要说明了声音商标的展现形式；对音乐商标的使用方式也没有什么限制，只需申请人说明在什么情形下使用。如果说形式审查是注册声音商标的基本条件，那么实质审查则是注册声音商标的核心竞争力，主要体现在显著特征方面。以下是文件中关于显著特征的两个条件：

仅直接表示指定商品或服务内容、消费对象、质量、功能、用途及其他特点的声音，缺乏显著特征。

例如：

（1）钢琴弹奏声使用在"乐器"上；

（2）儿童嬉笑声使用在"婴儿奶粉"上；

（3）狗吠或猫叫声使用在"宠物饲养"上；

（4）古典音乐使用在"安排和组织音乐会"上；

（5）开启酒瓶的清脆"嗒"声使用在"啤酒"上；

（6）儿童"水开啦，水开啦"的叫声使用在"电热水壶"上。

其他缺乏显著特征的声音。

例如：

（1）简单、普通的音调或旋律；

（2）一首完整或冗长的歌曲或乐曲；

（3）以平常语调直接唱呼广告用语或普通短语；

（4）行业内通用的音乐或声音。

一般情况下，声音商标需经长期使用才能取得显著特征，商标局可以发出审查意见书，要求申请人提交使用证据，并就商标通过使用获得显著特征进行说明。[①]

[①] 国家工商行政管理总局商标局商标评审委员会．商标审查及审理标准．2016：126．

文中以示例的方式说明什么条件不能够通过审核，而且在最后补充中提到了"长期使用"的条件，这说明以往使用的声音商标给人们带来的经验是不容忽视的。

在相同近似方面，主要提到如果不是近似商标（如"Yahoo"的声音商标和文字商标为近似商标），应避免声音商标与其他声音商标、文字商标的相同或近似，不能给公众带来混淆。在试行版中还提到声音商标应单独建立声音要素库，方便对声音商标进行分类管理、检索比对和判断。在新版中尤其提到了"听觉感知"，这说明相似性不仅限于谱面和文本上的，还要参考听觉感知，因为有时某些旋律或声效在谱面和文本上记录和描述不同，但听觉感知方面很相近，这样人们就难以区分其差异，容易让人们对相应的商品或服务识别造成混淆和误认。

依照以上审核标准，像"恒源祥 羊羊羊"和"娃哈哈"之类的声音标志已经在商业广告中使用了很多年，符合长期使用获得的显著特征，而且从听觉感知上没有造成与其他品牌的混淆，声音标志可以唤起相应的品牌的识别，具有独特性。而腾讯QQ应用软件中的声效在申请声音商标时，就是因为"申请商标在指定使用项目上缺乏显著性""难以起到区分服务来源的作用"被驳回[①]。而QQ"嘀嘀嘀嘀嘀嘀"的声音早已从QQ诞生之日起深入人心，可识别性强，甚至有时听到别人电脑的QQ提示音会以为是自己电脑发出来的，可见"嘀嘀嘀嘀嘀嘀"已经成为QQ的声音标识。腾讯公司也曾在QQ的广告结尾处以"嘀嘀嘀嘀嘀嘀"的声音标识和企鹅像作为结束，凸显其作为声音商标的象征意义，满足"显著特征"和非"相同近似"的要求。这只是依笔者的经验进行的判断，也许商标局还有更深层的认识和判断。

由以上的案例可以看出，对于商标"显著特征"的评判需要进一步讨论，其直接关系到声音商标注册成功与否。显著特征中列举不显著的特征是各国

[①] 谢珊娟，张晨佳，徐成. 首个经司法确认的声音商标：死磕4年，腾讯终于拿下QQ提示音商标.（2018–10–26）[2019–10–01]. https://page.om.qq.com/page/OxyJCPuQg3wCwaT37Mysv-Qw0.

商标法中说明显著性常用的一种方式[①],其重点应关注于声音标识的独特性,而不是声音的美感。在"其他缺乏显著特征的声音"所列的几项"反例"中,"简单""完整""冗长""直接唱呼"这些词语隐约涉及了声音标识的美感,而不是指向"显著性"。声音的显著性分为固有的显著性和获得的显著性。[②]固有的显著性主要指商标与商品或服务之间没有关联或关联较弱;获得的显著性需要通过广告宣传或市场营销在一定时间之后才能形成。可见,获得显著性对消费者来说是一个认知网络建构的过程,即消费者要在商标与商品或服务之间建立联系。因此,对于声音商标显著性可以通过心理感受层面(消费者的联想关系、商标与商品或服务之间的联想关系)和客观的商标使用情况(商标使用时间的长短、商标本身的知名度)等方面进行测评。[③]依照这样的方法可以最大限度减少类似腾讯QQ的案例。

欧美在声音商标的审核标准上各有特点。欧盟知识产权局对声音商标设定了严格的注册标准,要求是必须能用五线谱或声谱呈现,五线谱上要标明谱号、小节、音符、休止符等信息,声谱图上应标明时间坐标和频率坐标。但在2015年12月通过了欧盟商标法律制度一揽子改革方案之后,不再对声音商标的图谱表述进行强制要求。欧盟内部各国对声音商标的认识并不一致,在德国、法国和意大利,声音可以注册为商标,而英国并没有明确将声音列为可注册商标的类别,但可以通过图谱表述来描述。美国对声音商标的呈现方式相对宽松,只需提交声音标识的声音样本、对声音的描述(包括拟声描述、音符描述,简要短语描述)以及将其作为商标的使用证据,但对图谱表述不做硬性规定。在审核标准中有一点值得注意,美国把要注册的声音标识分为两类:一类是具有"唯一性的、差异性的或区别性的"声音,对这类声音具有固有显著性,所以无须提交具有第二含义的证据;另一类是"普通的"声音,不具有固有显著性,所以要提交具有第二含义的证据

[①] 向玉兰.论声音商标的可注册性.暨南学报(哲学社会科学版),2007(4):23.
[②] 潘晓宁.欧美特殊商标制度比较研究.上海经济研究,2010(5):80.
[③] 向玉兰.论声音商标的可注册性.暨南学报(哲学社会科学版),2007(4):23.

来证明其获得显著性。[①]在显著性审核这一方面，我国可以借鉴。

三、声音品牌

2009年，笔者在德国汉堡声音咨询公司全职实习的半年里，主要做公司为博士实习设定的课题，在这里接触到了大量的广告音乐，了解到近二十年来声音品牌在国外发展较快，同视觉广告具有同样重要的地位，音乐与城市、音乐与企业、音乐与产品的关系深入民众生活。

声音商标和声音品牌并不是完全一样的概念，声音品牌比声音商标的范围更宽泛，声音商标更关注于具体的声音标识，而声音品牌不限于声音商标，还包括其他与打造品牌有关的音乐和语言形式，可以是由声音商标延伸出来的音乐旋律，可用于各类形式的广告（电视、网络、广播等），可投放销售场所（零售、专卖店、商业街区等）、公共区域（地铁、公交、铁路、民航等）。这样，声音信息通过各种形式的编配与视觉图像信息整合在一起，打造多感官整合的品牌，将其与品牌的核心信念整合，进行多方位的品牌管理，让消费公众对相应品牌建立起较为统一的品牌印象。

我国有很多企业已在商品广告中体现了打造声音品牌的意识，也显露出"声音商标"的意识。早在二十世纪八十年代，就有一批广告表现出在广告中塑造声音品牌的意识，如1983年的燕舞收音机——"燕舞，燕舞，一起歌来一片情！"，1985年的来福灵——"我们是害虫，我们是害虫，正义的来福灵，正义的来福灵"，1987年的娃哈哈果奶——"妈妈我要喝，娃哈哈果奶"，1991年的南方黑芝麻糊中的叫卖——"黑~芝麻糊嘞~~！"，1997年的沱牌曲酒——"悠悠岁月酒，滴滴沱牌曲~"等，这些广告都不是简单的广告语念白，也不是单纯的广告背景音乐，而是广告语与音乐相结合体现产品特征的声音品牌化要素。这些要素帮助企业提升了品牌区分度，即获得显著性。1992年，恒源祥的五秒三声"羊羊羊"童声"声品牌"成为我国第一个消费者心目中的"声音商标"，可以说它

---

① 宋建宝. 欧美声音商标的注册要求. 人民法院报，2019-09-20（8）.

开启了我国声音商标标识的历史。后来还出现了安踏、361°、脑白金、乐吧薯片、"美好时光"海苔、王老吉等，这些声音标识或广告音乐的识别率很高，已成为百姓认可的"好声音"，形成了声音品牌效应。因此，广告音乐不仅是为广告而服务，更重要的是为品牌个性的塑造与建设而服务。这里收集了一些声音广告案例（见表 4-1）。

表 4-1 声音广告案例

物品名称	广告音乐形式	声音品牌	时间	作品运作方式
南方黑芝麻糊	吆喝声	黑~芝麻糊嘞~~！	29 秒	女吆喝声
南方黑芝麻糊	背景音乐		29 秒	男生道白
365 黑芝麻糊	歌曲		30 秒	温兆伦等音乐剧
思圆方便面	歌曲		36 秒	男女生表演
娃哈哈纯净水	一句唱词	娃哈哈	15 秒	男女生表演-语言
百氏纯净水	歌曲		2 分 1 秒	黎明表演
娃哈哈茶饮料	一句唱词	娃哈哈	14 秒	男女生古装表演
康师傅绿茶	歌曲		29 秒	男女生表演
古道葡萄红茶	背景音乐		21 秒	林心如表演
古道梅子绿茶	背景音乐		21 秒	孙燕姿表演
王老吉	歌曲、背景音乐	怕上火就喝王老吉	31 秒	家庭聚会或集体活动
汇源果汁	歌曲		33 秒	袁泉演唱
优乐美奶茶	钢琴曲		30 秒	男生演奏
蒙牛酸酸乳	歌曲		30 秒	男女生音乐剧
五粮液	歌曲：爱到春潮滚滚来		3 分 56 秒	男女古装戏
纳爱斯牙膏	童歌	纳爱斯牙牙乐	29 秒	卡通
来福灵杀虫剂	歌曲	我们是害虫	2 分 55 秒	男声合唱
李宁牌	歌曲	Fun Run	3 分 35 秒	体育运动
娇爽	背景音乐		31 秒	男女生表演、女生道白

除了广告音乐,国外还有对背景音乐与消费行为的研究。曾有国外学者以一家超市作为研究对象,对商店里的背景音乐进行了设置,分别播放法国音乐和德国音乐,结果发现当商店里播放法国音乐时,法国酒的销量明显好于德国酒的销量;当商店里播放德国音乐时,德国酒的销量明显好于法国酒的销量。销量与消费者的国籍无关。这一研究表明音乐唤起了消费者对法国文化和德国文化的认知,并从某种程度上"控制"了他们的购买倾向。即使是网络在线销售,音乐文化的启动效应同样有效。另有一些学者对音乐类型与买酒的选择进行了研究,发现古典音乐促进了红酒销售,特别是高档红酒;而流行音乐没有得到和古典音乐一样的效果。这几项研究虽然不直接与声音品牌相关,但从中可以看到生活中背景音乐对人们的行为是有一定"暗示"作用的,如果把这种暗示作用与声音品牌相结合,也许会看到某品牌销售额的上升"奇迹"。

声音在广告中、在卖场的环境中发挥着重要作用,其间接影响着购买力。声音不仅对广告表达的文化以及情感的意义起到了催化剂的作用,其涵盖的文化因素还会唤起人们对某种文化的认同,引导消费者对产品的选择。广告音乐一方面展现其音乐魅力及商业文化魅力,也因商业品牌效应受到法律保护;另一方面广告音乐不仅仅是音乐研究的对象,也因其与商业品牌有密切的关系,得到感官心理学等领域的重视,如对广告音乐、广告声音与听觉、视觉、味觉、触觉等的研究越来越多。这个领域更离不开经济管理领域的研究,国外研究专著有《声音品牌化》、《感官品牌》等。城市文化与企业发展相融合,用声音品牌打造新文化品牌而充满活力与生机。

第二节　民间口头商业广告

前面的章节已经介绍过,我国最早的叫卖记载于《楚辞·天问》,宋代以后的古籍记录逐渐增多。中华人民共和国成立之后,仍有很多文献提到街头的叫卖和响器声,是城市中兼具艺术性和商业性的"必需品",让城市灵动鲜活起来。

一、叫卖中的响器

  本书各章都关注了人声的叫卖，这里就不再赘述。叫卖中除了人声还有各种响器发出的声音，可以把这些声音当作人声的"伴奏"。不过，不是所有的吆喝都有"伴奏"，也不是所有的"伴奏"都必须有吆喝声。这些响器也有"独奏"的时候，但都以各个行当长期形成的惯例为准。

  响器和吆喝一样有久远的历史。人们从很早就借用各种声响传递信息、通风报信，如《汉书·食货志》中记载："孟春之月，群居者将散，行人振木铎，徇于路以采诗，献之大师，比其音律以闻于天子。"这是为了采录民间诗歌，通过敲"木铎"，即木舌的铃，加上口头叫喊，把指令传给每个人，这可以算是一则政治广告，用敲木铎以警众、宣传教育的方式至汉朝仍在沿用。[①]在商业领域，并不是所有商业领域都用响器，使用响器和口头广告的主要是行商，而坐贾更多用的是招幌。何为商贾，在东汉班固等编撰的《白虎通义·商贾》篇对商贾进行了说明："商之为言商也，商其远近，度其有无，通四方之物，故谓之商也。贾之为言固也，固其有用之物，以待民来，以求其利者也。固通物曰商，居卖曰贾。"走街串巷的行商用各种声响来传递信息，嗓音只是声音的一种，还有五花八门响器的声音，响器的声音能够比叫卖传得更远，还能省很多气力。

  行业中的响器主要以摇、打、划、吹等方式发声。古代文献中记载了一些行业小贩使用的响器。如汉代郑玄在注释《诗经·周颂·有瞽》中"箫管备举"和《周礼·春官·小师》中"小师掌教鼓、箫、管、弦、歌"时提到"箫"为"编小竹管，如今卖饧者所吹者"，即卖饧的小贩用小竹管作为响器，饧是古人常吃的食物，有学者认为是麦芽糖浆或麦芽糖饴，软硬度不一，可以冷食，也可以放在粥里，多在清明和寒食节吃。[②]可见汉代

---

① 陈树林，许椿主编.中国广告历史文化.天津社会科学院出版社，2007：15.
② 饧，竟然是古人过清明最常吃的食物？新华网.（2020-04-04）[2020-05-01].http://www.xinhuanet.com/culture/2020-04/04/c_1125813055.htm.

就有小贩开始用响器辅助叫卖。隋、唐、宋时期,广告形式呈多样式,如口头广告、音响广告、招牌、幌子、匾额、门楼、酒旗等样式。在南宋吴自牧的《梦粱录》中记载的"夜市"上也能"听到"响器声,如"有带三朵花点茶婆婆,敲响盏,掇头儿拍板,大街上游玩的人们看了,无不哂笑",这里说的茶贩用响盏、拍板的形式招揽生意。在夜市中卖糖的各种商贩中,有唱曲儿、傀儡面儿舞等各种活动,但没有记录有吹箫的或使用其他响器的。但在清代孔尚任《桃花扇·访翠》中写道"扫墓家家柳,吹饧处处箫";齐如山先生的《故都市乐图考》中也记录了北京的饧箫。这说明"饧箫"的传统一直延续千百年。

老北京叫卖中有个行内规矩——"八不语",即有八种行当只用响器,不吆喝。这"八不语"的行当包括卖掸子的、修脚的、绱鞋的、劁猪的、锔碗的、行医的、剃头的和粘扇子的。这八个行当不吆喝是因为有的吆喝词不好听,如"好大的掸子",听起来像"好大的胆子",有的听起来不礼貌,如修脚的"给您修修",行医的"您有病要瞧吗?";还有的听起来不吉利,如剃头的。这八个行当的"叫卖"都靠响器,如剃头的用"唤头"(古乐器),修脚的打竹板,行医卖药的摇串铃,等等。在以小商贩起家的北京老字号,早期叫卖的很多,但少有记录用到响器。有一家值得注意,就是人们熟知的"同仁堂",其最初为浙江宁波人以摇串铃走街串巷行医起家。[①]这与"八不语"的行当对应,行医卖药所用的串铃俗称"虎撑儿"。可见,走街串巷的小商贩或手艺人,不同行当发出不同声响,约定俗成地形成固定的听觉识别,成为各行各业独特的音响广告。表4-2列出了京城叫卖中各行业常用的响器。本章附齐如山先生《北京三百六十行》中记录的老北京小商贩(叫卖)唤头(古乐器)。

---

① 王永斌.享誉京城的老店铺.中国时代经济出版社,2009:3.

表 4-2　京城叫卖中各行业常用的响器

小商贩	所用响器	俗名
卖油者	木梆子、小锣	厨房晓
卖熟食	木梆子	击馋
炸黄鱼儿	木梆子	击馋
卖汤圆儿	空心长梆子	唤饥
卖馄饨者	空心长梆子	唤饥
卖闺房什物	拨浪鼓儿	货郎鼓、唤娇娘、报君知
卖针头线脑	拨浪鼓儿	货郎鼓、唤娇娘、报君知
卖脂粉者	拨浪鼓儿	货郎鼓、唤娇娘、报君知
卖货郎	小鼓、小铜锣	
游巷郎中	铜圈、铁圈	虎撑儿
剃头者	长长的音叉	唤头、串头
修脚	竹板	对君作
磨刀者	联铁板、铁帘儿	铁滑链、震惊闺、千层板儿
收首饰	羊皮小鼓	雅士听
收书画	羊皮小鼓	雅士听
收细软	羊皮小鼓	雅士听
收旧货	羊皮小鼓	雅士听
粘扇子、换扇面	铜铃	

二、北京老字号与叫卖"品牌"

　　老北京叫卖的历史背景连接着北京老字号的许多产品,老北京叫卖声很符合"声音品牌"的短小精悍的艺术作品形式,像南方黑芝麻糊广告中的叫卖声"黑～芝麻糊嘞～～",可视为叫卖声与食品品牌结合的典范,已家喻户晓。"臭豆腐、酱豆腐,王致和的臭豆腐"几乎老北京人都能叫唱一句,而北京老字号却没有利用老北京叫卖声打出自己的声音品牌。在现代化的今天如果尝试给其应有的广告商品价值，老北京叫卖声就不仅仅是一种流传的艺术，而是将这种艺术转化为广告"商品"发挥现代意义的商业作用。民间独特的音乐艺术与现代商业品牌宣传相结合，是在重新建立叫卖声与商品或服务的"获得显著性"，这与老北京叫卖声的研究与传承及申遗同等重要。如果能用北京叫卖声推广现在老字号商品或服务，那么北京叫卖声传承又有了新的价值和意义，因为它的流传不仅仅是艺术价值，它还是物的"代言"，"还原"其历史状态，这样后人才能了解其真正意义所在。

1. 历史中的口头广告

口头叫卖广告在元、明、清的很多戏曲、小说和诗歌中都有所体现。元代吴渭《月吟社诗》，明代冯梦龙《警世通言·玉春落难寻夫》、汤显祖《牡丹亭·闺塾》中"群女竞学""庙街叫卖""童子卖花"的记载，生动地反映元、明、清时期口头叫卖广告在当时街巷、庙会等商业场景的流行与普及。元代的元曲杂剧中也有很多广告性质的诗、歌，有些从曲牌名就能看出来，如【卖花声】【紫苏丸】【生查子】【嘉庆子】【酥棘儿】【辣姜汤】【梅花酒】【甜水令】【包子令】【麻婆子】等。[①]甚至还有茶馆向诗人约"广告词"，元李德载的《阳春曲·赠茶肆》就是一首委约的广告诗。

明清时期，广告的形式多种多样、异彩纷呈。各行各业都有了相对固定的和独特的宣传方式。实物、叫卖、招牌、招幌等市井广告空前繁荣，广告的商业色彩更加浓厚。北京城的广告独具特征，店铺装饰别出心裁，招牌广告遍布街市，元代马祖常《石田文集》中"三月京华寒食近，东风十里酒旗新"，这里提到的酒旗就是招幌。音响广告和叫卖广告发展更具特色。清代杨静亭撰写的《都门记略》中有一则水晶糕的广告诗："绍兴品味制来高，江米桃仁软滑膏，甘淡养脾疗胃弱，进场宜买水晶糕"（道光二十五年，1845）。晚清王麻子剪刀也有相应的"广告诗"，一首收录在清嘉庆二十四年（1819）刊印的《续都门竹枝词》中："汪王万石皆麻子，拨厥由来为火镰；自营岜

[①] 陈树林，许椿主编.中国广告历史文化.天津社会科学院出版社，2007：133.

无人似玉,一齐刻划作无盐";另一首收录在清同治十一年(1872)刊印的《增补都门杂咏》中:"刀店传名本姓王,两边更有万同汪,诸公拭目分明认,头上三横看莫慌。"①这两首竹枝词可能并非专门为王麻子剪刀所作,但其影响效果相当于为王麻子剪刀进行了一次"品牌管理",词语易懂有利于诗词的传播。两首诗中都强调了正牌王麻子剪刀"商标"的特点和质量,同时提醒消费者应识别假冒的王麻子剪刀。

致美斋是"中国四大酱园"之一,是广州最老的酱园,最早可以追溯到明末1608年,最初并不是靠酱菜起家,而是经营白粥、油条的小吃店。致美斋以"六致"②的匠心,一直保持其制作品质。同时他们还重视品牌宣传,民国时期就曾在广州的天字码头打出了"致美斋添丁甜醋""致美斋生晒原生抽"的广告标语;不仅如此,还在民国初年"粤剧四大家"之一廖侠怀主演的粤剧《大闹广昌隆》中加入一行对白:"到了文德路致美斋酱园,对面就系城隍庙,就快到二牌楼了"③,仅一句戏词就让大家知道了致美斋,而且能够根据地址找到店铺,迅速扩大品牌知名度,这可能是最早在戏曲中植入广告的案例。

2. 北京老字号与叫卖"品牌"

北京叫卖有古老的历史,也在许多的媒体形式上得到宣传和展现。在现代媒体高度发达的今天,商业广告传播作用的影响和覆盖面很大,要比影视里间接宣传影响更广。在声音商标的法律保护下,如果北京的中华老字号赋予北京叫卖新的广告声品牌的定位,从传统文化和百姓心理的定位走向商业广告传播的"大堂",两种老品牌可一起发挥新作用。

中华老字号创新发展与消费者怀旧心理成为契机融合点,中华老字号品牌文化创新探索可在品牌复兴、品牌延伸方面探索打造老字号声音品牌的新路径,是中华老字号品牌文化研究的新亮点。北京叫卖具有北京文化背景下的听觉品牌符号特征,融入百姓的生活与生命中,中华老字号广告品牌模式

---

① 王永斌.北京的商业街和老字号.北京燕山出版社,1999:358.
② "用水致纯,选粮致精,工艺致正,酱品致香,待客致诚,味道致美"。
③ 南方日报编.广东商道.南方日报出版社,2014:130.

利用大众"怀旧"意识来创新,北京叫卖融入自己的品牌宣传中扩大认知平台,从店铺走上屏幕,从口头叫卖迈上声音品牌、声音商标的高端位置。古老建筑是视觉怀旧的典范,我国的戏曲、曲艺、叫卖调是听觉怀旧的典范,具有亲和力。古老叫卖声用于广告品牌可唤起民众听觉的怀旧情感,尤其在中华老字号品牌化发展策略上可尝试叫卖调创作,快步跟上符合国际化声音品牌传播与发展的趋势,对于中华老字号产品文化和北京叫卖的联合传承与创新有积极的推动意义,或许能绽放奇迹。

过去老北京民间底层的小摊小贩,有挑担、挑筐、背筐或推车叫卖的,有摆小摊位的,有搭小席棚的,有开小铺的。据记载,明代时,北京的商号就有一百多种。除了固定商铺和临时摊点外,还有很多走街串巷的小商人,多是亦商亦农的小买卖人。许多老字号的创始人是那时的小商小贩,到今天能成就老字号多么不容易。那些小买卖人无论是哪种经营方式,都是白手起家,几代人的传承,叫卖声都伴随着他们卖的东西,这样起家的老字号与各有特色的吆喝声有密切关系,展现了生活中南腔北调的幽默风趣。表4-3列出了以叫卖起家的老字号名称,以及现在注册的商标名称。

表4-3 北京老字号公司名称及商标

北京老字号公司名称	注册商标
北京稻香村食品有限责任公司	稻香村
北京六必居食品有限责任公司	六必居
北京六必居食品有限责任公司	桂馨斋
北京便宜坊烤鸭集团有限公司	便宜坊
北京前门都一处餐饮有限公司	都一处
北京壹条龙清真餐饮有限公司	壹条龙
北京前门都一处餐饮有限公司力力豆花庄	力力
北京天兴居餐饮有限公司	天兴居
北京二商王致和食品有限公司	王致和
北京张一元茶叶有限责任公司	张一元

续表

北京老字号公司名称	注册商标
北京丰泽园饭店有限责任公司	丰泽园
北京稻香春食品有限责任公司	稻香春
北京东来顺集团有限责任公司	东来顺
北京红螺食品有限公司	红螺
北京小肠陈餐饮有限责任公司	小肠陈
北京市爆肚冯饮食服务有限责任公司	爆肚冯
北京月盛斋清真食品有限公司	月盛斋
北京同和居饭店有限责任公司	同和居
北京聚德华天控股有限公司北京柳泉居饭庄	柳泉居
北京聚德华天控股有限公司北京聚德烤肉宛饭庄	烤肉宛
北京聚德华天控股有限公司北京烤肉季饭庄	烤肉季
北京聚德华天控股有限公司北京砂锅居饭庄	砂锅居
北京聚德华天控股有限公司北京又一顺饭庄	又一顺
北京聚德华天控股有限公司北京西来顺饭庄	西一顺
北京翔达南来顺饭庄有限公司	南来顺
北京市茶汤李餐饮管理有限公司	茶汤李
北京市西城区东兴顺爆肚张	东兴顺爆肚张
北京锦馨清真餐饮有限公司	锦馨
北京庆丰包子铺	庆丰
北京奶酪魏餐饮管理有限公司	奶酪魏

以上的老字号只注册了视觉文字商标，还没有声音商标。现将查到历史上以叫卖起家的老字号店，配上《贸易》中吆喝原文（见表4-4）。这里要说明的是，《贸易》中的吆喝词与老字号起家并无直接关系，只是希望借用这种形式想象那个年代街上可能发生的一幕幕。选择《贸易》中的叫卖词与相应的北京老字号的当家食品相关，有一定的匹配度。虽然只见其字不闻其声，但可以从十九世纪下半叶记录的吆喝词和民间使用的不规范用字来感受

久远的年代感。通过这些叫卖的语言文字就可以了解到那个年代的饮食有什么，叫什么，有些与现在食品相同，有些存在差异。

表4-4 北京老字号与《贸易》中叫卖词

北京老字号名称	《贸易》中叫卖词
北京六必居酱菜	"哎末辣菜呀酸黄菜呀辣菜哦"
北京前门都一处	"燒賣又熱來要喝湯的說末燒賣熱末加油的湯來多"
北京前门力力豆花	"盛碗小豆廮來哎"，"好熱的小豆廮嘮" "豆廮腦兒熱呀好熱呀豆廮腦兒熱呀好肥鹵哦" "好熱豆廮腦兒熱呀"，"蔴豆廮來"
北京天兴居	"白乾一壺哦一碟炒里鷄絲兒拉皮兩張"
北京王致和臭豆腐	"豆府乾臭豆府酱豆府辣豆廮"
北京丰泽园	"好白的面子巴四菜五菜三六二七菜" "來巴韭菜的色兒熱的來給他盛上一碟老虎菜末"
北京东来顺	"襖面湯兒來闹執鍋热面来三個大錢碗來酸菜羊肉末熱面來哎" "肝兒來羊腱子啊" "羊拜葉了肉羊肚兒末" "羊頭肉哦"
北京红螺干果	"好吃的黎兒晒成乾沙果乾的蘋果乾烎杏乾果子乾李子乾葡萄乾" "一個大錢兒末果丹皮來一光板塊噯"
北京小肠陈	"嬌咻覌腸哦"
北京月盛斋清真	"羊腱子來燒羊肉咻哟呋"，"羊肉哟窝呀"
北京同和居	"炒肉片兒呀切碟匀五花兒撞中碗爐醬呀"
北京烤肉宛	"吃色子巴別忘了嚐：包兒的餡來巴羊肉的色兒熱的來，肉釘兒的饅頭又熱呀"，"肝兒來牛頭肉咻"
北京茶汤李	"一個大錢碗來喝碗末淹茶鹵闷到了的茶末" "咦呋嘔咻茶阿湯嘔啊" "杏兒哎茶茶呋麵茶呋熱麵茶呀"

续表

北京老字号名称	《贸易》中叫卖词
北京和义斋小吃	"餡餅来：餡的多色餡兒来肉兒的火燒煊了個嬌又翠末"
北京庆丰包子铺	"喝粥来呀喝粥来呀小米香粥熱的来" "四個錢買一包色，裡頭是好材料你一包他一色十色八色旺家稍各樣的才料對廷當"
隆福寺小吃	"黄窝：荔子面来哎" "菱角色兒熱的来" "糖豆色兒熱的末" "哟襟麵黑面火燒馬蹄燒餅好熱吷燒賣熱" "来哎要了高做料錢来巴凉了兒的敗心大劀刀末酸辣呀" "水飯来豆兒多啦菉豆兒多大碗又尖量" "硬面餑餑哦" "子母元湯兒的鵝哥录的個豆兒飯兒色的熱来" "千層餅末饅頭登沙包兒末饅头"

3．老北京叫卖调的广告作用

旧时没有商标法，小商贩们没有将叫卖调作为一个"商标"来保护的意识。但古代的小商贩是否有商标或品牌意识呢？从我国最早的商标就能看出来。我国最早的商标可以追溯到北宋时期济南刘家针铺的商标，[①]这是用铜版印刷的一张图（如图4-2），图上方写着"济南刘家功夫针铺"，下方是一幅白兔捣药的图，图两侧写着"认门前白兔儿为记"，图下方写着"收买上等钢条，造功夫细针，不偷工，民便用，若被兴贩，别有加饶，请记白"，这句话说明了针的信誉、材料、质量、使用和经商范围。可见，早在一千年前商人们就有了商标品牌意识，用文字和图片的视觉材料呈现与商品有关的信息。

但旧时的小商贩们在声音方面也许没有特别在意。就老北京的叫卖调来

---

① 刘茜主编．应用广告学．北京理工大学出版社，2016：3．

说，可以说叫卖是一人一个样，卖同一物品的两个小贩的吆喝也不可能完全一致。这里有两个原因，一个是商业的原因，小贩需要表现出一定的个性化特征，会不经意地或有意地充分发挥叫卖的作用，这样自己才能从众商贩中脱颖而出，吸引买者，才能保证自己的收益；另一个是人的原因，就像世界上没有两片完全一样的树叶，两个完全一样的嗓音也几乎没有，这也是侦查领域进行声纹鉴定的一个重要依据，即完全相同的发音器官几乎找不到，即使相同，两人使用发音器官的方式也不一定相同，这就造就了每个人独特的嗓音。因此，叫卖具有很强的个性特征，一个人的叫卖自然就具有"固有显著性"，在大街小巷游商的过程中与买者互动，其叫卖声逐渐建立起"获得显著性"，买者可以闻其声知其货。所以，叫卖声相对视觉商标具有唯一性以及不可复制性，在这种情况下，商标法是否存在并不那么重要。

图 4-2　宋代"济南刘家功夫针铺"印记

学唱叫卖的是不是有呢？在"第五章民间音调与语言、曲艺、戏曲"中提到了叫卖到戏曲的发展过程，可以看到学唱叫卖的大有人在，只是学唱的人不是商人小贩，而是庭院中的孩子和对叫卖感兴趣的大人，其目的不是用于商业领域，孩子是自娱自乐，而感兴趣的大人会将叫卖内容编成小戏，或组成叫声社进行排演，提高叫声的技艺。叫卖如果能被别人学唱，对小贩来说或许是一种"荣幸"，不是每个叫卖都被人学唱，能被人学唱说明唱得好、吸引人，大家喜闻乐见。不管之后是编入小戏还是成为叫声社表演的内容，以某种形式保留下来就很令人欣慰。而小商贩之间的学唱也许也有，但真正在用于商业买卖的不一定存在，因为要想做到品牌和商品一条龙的完全复制并不容易。

对比今天所说的声音商标，很多都是声音软件生成的，声音素材库的材料相对有限，一些相对普通的声效就很容易被复制。假设两个公司都以清脆的水滴声音作为品牌的声音标识，虽然在声谱图上两者不一样，但在听觉感官上差别不大，这就没有区分度。即使是有一定设计感的音响，也难抵挡电子文档传播和复制。因此，现代的声音商标之所以需要法律来保护，主要是可复制性太强，使得声音商标本身的"固有显著性"不强，这样就必须加强建立"获得显著性"。腾讯QQ以及公众熟知的一些声音品牌就是在"获得显著性"方面较为突出，这是长期广告运作和品牌管理的结果。

我国民间声音广告最早从口头的叫卖声传播开始，但至今没有几个叫卖声纳入现代的广告声音品牌。这些独特而丰富叫卖声与中国人的生活情感深厚，往往代表着乡音与乡味，体现了地域风情，都是百姓难以割舍的怀旧情怀。

中国人的传统习惯叫"老字号"，现代国际流行称谓是"品牌"。汉字对"号""牌"几乎理解为一体而又可拆分。但"老字号"的产品太多，是一个整体的概念，而"品牌"却是一个具体的概念，"老字号"可理解为商品或企业的意义。如果说北京叫卖声（吆喝）也是具有"老字号"的意义，人们会不太习惯，因为声音能成为广告品牌在我国还是一件新鲜事。《商标法》可注册声音商标，就是对"声音品牌"的法律保护，声音因企业产品需求而变得商品化，这样就好理解了。

北京叫卖声对北京人来说就是怀旧情怀与怀旧名片，深深印在老北京人的心灵中。过去的老北京在家门口，就能听到走街串巷的手艺人挑着担子或推着小货车高扬的叫卖声。叫卖声唤出住户来买他们做的各种食品物品。老北京货郎声声叫着货物，曲曲品着味道，调调拉着念想。声物的交流形式，听声似见人，听声似品物，能感受到过去老北京人在胡同简单方便的生活，这是地道的民俗风情的真实写照。北京叫卖声就代表了叫卖的商品和服务，声音就是这些商品和服务的"商标"，使老百姓的印象深刻。

现在北京有很多个体路边固定摊位，也有些小三轮车或小汽车的活动摊位,做着各种丰富的吃食,有老北京风味的,也有外地风味的,但没了那些好听的叫卖声。现在人们在网上订购各种老北京物品,由快递开着小车,打着手机联系客户,将各种东西送到住户手中,也不喊叫卖调。老北京传统的食品会在许多的超市或专卖店出售,很多老字号店铺也在经营着一些传统的食品,却没有展现叫卖曲,而是不间断地放着流行音乐。北京老字号有140余家,传承了过去的许多食品和物品,过去有叫卖调的小吃形成企业化批量生产的产品,像北京串串糖葫芦变成两两小包装;过去声声的"糖葫芦~"这样的"声品牌"体现了个体手艺人的品位质量,现在小小包上印着某公司"北京老字号"的字样也有了质量保障。但当人们还吃着看着这些老小吃、用着老品牌时,会深深地怀念那熟悉的"老北京叫卖声",期待它们能回归生活,真正带动品牌效应!

第三节　北京老字号知名度调查

北京老字号在现代年轻人中的影响力如何,可以通过调查来了解。将北京老字号分为小吃类和用品类,对219名大学生进行调查,让他们选出自己知道的北京老字号,结果如图4-3所示。在小吃类中,最熟悉的三个老字号是庆丰包子铺(64.4%)、护国寺小吃(56.2%)和馄饨侯(40.2%),值得一说的是东来顺饭庄虽不完全属于小吃类,但知名度很高,有42%的学生熟悉这个老字号;最不熟悉的三个老字号是桂馨斋(8.7%)、锦鑫豆汁店(10.5%)和馅饼周(11.9%),其中桂馨斋为酱园。从学生们对小吃老字号的熟悉程度,可以知道现在年轻人喜欢吃什么;从另一个角度来看,也能反映出老字号开店的情况,开的连锁店多,顾客就多,名气就大。庆丰包子铺、护国寺小吃和馄饨侯都是连锁店经营,其中庆丰包子铺截至2015年底在北京市开了260家(庆丰包子铺官网,2020年底北京市有219家),护国寺小吃目前也开设约60家,馄饨侯约有7家店,东来顺饭庄约有14家店[①],锦鑫豆汁店和桂馨斋在北京只

[①] 庆丰包子铺数据来自:[2020-12-15]. https://baijiahao.baidu.com/s?id=1608207720620579103&wfr=spider&for=pc. 其余老字号通过百度地图搜索得出。

有两家，而馅饼周已经找不到了。

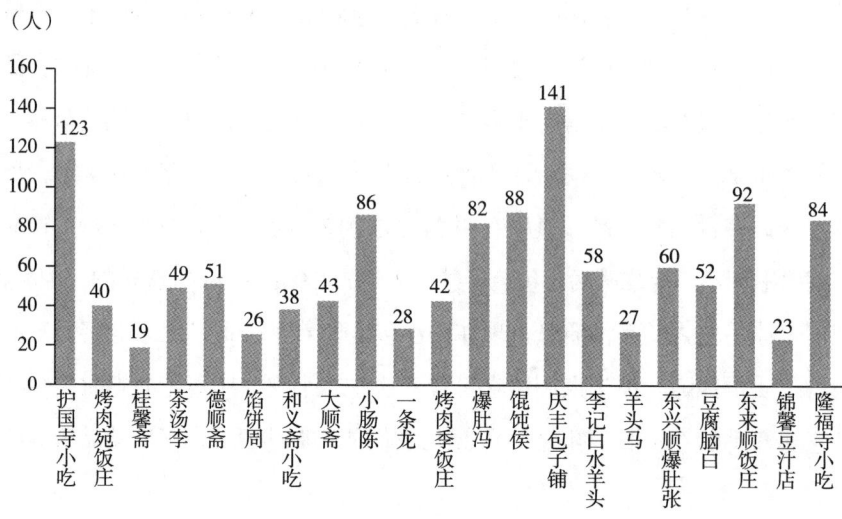

图 4-3 学生知道的北京老字号（小吃类）

图 4-4 反映了在用品类的老字号中，被调查学生最熟悉的三个品牌是王麻子剪刀（79.0%）、大明眼镜（63.5%）和亨得利钟表店（58.9%）；最不熟悉的三个品牌是马聚源帽子（8.7%）、建华百货（8.7%）和元隆顾绣绸缎（6.4%）。用品类的老字号集中在北京的商业街，如前门和王府井，相对于小吃类的老字号，连锁店要少得多，但知名度也很高，说明在生活中非常常用。

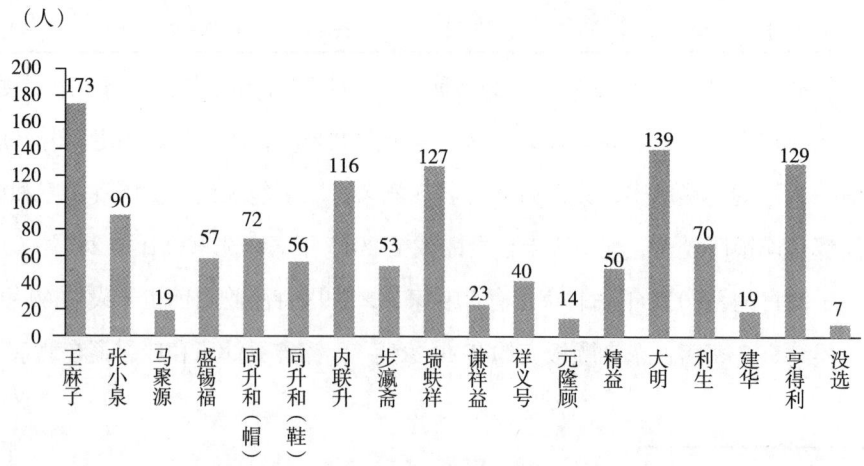

图 4-4 学生知道的北京老字号（用品类）

这些老字号几乎没有北京本地人开的，都是由来自各地的商人、手艺人在北京慢慢发展起来，形成了现在的商业规模。品牌离不开宣传，叫卖就是早期最好的宣传，被调查学生是否了解哪些行业有叫卖，结果见图 4-5。近一半学生认为食品（其中瓜果 46.1%、蔬菜 40.6%、点心 37.0%、糖果 36.1%）、布头（35.6%）有叫卖，而认为印刷品、化妆品、祭祀品、纸花、鲜花等行业有叫卖的学生较少，都不到 5%。这个认识和老北京叫卖的内容分布较为相似，认为布头有叫卖的人较多，可能和经典相声《卖布头》有一定联系。

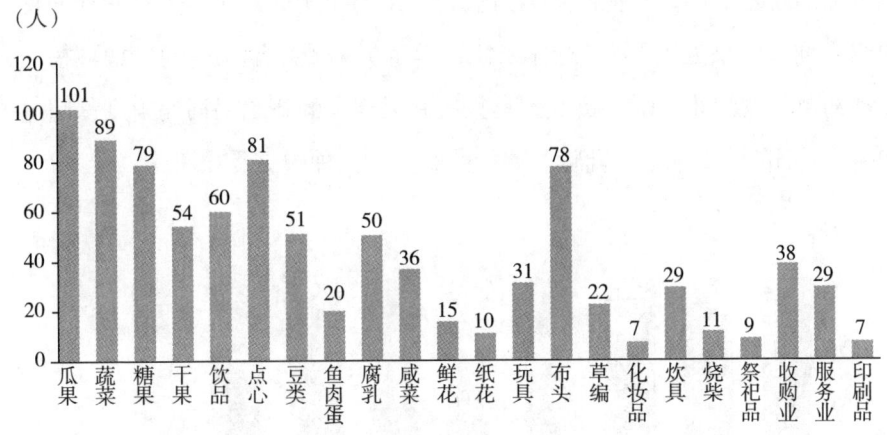

图 4-5 学生认为有叫卖的行业

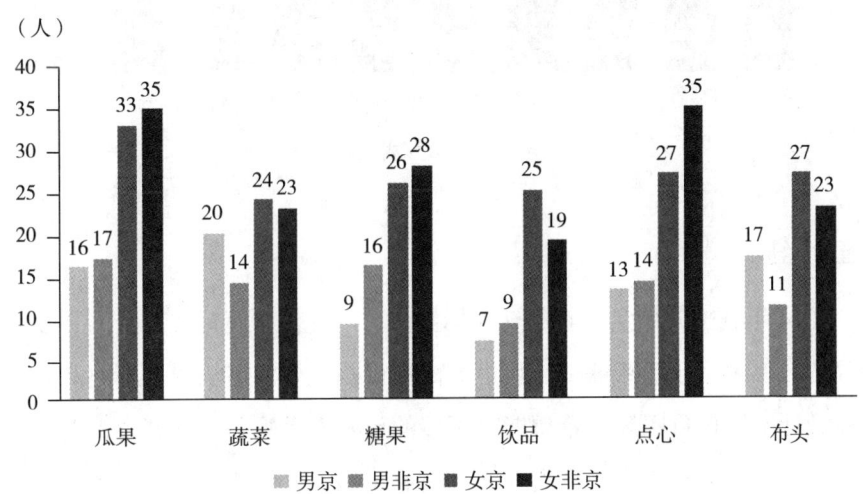

图 4-6 对各行业叫卖的认识与学生生源、性别的关系

图 4-6 反映了对各行业叫卖的认识与学生生源、性别的关系,可以看出,女生比男生对叫卖有更多认识,但京籍和非京籍学生在此并没有表现出明显差异。这反映出女生对声音可能比男生更敏感,也许在广告中做好声音设计会更容易吸引女性的注意。

叫卖要有叫卖词,旧时的叫卖词和新的叫卖词哪种更符合现代年轻人的品味,笔者对此也进行了调查,调查对象为在校大学生 440 人,但有效问卷各题有变动,这里用百分比来表示。每个物品配三个吆喝词,其中一个为笔者编的新吆喝词,其他两个为过去传下来的叫卖词,让学生选择他们喜欢的叫卖词,结果见图 4-7。总体来说,学生更偏爱新编吆喝词,如酸梅汤、冰糖葫芦、豆汁儿、豌豆黄儿、臭豆腐和大柿子的新吆喝词偏爱度都超过了 50%,而旧的吆喝词只在药糖、饹馇儿和剪子三种中更受欢迎。

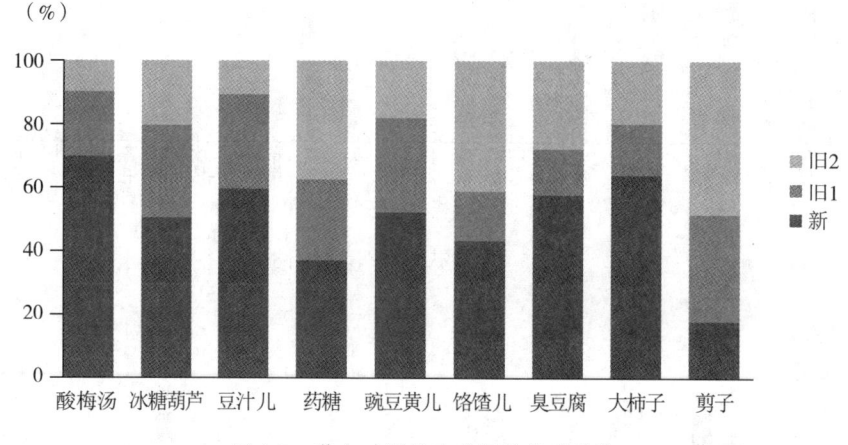

图 4-7 学生对新旧吆喝词的偏爱程度

本章小结

2014 年我国开始实施新的《商标法》,声音作为商标注册受到更多企业的关注,很多企业跃跃欲试,但声音商标审核严格,审核通过率不高。声音商标设计不能盲目跟风,希望能有更多的音乐人重视并加入其中,与企业文化相结合,共同打造既具听赏性又有企业文化含义的声音品牌,更好地在广告中发挥声音商标的优势。中华老字号与北京叫卖声相融合,也许是个很好的契机，两者都需要遗产保护与开发利用，都需要开创文化传承创新新局面，在传承方面能够走得更远，开拓城市文化大发展上共创品牌传播的新路径，有很大商业价值和文化价值及积极意义。

附录：老北京小商贩（叫卖）唤头（古乐器）

老北京小商贩（叫卖）唤头（古乐器）一览

自齐如山《北京三百六十行》

响器名称	俗名	古乐器	出自古籍文献	行业
铁拍板	挂连、铁板、惊闺	高倡（昌）伎乐器 铁板在各种乐器中，久已不用	《唐书礼乐志》九部乐 《乐书》 （铁板铜琶者，只限文字中）	磨刀剪者
串铃	串铃	铃 清廊尔喀乐之公古哩 许多小串铃而用之	《左传》铃，昭其声也 《正韵》古人用铃 《尔雅·释天》有铃曰旗	卖扇子小贩
口琴		簧 簧，横也。以竹铁作于口。 吹簧鼓簧 簧鼓，笙中之簧雅簧 竹簧，与今相似 五舌竹簧 筕，只北京有之，以存古义	《诗经》君子阳阳左执簧 《释名》 《乐书》 《庄子》民间有铁叶簧，呼吹成音 《三礼图》 《汉书》 《神仙传》 《大清会典》簧鼓	卖口琴小贩

续表

响器名称	俗名	古乐器	出自古籍文献	行业
簧	梭子	鼓簧 似今口琴 铁簧，铁叶簧 清笳吹乐，鼓簧	《诗经》 《释名》竹铁作 《乐书》宋尚有之 梭子来源于满洲，宋以后，而传于满洲，内地失传，又传回内地	理发匠
小铜角	挑子	清乐器小铜角， 铙歌鼓吹乐 前部大乐"凯旋铙歌"所用， 现时只戏中代表马嘶声， 或散戏时用之	《大清会典》	磨剪 磨刀者
贾铎	大铃 铛	铎 掌乐，音韵未调	《乐书》贾铎（千年之物） 《晋书·荀勖传》牛铎	卖大麻子、花生，卖棉花籽、灯油
锣		清禾辞桑歌乐 清铜质乐器，大名铜鼓，小名铜点；大名金，小名钲	《大清会典》锣，范铜 汉魏以后之钲	（大麦糖） 吹糖人的
锣		唐朝之猕猴戏耍猴之乐器		耍猴者
锣	小锣	古代傀儡戏 清禾辞桑歌乐 后魏宣武以后，有铜钹	《大清会典》大锣 《正字通》锣钹，二器	歌戏

续表

响器名称	俗名	古乐器	出自古籍文献	行业
糖锣	糖锣	沙锣似小锣 花鼓戏用之小锣	《汉书》	卖糖、豌豆糕小贩 花鼓戏的
锡	小铜锣	清凯歌乐用之锡 （与星：碰钟，二物恒同时用之） 来自西番	《大清会典》	卖冰糖子、小贩、小灯匠者
锡	小锣	清凯歌乐用之锡 凯歌：骑吹器乐	《大清会典》以黄绒训系之，击以作片。此挂各一。槌，摇动击之	小炉匠者 （挑担穿街）
钲	点子	古钲、胡钲、鼓吹钲、警严钲 南蛮之器 金钲 汉朝饶（铙）歌鼓吹乐	《乐钲》南蛮之器也 《元史·礼乐志》 《大清会典》	卖香油小贩
铜点（小铜钹）	点子	清凯歌乐用之铜点： 铙歌大乐，铙歌清乐	《大清会典》铜鼓	卖卜醬者
云锣	铃子	十三枚一架 十枚一架，丹陛大乐，各乐用之；清番子乐之苍清	《元史·礼乐志》 《大清会典》	卖针线栏杆者 摇铃的小贩
冰盏	冰盏	形似清朝细缅甸乐所用接足	酸梅汤由西南境传入内地，与回教有关《大清会典》横碰，上下相击耳	卖酸梅汤小贩

续表

响器名称	俗名	古乐器	出自古籍文献	行业
虎撑子	镯子	来源于西藏，番僧用之，名曰引魂铃，又名镯子铃铛		卖药小贩
钉尺		一种乐器 耍傀儡戏的大小锣，铁质声音响亮		四种小贩 1.钉鞋者 2.挑子，摇鼓 3.卖盆、瓢 4.耍傀儡戏
铜摇鼓	铜摇鼓	来源于西藏		卖油灯小贩
玻璃喇叭	琉璃喇叭	小孩玩物之乐器，古代乐器八音之中，石质者只磬一种，发音短促		卖布登登儿小贩
三弦	弦子	唐时乐人多习之	《西河词话》三弦起于秦，非胡乐 《大清会典》唐前用拨子	卖卜者
笛	横笛	七孔之笛	《旧唐书·音乐志》汉武帝时丘仲所造，原出羌人。多瞽者（盲人）所用，多善音乐也	卖卜者
报君知		卖卜者所用唤头，如鼓、三弦、小锣。卜卦时可镇书或纸		卖卜者
乍板		来源甚远，古人唱"光光乍"，莲花落用之乍板		修脚者

续表

响器名称	俗名	古乐器	出自古籍文献	行业
匏	瓢	中国乐器，八音中之匏，本只笙竽一种。匏之一音，在音乐中只有其名，而无其实矣		卖椰瓢等小贩，卖锅刷、笊篱等小贩
盆		盆则非乐器，但鼓盆为乐器有之。土质		旧物换盆者（卖盆小贩不吆喝）
饧箫		芦叶为箫吹之，名曰胡箫"郑笺"。今卖饧者所吹	饧《乐书》胡人卷	卖糖小贩
鼓		古击法，提而横击之		卖卜者
小鼓	打鼓	似戏界用的单皮鼓，来源于昙鼓（昙鼓：扶南天竺乐）	《乐书》北京两种打鼓的：1.打硬鼓的，小而脆，收精细贵重之物；2.打软鼓的，鼓较大，收较粗之货，如旧衣、粗木器等	打鼓人家旧物小贩
大鼗	大摇鼓	古之大鼗，鼗、鞞鼙于各种乐种，小鼗	《尔雅·释书》：大鼗，谓之麻，麻者。音概而长也。《乐书》所绘鼓，鼓（左侧）桑细而长，其皮面经较小	卖布小贩、卖炭小贩
小鼗	拨棱鼓、拨浪鼓	古之小鼗	《尔雅·释书》：小鼗，声清而不乱	卖布小贩
鼗	货郎鼗	货朗鼓		卖杂货小贩

续表

响器名称	俗名	古乐器	出自古籍文献	行业
鼓钹		跑旱划船，钹鼓 清朝鲜乐用之俳鼓 九部乐，均用铜钹 （铜钹，谓之铜盘相击以合乐） 钹，铙歌清乐皆用之	《武林旧事》"旱划船"者 《大清会典》俳鼓 《隋书》 《唐书·音乐志》《通典》 《大清会典》	跑旱船者
梆，梆子			《易·系辞》 更夫用之	卖油小贩
小梆，梆子		古代初开化之响器		卖艾窝窝小贩、江米凉糕
小梆，小梆子		似小木鱼	佛家之用	卖甑儿糕小贩
聂兜姜	唢呐	清回部乐用。苏尔奈，又名唢呐，清粗缅甸乐	《大清会典》	耍耗子者
小梆		比卖艾窝窝梆子大，比卖油梆子小		卖烧饼、油条馃子

第五章　民间音调与语言、曲艺、戏曲

老北京叫卖声来自民间，交织着各地的方言以及民族语言，也交织着各地域的民间音调，可称为"南腔北调"。这些音调既简单又丰富，既平直又高扬，既平淡又幽默诙谐，与我国民间的其他艺术形式相互融合，构成了民间生活艺术的"百科全书"。

北京叫卖的语言基本保留了儿话音，但也有外地方言流传下来，如油炸鬼、鬼腿都是油条的意思，是南方方言遗留下来的，由此可知，北京叫卖调不是单纯的北京人的吆喝语，而是融合了来自河北、山东、山西、东北及其他各地的小商贩的叫卖语。叫卖调是民间音乐的根基，是民歌和民间戏曲的"雏形"，各种叫卖声（及民间音调）是曲牌来源的一部分，对元曲、元杂剧等戏曲曲艺的定型影响较大。本章拟对老北京叫卖调音乐和语言的特点进行论述，在此之前先来了解一些我国历代民俗文献中对叫卖的记载。

第一节　我国历代民俗文献中的叫卖调

小商贩为宣传自己的货物或服务，用自己的嗓音或用某种"唤头"传递信息、招揽生意，这种行为方式在今天称为叫卖或吆喝。然而，在历史上对小商贩这种广而告之的行为方式有十多种称呼。这些称呼反映了不同历史时期的用语习惯，也反映了地域的词语特点，还反映出商业、文学、戏曲等领域的用语差异。

在记录小商贩的商贸活动的史书文献中，宋以前的历史文献中记录叫卖的相对较少，这与商业的发展、"市"的管理和规模有关。早在《楚辞·天问》中就有"妖夫曳衒，何号于市？"其中"衒"就是沿街叫卖的意思[①]，还有"师望在肆，昌何识？鼓刀扬声"，其中"扬声"也是吆喝、叫卖的意思，这里说的是帮助周武王伐纣的姜太公，姜太公早年当过屠夫卖肉，为招徕生意，他曾"扬声"，这也许是高声叫卖的吆喝，也许是挥刀发出的声响，堪称我国声音广告的祖师爷。《三国志》中记载了东汉经学家赵岐在北海贩胡饼，也说明汉代已有在街上叫卖食物的小贩了[②]。

宋以后的文献中，记录叫卖的文字逐渐多起来，这与宋代"市"的管理和规模有很大关系。宋以后记录都城胜迹、日常生活、节日风俗、琐事杂言、逸闻趣事等书籍中都多多少少涉及了叫卖，主要有（北宋）孟元老的《东京梦华录》、（南宋）周密的《武林旧事》《癸辛杂识》、（南宋）吴自牧的《梦粱录》、（南宋）耐得翁的《都城纪胜》、（南宋）陈元靓的《事林广记》（元、明都有增补）、（宋）高承的《事物纪原》，（元）熊梦祥的《析津志辑佚》，（明）史玄的《旧京遗事》、（明）刘侗和于亦正的《帝京景物略》、（明）冯梦龙纂辑的《警世通言》，（清）燕归来簃主人的《燕市负贩琐记》、（清）富察敦崇的《燕京岁时记》、（清）潘荣陛的《帝京岁时纪胜》、（清）佚名（古粤顺德无名氏[③]）的《燕京杂记》、（清）兰陵忧患生的《京华百二竹枝词》、孙殿起辑的《北京风俗杂咏》（雷梦水整理，其中包括张朝墉《燕京岁时杂咏》）、（清）民间艺人画稿《北京民间风俗百图》等。此前的史书文献仅仅是星星点点地提到，或有少部分粗略的描述，但都没有完整地记录关于吆喝叫卖的声词内容，从中只能清晰地知道有叫卖互动的存在。直到清末出现了两本小册子，即（清）汉严卯斋《贸易》和（清）蔡省吾的《燕市货声》，正如第一章所介绍的，这两本是专门独立完整记录民间叫卖吆喝

---

① 曹炜，吴汉江．商品叫卖语言．汉语大词典出版社，2006：4.

② 尚秉和．历代社会风俗事物考．中国书店，2001：187.

③ 王灿炽．燕都古籍考．京华出版社，1995：355.

词语的小册子。虽然没有列出曲谱，但已是非常重要的文献，为民俗家所关注，对于了解清末京城商贸活动、市民的生活需求起到重要作用。

从历史文献了解到，在历史长河中自有城有市就有叫卖声，它的传唱就没有停歇过，因它与人们的日常生活息息相关，心心相印。在不同历史时期的文献中，除了"衒""扬声"，还有多个词语对应于叫卖，如"吟叫""宣唤""叫卖""叫声""吟哦""吆喝""货声""吆卖""唤卖""唱卖""吆呼""吆喊"等。下面将从不同年代不同版本的文献中探寻这些词语的意义，以及与"吆喝""叫卖"有关的历史概况。表 5-1 根据历史文献列出"叫卖"的不同称呼以及意义等信息。

表 5-1 "叫卖"的历史称呼及相关文献

名称	出处	年代	地点	类别	原文
吟叫	《东京梦华录》	北宋	开封府（今河南开封）	商业	更有御街州桥至南内前趁朝卖药及饮食者，吟叫百端（卷三《天晓诸人入市》）
	《事物纪原》	北宋	东京（今河南开封）	商转艺	京师凡卖一物，必有声韵，其吟哦俱不同，故市人采其声调，间于词章，以为戏乐也。今盛于世，又谓之吟叫也（卷九《吟叫》）
	《武林旧事》	南宋	临安（今浙江杭州）	商业伎艺（行业社）	元夕节物，……幕次往往使之吟叫，倍酬其直。（卷二《元夕》）律华社（吟叫）（卷三《社会》）吟叫：姜阿得，钟胜；……（卷六《诸色伎艺人》）

续表

名称	出处	年代	地点	类别	原文
吟叫	《梦粱录》	南宋	临安（今浙江杭州）	商业	和宁门红权子前买卖细色异品菜蔬，诸般嘎饭，及酒醋时新果子，进纳海鲜品件等物，填满街市，吟叫百端（卷十三《天晓诸人出市》）四时有扑带朵花，亦有……更有罗帛脱蜡像生四时小枝花朵，沿街市吟叫扑卖（卷十三《诸色杂货》）
	吴渭《月泉吟社诗·戴东老》	南宋		娱乐	谁家子女群喧笑，竟学卖花吟叫声
歌吟	《都城纪胜》	南宋	临安（今浙江杭州）	商业	叫声，自京师起撰，因市井诸色歌吟卖物之声，采合宫调而成也（瓦舍众伎）
吟哦	《事物纪原》	北宋	开封府（今河南开封）	商业	见吟叫
吟唱	范成大《范石湖集》	南宋		商业	墙外卖药者九年无一日不过，吟唱之声甚适

续表

名称	出处	年代	地点	类别	原文
宣唤	《武林旧事》	南宋	临安（今浙江杭州）	帝王召唤商+艺	伶官奏乐，称念口号、致语。既而取旨，宣唤市井舞队及市食盘架。先是，京尹预择华洁及善歌叫者谨伺于外，至是歌呼竞人（卷二《元夕》） 小舟时有宣唤赐予，如宋五嫂鱼羹，尝经御赏，人所共驱，遂成富媪（卷三《西湖游幸》）
	《梦粱录》	南宋	临安（今浙江杭州）	商业	如汴京气象，殊可人意。孝仁坊口，水晶红白烧酒，曾经宣唤，其为香软，入口便消（卷十三《天晓诸人出市》） 有标竿十样卖糖，效学京师古本十般糖。……更有瑜石车子卖糖糜乳糕浇，亦俱曾经宣唤，皆效京师叫声。日市亦买卖（卷十三《夜市》） 因高宗南渡后，常宣唤买市，所以不敢苟简，食味也不敢草率也（卷十八《民俗》）
				伎艺	散乐传学叫坊十三部，唯以杂剧为正色。……御马院史臣，凡有宣唤或御教，入内承应奏乐（卷二十《妓乐》）

续表

名称	出处	年代	地点	类别	原文
叫果子	《事物纪原》	北宋	开封府（今河南开封）	商转艺	嘉祐末，仁宗上仙，自帝即位，至此殆五十年，天下稔于丰乐，不意邦国凶变之事，而英宗谅阴不言，能昭其功。然四海方遏密，故市井初有"叫果子"之戏，其本盖自至和、嘉祐之间，叫"紫苏丸"泪乐工杜人经"十叫子"始也（卷九《吟叫》）
	《东京梦华录》	北宋	开封府（今河南开封）	伎艺	崇、观以来，在京瓦肆伎艺：……文八娘，叫果子（卷五《京瓦伎艺》）
	《梦粱录》	南宋	临安（今浙江杭州）	伎艺	自早呈拽百戏，如上竿、趯弄、跳索……叫果子，学像生、倬刀、装鬼……色色有之（卷八《神保观神生日》）
	《都城纪胜》	南宋	临安（今浙江杭州）	伎艺	嘌唱，谓上鼓面唱令曲小词，驱驾虚声，纵弄宫调，与叫果子，唱耍曲儿为一体，本只街市，今宅院往往有之（瓦舍众伎）
叫卖	《东京梦华录》	北宋	开封府（今河南开封）	商业	十五日供养祖先素食，才明即卖穄米饭，巡门叫卖，亦告成意也（卷八《中元节》）

续表

名称	出处	年代	地点	类别	原文
叫卖	《梦粱录》	南宋	临安（今浙江杭州）	商业	七月秋孟，……都城内外，侵晨满街叫卖楸叶，妇人女子及儿童辈争买之，剪如花样，插于鬓边，以应时序（卷四《七月》） 是月，瓜桃梨枣盛有，鸡头亦有数品，若拣银皮子嫩者为佳，市中叫卖之声不绝〔（卷四《解制日（中元附）》〕 又有夜市物件，……木檐市西坊卖焦酸馅、千层儿，又有沿街头盘叫卖姜豉、……糟蟹，又有担架子卖香辣罐肺、……面等，各有叫声（卷十三《夜市》）其余桥道坊巷，亦有夜市扑卖果子糖等物，亦有卖卦人盘街叫卖，如顶盘担架卖市食，至三更不绝 又沿街叫卖小儿诸般食件：……；并于小街后巷叫卖（卷十三《诸色杂货》）
	《析津志辑佚》	元	析津府（今北京）	商业	市人俗禁，人家有丧亡，一应卖乌盆、叫卖诸物，敲打有声，……（风俗） 十六日名烧灯节，市人以柳条挂焦追于上，叫卖之（岁纪） 是月九日，都中以面为糕馈遗，作重阳节，亦于阛阓中笊箓芦席棚叫卖。如七夕，午节。市人又多以小扛车上街沿叫卖（岁纪）

续表

名称	出处	年代	地点	类别	原文
叫卖	《燕京岁时记》	清	北京	商业	京师五月以后，则有聒聒儿沿街叫卖，每枚不过一二文（十月蛐蛐儿、聒聒儿、油壶卢）
叫声	《梦粱录》	南宋	临安（今浙江杭州）		见宣唤 见叫卖
	《都城纪胜》	南宋	临安（今浙江杭州）	伎艺	每岁行都神祠诞辰迎献，则有酒行。锦体社、八仙社、渔父习闲社、神鬼社、小女童像生叫声社、遏云社、奇巧饮食社、花果社；七宝考古社，皆中外奇珍异货；马社，豪贵排绿；清乐社，此社风流最胜（社会）
	《梦粱录》	南宋	临安（今浙江杭州）	商业 商转艺	二十四日，不以穷富，皆备蔬食饧豆祀灶。此日市间及街坊叫买五色米食、花果、胶牙饧、箕豆叫声鼎沸（卷六《十二月》） 凡唱赚最难，兼慢曲、曲破、大曲、嘌唱、耍令、番曲、叫声，接诸家腔谱也。今街市与宅院，往往效京师叫声，以市井诸色歌叫卖物之声，采合宫商成其词也（卷二十《妓乐》）

第五章 民间音调与语言、曲艺、戏曲

续表

名称	出处	年代	地点	类别	原文
唱叫	《都城纪胜》	南宋	临安（今浙江杭州）	伎艺	茶楼多有都人子弟占此会聚，习学乐器，或唱叫之类，谓之"挂牌儿"（茶坊）
	《都城纪胜》	南宋	临安（今浙江杭州）	伎艺	又有专以参随服事为生，旧有百事皆能者，如纽元子学像生、动乐器、杂手艺、唱叫白词、相席打令、传言送语、弄水使拳之类，并是本色（闲人）
	《梦粱录》	南宋	临安（今浙江杭州）	伎艺	更有小唱、唱叫、执板、慢曲、曲破、大率轻起重杀，正谓之"浅斟低唱"（卷二十《妓乐》）
唱卖	《梦粱录》	南宋	临安（今浙江杭州）	商业	五月重午节，……杭都风俗，……自隔宿及五更，沿门唱卖声，满街不绝（卷三《五月》）
	《旧京遗事》	明	北京	商业	京城三月时桃花初出，满街唱卖，其声艳羡。京城五月，辐凑佳蔬名果，随声唱卖，听唱一声而辨其何物品者、何人担市也。唱卖麸，旧有四句，比叫成诗，巡城者加之以杖
	《燕京岁时记》	清	北京	商业	十月颁历以后，大小书肆出售宪书，衢巷之间亦有负箱唱卖者（十月 卖宪书）

续表

名称	出处	年代	地点	类别	原文
歌叫	《东京梦华录》	北宋	开封府（今河南开封）	商业	正月一日年节，开封府放关扑三日。士庶自早互相庆贺，坊巷以食物、动使、果实、柴炭之类，歌叫关扑（卷六《正月》）
	《梦粱录》	南宋	临安（今浙江杭州）	商业 商+艺 商业	见叫声 正月朔日，……街坊以食物、动使、冠梳、领抹、缎匹、花朵、玩具等物沿门歌叫关扑。 各以彩旗、鼓吹、妓乐、舞队等社，奇花异果，……车驾迎引，歌叫卖声，效京师故体，风流锦体，他处所无（卷一《八月祠山圣诞》） 卖花者以马头竹篮盛之，歌叫于市，买者纷然（卷二《暮春》） 又有托盘檐架至酒肆中，歌叫买卖者……（卷十六《分茶酒店》） 市食点心，四时皆有，任便索唤，不误主顾。……及沿门歌叫熟食（卷十六《荤素从食店》）
	《都城纪胜》	南宋	临安（今浙江杭州）	商业	孝宗皇帝孟享回，就观灯买市，帘前排列内侍官帙行，堆垛见钱，宣押市食，歌叫支赐钱物，或有得金银钱者（市井） 市食点心，凉暖之月，大概多卖(……)夜间顶盘挑架者，……遍路歌叫，都人固自为常，……（食店）

续表

名称	出处	年代	地点	类别	原文
歌叫	《武林旧事》	南宋	临安（今浙江杭州）	商业	见宣唤 皆用镂鍮装花盘架车儿，簇插飞蛾红灯彩盏，歌叫喧阗（卷二《元夕》）
	《癸辛杂识》	南宋	临安（今浙江杭州）	商业	正月孟享回，且就看灯买市。帘前堆垛见钱万贯，宣押市食歌叫，直一贯者，犒之二贯（德寿买市）
歌卖	《梦粱录》	南宋	临安（今浙江杭州）	商业	今之茶肆，列花架，安顿奇松异桧等物于其上，装饰店面，敲打响盏歌卖，止用瓷盏漆托供卖，则无银盂物也（卷十六《茶肆》）
吆喝	王季重《谑庵文饭小品》	明	北京	商业	卖饮食者邀诃好火烧，好酒，好大饭，好果子（卷三《游满井记》）"邀诃"，亦即"吆喝"
	《贸易》	清	北京	商业	见《贸易》序
	《一岁货声》	清	北京	商业	见《一岁货声》序
	《燕市负贩琐记》	清	北京	商业	卖水（有甜水、苦水之分，前数年有卖河水者，穿街吆喝，近来已无）
肆声同市声	《后汉书·王充传》	汉	洛阳	商业	常游洛阳市肆，阅所卖书，一见能辄诵忆，遂博通众流百家之言

续表

名称	出处	年代	地点	类别	原文
吆卖	《燕京岁时记》	清	北京	商业	二月下旬，则有贩乳鸡、乳鸭者，沿街吆卖，生意畅然（二月卖小油鸡、小鸭子） 五月玉米初结子时，沿街吆卖，曰五月先儿（五月五月先儿） 五月下旬则甜瓜已熟，沿街吆卖（五月 甜瓜） 京师暑伏以后，则寒贱之子担冰吆卖，曰冰胡儿。胡者核也（六月 冰胡儿）
唤卖	《燕京岁时记》	清	北京	商业	四月花开时，沿街唤卖，其韵悠扬（四月玫瑰花、芍药花）
吆呼	《北京民间风俗百图》	清	北京	商业	其人身挑筐、架，内盛芝麻秸、松木枝，在沿街吆呼卖于住户，年底祭神焚化也（四、卖芝麻秸图）
呼卖	《燕市负贩琐记》	清	北京	商业	沿街呼卖之雪花儿酪
呼卖	《燕京杂记》	清	北京	商业	京师荷担卖物者，每曼声婉转动人听闻，有发语数十字而不知而不知其卖何物者。呼卖物者，高唱入云，旁观唤买，孰不听闻，惟以掌虚覆其耳无闻者
吆喊	《燕市负贩琐记》	清	北京	商业	糖火烧。铁蚕豆。（穿街吆喊曰：'铁蚕豆，大把抓。'）"纸灯笼。杂货铺卖，有在十字路口卖者，吆喊曰：'灯笼蜡，六个大。'"

续表

名称	出处	年代	地点	类别	原文
叫喊	《燕市负贩琐记》	清	北京	商业	"串米。（穿街叫喊，北城居多）" "锯（锔）缸粘缸。（穿街叫喊）" "染绸缎。（穿街叫喊）"

吟叫，宋姜夔《白石道人诗说》写道："悲如蛩螀曰吟，通乎俚俗曰谣，委曲尽情曰曲。"其中说明"吟"的意思，即像蟋蟀和寒蝉一样悲，也说明了其节奏韵律的特点；"叫"有呼喊、召唤之意。吟叫，即指有韵律的叫卖、吆喝，可见吟叫代有一定艺术性，而不是简单的"喊叫"。北宋开封府"吟叫百端"说明了热闹的商业市场，"叫卖"是多种多样，商户、小贩的种类和数量相对于唐代都有所增长，可见当时商业的繁华景象。南宋临安也出现了"吟叫百端"的盛况，无论节日还是平日，无论夜市还是早市，有"填满街市"的商品货物，也有"充满"耳朵的叫卖。还有子女学卖花吟叫声，说明卖花的叫卖独特，也许悦耳，也许有趣，总之让人记忆深刻，孩子们下意识学唱，为了消遣打趣，乐在其中。当时还出现了"律华社（吟叫）"，这是各类行业社[①]中的一种。可见，吟叫已经是一个民间艺术行当，是和其他十四个行当平起平坐的一种技艺，有表现出色的艺人，可见"叫卖"在当时发展的程度，以及趋于一种艺术形式，以至于能够以"社"的形式存在，说明商业和技艺之间的相通性，预示了民间商业音调向民间曲艺、戏曲艺术的过渡状态。因宋仁宗去世，全国遏密不可举乐，促使市井间产生了叫果子之戏，经加工后产生"十叫子"的小戏。可以想象当时的吟叫是多么有滋有味，进得了街市瓦舍勾栏，入得了家庭宅院，丰富了民间生活，增添了生活乐趣。

歌吟，《都城纪胜》与《梦粱录》的表述相近，歌吟与吟叫一致，都是

---

① 《武林旧事》卷三·社会中记载的其他行业社还包括"绯绿社（杂剧）、齐云社（蹴球）、遏云社（唱赚）、同文社（耍词）、角抵社（相扑）、清音社（清乐）、锦标社（射弩）、锦体社（花绣）、英略社（使棒）、雄辩社（小说）、翠锦社（行院）、绘革社（影戏）、净发社（梳剃）、云机社（撮弄）"。

叫卖的意思。

吟哦，近似吟叫。

吟唱，叫卖之意，范成大诗中描写卖药人叫卖悦耳。

宣唤，本意是指帝王下令传唤，召唤。在《武林旧事》中提到的"宣唤"是让市井商贩进入宫廷卖货，条件是要"善歌叫"，可见叫卖技巧在当时是多么重要，叫卖水平为商人提供了接触上层阶级的机会，同时叫卖也得到了统治者的喜爱和重视，足以见得叫卖已成为社会的风尚，由此进一步发展起来。《梦粱录》中记录了多种方式卖糖，已经不仅限于叫卖，有些唱曲儿，有些顶傀儡面儿，各个施展才艺，其中宣唤多为模仿京师叫声，就是叫卖。

叫果子，是从叫卖发展而来的一种说唱艺术形式。"叫果子"源自"叫紫苏丸"，"十叫子"很可能是十种叫卖编排在一起的小戏。

叫卖，似乎多出现描述民俗活动场景中，如供养祖先、立秋日、解制日、重阳节等节俗场合。在中元节，卖穄米饭可谓是服务上门，挨家挨户叫卖。有些民俗在几本文献中都有记录，如立秋日，《东京梦华录》中也有记载"满街卖楸叶，妇女儿童辈，皆剪成花样戴之。"（卷八·立秋）现在已无此习俗，但用秋叶做成各种艺术书签仍还保留，留下自然的美。在《梦粱录》出现"叫卖"较多。

叫声，既用在商业中，也有用在行业社、艺术形式中。

唱叫，主要用于说唱艺术类。

唱卖，用于商业买卖，强调唱的悦耳，如"其声艳羡"等。

歌叫，主要用于商业买卖，也和艺术形式有一定关系。

吆喝，明代时可能才开始应用，有文人用"邀诃"，"诃"，通"呵""喝"，这与"吆喝"相同，后来在清代文献中常用。

吆卖、唤卖，在《燕京岁时记》中多用。

吆呼，同"吆喝"。

呼卖、吆喊、叫喊在《燕市负贩琐记》中多用，同叫卖。

从这些历史文献中可以看到，《事物纪原》、《都城纪胜》与《梦粱录》都提到叫卖在当时是一种流行的商业文化，节日市场中唱卖，平日市场中吟唱、盘街巡门叫卖，几乎遍布城市各个角落，进入社会各个阶层。商贩们都争先恐后地提高自己的叫卖技能，叫卖已经不仅仅是表述小生意人自己手艺、吆喝商品名称那么简单，而是更具艺术性，发展到令人艳羡的歌吟、歌叫、吟唱、唱卖，甚至在国丧禁乐时期将叫卖的小唱编成"叫果子""十叫子"等小戏供百姓娱乐，这反映了民间音调从生活走向说唱艺术的过程。"宣唤""叫声""唱叫""歌叫"等词同时也指代相应的说唱艺术形式，民间音乐的根来源于现实生活中的意义。

用于描述叫卖的词语中似乎存在南北方和时代的差异，宋代，特别是南宋时期，多称之为"吟"什么或什么"吟"，如吟叫、吟哦、吟唱、歌吟，此外还有"叫"什么或什么"叫"，如吟叫、唱叫、歌叫、叫卖；叫卖，可以算是贯穿南北方，也是贯穿宋元明清的通用词汇；明清以后，围绕北京的杂记中多为"吆"什么，如吆喝、吆卖、吆呼、吆喊，也有什么"卖"，如唱卖、吆卖、唤卖、呼卖等。另外，词汇也可能与著书人本人的用语习惯有关，如《燕京岁时记》中常用吆卖、唤卖，《燕市负贩琐记》中常用呼卖、吆喊、叫喊。以上仅为分析猜测，现常用的"叫卖"和"吆喝"何时开始使用，在历史文献中使用的频率、使用范围需待考证。

第二节　老北京叫卖的方言特点

老北京叫卖保留了许多方言和俗语，这些语言特点就像北京语言的"密码"，老北京人熟知其中乐趣，但外地人搞不懂其中的奥妙。北京方言的特点主要是北京方言中的俗语，其中有些并非汉语，而是来自满族、蒙古族、回族等少数民族的语言。另一特点就是语音中"儿化音"和"吞音"的大量运用，连音连字一气呵成。老北京叫卖反映了历史上北京城的变迁与市民生活的氛围，带着过去语言的痕迹传承至今。

一、老北京叫卖调及相关方言俗语

1. 老北京叫卖调中食品类的方言

在《中国民间歌曲集成·北京卷》和《老北京叫卖调》两书中收集的叫卖歌和叫卖调有八百多首，按叫卖的内容可分为食品和水产品（瓜果、蔬菜、糖果、干果、豆类、饮品、鱼肉蛋、腐乳类、腌制菜、主食类等）、生活用品（鲜花、纸花、玩具、布头、草编、化妆品、炊具、祭祀品、杂物类等）、收购业和修理、加工、服务业等。老北京叫卖调中有许多方言土语，有的读不出准确字音，有的不知道什么意思，只有把这些词语学明白才有助于识别物品、食品，理解语言中的趣味，如"油炸果儿"可以理解为所有炸食品，也可以理解为一种炸食品，如油条、油饼、炸糕等。

依据《老北京叫卖调》和《老北京风味小吃》中收集的叫卖调而整理出饮食类的方言索引，可参照原书查阅，字词标音均为陈树林老师标注，可见他对北京文化的了解深入，北京方言底蕴丰厚。

表 5-2　老北京叫卖调中食品类的方言

（表中数字为书中页码）

A

艾窝窝　112，127，326，330，[36]

B

白蜜　40　参见：饴糖

白柜子（回民熟食标志）　133

参见：白漆柜子

（外形不同，驴肉熟食标志也用）

白菘菜　89　参见：大白菜

白薯　17　见：地瓜

包财（包子）　126

爆糊　[65]

刨冰　79　参见：雪花儿落（lào）

棒子　16　见：老玉米、煮棒子

崩豆儿　70　见：铁蚕豆、酥皮铁蚕豆

冰核儿　71，77，92，273，275，277，278

冰胡儿　77

冰碗　56　参见：冰盘

冰盏儿　74，79（明代）

饽饽（元代）　124，128　参见：点心，糕点

拨鱼儿　115

荸荠　地梨儿　58

第五章 民间音调与语言、曲艺、戏曲

C

菜床子 114

茨菰 59

D

褡裢火烧 [47]

大黄米 114 见：黍子米

大萝卜膏 62 参见：甜菜

大碗儿茶 79

洞子货 84

豆腐浆（豆浆）107, 108

豆鲝（chǎi）16, 110
见：豆渣儿糕（豆鲝儿糕）

断团儿 28 见：断摊儿（断货）

墩饽饽 [46]

趸（dǔn）（指取之意）29, 41, 44, 47, 61, 68, 117, 121

F

发艮（食物坚韧而不脆）114

蜂糕（发糕）112

G

籺籺（gá）枣 44, 47

盖柿（涩）45

甘露儿 90

缸炉（低档糕点）59, 64, 65

缸烙（缸炉）64

饹馇（城里 gē zhi，郊区 gā zhi）17, 119, 122, 124, 129
参见：饹馇合子（汤）

拮碗儿 74

关东糖 61

鬼蓬头 17 见：烧卖

鬼腿 108 见：油条

鬼子姜（鬼子山药）90

果局（果局子指水果店）48, 49

果攒 45 参见：大瓮

果摊儿 48

果挑儿 49（京挑儿、乡挑儿、山背子）49

馃子 124, 344 见：油炸鬼、油炸果

果子干 [45]

H

饸饹（hé le）见：河漏 124, 125, 346

蛤蟆朵儿 15, 98 见：蝌蚪

黑崩劲儿西瓜 42

黑枣儿（丁香柿，指香味）251

哄儿柿（树熟）45

杵头儿柿子 45 见：哄儿柿

虎拉车（似小苹果，一种槟子）47

红漆柜子（汉民熟食标志）132

烀（hū）熟 114, 117

核（hú）子糕 12, 60, 66

化透（指元宵馅）104

J

箭（jiàng）杆儿 40, 41

角黍（粽子）16

焦圈 119, 120, 121, [42]

207

接驮（duò）子（驴驮）48

桔槔（gāo）见：呆杆儿 81

桔槔（gāo）歌（劳动号子）81

酒曲 65 参见：酒药

K

苦麻儿 85 见：苣荬、曲麻菜

L

挂拉枣儿 12，60，65

漤柿子（脱涩）45

老菸（yān）瓜 42

酪 79 参见：奶酪、碗儿酪、西瓜酪 [68]

凉糕 114，115 参见：糖糕

凉糖 62 参见：药糖

烈活（指特别凉）76

螺蛳（si）15，97，304，305，30，77

驴打滚儿 [14]

M

马蹄烧饼 124，127

门薯 117，121

门钉肉饼 [32]

N

高粱莛儿（náo）20

南糖 61

牛劲儿豌豆（指韧性）71，72

暖洞子 84 见：温室

P

扒（pá）糕 16，110，[52]

排叉儿 17，119 见：炸排叉儿、焦炸排叉儿

Q

芡实 55，57，58 见：老鸡头

青棒子 16 见：青玉米

S

萨其马 [59]

沙倭瓜（唱"菇"）87，88

苕（shāo）瓜（梢瓜）41，42 见：菜瓜

烧饼（大火烧）128，129

黍子（大黄米）105

水印梨膏 61 见：梨膏糖

素糕 112

T

太阳糕 111

糖耳朵 128 见：蜜麻花儿，[16]

糖坊（饽饽铺经营南糖）61

糖葫芦儿 62，63，64

糖金 62

沓沓（层层）114

W

五香落生（lòu shēn）仁儿 69

豌豆儿黄 111，112

晚么晌儿（晚上）102

后末晌儿（下午）102

碗儿酪 79

五毒饼 41

X

西瓜（老头儿乐）42

稀食 106

杏仁儿茶 108，109

饧（xíng）糖 64，128　参见：糖稀

香槟子（似沙果） 47

雪花儿落（lào） 14，79

Y

药糖 62　参见：凉糖，薄荷糖

元宵 103，104，105 参见：唐、五代：面茧、圆不落角；宋：圆子、团子

游商 49

油炸鬼（油饼、油条） 17，119，121 见：油炸果

樱桃咆（咆：语气词，同噢） 41

银丝卷 [24]

Z

杂拌儿（杂抓指果脯） 61

粗杂拌儿（果脯），细杂拌儿（果脯）

苫（shān）子 124

甑（zèng）儿糕 16，110，111

择（zhái）手货（次品果） 49

　参见：烂择（zhái）手

蒸儿炸（饺子） 17，119　见：蒸而炸 121

酯（zhǐ）子 122　见：面糊

字号 48　参见：店名，商店的荣誉

注：表中[ ]里数字为《老北京风味小吃》中食品。

2. 老北京叫卖中的谐音

谐音是用同音或近音字来代替原字形成的一种修辞格。谐音的辞趣在于象征、隐喻吉祥祝福的意义[①]，音同字不同如元宵，外形也是圆的，取今宵（元日）阖家团圆欢聚之意。小商贩们随不同季节、节日卖不同的货物，叫卖内容也随之发生变化，从这些叫卖中可以听到不同节日卖的货物，有些就有"吉利话"的意味。如除夕卖荸荠，谐音"毕齐"，象征除夕已把过年的年货置备齐全，取个吉利。过去农历五月端午节，北京百姓买神符贴，神符一般有钟馗掌剑指蝠的形象，蝠，通"福"，表示驱邪迎福。这些谐音的祝福含义不仅在北京的民俗中存在，在其他地区民俗中也存在。人们把美好的愿望寄托于物，通过谐音表达出来。借字音传"福"，是民间习俗的一种传统观念。小商贩也了解民俗，借民俗中"谐音"开拓商机，提高销量；百姓们也愿意

---

① 黄涛.谐音象征与吉祥民俗.河北大学学报（哲学社会科学版），2006（2）：14–19.

图个吉利,增添喜庆。表 5-3 列出了老北京叫卖中的谐音词汇。

表 5-3　老北京叫卖中的谐音词汇

原字词	谐音词	叫卖句	出处(页)
元宵	元宵（指团圆）	"津透了、化透了,桂花的元——宵!"	2
架	价（指降价）	"哎两大块儿嘞,小枣儿混糖儿的豌豆黄嘞哎,……哎今年不吃呀,过年见了。这虎不拉打盹儿都掉下架儿嘞哎。"	4
荸荠	必齐	"荸荠果儿来,好吃来又好剥来!"	60
蝠	福	"买神符儿来!恨福来迟避五毒儿哇!"	81
年糕	年高	"年糕坨哪,好大的个块来!"	111*

注:表中出处(页)为王文宝著《吆喝与招幌》中页码,数字带星号为陈树林著《老北京叫卖调》中页码。

3. 叫卖语言的地域特殊性

北京叫卖调伴随历史走来,唱叫着来自民间手工艺人的美食和工艺,叫卖人群中有许多来自北京周边的地区,如河北、黑龙江、吉林、辽宁、山东、山西等地,货郎的叫卖展现出南腔北调的特色。叫卖调的曲调与叫卖者家乡的语言声调有一定关系,衬词也体现出一定地域特点。衬词并不是乱用的,也不是可有可无的,衬词在音乐中主要起到烘托气氛抒发心情的作用。从语言的角度来看,衬词只表情绪义,具有连用功能和复叠功能,既存在逻辑语法位置,也存在韵律语法位置,传达快乐的情绪[1],有学者把民歌的衬词分为语气衬词、象声衬词、形容衬词和特有衬词[2];从音乐的角度来看,衬词改变了句式的幅度,扩充了句式,由此改变了节奏的排列,这在说唱音乐中尤为明显[3]。叫卖调比

---

[1] 郭攀.原生语气词源于原生衬词.语言研究,2019(7):40.

[2] 李映明.民歌衬词简论.华中师范大学学报(哲学社会科学版),1986(4):88.

[3] 周青青.汉族说唱音乐中的一些节奏布局手法.中央音乐学院学报,2003(2):35.

说唱音乐更为口语化，其中的衬词使用更加灵活、丰富，来自生意人自己的"即兴创作"随意发挥，表现出他们对民间地方文化的内化程度。

在对我国华北、东北地区民歌衬词的调查中发现各地域的语言特点，这与各地区民间用语习惯有很大关系。在全文中出现老北京叫卖调是各地生意人汇集在北京叫卖的"大荟萃"，而并不完全是北京"自产"，其中主要是北京本地生意人[1]，但仍有周边地区的小买卖人在城内打拼，可惜老北京叫卖调中并未记录这些信息。来自各地的小商贩唱出的叫卖调会流露出家乡的音乐和用语特点，从语言和曲调的角度溯源可以逐渐找到线索，判断出各行业叫卖调的人来自哪些地区，来证明北京历史上那些走南闯北的小生意人汇集在北京做什么行业的生意。表5-4是根据《中国经典民歌鉴赏指南》中的河北、山西、山东、黑龙江、吉林、辽宁等地民歌摘录的衬词，选择这几个地区是因为旧时小商贩主要来自这些地区，看其衬词特点是否与老北京叫卖中的衬词相对应。

表5-4 民歌中的衬词

地区	衬词
河北	哎、也、呀、呀咳、也咳、哪、哇、咧呼嗨、啦、喂、哇、哈呀唉嗯唉、呦喂啊～唉唉、哎咳、那依呀呼咳、哎嗨呦、呦呦嗨
山西	呀、哪、嘶啰、啦、哪嗯哎呦、哼嗨、嗨来哼嗨、呀咳呆、那个、呀哎、呀啊个呀呀呆、呀呼嗨、哎咳哎咳呦啊嗬
山东	白楞楞楞、唻、吔、唻哎、唻依、哎嗨呦、唻哎嗨呦、唵、依么、哪咳呀、得儿啦依、哎哎呦、得儿～嗨呦、巴拉呦、呀么啦咳、巴拉咳呀、咳呀呀门咳呀、咳呀咳、奥、来得儿、呀哈哎呀哈啊、呀呦、依呀哎嗨呦嗨呦、呀嗨呦、哎嗨哎嗨呦嗨呦、呀哈哎依嗨呦嗨呦、哼呦嗨嗨呦来
黑龙江、吉林、辽宁	哎呦、嗯啊哎嗨呦、哪呼依呼、哎嗨、呀依呀、嗯哎嗨呦哇、哎哎嗨呀、依儿呀、呀得儿、呀嗯哎呦、哼哎嗨呦、啦哼哎呦、哼哎哼哎呦呦呦、得儿依呼咳呼咳、哪啊哎啊哎、哪啊、哇啊、依得儿呀得儿呦、那么呀咳呀、哎嗨哎嗨呀、呦喂、哎呀啊哎呀

---

[1] 和陈树林老师的交流。

从以上衬词来看，相比其他地区，山西人多用"呆""嘶啰"，山东人多用"么""俺""得儿啦依"。历史上东北有大量的山东移民，语言上也受到一定影响，①可以看出"得儿""依"等衬词在山东民歌和东北民歌中都有，以"哎嗨"为基础的衬词变化也较多。

由于各地民歌在调式上有一定倾向性，如河北、山西徵调式最多，山东以徵调式和宫调式为主，东北地区辽宁和吉林以徵调式和羽调式为主、黑龙江以宫调式为主，徵调式和羽调式其次。②这里将老北京叫卖调中的衬词按调式的类别进行记录（见表5-5），看是否能从调式和衬词两个方面显现出一定的地域特点，其中叫卖调的调式依据旋律结束音（煞音）来判断。

表5-5 北京叫卖调各调式中的衬词

调式	衬词
宫	唻、唻哟、哒、呀、哇、嘤、叽、嗒呀、哎吧、啦、喂唻耶、呦喏、哎哟、唻喂
商	唻、嘤、咧呀、哒、哩哪、哇啊、哒呦、哒唻、耶、咿、嘿呦、呦啦、咧嗨、哎呗、哦、耶咧、喂嗨、嘿耶耶
角	嘞、喂、嘤、哎、唻嘤、哇、啊、欧
徵	呕、呀、哎、唻啰、哪、耶、奴、呦、喂、呀嗨、唻、咧、哦
羽	唻、呗唻、哒、喂、呦、呜哦嘀、耶、哩、耶呦、哪

从表5-4、表5-5列出的各地民歌和老北京叫卖调中的衬词来看，或许能找到一些历史遗留的信息，如"哎、呀、唻、嗨"等词，在叫卖调中出现，也在河北、山西、山东、东北地区的民歌中出现，在口语和叫卖调中原始词语的传承会有一定的吻合度，这需要更加深入的研究。

这些民歌与北京叫卖调有着潜移默化的联系，可以从音调调式中感受到，也可以从语言的衬词中感受到。北京一直是汉、满、蒙、回等多民族的聚集地，各地区语言各民族语言交织在一起，相互影响、相互融合，要厘清北京叫卖调

---

① 孙红艳.《广韵》日母字在东北方言中的语音演变及成因探析——山东移民"闯关东"对东北方言的影响.湖南医科大学学报（社会科学版），2008（1）：128-129.

② 周青青.我国民歌调式分布的统计与阐释.音乐研究，2009（3）：11-13.

的历史实属不易。在研究中要了解各种语言传承规律,也要厘清语言的特点与商市行业的关系,对于北京叫卖调的学习与掌握会对"京味"音乐创作有一定的帮助。

在《贸易》中也有这样的特色衬词,出现多处,通过衬词可以感觉到不同叫卖人语言用字习惯与地方口音的不同,表5-6为《贸易》中衬词的使用频次。

表5-6 《贸易》中吆喝衬词使用频次

衬词	频次	衬词	频次	衬词	频次	衬词	频次	衬词	频次
儿	131	挓（達）	9	巴	47	呀	108	啦（拉）	23
了	40	吙	33	子	59	哦	47	们（么）	4
来	210	哎（嗳）	33	唠	27	咦	13	咻	19
咧	4	哟	22	喏（若）	8	哩	1	嗷	1
哪	2	呕	2						

注：见本章附录一《贸易》吆喝中使用的衬词。

4. 叫卖熟悉程度调查

对219名音乐专业和非音乐专业大学生进行调查,看他们是否熟悉老北京的叫卖调(见图5-1)。其中包括"磨剪子咪～～抢菜刀""臭豆腐、酱豆腐,王致和的臭豆腐""糖葫芦,冰糖葫芦～～""烤白薯咪,好的热乎咪～～""哎!西瓜～～,沙瓤咪～～,大西瓜""哎～小枣儿的豌豆黄儿大块儿咪～～～"。在这六个叫卖调中,熟悉磨剪子叫卖调的学生最多,占80.8%,其次是冰糖葫芦,57.5%的学生熟悉这个叫卖调,臭豆腐的叫卖调也有近47.5%学生熟悉,烤白薯(39.7%)和西瓜(38.4%)有近五分之二的学生熟悉,熟悉豌豆黄儿叫卖的最少,仅有四分之一不到(24.2%),这个叫卖调与北京地域有关,豌豆黄儿是北京著名小吃。由此看来,学生对生活中的叫卖还是有一定了解的。

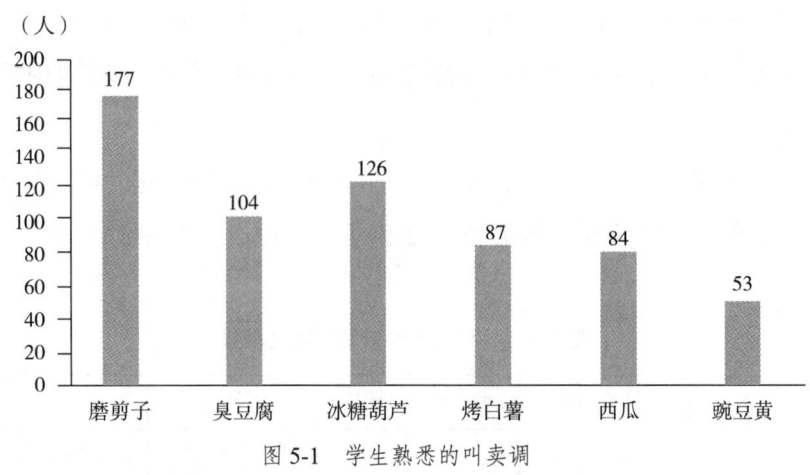

图 5-1 学生熟悉的叫卖调

二、老北京叫卖的方言语音

老北京话的历史形成与北京自古以来一直是个多民族杂居的地域有很大关系。自古蓟燕之地到唐代，北京地区都被称为幽州，属于汉族为主的聚集地，以中原古语为主，但也一直是北方少数民族的杂居地。有学者认为后来幽州割让给辽金，幽州语言受到辽金少数民族语言的影响，到元代又受到元少数民族语言的影响，这时北京地方方言与原来中原地区的方言已有很大的不同，"大都话"是中原方言和本地方言的结合，学者认为这时的"大都话"与原来的中原口音合成为现代普通话的原型。清代满族入京初期，满族上层人士都说满语，直至顺治时期到雍正时期说汉语的满族人逐渐多了起来，说得越来越好。当时满族人居住在内城，汉族人居住在外城，语言环境圈不同，一些满语的研究者表示，北京话的音韵和声腔与北京近郊的完全不一样，老一代的北京人也能分辨出城里话和郊区话的发音不同。由此可见，北京话的形成与历史上多次朝代的变迁、多民族语言的融合分不开，以汉族中原语言为主体，各民族语言个别的字音与异类词组的不断渗入形成了北京方言的现状，构成了近似普通话的四声语言。

普通话以北京语音为标准音，但不完全等同于北京话，这在语言学界基本达成了共识。这里不再讨论为何确立以北京话为标准音，那是语音史学方向研究的内容。这里要关注的是北京话与普通话的差异。北京地处华北平原北部，北京方言应属于北方方言中的华北、东北地区方言。方言区的语言既有相似性又有差异性，所以，北京、天津、河南、河北、山东、东北三省以及内蒙古的部分地区的方言既存在相似又存在差异。老北京叫卖调中表现出了北京话特有的"吞音""儿化音"等现象，河北一些方言中也有儿化音，却与北京儿化音的发音方式有所不同。

1. 老北京叫卖词吞音

吞音，一般发生在很熟悉的词语中，往往四个字的词说成三个字，三个字的词说成两个字，也有称这种现象为"吃字"或"糖音"。北京、天津方言中有很多吞音现象，有学者对吞音现象进行了分类，大体上分为四类[①]，多在非正式场合或一些习惯用语中出现。在日常生活用语中有很多吞音的现象，如"我告诉你"说成"我告你"；"不知道"说成"不道"；"诉"和"知"以一个卷舌的动作一带而过。还有老北京人最爱说："您吃儿吗！"吞掉"饭了"字音，用"儿"代替，这句话不分场合，不分地点，不分事由，代替了"你好"的问候语。原来北京公交售票员报站名常有吞音，外来的游客常听不懂，如大栅栏一般读 da zha（shan）lan，北京方言读 da shi lanr，与满语演化有关，因此闹出很多笑话。从语音的角度来看，吞音多发生在舌尖后音声母，也就是翘舌音 zh、ch、sh 上，或者摩擦音声母 h、x。[②] 在老北京叫卖调中也能找到一些例子（见表5-7）。

表 5-7 老北京叫卖调中的吞音

原词	实义	吞音	叫卖句	出处（页）	微信扫码演示
哪儿会儿 [nA˧˥ xui]	哪（里）	哪儿会儿 [nA· xui]	啊要买这种货可就到啦哪儿会儿买？	393	卖布头
多儿钱 [tuo tɕʰiɛn]	多（少）钱	多钱 [tuo tɕʰiɛn]	啊要买这宗货可就多儿钱一尺，大洋也得这五毛六	393	

注：表中出处（页）为陈树林著《老北京叫卖调》的页码。

---

① 黄良喜，严修鸿，路继伦.天津方言的吞音现象.语言科学，2005（7）：67.

② 汪大昌.北京方言与文化.中国国际广播出版社，2015：51.

2. "儿""子""的"字的音变

1)"儿"化音

"儿"化音在北京话中最典型,这不仅是北方汉语自行产生出来的化合儿化音[①],也许还受到满语的影响[②],如满族语中的"哈哈其——小孩儿""讲古儿——讲故事""今儿个——今天""明儿个——明天""前儿个——前天""大前儿个——大前天""大后儿个——大后天""这块儿——这个地方""那块儿——那个地方""没冒儿——十拿九稳""有门儿——有办法"等。儿化音是一种合音的现象,北京人说话爱用儿话音,说唱艺术称之为"走小辙儿",如枣儿、杏儿,还有一些并非儿化,要读出"儿"音。在老北京叫卖语中也有这两种情况:有的"儿"字要读"儿",具有特指意义,如"包子儿"是回民卖包子常吆喝的词,"儿"不是儿化音,要念出来,叫卖中字也单占一拍,以区分别于汉民的包子吆喝,这在侯宝林先生的相声中有所体现;有的"儿"字需要儿化,这一般不影响语义和句法变化。在《老北京叫卖调》中找到一些例子(见表5-8)。

表5-8 老北京叫卖调中"儿"字变音

原词	变音	叫卖句	出处(页)	微信扫码演示
儿	不变	冰核儿好烈货!冰核儿好烈货!	277	
儿	儿化	水萝卜大把儿哎!	290	卖水萝卜
儿	儿	新落个屉儿哎,热包子儿热的哎,发了面的包子儿又热哎!	349	卖包子(回)

注:表中出处(页)为陈树林著《老北京叫卖调》的页码。

[①] 耿振生.北京话"儿化韵"的来历问题.吉林大学社会科学学报,2013(3):159.
[②] 赵杰.满语对北京语音的影响.北京社会科学,2002(2):23.
注:文中儿和儿字由陈树林先生采集民间叫卖叫声记录,以下各页同。

2）"子"字音

在800多条老北京叫卖语句中出现的"子",有16次记录发音为"贼"音,7次为"栽"音,11次为"咂"音,2次为"则"音。"子"的发音变化也与老北京叫卖人的来源地有关,但对于"子尾"的研究相对较少,只找到山西、河北张家口、河南焦作的"子"字发音研究,但各地语音比较复杂,暂时无法根据这个特点进行分析和推测。在老北京叫卖调中找到"子"的例子(见表5-9)。

表5-9 老北京叫卖调中"子"字变音

原词	变音	叫卖句	出处（页）
子哎	子-贼	南瓜儿大的咦,不涩的来!涩咪还要管换咪!大柿子哎!	205
子哎	子-栽	哎!十三陵哒哦大樱桃,小个儿都赛过李子哎!大樱桃!	197
子呀	子-砸	白薯喂,栗子味儿哒!哎,赛栗子呀,栗子味儿白薯噢!	335
子耶	子-则	烧饼哩哪,大油炸鬼子哪!	345

注：表中出处（页）为陈树林著《老北京叫卖调》的页码。

3）"的"字音的变化

在800多条老北京叫卖语句中出现的"的",有61次记录发音为"地"音,9次为"嗒"音。"的"的发音与老北京叫卖人的来源地是否有关,这个暂且留作今后研究的问题。在老北京叫卖调中找到"的"的例子(见表5-10)。

表5-10 老北京叫卖调中"的"字变音

原词	变音	叫卖句	出处（页）	微信扫码演示
的	的-地	约甜葡萄咪!赛了冰糖的籴籴枣儿咪!	212	卖葡萄枣
的	的-嗒	您不买点儿那团圆的果子您就要瞧堆儿哎!	202	

注：表中出处（页）为陈树林著《老北京叫卖调》的页码。

3. 老北京叫卖的语音

老北京叫卖调的方言反映了北京地区的日常用语和语音特点,叫卖调就是民间的活语言，是百姓交流的民间常用语。

表 5-11 老北京叫卖调中字的方言读音

原字词	北京方言	叫卖句	出处（页）	微信扫码演示
特别	岗口儿	哎，这是映青映红我就大沙果呀！ 奇脆的岗口儿甜哪！	227	卖沙果
经常	行常儿	樱桃……三包五包行常儿买， 那十包八包往家儿捎！	247	
炸糕	油炸果儿	哎！那小车子一堆呀！油炸果儿馅儿卖哟嗷！	341	
好	hào	好习文的我把书念哪， 好习哦武的我把弓拉！	378	卖画
粗	预	瓜挠儿挠上一挠。又擦预，又擦细……	381	卖刮挠
瓜	果	甘蔗味儿呔，来买好吃的哎， 旱秧儿的脆甜瓜咪！	208	
楂儿	至	红果儿那做的那山哪楂儿糕！	270	
多给	托勄（tuōkēi）	冰核儿多给！冰核儿多给！	278	卖冰核
热	乐	新屉儿咪，热包儿热的咪， 新屉儿包儿的又热咪！	343	
亲戚	戚戚（qīn）	亲戚朋友来把年拜哟！	378	
菊花儿	九花儿	栽九花儿来！	118*	
约	邀	约活虾米来！	179*	
苦曼	曲麻	抓苦曼菜芽！	181*	

续表

原字词	北京方言	叫卖句	出处（页）	微信扫码演示
火芽	火焰	约火芽菠菜呀！	182*	
折	赊	爱打不打，不打折啦！	196*	
豆芽菜	豆咿菜	约黄豆芽菜哪！卖豆咿菜哪！	285	
油炸鬼	油之鬼	嗨！嗨！嗨油（呀）之鬼呀好香！	340	卖油炸鬼
莉	莲	哎，茉莉花哪！哎，玉兰花哎呦！	360	
高货	沟呼	卖高货！卖高货！	374	
色	色（shǎi）	纸也好来颜色ᵣ精，公鸡画得哦大飘翎！	378	卖画
去呀	七-呀 掐	哎，谁买点ᵣ杂拌ᵣ去呀，约杂拌ᵣ！	246	
去呀	去-呀 恰	噢，羊头肉！夹饽饽渗酒ᵣ去呀！	358	
去哟	去-哟 敲	买大笤帚使去哟，约辣秦椒噢！	405	卖杂货
去哟	去-哟 秋	有破铜盆换洋瓷盆ᵣ使去哟！	416	买锡、铜、潮银子
咿呃	咿-呃 yé	买韭菜！约茴香菜咿呃！	283	卖菜
呀	咿-呃 yé	栽了花ᵣ，栽晚香玉呀！	369	

注：表中出处（页）为陈树林著《老北京叫卖调》的页码。其中页码 *

为王文宝编著《吆喝与招幌》书中出处（页）。

（请见本章附录二：《一岁货声》（1906）年节民俗活动的叫卖调北京方言音调）

第三节　叫卖与曲艺戏曲

《事物纪原》中记载："嘉祐末，仁宗上仙，自帝即位，至此殆五十年，天下稔于丰乐，不意邦国凶变之事，而英宗谅阴不言，能昭其功。然四海方遏密，故市井初有'叫果子'之戏，其本盖自至和、嘉祐之间，'叫紫苏丸'洎乐工杜人经'十叫子'始也。"这也许是由叫卖向说唱艺术过渡的早期记录。在前面所列的宋代文献中，可以看到叫卖词曲都曾被学唱，或是被用于戏乐。"唱叫"或"叫声"在宋代已成为和唱赚、嘌唱、耍令、曲破等共存的民间伎艺之一，有些还入舞队表演。除了"叫果子""十叫子"说唱小戏，还逐渐形成"货郎儿"这种说唱形式，也形成了一些曲牌，如【货郎儿】【转调货郎儿】等，被用于元杂剧、昆曲等曲艺戏曲中。

一、古代表演艺术中的叫卖

宋代一些舞台剧目中涉及了货郎这一社会群体，模仿市井中的各种叫卖。《武林旧事》中记录的杂剧，其中有些与饮食店的叫卖有关，如《厨子六幺》《羹汤六幺》《食店梁州》《食店伊州》；与卖花的叫卖有关，如《偌卖姐长寿仙》《双卖姐》《卖花黄莺儿》；与卖药的叫卖有关，如《眼药酸》《食药酸》《风流药》《黄元儿》；与算卦的叫卖有关，如《两同心卦铺儿》《一井金卦铺儿》《满皇州卦铺儿》《变猫卦铺儿》《白苎卦铺儿》《探春雨绵绵卦铺儿》《庆时丰卦铺儿》《三哮卦铺儿》。[1] 除了宋代的民俗文献，元代陶宗仪的《南村辍耕录》中也记录了相当丰富的宋金杂剧院本史料，尤其是金代的"院本名目"，其中很多与叫卖有关，如"诸杂大小院本"类的《货郎孤》《哮卖旦》《卦册儿》《卦铺儿》《黄丸儿》《小丸儿》《坏食店》《坏粥店》《双药盘街》《风流药院》《双

---

[1] 张本一.宋元都市叫卖声与曲乐的艺术生成.民族艺术研究，2009（4）：7.

斗医》《卖花声》《香药车》《偌卖旦》等;"诸杂院爨"类的《四诺卖诨》《羹汤六幺》《神农大说药》《百果爨》《讲百花爨》《讲百禽爨》《三分食爨》《文房四宝爨》;"冲撞引首"类的《山梨柿子》《胡椒虽小》《盘榛子》《四鱼名》《卖官衣》;"打略拴搐"类的《果子名》《草名》《军器名》《铁器名》《赌扑名》《衣裳名》《花名》《吃食名》《花名》等。① 这说明在北方叫卖也非常普遍,这些院本将其搬上表演舞台,内容接近观众生活,更容易获得百姓的共鸣。

元杂剧中有多部剧和货郎有关,而元以前的艺术形式中少有关注日常生活中的小人物群体。从剧目名称上来看,有三部元杂剧直接与货郎有关,分别是《货郎孤》、《货郎末尼》和《风雨像生货郎旦》(又称《货郎旦》《女弹》,作者佚名),其中孤、末尼、旦都是杂剧中的主要人物。②《货郎孤》的主脚孤是唱货郎儿的;《货郎末尼》是把货郎作为一个"正末"脚色来塑造;《风雨像生货郎旦》中描写了以唱货郎儿为生的社会底层人的艰难生活,其中张三姑为副旦,在剧中是主要人物。另还有三部表现货郎的故事,分别是《魔合罗》《盆儿鬼》《朱砂担》,③ 表现了小生意人凄惨的生活。根据《货郎旦》张三姑的形象塑造,学者们分析出"货郎儿"作为一种大体上的表演形式,不能进入瓦舍勾栏演出,没有固定的场所和舞台,主要在街头巷尾,表演形式有说有唱,有韵白有散说,用鼓来伴奏,唱的内容由"入话"和正文两部分组成,唱的内容有"人间新近稀奇事"、李家故事、历史故事(三国故事、"韩元帅偷营劫寨"、"汉司马陈言献策")、爱情故事("梁山伯和祝英台"、"巫娥云雨楚阳台")等,④ 分回表述,曲调主要为【货郎儿】、【转调货郎儿】,其中【货郎儿】为单曲,【转调货郎儿】为套曲,分为【九转货郎儿】和【三转货郎儿】⑤。

---

① 张本一. 宋元都市叫卖声与曲乐的艺术生成. 民族艺术研究, 2009(4): 7.

② 冯沅君. 货郎孤 // 冯沅君著, 袁世硕, 张可礼主编. 陆侃如冯沅君合集第13卷 古剧说汇. 安徽教育出版社, 2011: 253.

③ 庆振轩, 高欣. 元代商贾剧再论 // 中国古代小说戏剧研究 第11辑. 甘肃人民出版社, 2015: 226.

④ 杨惠玲. "货郎儿"推考. 艺术百家, 2003(3): 50.

⑤ 《九宫大成南北词宫谱》中收录一套【三转货郎儿】,结构为:【货郎儿】-【醉太平】-【货郎儿】。

元杂剧中也反映了叫卖转变为说唱技艺的过程，如《黄花峪》《渔樵记》和《百花亭》[①]。其中《黄花峪》中描写了李逵扮货郎所唱的叫卖；《渔樵记》中描写了货郎张撇的叫卖；《百花亭》中描写了王焕从小贩王小二那里学来的叫唱。

从宋、金、元的杂剧院本等剧目中可以看到，小商贩的形象较多，其叫唱的形式也较多，有市井中的叫卖，也有街头巷尾的说唱形式，唱货郎儿也相应地成了一种职业，其中的曲调逐渐在之后的作品中被应用，丰富了戏曲的表现手法，促进了杂剧等戏曲艺术的发展。

自宋代以来，将日常小商贩的各种叫声汇集到民间音乐及杂剧中，到元代又发展到具有大套剧目的元曲剧目，透过艺术形式变化可以看出社会生活中大事件的变迁。宋代之前的商业活动在城中固定的坊市中进行，宋代时拆掉了城中各坊的墙，真正成为一个大模块的新型"城市"，这在当时一定是城中百姓喜闻乐见的新变化。原来固定的坊市中的坐商一下子走向城中的主要大街，小商贩们走向条条巷巷，这是城市变革发展史上的一件大事，真正受益的是商业和城中百姓，是他们多年来的梦想。城市模式的创新，也带动了商业行业的创新，这时坐贾行商的叫卖吆喝在民间广为流传。这一大事件的影响也渗入了民间艺术界，而且以古老的艺术形式完美保存下来，难能可贵。历史的长河中，城市在不断扩展，已难找回原来的模样，世代的叫卖人换了又换，而唯一变化极少的是民间"老腔"，代代相传的民族腔音"依旧"，这就是民间音乐的魔力。小商贩、小生意人、吆喝叫卖人的形象，由老民间戏曲家以【货郎儿】的新词新曲转移到舞台上，流传后世，延续至今，似乎只有这"停留的声音艺术"才能使今天的人们了解那个时代的巨大变革，可见民间艺术之伟大。

二、与叫卖有关的曲牌

《水浒传》第七十四回"燕青智扑擎天柱 李逵寿张乔坐衙"中，宋江让燕青唱段山东《货郎转调歌》，燕青便唱了一首《货郎太平歌》。《水浒传》讲述的是北宋末年的事，可以猜测北宋末年《货郎转调歌》就已经"流行"了，

[①] 杨惠玲. "货郎儿"推考. 艺术百家，2003（3）：47-48.

【货郎儿】会产生更早,而元杂剧《货郎旦》中的【九转货郎调】已是新的发展。

《九宫大成南北词宫谱》是清代乾隆年间编写的戏曲音乐曲谱集,其中收集了金、元诸宫调,宋、元、明的南戏、唱赚、北杂剧等宫调,涵盖了千余年的民俗民间声调与杂剧戏曲音乐的历史传承。杨荫浏先生曾对《九宫大成南北词宫谱》中现存的元杂剧和元《南戏》曲谱进行梳理,其中列出了词作者、剧名、折数、牌名、首句、出处、曲数等信息。根据这份"元杂剧现存乐谱一览表"①以及"元《南戏》现存乐谱一览表"②,从中检出与叫卖有关的曲牌(见表5-12)。

表5-12 元杂剧现存叫卖曲牌乐谱

作者	剧名	曲牌	折	现存曲谱
李文蔚	《燕青博鱼》	【叫声】	第三折	一三·4、5
孟汉卿	《魔合罗》	【叫声】	第四折	一三·5
吴昌龄	《东坡梦》	【叫声】	第三折	一三·5
杨显之	《潇湘雨》	【货郎儿】	第四折	三三·38
	《黄鹤楼》	【货郎儿】	第二折	
无名氏	《货郎旦:女弹》	【九转货郎儿】	全	三三·39-58
无名氏	《杀狗劝夫》	【货郎儿】	第二折	三三·39
马志远	《汉宫秋》	【叫声】	第四折	一四·19 未存
白仁甫	《梧桐雨》	【叫声】	第二折	一四·3 未存

表5-13 元南戏现存叫卖曲牌乐谱

作者	剧名	曲牌	折	现存曲谱
施惠	《拜月亭》	【紫苏丸】		一四·2
无名氏	《牧羊记》	【货郎儿】		九四·15

从以上两个表来看,曲牌名直接和叫卖有关的有【叫声】、【货郎儿】

---

① 杨荫浏.中国古代音乐史稿(下).人民音乐出版社,2006:513-532.

② 杨荫浏.中国古代音乐史稿(下).人民音乐出版社,2006:643-693.

和【九转货郎儿】,【九转货郎儿】是由一支本调【货郎儿】和八支以【货郎儿】为头尾,中间插入其他曲牌而形成的【转调货郎儿】,将其连成套曲形式,构成【九转货郎儿】①。这样既保证了九支货郎儿的统一性,即每支曲子都以【货郎儿】曲牌的头尾开始和结束,又增加了音乐表现力,即八支【转调货郎儿】不是完全重复前面的【货郎儿】,每次插入其他曲牌,听起来更具新意。在明末清初李玉编撰的《北词广正谱》中收录了《风雨像生货郎旦》中的【九转货郎儿】,从中可以看到这一套曲结构的具体艺术形式:

本调【货郎儿】;

二转【货郎儿】头 - 插【卖花声】-【货郎儿】尾;

三转【货郎儿】头 - 插【斗鹌鹑】-【货郎儿】尾;

四转【货郎儿】头 - 插【山坡羊】-【货郎儿】尾;

五转【货郎儿】头 - 插【迎仙客】【红绣鞋】-【货郎儿】尾;

六转【货郎儿】头 - 插【四边静】【普天乐】-【货郎儿】尾;

七转【货郎儿】头 - 插【小梁州】-【货郎儿】尾;

八转【货郎儿】头 - 插【尧民歌】【叨叨令】【趟秀才】-【货郎儿】尾;

九转【货郎儿】头 - 插【脱布衫】【醉太平】-【货郎儿】尾

除了元杂剧《风雨像生货郎旦》,还有两部杂剧完整地保存【九转货郎儿】套曲的形式,一部是明代朱有燉的杂剧《关云长义勇辞金》,另一部是清洪昇的传奇剧《长生殿》②。但这两部剧中的【九转货郎儿】与《货郎旦》中的【九转货郎儿】不同,不属于说唱"货郎儿",已经完全戏曲化了③。

还有的曲牌名看似与叫卖无关,但其实可能也源于早期的叫卖,如【紫

---

① 【九转货郎儿】在《北词广正谱》《九宫大成南北词宫谱》《纳书楹曲谱》《雍熙乐府》等文献中的记录在曲牌名称和顺序、乐谱、句式长短等方面有一定出入。

② 计镇华.我演唱昆曲《弹词》的体会.戏剧报,1983-01-17(32).

③ 李黎.三回九转曲 打牌儿出野村——宋元说唱"货郎儿"艺术形态研究(节选)//洛秦主编.宋代音乐研究文论集·音乐叙事与演绎卷.上海音乐学院出版社,2016:366.

苏丸】，这很有可能源于宋代市井中的"叫紫苏丸"。有学者对曲牌进行了研究，认为一些曲牌与叫卖之声有关，如瓜果花木的叫卖与黄钟宫的【水仙子】【节节高】，正宫的【芙蓉花】【甘草子】，大石调的【催花乐】、【荼蘼香】、【青杏子】（亦入小石调），小石调的【油葫芦】【寄生草】【四季花】【玉花秋】【锦橙梅】，中吕宫的【石榴花】【红芍药】【蔓菁菜】【卖花声】，南吕宫的【梧桐树】【玉交枝】【红芍药】，双调的【月上海棠】【牡丹春】【石竹子】【行香子】【锦上花】【西河水仙子】【山丹花】，越调的【紫花儿序】【金蕉叶】【小桃红】【黄蔷薇】【雪中梅】【看花回】，商调的【金菊香】，般涉调的【墙头花】等有关；卖酒的叫卖与黄钟宫的【醉花阴】、【倾杯序】，正宫的【醉太平】，仙吕宫的【醉中天】、【金盏儿】（即【醉金钱】）、【醉扶归】，中吕宫的【醉春风】，双调的【沉醉东风】、【滴滴金】（即【甜水令】）、【沽美酒】、【梅花酒】、【醉娘子】；越调中的【酒旗儿】；卖醋的叫卖与商调中的【醋葫芦】有关；卖糖的叫卖与越调中的【糖多令】有关；卖药的叫卖与越调中的【圣药王】有关；卖卦的叫卖与大石调的【卜金钱】（即【初问口】)有关；卖魔合罗[①]的叫卖与般涉调的【耍孩儿】（即【魔合罗】）有关；关扑的叫卖可能与北曲中吕的【快活三】有关[②]。这种分类有一定道理，早期民间曲调逐渐用于唱叫、唱赚等艺术形式中，市井中叫卖用于小戏中，唱段名称也相对直接，卖什么就叫什么，由此保留下名称。这在张玄的研究中也得到了证实，不仅是曲牌，在地方戏曲、曲艺及小戏中也保留了许多与商人生活、市井买卖、商旅生涯有关的"卖头戏"，如沪剧、滩簧戏、晋中秧歌、晋南眉户戏、赣南采茶戏、河南曲剧、衡阳湘剧、祁剧弹腔、长沙花鼓戏、湖南花鼓戏、衡阳花鼓戏、柳琴戏、京剧等剧种中都有与货郎有关的剧目。可见，叫卖调在艺术的历史长河中以不同的方式和表现形式传承并保留下来。

"歌味同体"因叫卖声与食物密不可分，唱曲人在餐馆中常设有座席唱奏。

[①] 魔合罗，源于佛教，在宋元时期演变为民间的玩偶，儿童玩具，有些地区有七夕节供奉魔合罗的习俗。

[②] 张本一. 宋元都市叫卖声与曲乐的艺术生成. 民族艺术研究，2009（4）：9.

在传统民歌小调、戏曲中也有不少叫卖声调歌。

除了戏曲，在佛曲中也能找到【叫声】的身影，在明永乐年间钦定的《诸佛世尊如来菩萨尊者名称歌曲》中保留了三百余个南北曲曲牌，其中曲牌【频伽音】的旋律（音韵）就来自【叫声】【叫街声】，这个曲牌演变出1950首佛教乐曲，占该书近一半曲目[①]，可见这个曲牌的普及程度。

由此，更深刻地理解杨荫浏先生于1955年在《人民音乐》上发表的《谈谈未被注意的民间音调》一文中所强调的民间音调的意义："他们曾是我国古代民间音乐遗产的组成因素，非但他们本身有些就是曲调，可供创作上的参考与运用，而且就需要逐渐进行深入研究民间音调的角度来看，如果不注意这些材料，就会使我们对于民间音乐有些方面的研究造成困难。"[②]通过这些古代叫卖活动和戏曲曲牌的查阅，验证了他的见解，叫卖调是古代戏曲音乐的组成因素之一，为戏曲创作提供了乐音素材，我国民间音乐的确起到了根基作用。从另一个角度来看，"叫声"的传承有两个途径：一是民俗商市活动中的口头叫卖，二是我国戏曲中存续的这些曲牌和乐谱。一个保留在民间，在非物质文化遗产中力争保持民间特色；一个已经经过千年历史，发展成为戏曲曲艺的重要组成部分，同样也在非物质文化遗产中展现其艺术魅力。

三、北京叫卖调调式分析

陈树林著的《老北京叫卖调》（2010）中有800余首叫卖，其中300多首叫卖调有曲谱，对这些叫卖调进行调式分析（见表5-14），并按经营的物品或服务进行分类，试分析这些行业是否存在调式上的倾向性，也许能表明小商贩的地域特点。

[①] 袁静芳.佛曲《频伽音》（【叫街声】）研究.星海音乐学院学报，2017（3）：6；

袁静芳.明初佛乐中的宋元俗曲——对《诸佛世尊如来菩萨尊者名称歌曲》音乐构成的探讨.中国音乐（季刊），2015（3）：11.

[②] 杨荫浏.谈谈未被注意的民间音调.人民音乐，1955（2）：25.

表 5-14 老北京叫卖调的五声调式分析

瓜果类	宫调式	商调式	角调式	徵调式	羽调式
瓜	西瓜、甜瓜	西瓜、甜瓜、香瓜	甜瓜、倭瓜		香瓜、甜瓜
水果	桑仁、樱桃、葡萄、槟子	香果、沙果、海棠、杏、桑葚、樱桃、苹果、葡萄、扁桃、山里红、高桩柿子、梨	扁缸桃、红沙果、槟子、石榴	梨、苹果	桃、软柿子、桑仁、樱桃

小食品饮品类	宫调式	商调式	角调式	徵调式	羽调式
干果	菱角、栗子、花生	花生、枣、荸荠、茨菰		花生、糖葫芦	菱角、鸡头米、花生、菱角
果脯	糖葫芦、黑枣、蜜饯海棠、枣、果脯、山楂糕	黑枣		果子干、玫瑰枣	
糖	口香糖、药糖瓜糖		糖瓜	药糖	
豆	香豌豆、芸豆、炸豆腐、熟豆汁、糖豌豆、豆腐脑	汤豌豆、豌豆、豌豆黄、炒豆	豌豆黄、臭豆腐、酱豆腐	豌豆黄、生豆汁、臭豆腐、酱豆腐	豌豆黄、炒豆、臭豆腐、酱豆腐
饮品	酸梅汤、冰棍、豆浆、杏仁茶、雪花落、冰核、冰镇凌	杏干汤、冰核、冰镇凌、雪花落、冰糖水	梨膏	冰核、奶酪	冰核

续表

餐饮小吃类	宫调式	商调式	角调式	徵调式	羽调式
主食小吃	油圈、油炸鬼、烧饼、火烧、硬面饽饽、江米小枣粽子、江米、糖糕、包子、玉米、炸丸子、香面、馄饨、凉糕	年糕、馄饨、烤白薯、凉粉、江米枣、粽子、老玉米、扒糕、蒸而炸、太阳糕、江米藕	艾窝窝、糖饼、蜂糕、元宵、老玉米、包子	炸丸子、炸糕、炸三角、烧饼、马蹄、蜜麻花、江米藕、香面、莜面卷、包子、凉粉、老玉米、硬面饽饽、粳米粥、大麦粥	江米藕粽子、酥饽饽、元宵、太阳糕、缸炉、烤白薯、面包、玉米花、薄脆、咯吱盒、凉粉、羊肉包子、扒糕

蔬菜类	宫调式	商调式	角调式	徵调式	羽调式
蔬菜	萝卜	黄豆芽、香菜、辣椒、苤蓝、芹菜、茄子、西红柿、黄瓜、扁豆、冬瓜、韭菜、白萝卜、红萝卜、藕	倭瓜		萝卜、白菜

水产品肉油类	宫调式	商调式	角调式	徵调式	羽调式
水产品		螃蟹、咸螺蛳、五香田螺蛳		黄花鱼	螃蟹、黄花鱼
肉蛋	茶鸡蛋、牛肝、牛头肉	牛头肉、鸡蛋、茶鸡蛋	五香狗肉	驴肉、肝、鸭、牛头肉	羊头肉、驴肉
油	香油				

第五章 民间音调与语言、曲艺、戏曲

续表

观赏类	宫调式	商调式	角调式	徵调式	羽调式
花	玉兰、小红花、牡丹、芍药、石榴花、菊花、荷花、山桃花、晚香玉、桂花、什锦花、月季、大红花、茉莉、竹夹桃	梅花、石榴花、玉兰、茉莉、莲花、海棠花、大红花、凤仙花	玉兰、茉莉、大红花	供花	
金鱼等	小金鱼	小金鱼	小金鱼、狗猫窝	小金鱼	
画	年画、画	字画		画	皇历、年画、画

用品类	宫调式	商调式	角调式	徵调式	羽调式
化妆品	黏刨花			梳头油、雪花膏、黏刨花	
用品	金银首饰、劈柴、胰子、碱卖、布头、笸子、拢子、茶碗、盆、剪子、菜刀	蒲帘子、狗猫窝、洋火、木炭、笸子	蒲帘子、狗猫窝、黄土、炉碗	雨伞、杂货、铜锅缸、洋铁锅、茶碗、瓶子、小壶、小碗、刮挠、高香	鞋垫、毡垫、草料、支锅瓦、树枝、麻秸、洋火、铜铁、

收购修作类	宫调式	商调式	角调式	徵调式	羽调式
收购	卖报纸、潮银子、首饰	收破烂、换茶碗、潮银子、首饰		收旧纸、潮银子、首饰、换洋取灯儿	收废纸

续表

收购修作类	宫调式	商调式	角调式	徵调式	羽调式
修作	擦铜面、补锅、修鞋	刺绣、修皮鞋		修锅	

由表 5-14 可以看出，瓜类、水果类叫卖商调式较多；干果类、饮品类叫卖宫调式较多；豆类叫卖五个调式比重相当；主食、小吃类除了角调式，其他四个调式比重相当；蔬菜、水产类以商调式为主；花类以宫调式和商调式为主；其他用品类徵调式、宫调式和羽调式较多；收购修作类没有角调式。整体来说，五声调式中角调式最少，宫调式、徵调式、商调式占比相当，一方面反映了人们对这些调式的自然运用，也反映出一些行业小商贩人群的特点，也与各地语言语音有关，如主食中的面食有很多是山东人在卖，山东民歌中宫调式和徵调式占比很大；[①] 卖干果和水果的小贩有很多来自山西，山西民歌中以徵调式为主。[②] 但由于每个行当只采集了几位甚至只有一位叫卖者的叫卖，不足以代表整个行业的从业人员，而且各地小商贩在北京各区县分布不同，因此具有很大偶然性，无法从这样小的样本去估测群体的真实状态。由此看来，要深入认识老北京叫卖调还需要从其他角度去分析和求证，腔词关系也许是一个可行的研究视角。

第四节 老北京叫卖调的腔词关系

音乐学家乔建中先生指出：叫卖调"是研究'音乐语言学'的好材料"。[③] 用老北京叫卖调进行腔词关系分析，会了解其中也有不知的"奇妙"，简单中蕴含着深奥，在衬词上隐藏着"玄机"，在方言、俗语、土语、老调中寻觅民间音调的"价值"。但如果想辨认叫卖调中的这些方言语音必须依据录音，

[①] 周青青. 我国民歌调式分布的统计与阐释. 音乐研究, 2009（2）：13.

[②] 周青青. 我国民歌调式分布的统计与阐释. 音乐研究, 2009（2）：14.

[③] 陈树林. 老北京叫卖调. 人民音乐出版社, 2010：写在前面的话Ⅱ.

而目前收集的录音多为后人"艺术化"的结果,少有历史的现场录音。因此,对叫卖调的分析可以通过分析腔词关系来推断小商贩行业人来自的地区,有一定难度。

一、腔词概念及关系

腔词的"腔"指唱腔旋律,"词"为唱词。腔词关系是指在乐曲中唱腔与唱词字调和语调的关系。详言之,在统一内容范围内,唱腔自行规律和唱词自行规律的结合。于会泳先生认为有三大腔词关系:"腔词音调关系"(唱腔与字调,唱腔与语调)、"腔词节奏关系"、"腔词结构关系"。①腔词的"自行规律"保持三点:1. 保持各自在形式因素上与传统的直接联系;2. 保持各自相对独立的美感作用……;3. 通过上述两点对于统一内容发挥相对独立的表现功用。

用老北京叫卖调来理解腔词关系,这里选择了《中国民间歌曲集成·北京卷》中"磨剪子抢菜刀"②(抢:磨掉物体表面一层)。这段吆喝版本很多,中国民间歌曲集成·北京卷》中谱曲有三段,见下:

498. 磨剪子抢菜刀(一)

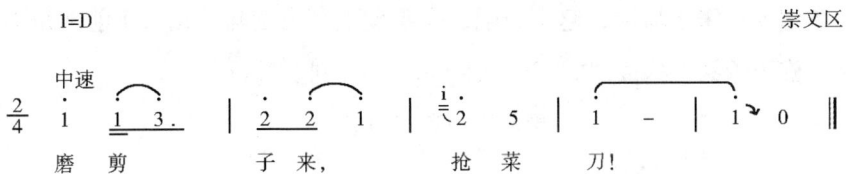

(高凤山唱 刘梅生采录 李兆英记谱)

谱例 498 采于崇文区,高凤山唱,这个唱腔和唱词是大众的唱法,普及率很高的一种,感到亲切而熟悉。

---

① 于会泳. 腔词关系研究. 中央音乐学院出版社,2008:1.
② 《中国民间歌曲集成·北京卷》编辑委员会. 中国民间歌曲集成·北京卷. 中国 ISBN 中心出版,1994:927–928.

499. 磨剪子抢菜刀（二）

1=A　　　　　　　　　　　　　　　　　　　　顺义县（顺义区）

慢速稍快

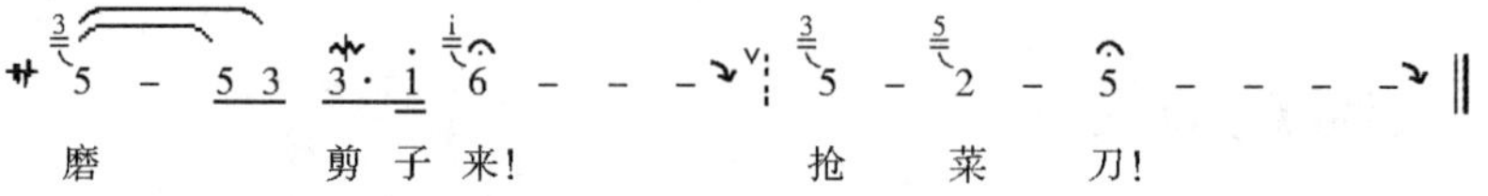

磨　　剪子来！　　　抢　菜　刀！

（陈树林唱，记谱）

谱例 499 为陈树林先生演唱，前半句旋律轮廓变化较大，后半句旋律轮廓基本与谱例 498 差不多，呈基本对称的"V"字形，这也是大多数人们"抢菜刀"曲调的典型印象。

500. 磨剪子抢菜刀（三）

1=C　　　　　　　　　　　　　　　　　　　　　　城区

慢速稍快

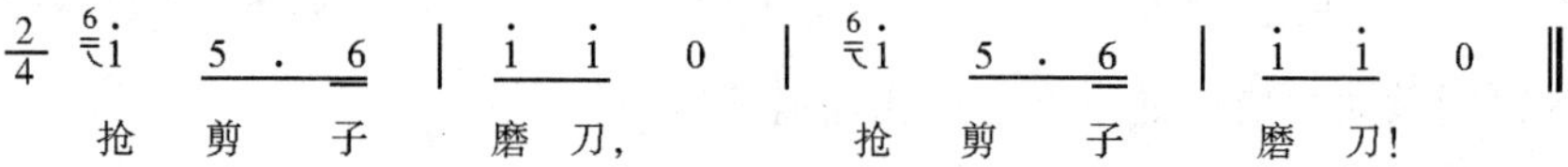

抢剪子　磨刀，　　抢剪子　磨刀！

（赵家琪唱　孙颖采录、记谱）

谱例 500 采于城区，赵家琦唱，在唱词上稍有变化，相对于前两条更加短小。旋律轮廓也构成"V"形，在 5-6-i 三音列上进行。

磨剪子，抢菜刀（四）

1=D 2/4　　　　　　　　　　　　　　　　　　顺义县（顺义区）

磨剪子来，　抢菜　刀。

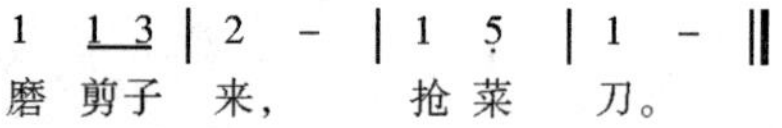

（佚名唱　陈树林记谱）

佚名唱，旋律轮廓同谱例 498。

磨刀，磨剪子－磨刀（五）

（自采时间：2015.8.20.9：10）
采录：蒋聪

1=C#

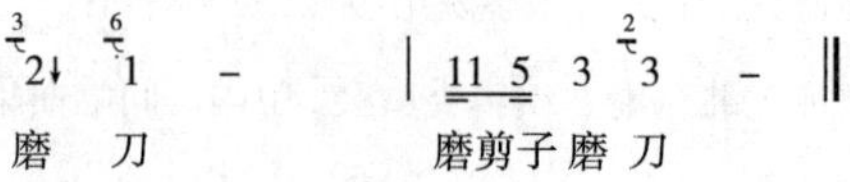

磨　刀　　　磨剪子磨刀

自采于北京西城区，一位磨刀老人所唱，上身穿着似短衫大褂，带着响器——铁拍板（又名惊闺、挂镰、铁镰、铁板），他的唱腔比较独特，开始声音低厚"磨刀~~"几声铁拍板，"磨剪子，磨刀"，其中"磨剪子"，唱腔高上去，但与谱例498和499不同，接着"磨刀"就降下来的，像第一声"磨刀~~"，形成"∧"字形，又几声铁拍板。当看到这熟悉的唱词时不会感到新意，但老人的唱腔独到之处像戏里老生的嗓音和拖腔，把以往熟悉的磨剪子抢菜刀唱成了戏曲味，别有风味，自行规律，很顺畅，似乎感觉老人有那种老北京怀旧恋戏的情结。

磨刀，磨刀（六）

（自采时间：2015.20.16.55；2015.5.5，16：26）

采录：蒋聪

$1=F^\#$

$\underline{3}\overset{\overset{3}{\cdot}}{6}$ — $\underline{7}\overset{\overset{5}{\cdot}}{6}$ — ‖

磨刀　　　磨刀

自采于北京西城区，"磨"就是口语语音，似乎是河南口音，"刀"提起来而拖长音，有响器铁拍板——，像老人声音，但音调 - 唱词简单，没有戏腔感觉。

磨剪子嘞——抢菜刀（七）

（自采时间：2015.8.6，10：31；2015.5.27，11：39；2015.3.20，10：2）

采录：蒋聪

$1=B^b$

$\underline{22}\ \underline{3}\ 3$ — $2\ \overset{.}{6}\ \overset{\overset{6}{\cdot}}{1}$ — ‖

磨剪子 嘞　　　抢　菜　刀

自采于北京西城区，这段吆喝有很重的外地口音，感觉是山东的口音，没有响器。"嘞~~"的拖腔较长，"抢菜刀"三个字咬字重而不粘连，唱腔高调而平实，就是叫着生意，腔调与口音很搭，自行规律，很顺畅。

以上七例"磨剪子抢菜刀"虽不尽相同，但有几个共性："剪子"和"菜刀"的声腔都为上行腔格，只是幅度大小不同；"磨刀"的声腔不一，平行、上行和下行腔格都有；"磨剪"多为平行声腔，只有第二例为下行声腔；"刀"在普通话中是阴平，但有意思的是除第三例，其他六例"刀"要么是向上的滑音，要么是出现在"V"旋律的后半部分，听起来都有阳平的特点，这不是北京方言的特点，似乎更接近河南和山东方言；"抢"口语中为阴平，在旋律中也高于任意一个仄音"菜"或"剪"，符合"平高仄低"的原则（具体见以下"卖豌豆黄儿"的分析）。

这几段叫卖调的腔词很清晰的是"腔从于词"，不华丽，无修饰。

二、老北京叫卖调的腔词关系分析

根据对小商贩从业人口来源的分析，并结合叫卖调唱词的特点，试从方言特点来分析老北京叫卖调的腔词关系。这里选择了《中国民间歌曲集成·北京卷》中的两例：卖豌豆黄（一）、（二）进行分析。

豌豆黄是北京名小吃。豌豆古称为胡豆、戎菽等，《本草纲目》记"豌豆种出西胡，今北土甚多"[①]。早在《管子》中就有记载，"山戎出荏菽，布之天下"。《尔雅》中说明"戎菽谓之荏菽"。"在山西、河南很早就有豌豆制作的豌豆糕，又叫作"豆沙糕"或"澄沙糕"。古代蓟、燕时就有山戎这个民族与汉族杂居，"春秋时期融合为中华民族的一部分"[②]。无法考究这个民族否是就是种植豌豆的祖先，却巧于豌豆俗名与之民族同名。可见豌豆很早就在北方种植。清代，豌豆黄逐渐成为宫廷御膳之一。

《中国民间歌曲集成·北京卷》中选的两例"卖豌豆黄"叫卖调分别是从崇文区和东城区采录的[③]。其中臧鸿是熟知的"叫卖大王"，早年有做生意的经历。另一位叫卖者刘茂森，据陈树林先生回忆，可能是东安市场的一位售货员，但记录中没有涉及其家乡、年龄以及采录的时间年代，有些遗憾。

[①] （明）李时珍撰. 本草纲目. 山西科学技术出版社，2014：689.

[②] 于德源. 北京史通论. 学苑出版社，2008：112.

[③] 《中国民间歌曲集成·北京卷》编辑委员会. 中国民间歌曲集成·北京卷. 中国ISBN中心出版，1994：852-853.

因此只能从记录的谱面分析，以下是谱例。

365. 卖豌豆黄（一）*

1=F　　　　　　　　　　　　　　　　　　　　　　　　　　　崇文区

散板数唱　节奏较自由

0 3 2 1 6 6 5 5 0 | 6 6 2 7 6 5 6 5·5 4 5 2 4 5 -
来，这俩大块了！　小枣儿喂　　混糖儿的豌豆　来嗨，

6 6 2 7 6 5 6 0 5 6 6 5 5 2 4 5 - | 6 6 6 2 7 7 6 5
这改良的小手绢儿是兜也兜不　下　来嗨，　你要是嫌这块儿小，你

6 5 6 5 4 4 2 5 | 5 5 ⁵4 0 0 | ⁵5 5 4 2 5 2 4 5 - - -
拿着刀是自己个儿切，　切完了，（白）怎么样啊！咱们再　讲价儿　啊嗨！

（臧鸿唱　刘梅生采录　李兆英记谱）

* 此曲为三月三蟠桃宫卖豌豆黄时所唱。

357. 卖豌豆黄（二）

1=♭B　　　　　　　　　　　　　　　　　　　　　　　　　　东城区

中速稍快　较自由地

6 5 4 3 3 2 2. ³3 2 3 3 3 5 4 3 2 2 6 6 1 2 -
咧！俩大块了，那小枣儿豌豆黄儿啊　块儿大咧！

0 3 3 3 3 6 4 3 2 0 3 3 3 3 6 ³3 2 2 2 2 2 6 1 1
哎俩大块咧　　这刮风的天儿啊，我涨块儿不涨价儿咧

2 - 0 | 2 2 2 2 1 1 2 5 3 2 | 0 3 3 2 3 3 3 3 3 3 6
哎！　俩大块咧，俩大块咧！　　这小枣儿要出在乐陵城

⁴3 ⁴3 ⁴3 3 0 3 ⁴3 3 2 2 1 2 6 1 1 2 - |
啊，　这豌豆出在荒郊外　咧！

（刘茂森唱　杨国安采录、记谱）

1. 从唱词来看

"卖豌豆黄（一）"的唱词极具北京话特点，一共出现了 6 处儿化音："小枣儿""混糖儿""小手绢儿""块儿""自己个儿""价儿"；除此之外，还有一些词汇凸显了京味：两个说"俩"，自己说"自己个儿"；句中的语气助词"喂"和句末的"来嗨""啊嗨"在北京民歌里经常出现（如劳动号子等民歌）。

"卖豌豆黄（二）"唱词的京味似乎就逊色一些，尽管也出现了 5 处儿化音（不含两处相同的）："小枣儿""豌豆黄儿""块儿""天儿""价儿"，也出现了京味"俩"字，但句尾的语气助词"咧"在北京民歌里极少出现（在整本《中国民间歌曲集成·北京卷》中，以"咧"结尾的民歌寥寥）。"咧"在北京官话区的唐山、保定等地区的口语中常有使用，由此推测"卖豌豆黄（二）"可能出自非北京人之口。此外，儿与儿的读音不同。

再从两段叫卖词的表达来看，"卖豌豆黄（一）"尝试与顾客交流，并且给顾客一定的主动性："你要是嫌这块儿小，你拿着刀是自己个儿切"；"卖豌豆黄（二）"似乎因天气原因"这刮风的天儿啊"，急切地希望把豌豆黄儿都卖出去，而且强调了原料的产地"乐陵"的小枣和"郊外"的豌豆，产地就代表了品质，金丝小枣是乐陵的特产，豌豆在北京周边地区也有种植（北京平谷区种植豌豆有着悠久的历史）。这段唱词也许表明了卖家以质取胜的销售心理。

2. 从腔词关系来看

音乐和语言最直接的联系是音高和语言的声调，所以这里只关注音高和语言声调之间的关系，而不考虑方言中声母韵母的发音差异问题。北京话声调分为阴平、阳平、上声和去声四种，对应的调值分别为 55, 35, 214, 51（"五度调值"标记）。北京官话不仅包括北京地区的北京话，还包括天津、河北部分区县、内蒙古部分区县和东北三省除辽东半岛外的几乎所有地区。[①] 其声

---

① 记录的谱面只记录了歌词，没有记录语音，因此无法从声母韵母发音方面进行分析。
张世方．北京官话语音研究．北京语言大学出版社，2010：1-2．

调主要有以下几个特点：①普遍存在轻声现象；②连读调会发生变调，如去声+去声，第一个去声的下降幅度相对减弱，上声+上声，第一个上声倾向阳平；③北京官话区内上声和去声一般调型一致，仅调值高低略有不同，而阴平和阳平调型各地差异较大。

腔词关系是中国歌曲（乃至所有声调语言歌曲）非常重要的一个方面。在歌曲、戏曲创作中，歌词与曲调的契合度会直接影响歌词的理解程度和歌曲的美感。赵元任先生曾在其《新诗歌集》中论述了歌曲中歌词和曲调的关系，他提出歌词一般在旋律上遵循"平低仄高"，在节奏上遵循"平宽仄陡"的原则[①]。于会泳先生的《腔词关系研究》中也全面讨论了唱腔与字调、语调、节奏和句式结构的关系，并列举了戏曲和曲艺中腔词关系。他们共同的观点认为"腔从于词"，即"根据国音的阴阳上去而定歌调的'高扬起降'的范围"[②]，不同地区的戏曲、曲艺、民歌的腔格关系都与其所在地的方言有一定关系。

关于北京话词曲音高的关系仅在李西安先生的《汉语声调与汉语旋律》中有所提及。文中列举了北京乐种中单弦、京韵大鼓以及以北京话为基础的昆曲词曲音高关系，讨论了朗诵性旋律中声调平仄与音高的关系，以及变调和轻声在音乐中的处理。其中发现音腔关系有这几个特点：①旋律与歌词声调基本一致，还体现在装饰音和滑音的运用；②若把阴平和阳平归为平，上声去声归为仄，则平声高，仄声低——这点与赵元任的观点相同；③变调在旋律中也有体现；④轻声多处理为"旋律按语言轻声字的自然走向进行"或放在节奏较弱（或较短）的位置。[③]

叫卖调与戏曲、曲艺、歌曲不同，没有那么丰富的旋律，是小商贩把"推销"语言稍加声音处理的产物，因此它们更加接近朗诵性旋律或"说唱型"叫卖调。[④]带着以上对北京朗诵性旋律腔词关系的特点，分析这两段"卖豌豆黄"叫卖

---

① 罗小平.赵元任对声乐创作中词曲关系的见解及其实践.中央音乐学院学报，1985（3）：51.

② 赵元任.赵元任歌曲选集.人民音乐出版社，1984：48.

③ 李西安.汉语声调与汉族旋律.中国音乐，1982（4）：7.

④ 陈树林.老北京叫卖调.人民音乐出版社，2010：87.

调。首先，假设这两段叫卖调都出自北京人之口，然后以北京话语音为参考对两段叫卖调的腔词关系进行分析：①四个声调对应的旋律；②词内平仄（如"豌豆黄"）对应的旋律；③词外（如"豌'豆出'在"）平仄对应的旋律；④变调词[①]对应的旋律；⑤词外变调对应的旋律。

"卖豌豆黄（一）"：旋律简单，节奏自由，音域约为一个八度（除了吆喝的第一个音）；基本音调从低到高由 2-4-5-6-7-$\dot{1}$-$\dot{2}$ 组成，其中 4 和 7 分别在 2-4-5 和 6-$\dot{2}$-7 两个"三音列"作过渡音，这两个三音列分别在这段叫卖调中出现 3 次，其中 2-4-5 出现在句尾，6-$\dot{2}$-7 出现在句中（偏句首）；全曲共 7 小句，不含念白句；调式为七声徵调式。

（1）四个声调对应的旋律：音乐节奏与语言节奏相近，因此绝大多数是一字对一音，八分音符居多；除了两个语气词"来"对应 $\dot{3}$-$\dot{2}$ 和"喂"对应 $\dot{2}$-7-6 之外，只有"豆"对应下趋腔格两个八分音符 5-2，与去声相对应；只有两个代词"自己"和"咱们"分别对应两个十六分音符，"自己个儿"是三个上声字相连（"个儿"在北京方言为上声），这时前两个上声变调成阳平，在腔格上"自己"对应两个十六分音符 4，高于"个儿"的音高 2；"咱们"虽然对应两个十六分音符 5，但前面的装饰音 3-5，上升腔格与阳平"咱"相配。

（2）词内平仄对应的旋律：有 4 个词含有平声和仄声（"混糖儿""豌豆""改良""兜不下"）。其中 3 个词（"混糖儿""改良""兜不下"）音高发生变化，平高仄低的有"混糖儿"-5-6，"改良"-6-$\dot{2}$（这两个词第一个字都有变调变为半上，比后面阳平低，其旋律与变调相配）和"兜不下"-6-5-5，而"豌豆"-4-5 是平低仄高。

（3）词外（词间）平仄对应的旋律：有 5 处词外平仄声交替（""是兜也

---

① 变调词：包括上声（变阳平）+上声，上声（变半上）+其他声，去声（变半去）+其他声，和含轻声的词。

张世方. 北京官话语音研究. 北京语言大学出版社，2010：152–158；

李西安. 汉语声调与汉族旋律. 中国音乐，1982（4）：8–9；

于会泳. 腔词关系研究. 中央音乐学院出版社，2008：40–49.

兜"-5-6-5-6，嫌这 $\dot{2}$-7，你拿 5-6，刀是 -6-5，个儿切 -2-5），都为平高仄低的腔词关系。"也兜""你拿""个儿切"，这三个词的第一个字都有变调变为半上，比后面的阴平或阳平低，其旋律与变调相配。

表 5-15　"卖豌豆黄（一）"平仄关系频次

	平仄		
	平高仄低	平低仄高	音高不变
词内	3	1	0
词外	5	0	0

（4）变调词对应的旋律：有 12 个词为变调词（"大块""小枣儿""小手绢儿""要是""这块儿""拿着""切完了""讲价儿"；"自己个儿""咱们""混糖儿""改良"见前分析）。其中上声＋上声/其他声有"小枣儿"-6-6 没有音高变化，"小手绢儿"-6-5-6 两个上声＋去声，第一个上声变阳平，第二个上声变半上声且低于第一个上声和去声，对应的音高为第一个上声和去声的音高于第二个上声的音，"讲价儿"-2-5 上声＋去声，上声变半上，对应上声的音高低于去声的音高；去声＋其他声有"大块"-6-5 第一个去声变半去，对应的音高第一个去声的音高于第二个去声的音，"这块儿"-7-7 音高没有变化；含有轻声的词有"要是"（是偏轻声）-6-6 没有音高变化，另两个词的轻声音高略低"拿着"-6-5，"切完了"-5-5-4 阴平＋阳平＋轻声。

（5）词外变调对应的旋律：有 13 处存在词外变调（"这俩""糖儿的""这改""良的""你要""块儿小""着刀""是自""们再""再讲"；"也兜""你拿""个儿切"见前分析）。其中上声＋其他声有"你要"-6-6 没有音高变化；去声＋其他声有"这俩"-$\dot{1}$-6 去声变半去，去声的音高高于上声音高，"是自"-5-4 第一个去声变半去，其对应的音高于第二去声的音高，"这改"-6-6 没有音高变化，"块儿小"-7-6 去声＋上声，去声变半去，对应的去声音高于上声的音高，"再讲"-4-2 去声＋上声，去声变半去，上声变半上，对应的音高为去声的音高于上声的音；轻声＋其他声有"良的"$\dot{2}$-7"糖儿的"-6-5-5，轻声的音高都低于阳平的音高，"着刀"-5-6 轻声的音高低于阴平的音高，"们再"-5-4 轻声的音高高于阴平的音高。

表 5-16 "卖豌豆黄（一）"变调频次

	变调							
	上声+上声		上声+×		去声+×		（×）+轻声+×	
	词内	词外	词内	词外	词内	词外	词内	词外
高于×	2	0	0	0	1	4	0	1
低于×	0	0	4	3	0	0	2	3
不变	1	0	0	1	1	1	2	0

本段叫卖调中平高仄低的现象不管在词内还是在词外，出现的次数较多，印证了早期赵元任先生提出的歌曲中的歌词与旋律间的规律。在"上声+上声""上声+其他声""去声+其他声"的变调中，除了音高保持不变的几例，其他变化都符合北京话变调的规律；而与轻声有关的词内和词外旋律音高变化，情况稍复杂，轻声的音高或比其他声的音高高或低或持平，这印证了李西安先生说的轻声多按语言的自然走向。如果仔细看这几个轻声词，都出现在弱拍上，根据格式塔的认知组织原则，人们更倾向于根据节奏线索的接近性和完整性以及词义和句意来组织材料，而不易受音高信息的影响。

"卖豌豆黄（二）"：旋律较第一段更简单，重复音较多，节奏自由，音域约为一个八度；基本音调从低到高由 6̣-1-2-3-4-5-6 组成，其中 4 在弱拍上出现 3 次，为三音列 5-3-2 的经过音，三音列 5-3-2 出现在句中三次，另一个三音列 6̣-1-2 也出现在句尾 3 次；全曲共 9 小句；调式为六声商调式。

（1）四个声调对应的旋律：音乐节奏与语言节奏相近，因此绝大多数是一字对一音，八分音符和十六分音符居多；除了三个"咧"（分别对应 6-5-4，6-4-3-2，5-3-2）和"啊"（对应 3-3-3-3）衬词之外，只有"涨"对应下趋腔格，八分音符+十六分音符 2-6̣，"郊"对应两个八分音符 2-6̣，"外"对应带装饰音的两个十六分音符 1-2-1；十六分音符在这段吆喝中频繁出现，多为词组："俩大"（两次）"枣儿""豌豆黄""块""刮风"。

（2）词内平仄对应的旋律：有5个词含有平声和仄声（"豌豆黄儿"，"出在"，"乐陵城"，"豌豆"，"荒郊外"）。其中3个词（"豌豆黄"，"乐陵城"，"荒郊外"）音高发生变化，都是平高仄低的有"豌豆黄"-3-3-5-4 其中"豆"去声变调为半去，低于阳平"黄"的音高，"荒郊外"-1-2-6̣；"乐陵城"-3-3-6"乐"去声变调为半去，与"陵"音高相同，2个词"出在""豌豆"对应的音高没有变化。

（3）词外平仄对应的旋律：有5处词外平仄声交替（"这刮"，"要出"，"这豌"，"豆出"，"在荒"），"豆出"-3-2"在荒"-2-1 都为平低仄高的腔词关系；"这刮"-3-3"要出"-3-3"这豌"-3-3 对应的音高没有变化。

表 5-17 "卖豌豆黄（二）"平仄关系频次

	平仄		
	平高仄低	平低仄高	音高不变
词内	2	0	4
词外	0	2	3

（4）变调词对应的旋律：有9个词为变调词（"大块""小枣儿""块儿大""大块""大块""涨块儿""涨价儿""小枣儿"；"乐陵城"分析见前）。其中上声+上声/其他声有"小枣儿"-3-2-3（两次旋律一样，节奏略不同）第一个上声变调为阳平，高于第二个上声，对应的音高也是如此（儿见后面分析），"涨块儿"-2-2"涨价儿"-2-6-1 都是上声变调为半上，应低于去声，"涨价儿"的上声经过一个下降腔格，在上升到后面出现的去声；去声+其他声有"大块"-3-2"块儿大"-2-6̣"大块"-2-2"大块"-1-2 都是第一个去声变半去，有两个对应的音高是下降腔格，一个是平直腔格，一个是上升腔格。

（5）词外变调对应的旋律：有14处存在词外变调（"俩大""那小""俩大""风的""的天儿""我涨""不涨""这小""在乐"；"这刮""要

出""这豌""豆出""在荒"分析见前）。其中上声+上声/其他声有"我涨"-3-2第一个上声变阳平，高于第二个上声，对应下降腔格，"俩大"-3-3（两次一样）没有音高变化；去声+其他声有"那小"-3-3，"不涨"-2-2，"这小"-3-3，"在乐"-3-3音高都没有变化；轻声+其他声"风的"-3-3音高不变，"的天儿"-3-6轻声的音高低于阴平的音高。

表5–18 "卖豌豆黄（二）"变调频次

	变调							
	上声+上声		上声+×		去声+×		（×）+轻声+×	
	词内	词外	词内	词外	词内	词外	词内	词外
高于×	2	1	0	0	2	2	0	0
低于×	0	0	1	0	1	0	0	1
不变	0	0	1	2	2	7	0	1

本段叫卖调中与第一段有较大区别，近一半的平仄关系都是通过音高不变的平直腔格表现，而且平高仄低与平低仄高的出现比例相当。同样在变调的旋律处理上，平直腔格出现比较频繁，与第一段相比运用比例较多，过多地运用平直腔格不易看出旋律随语音的变化，听起来旋律性不强，更偏于说唱。在"上声+上声""上声+其他声"的变调中，除了音高保持不变的几例，其变化都符合北京话变调的规律；去声+其他声的变调中，出现与下降腔格的搭配，这在第一段叫卖调中并未出现，这个现象出现在重复句中，可以理解为音乐上的处理，并不影响语义理解；轻声在这一段出现极少。因此，两段在平仄关系和平直腔格运用上存在一定差异。第二段平仄关系的"错位"不能说明腔格关系的错误，只是现假设唱者说的是北京话，以北京话的语调为参考进行的平仄关系以及四声调的划分，这可能与唱者本人的口音不一样，才引出了这种"错位"现象。如果我们按照唱者本人的口音重新界定四声调和平仄关系，也许结果就有所不同。

前面提到两段唱词的儿化音，包括重复词汇的话，每段都用了六七次之多，仅从歌词来看似乎看不出有太多区别。但把儿化音和音乐结合来看，两段是有一定区别的:"卖豌豆黄(一)"中的6处儿化音,只有"混糖儿"的"儿"自成音节,单独对应一个音高,而其他5处儿化音都没有自成音节,与前面的字合并,对应一个音高;而"卖豌豆黄(二)"中的7个儿化音,有2处"小枣儿"。"豌豆黄儿""块儿""小枣儿"是自成音节,单独对应一个音高,对应一个十六分音符或三连音中的八分音符,而且不管后面字的声调如何,"儿"的音高起到过渡音高的作用,与后面字的音高相同,其他3处的"儿"与前面的字合并。根据北京官话方言的研究,儿话音并不是北京话的"土特产",在北京官话区的某些县市也存在,但与北京话的儿化音不完全一样,各地的儿化合并方式和合并率不同;也有地区"儿"字自成音节,比如定霸小片"多数点部分韵母没有儿化韵,'儿'自成音节"。[①] 口语中"儿"的合并方式也会相应地反应在唱词与音乐的关系中,从这点来看,也可以猜测"卖豌豆黄(二)"的叫卖者不是"纯正的"北京本地商贩,或者说与第一段的叫卖者可能存在方言上的差异。

3. 腔词关系"不匹配"的例子

以上对两段叫卖调的分析也许并不能凸显方言的差异,不能足以反映声腔的特点。下面尝试用这种方法分析一段延庆的民歌,选择延庆的民歌有两个原因:①延庆县的方言与北京城区的方言有较明显的区别;②目前的资料中没有采集到延庆的叫卖调,以一段民歌《逛灯》[②]为例。以下分析同样建立在北京城区方言语音基础上,以第一段歌词为例。

---

① 张世方. 北京官话语音研究. 北京语言大学出版社, 2010: 52.
② 《中国民间歌曲集成·北京卷》编辑委员会. 中国民间歌曲集成·北京卷. 中国ISBN中心出版, 1994: 572.

201. 逛 灯

延庆县

1=♭B

[曲谱]
2/4 中速
6·5 6 5 6 1̣ 6 | 5 5 5 3 0 | 6·6 6 5 3 6 3 | 2 2 2 7̂ 0 |
1.忘 不 了(你)正 月儿 正 (啊嗨), 二 (了)妹子 来 逛 灯 (啊嗨),

5·3 5·3 | 2 3 5 6 1·6 | 2 3 2 1 2 5 | 1·6 5 |
逛 的 是 狮(子)子(的)灯, 大 街 以 上 乱 哄 哄 (啊嗨),

5·3 5·3 | 2 3 5 6 1·6 | 2 3 2 1 2 5 | 1·6 5 ‖
逛 的 是 狮(了)子(的)灯, 大 街 以 上 乱 哄 哄 (啊嗨)。

逛灯：旋律短小优美，节奏中速，音域约为一个八度；基本音调从低到高由 5-6-7-1-2-3-5-6-i 组成，其中 7 为句尾下滑音，未出现在旋律中；三音列 5-6-i 在句中出现有五次；全曲共 4 小句，后两小句重复一遍（以下分析中不包含重复句）；第 1、2、4 句句尾都有衬词"啊嗨"，句子中间也有一些助词（了，子，的）；调式为五声徵调式。

从四个声调对应的旋律来看，音乐节奏与语言节奏相近，每句句尾的最后一个字（非语气助词）或倒数第二个字会对应下降腔格；其他都为一字对一音，八分音符和十六分音符为主；附点的节奏型较多。按照同样的方法对第一段词的平仄与旋律关系，以及变调与旋律关系进行统计（见表 5-19、表 5-20）。

表 5-19 "逛灯"平仄关系频次

	平仄		
	平高仄低	平低仄高	音高不变
词内	1	3	0
词外	2	3	0

表 5-20 "逛灯"变调频次

	变调							
	上声+上声		上声+×		去声+×		（×）+轻声+×	
	词内	词外	词内	词外	词内	词外	词内	词外
高于×	0	1	1	0	3	1	2	1
低于×	0	0	0	1	2	1	1	2
不变	1	0	0	0	1	0	0	0

这段民歌与前两首叫卖调最大的不同就是平直腔格少，仅出现了两次，而上升或下降腔格多，足以说明"说唱型"和"歌唱型"的区别。另一个区别在于平仄关系，平低仄高出现的次数比平高仄低出现的次数多一倍，差异还是比较明显的。上声在这段词中出现得不多，在对变调的音高处理上基本遵循变调原则；去声+其他声的变调中，上升与下降腔格出现的频次相当，仔细看一下这些词，可能与字在词中的重音有关，如"大街"-2-3重音落在"街"上；轻声主要出现在弱拍，如"子""的"，但音高走向比较随意。

"逛灯"与前两段在平仄关系和平直腔格运用上存在一定差异。其平仄关系的"错位"不能说明腔格关系的错误，只是现假设唱者说的是北京话，以北京话的语调为参考进行的平仄关系以及四声调的划分，这可能与唱者本人的口音不一样，才引出了这种"错位"现象。如果我们按照唱者本人的口音重新界定四声调和平仄关系，也许结果就有所不同。因此民歌选自延庆地区，笔者特请一位延庆的朋友用延庆方言读了歌词，并录音。主要关注第一段歌词中平仄关系"错位"的几处："正月儿正""逛灯""大街""乱哄哄"，其中四声"月儿""逛""乱"趋于半上，或者说音调低于平声，只有"大"和普通的去声相似。有意思的是前三个带四声的词组在腔格中表现为平低仄高，而后一个表现为平高仄低。这是不是延庆民歌中的规律，还需进一步对更多民歌进行分析。

老北京叫卖调的腔词关系研究不仅是简单的语言和音乐之间的关系，其背后映射着社会的变迁和一个个小商贩的艰辛生活。从历史过往中挖掘小商贩的信息，比如报纸、市井小文或企业发展历程，寻找他们乡音的"蛛丝马迹"，但当这些信息都不可破解时，也许腔词关系是了解小商贩"身世之谜"的突破口。以上的腔词关系分析主要建立在赵元任先生的平仄关系基础上，以北京方言语音为参考，检验其与旋律的平仄关系。当声腔平仄关系平衡打破时，也许就预示着"主唱"的非北京身份，这时就需要寻找能够符合声腔平仄关系的某种方言，从而推断商贩的家乡，补充叫卖调采集中那些没有记录下的信息。寻找另一种匹配的方言时，需要对某些方言进行采录并进行语音分析，文中选择的一首民歌尝试用这种方法来说明这个问题。因此，老北京叫卖调的腔词关系是集北京学、社会学、语音学和音乐学等多学科的综合研究，希望能再次引起相关学者对民间音调研究的关注。

三、叫卖习作与腔词分析案例

笔者尝试写了几段新的叫卖词，其中一首配上了小曲，仅仅是一种尝试，是被叫卖艺术形式所打动而激发的热情所作，可用于广告中。

老北京豆汁儿

蒋聪　词

豆汁儿，豆汁儿，老北京豆汁儿，是酸是苦是甜是馊了呐，没；就这味儿得，老北京豆汁儿！喝着，您呐！（再来一碗）得了！

叫卖歌：老北京豆汁儿

蒋聪　词曲

1=A

$6\underline{5}\ \dot{1}0|\ 6\underline{5}\ \dot{1}0|\ \dot{1}3\ 6\underline{5}\ \dot{1}0|$

豆　汁儿，豆　汁儿，老北京豆　汁儿

$3\underline{2}\ 5\ 0|3\underline{2}\ \overset{6}{\cdot}\dot{1}0|6\underline{5}\underline{2}0|\ 6\underline{5}\ \dot{1}\dot{1}\dot{1}\ |00|$

是　酸　是苦　是甜　是　馊了呢？没～！

```
5 3 2 1 6̣ 5̣ 5̣0 |⁶̳1̇ 3 5 6̳5̳ 1̇ 0|
就  这 味儿得儿， 老 北 京 豆  汁儿！

0̳ 0̳ 0̳ 0̳ 0|              0 0 0‖
喝 着 您 呐！   （再来一碗） 得儿嘞~！
```

创作这段吆喝小曲，依词就腔，突出了北京的京味曲调，词的变化满足腔调变化。词的用法，请教了北京人后进行纠正。衬词修改了多次：①"呢"音读：nei，原为"呐"；②"得儿"，音读：dei-er，原为"呗""的"；③"喝着"，常说："着"，原"喝吧"；④"您呐"，"呐"音读：nei，原"呐"na；⑤"得嘞"，"嘞"音读：lei，原"得了"。通过修改这几个词，看出北京衬词运用很有特点，虽然选了适合的衬词，但说的口语还是与文字读音有差异，突出"ei"音韵。还有一些小的语音事项要注意："呢"的发音在舌后半部，有点吞音的感觉；说话时"得儿"要轻声而过，不重读；"着"有点礼的敬语，轻声；"呐"（na）为普通话音，"呐"（nei）为北京话音。唱时要大方，有待客热情的气氛。通过这小段词的改编，感受到如果没有地道的老北京话底蕴，要写好短短的吆喝词还真是很困难，即兴发挥也难成个样。

酸梅汤

蒋聪　词

玉泉山水儿清凉凉，加着桂花加着冰糖，

酿成冰镇嘚酸梅汤，甜酸散着花香味儿咧浓味。

饹馇

蒋聪　词

饹馇、饹馇响，饹馇、饹馇香，方方扁扁乔扮装；

层层薄，层层双，香香脆脆，饹馇饹馇香，

嘎渣嘎渣脆，嘎渣嘎渣响，饹馇、饹馇脆脆爽。

饹馇、饹馇响，饹馇、饹馇香——，甜甜咸咸满口撞；
个个扁，个个方，脆脆香香，饹馇饹馇香，
嘎渣嘎渣脆，嘎渣嘎渣响，饹馇、饹馇脆脆爽。

饹馇、饹馇响，饹馇、饹馇香——，小小腻腻俏模样；
点点土，点点嚓，香香脆脆，饹馇饹馇香，
嘎渣嘎渣脆，嘎渣嘎渣响，饹馇、饹馇脆脆爽。

饹馇、饹馇响，饹馇、饹馇香——，岁岁念念思味长；
片片连，碎碎渣，脆脆香香，饹馇饹馇香，
嘎渣嘎渣脆，嘎渣嘎渣响，饹馇、饹馇脆脆爽。

药糖

蒋聪　词

药糖，薄荷味咧透心凉。润你的肺咪，润你的嗓～，
尝一尝唱一唱，唱一唱咪尝一尝，赛过冰冰凉儿

大柿子

蒋聪　词

黄橙橙的柿子挂满枝头，
秋天晚吧晌的柿子已成熟。
漤柿、漤柿、它不懒啊！
漤过的柿子，它不涩！
又大又甜儿，您尝个鲜儿咧！

有脆有软，任您选呐，

有软有脆，任您拣呐，哎——哎——！

冰糖葫芦儿

蒋聪　词

冰糖葫芦儿，串串甜；冰糖葫芦儿，串串粘；

甜呐甜呐甜——呐，甜儿酸

粘呐粘呐粘——呐，粘儿甜

舔儿舔，甜儿甜，沾儿沾，粘儿粘，

冰糖葫芦儿甜——；冰糖葫芦儿粘——；

冰糖葫芦好吃就沾儿沾；冰糖葫芦好吃就粘儿粘，

来一串就甜儿酸－，来一串就酸儿甜－，

冰糖葫芦儿好吃——

您呐蜜儿噔，蜜儿噔。

豌豆黄儿

蒋聪　词

豌豆黄儿，豌豆黄儿，软软、面面、香香、甜甜、喏喏哝，

白里黄，黄里白，豌豆黄儿咧！

舌尖舔，淡而爽，豌豆黄儿咧！

入口化，味暗香，豌豆黄儿咧！

长而方，方而长，甜甜、喏喏哝，您来尝一尝。

本章小结

以上内容从语言、曲调、腔词关系的角度分析了叫卖调的特点，同时也梳理了民间音调和杂剧等戏曲曲艺形式之间的关系，列举了由叫卖发展出来的曲

牌，如【叫声】【九转货郎儿】等曲牌。从自古传下来现存曲牌来看，民间叫卖声的确起到了我国民间音乐发展的根基作用，这也说明从走街串巷的口头叫卖声到民族戏曲曲艺经历了漫长的历史过程，从俗到雅传唱至今，有些曲牌丢失，有些不完整，而【九转货郎儿】套曲保留了完整的曲谱，实属不易。可见，民间音调（叫卖调）的传承在历史的长河中，以两条传承路线行进，一条是小生意人的口头传承，另一条就是民间音乐和戏曲音乐（曲谱和演唱）的传承，为今天人们带来了美好的听觉感受，也唤起了原来的记忆与眷恋。在新时代，后续流行歌曲又谱写了叫卖歌的新篇章，叫卖调不断出新歌，在歌曲分类（儿歌、军歌等）中呈现的"叫卖调歌新板块"，耳目一新。

附录一：《贸易》吆喝衬词

《贸易》吆喝段中使用的衬词

叫卖商品/服务	口语衬词
衣服袍子、褂子	兒、挞（達）、巴、子、呀、啦、了
绸子绣品	了、兒、啦、呀、巴、哎、挞、们（么）
马褂	兒、呀、巴、拉、呀、達、挞、啦
酒、鸡丝	哦、兒、呀
衣服	巴、了、呀、哦
粥、豆包、豆腐	呀、来、哎
面绿豆汤、韭菜、老虎菜	啦、子、兒、巴、来
香	了、来、廷當、来、義（也）
烧麦、火烧	来、了、巴、呀
淹茶、羊肉包、馒头	哎、了、巴、呀、来、兒
杂面汤	兒、来、哎
沙果、蜜桃、苹果、梨	了、兒、巴、来
水饺	啦、了、拉、兒、子、唠
面条	来、巴、啦、兒、呀

续表

叫卖商品/服务	口语衬词
野鸡、猫	唠
熏鱼面	唠
烧饼	呋
羊腱子	呀、子、啊
馒头	呀
水萝卜	哦、呀、呋
老鸡头	咻、呀、啊
豆腐、茶鸡蛋	咻、唠
算卦	子
黄花鱼	唠、哟
鲫鱼	来、哟、呀
螃蟹	来、哎、唠、呋
白花藕	咦、来、哟
饸饹	咦、儿、来、拉
酸枣	了、儿、呋
冰核	咦、来、儿、呋
石榴	咻、哎
凉糕	来、哦、唠
蜜桃、梨	了、儿、来、呀
柿子	了、儿、呀、来
鸭梨	了、来、唠、哎
豆腐	唠
炉子	唠
砂锅	子、呋
修雨伞	咦

续表

叫卖商品/服务	口语衬词
勺子、刷子、笊篱	子、呀、吙
掸子	呀
缸盖、锅盖	来
鞋垫	来、子
铜缸	哦
硬面饽饽	哦
羊百叶	了、儿、来
羊头肉、奶皮、奶卷	哦、子、呀
肠	咻、哦
肝、牛头肉	儿、来、咻
佛垫	来
茶碗	来、哎、哦
灯盏碗	来、吙
灯笼、螺蛳	儿、来
金鱼	咻、儿、来、哎
炒面	唠
小鸡、小鸭	咦、来、儿、子
猫、鱼、虾	来、哟、哎
篦子、槟榔糕	呀
铜、铁	来
皮桶	子、儿、呀
玉石、宝石	来、呀
堂布、带子	哦、子

附录二：《一岁货声》（1906）年节民俗活动的叫卖调北京方言音调（国际音标标注）

民俗节日 （依1906年农历， 括号中为公历）	叫卖调	页
腊月初八 腊八节（1.2）	菱角米哟！（熬粥） liŋ˧˥ tɕiou mi˧˥ io！	188
小寒（1.6）	羊肉哦哈！ iɑŋ˧˥ ʐou˥˩ o xA˥˩！	192
腊月二十三 小年（1.17）	敲小铜锣的挑子（糖瓜、大灶糖）	178
大寒（1.21）	江米的热年糕嘔！ tɕiɑŋ˥ mi˧˥ tʂ zə˥˩ niɛn˧˥ kau˥ o！	175
腊月三十 除夕（1.24）	好热的，烫面饺儿来！ xau˧˥ zə˥˩ tʂ tʰɑŋ˥˩ miɛn˥˩ tɕiauɚ˧˥ le！	178
除夕晚间	荸荠果来呀，好吃来又好剥哇！ pi˧˥ tɕʰy˥˩ kuo˧˥ le˥ iA， xau˧˥ tʂʰ˥ lai iou˥˩ xau˧˥ po˥ uA！	175
祭祖祭灶	供花来，捡样儿挑！ kuŋ˥˩ xuA˥ le，tɕiɛn˧˥ iɑŋ˥˩ tʰiau˥！	190

续表

民俗节日（依1906年农历，括号中为公历）	叫卖调	页
正月初一 春节(旧时称元旦 1.25)	蜂糕来哎，爱窝窝！ fəŋ˥ kau˥ le e, ai˩ uo˥ ou ! 江米果馅来，甑儿糕！ tɕiaŋ˥ mi kuo˧ ɕiɛn˩ le, tʂəŋ˩ ɚ kau˥ !	177
正月初二 祭财神（1.26）	嗳，活鲤鱼呀！ ai˥, xuo˧ ly˧ y˥ iA ! 火焰菜呀！（馄饨，又名元宝汤） xuo˧ iɛn˩ tsʰai˩ iA !	178 165
正月初八 祭星灯节（2.1）	数灯支碗来！ ʂu˩ təŋ˥ tʂɿ˥ uanɚ˧ le !	177
正月初	大小的金鱼儿来！ tA˩ ɕiau˧ tɿ tɕin˥ yɚ˧ le!	179
正月 茶果	吃的香，嚼的脆，茶果！ tʂʰɿ˥ tɿ ɕiaŋ˥, tɕiau˧ tɿ tsʰuei˩, tʂʰA˧ kuo˧ !	178
立春（2.5）	象牙白来辣来换，不辣的来脆哎萝卜来哎！ ɕiaŋ˩ iA˧ pai˧ lai˧ lA˩ le xuan˩, pu˧ lA˩ tɿ le tsʰuei˩ e luo˧ pu le e!	187
正月十五 元宵节（2.8）	津透（劲道）了，化透了，桂花的元~宵！ tɕin˩ tʰou˧ lɿ, xuA˩ tʰou˧ lɿ, kuei˩ xua˥ tɿ yɛn˧~ ɕiau˥ !	177
雨水（2.19）	糖饽饽，澄沙饽饽！（别名：蛤蟆吃蜜） tʰaŋ˧ po˥ po, təŋ˩ ʂA˥ po˥ po!	178

254

续表

民俗节日 （依 1906 年农历， 括号中为公历）	叫卖调	页
二月初一 祭太阳神（2.23）	供佛的太阳糕！ kuŋ˅ fo˦ tɤ tai˅ iaŋ˦ kau˧ ！	179
二月二 龙头节（2.24）	烫面的饺儿热呀！（龙须菜） tʰaŋ˦ mien˅ tɤ tɕiauɚ ˦, ʐɻ˅ iA！	178
惊蛰（3.6）	水捆的菠菜来，六个大钱一簇！ ʂuei˦ kʰuan˦ tɤ po˧ tsʰai˅ le, liou˅ kɤ tA˅ tɕʰien˦ i˧ pA˦！ 卖韭菜来！两大钱的羊角葱！ mai˅ tɕiou˦ tsʰai˅ le! liaŋ˦ tA˅ tɕʰien˦ tɤ iaŋ˦ tɕʰiɚ tsʰuŋ˧！ 野鸡脖的盖韭！ iɛ˦ tɕi˧ po˦ tɤ kai˅ tɕiou˦！	180
二月十五 花神节（3.9）	栽桃杏花来！ tsai˧ tʰau˦ ɕiŋ˅ xuAɚ˧ le！	180
春分（3.21）	满糖的驴打滚儿！ man˦ tʰaŋ˦ tɤ ly˦ ta˦ kuan˦！	179
清明（4.6）	卖粉皮儿一大钱一张！ mai˅ fən˦ pʰiɚ˦ i˧ tA˅ tɕʰien˦ i˧ tʂaŋ˧！	182
谷雨（4.21）	鲜花椒哎，嫩绿芽的香椿哎！ ɕien˧ xuA˧ tɕiau˧ le, nən˅ lɤ iA tɤ ɕiaŋ˧ tʂʰuən le！	183

民俗节日 （依1906年农历， 括号中为公历）	叫卖调	页
立夏（5.6）	又解渴，又带凉，又加玫瑰又加糖，不信您就闹碗尝一尝。酸梅的汤儿唻哎，另一个味呀！ iou˅ tɕie˧ kʰɤ˧ , iou˅ tai˅ liaŋ˧ , iou˅ tɕiA˥ mei˧ kʰuei˅ iou˅ tɕiA˥ tʰaŋ˧ , pu˧ ɕin˅ nin˧ tɕiou˅ nC˅ wan˧ tʂʰaŋ˧ i tʂʰaŋ˧ . suan˥ mei˧ tɤ tʰaŋ˥ ɚ le e , liŋ˅ i˥ kɤ ueiɚ˅ ʐA！	183
	酸辣的扒糕来！凉粉！ suan˥ lA˅ tɤ pʰA˥ kao˥ le, liaŋ˧ fənɚ˧ ！	145
小满（5.22）	抓苦荬菜芽！ tʂuA˥ kʰu˧ maɚ˧ tsʰai˅ iA！	181
芒种（6.6）	卖大鸡蛋咧！ mai˅ tA˅ tɕi˥ tan˅ le！	193
夏至（6.22）	凉炒面咧！ liaŋ˧ tʂʰau˧ mien˅ le！ 卖大蒜咧！ mai˅ tA˅ suan˅ le！	183

民俗节日（依1906年农历，括号中为公历）	叫卖调	页
五月五 端午节（6.26）	江米儿的，小枣儿的，凉凉儿的大粽子来哎！ tɕiaŋ˥ mi‿ɚ tʂ, ɕiau˧˥ tsauɚ˧˥ tʂ, liaŋ˧˥ liaŋɚ˧˥ tʂ tA˥˩ tsəŋ˥˩ tʂʅ le e！ 黄米小枣儿禁捣（劲叨）的粽子！ xuaŋ˧˥ mi˧˥ ɕiau˧˥ tsauɚ˧˥ tɕin˥˩ tou˥˩ tʂ tsəŋ˥˩ tʂʅ！	183
小暑（7.8）	白花藕来，河鲜来，卖老莲蓬来呀！ pai˧˥ xuA˥ ou˧˥ le, xɤ˧˥ ɕiɛn˥ le, mai˥˩ lau˧˥ liɛn˧˥ pəŋ˧˥ le iA！	184
大暑（7.24）	冰镇（角）的凌啊，雪花的酪，城里关外拉主道！ piŋ˥ ɕiʰie (tʂ) liŋ˧˥ A, ɕyɛ˧˥ xuA˥ (tʂ) lau˥˩, tʂʰəŋ˧˥ li˧˥ kuan˥ uai˥˩ lA˥ tʂu˧˥ tau˥˩！	185
立秋（8.8）	大海茄，卖架冬瓜呀！ tA˥˩ xai˧˥ tɕʰiɛ˧˥，mai˥˩ tɕiA˥˩ tuŋ˥ kuA iA！	183
处暑（8.24）	约生白薯来！ iau˥ ʂəŋ˥ pai˧˥ ʂu˧˥ le！	

民俗节日 （依 1906 年农历，括号中为公历）	叫卖调	页
七月七 七夕节（乞巧节 8.26）	虎拉槟的闻香果，嫩白梨嚘！ xu ↗ lɤ pints ┐ tɿ uɑn ↗ ɕiɑŋ ┐ kuo ↗，nən ↘ pai ↗ li ↗ iɛ！ 深州的大蜜桃！（供果） ʂən ┐ tʂou ┐ tɿ tA ↘ mi ↘ tʰau ↗！	185
七月十五 中元节（9.3）	卖大蒿子来！大荷叶！点蒿子灯，荷叶灯啊！ mai ↘ tA ↘ xɑu ↗ tʂɿ le！tA ↘ xɤ ↗ iɛ ↘！ tien ↗ xɑu ↗ tʂɿ təŋ ┐，xɤ ↗ iɛ ↘ təŋ ┐ A！	147
白露（9.8）	好吃的梨儿晒成了干，槟子干果子干来， 桃杏干，沙果干，海棠干来葡萄干！ xɑu ↗ tʂʰɿ ┐ tɿ liɑ ↗ ʂai ↘ tʂʰəŋ ↗ lɤ kanɚ ┐，pin ┐ tʂɿ kanɚ ┐ kuo ↗ tʂɿ kanɚ ┐ le，tʰau ↗ ɕiŋ ↘ kanɚ ┐，ʂA ┐ kuo ↗ kanɚ ┐， xai ↗ tʰaŋ ↗ kanɚ ┐ le pʰu ↗ tʰau ↗ kanɚ ┐！	188
秋分（9.24）	栗子味的白薯来，是栗子的味的白薯来~ li ↘ tʂɿ ueiɑ ↘ tɿ pai ↗ ʂu ↗ le， ʂʅ ↘ li ↘ tʂɿ tɿ ueiɑ ↘ tɿ pai ↗ ʂu ↗ le~	187
八月十五 中秋节（10.2）	快买团圆果子来！ kʰuai ↘ mai ↗ tʰuan ↗ yɛn ┐ kuo ↗ tʂɿ le！	152
寒露（10.9）	肥猪肉，香脂油！大块猪肉！ fei ↗ tʂu ┐ ʐou ↘，ɕiɑŋ ┐ tʂɿ iou ↗！ tA ↘ kʰuai ↘ tʂu ┐ ʐou ↘！	193

第五章　民间音调与语言、曲艺、戏曲

民俗节日 （依1906年农历， 括号中为公历）	叫卖调	页
霜降（10.24）	赛过木瓜的鸭广梨，蜜节梨来， 有了渣还有换来，大果子来！ sai˅ kuo˅ mu˅ kuA˥ tʂ iA˥ kuaŋ˦ li˦，mi˅ tɕiɛ˦ li˦ le! iou˦ lɹ tʂAɚ˥ xai˦ iou˦ xuan˅ le˥，tA˅ kuo˦ tʂʅ le!	186
九月九 重阳节（10.26）	酸酸的，辣辣的，羊肉的热面唵~咧！ suan˥ suan˥ tʂ，lA˅ lA˅ tʂ， iaŋ˦ zou˅ tʂ zɚ˅ miɛn˅ ~le!	193
立冬（11.8）	烫面的饺儿热啊！ tʰaŋ˅ miɛn˅ tʂ tɕiauɚ˦ zɚ˅ le!	178
十月一 寒衣节（11.16）	（杂果挑子）	176
小雪（11.23）	辣菜喳哎~！腌芥菜呀！ lA˅ tsʰai˅ iɛ˥ ie~! ian˥ tɕiɛ˅ tsʰai˅ iA!	186
十月十五 下元节（11.30）	豆沙包子 tou˅ ʂA˥ po˥ tsʅ	176
大雪（12.8）	大冰糖葫芦好大串！ tA˅ piŋ˅ tʰaŋ˦ xu˦ lu˅ xau˦ tA˅ tʂʰuan˅！	193
冬至（12.23）	馄饨开锅！ xuən˥ tʰuən˦ kʰai˥ kuo˥！	191

注：语音方言部分由陈树林先生讲授，蒋聪整理记录并标注国际音标。

　　此表依据《一岁货声》1906年全年的农历时间排列，有全年的节日、节气的名称，每个节日、节气仅列出一句相对应的吆喝叫卖语，因每个节日、

节气的饮食较多，篇幅有限，仅表示一下北京方言的真实语音。

　　1925年林语堂制定了以国际音标为基础的《北大方言调查会方音字母草案》，之后一直以赵元任的记音方式广为运用。2006年，中华人民共和国教育部和国家语言文字工作委员会发布了《中国通用音标符号集》，规范了国际音标的使用。因我国各地方言特色极强，丰富多样，用先行的汉语拼音来标注方言语音是无法达到准确的，只能用国际音标标注。北京方言见附二，与普通话很接近，但有些字的发音有变化，儿化音多，也有吞音存在，声调变化不大，所以仍用汉语的四声标注。

第六章　民间音调与音乐心理研究

　　前面几章从不同的角度来看北京吆喝叫卖的形成和发展的过程。历史上北京地区经历了多个朝代更迭，其城与市的分布、市场规模、商业形式、农业发展、民族特征、人口变化、民俗习惯、民间戏乐、语言特点等诸多方面都直接或间接地影响叫卖的表现形式。各种市场、庙会以及胡同街巷成了叫卖展现的社会大舞台，有些小商贩因叫卖调响亮悦耳，脱颖而出；有些因商品或服务口碑好，其叫卖调顺带着被人们熟记。叫卖调的广告作用也有细微的不同，有的具有宣传的作用，其中的描述具有一定夸张的成分，以吸引人们的注意；有的仅为告知的作用，说明商贩来此，老主顾们会闻声前去，叫卖无须花哨的语言；有的具有暗号的隐秘，进行一些违禁品的买卖；随之使用的响器也有后两种功能。不管怎样，各式各样的叫卖声（包括响器的声音）是市场、庙会和街巷不可或缺的一部分，构成了这些场所的声景。北京八九十岁的人们，至今还依稀记得早期街道的声音、飘散的味道和街道的景象，他们的记忆与蔡省吾、齐如山等老一代人的京城记忆不同，社会在变化，物品也在更新，会出现一些新的叫卖调，也会有一些叫卖调随着物品或服务的消失而消失。每个时代有每个时代叫卖调的特点，其中有延续、有传承，也有创新、有新编，这些被记录在志书、历史地理、民俗文学著作中，也以不同的表现形式出现在戏曲、相声、小品、话剧、影视作品中。所有相关的信息汇成一代代人们的记忆，储存在大脑里，令人回味。人们一直要寻找的心中的那份记忆，就是乡愁。

　　乡愁是一种心理情结，是一个抽象的概念，存在于多个学科，如文学、社会学、史学、心理学、人类学、民俗学、地理学、经济学等，人们从众多角度来认识、研究、讨论乡愁。乡愁也是一个较为复杂的心理现象，其发生过程、形成机制、影响因素以及与地方认同、社会认同的关系也是学者们感兴趣的方面。本章主要从音乐心理学的角度讨论老北京叫卖调与乡愁等心理情结的关系。

第一节 北京叫卖与北京人的"乡愁"

对于"乡愁",不同人会有不同的认识,有些人认为是游子的思乡之情,有些人认为是对家乡某个时间段的怀旧情感。可见,"乡愁"中包含了地理空间和历史时间两个因素,其范围可以是宽泛的、具有普遍性的集体意识或集体记忆,也可以是具体的、与个人成长有关的特殊事件。自习近平主席在2013年12月12日"中央城镇化工作会议"文件中提出"看得见山、望得见水、记得住乡愁",学界对"乡愁"一词的讨论增多,不限于词的本意,对其外延的认识不断加深。"乡"可以是乡土、乡村,也可以是家乡、故乡;"愁"不仅仅是思念和怀旧,更是一种深层次的文化认同感。这种文化认同感不受主体所在的时空限制,离开家乡的人和在家乡居住的人都具有乡愁[①],"乡"是"愁"所依恋的地方,"愁"是对"乡"的感知、认识、记忆和情感,"乡愁"是支持人们建设家乡的共同的精神动力。

一、"乡"——地方

"乡",是一个较模糊的概念,可大至城市、国家,可小到乡镇、村落,根据社会、政治、经济所建立的地理尺度并不一致,但这不是本章要讨论的重点。这里要讨论的是从人文地理学的一个概念——"地方"来看"乡",进而审视乡愁对人的意义。

"地方"一词是口语中常用的词语,一般指地点、位置或某一特定区域;这也是哲学、社会学、人文地理学关注的概念,不同学科对"地方"的讨论早已超出了其字面意思,从时间、空间、人的自我意识、存在感、身体感知、空间与地方的关系等方面进行深入讨论。在人文地理学中,早在二十世纪

---

① 周尚意,成志芬.关于"乡愁"的空间道德和地方道德评价.人文地理,2015(6):1-6.

四十年代就有学者提出"地方"的概念,认为"地方"是一种意义建构方式,反映了复杂的人与地理环境之间的互动关系;[①]七十年代以后,"地方"的概念有了新的延伸,"地方"除了物理环境的属性,还与人类活动、心理意义有关,对整合人类经验起到一定作用。人们与物质环境的感情关系会影响"地方依恋"或"恋地情结"[②]的产生,这些感受依赖于身体对地方的熟悉感,"地方芭蕾"(body ballet)和"时空惯常"(time-space routine)[③]是人们获得身体和心理对地方舒适性的主要方式。这些都与"地方感"有关,可以说"地方"是赋予意义的"空间",地方感反过来也会影响人们认知方式、行为表现和决策等,主要表现在地方依恋和地方认同两个方面。

北京,对老北京人来说是有声、有色、有味、有形的,是日夜置身其中的、身心深刻体验的"地方",所有的这些感受来自身体的体验,来自主动参与的事件,来自每日惯常的经历。让北京之所以成为"地方"的是北京各种"景观",这些视觉、听觉、味觉以及人际间的感受触发了人们的情感。其中飘荡在老北京市场街巷数百年的叫卖就是造就"地方"的元素之一,人们听到的不仅是叫卖的物理声音属性,还听到了语言和音乐的表达,虽然语言和音乐都与商品有关,但也同样反映卖者的文化背景。各地、各民族的文化都融合在老北京这个商业大都市的"空间"中,浓缩在一声声叫卖中,多姿多彩、贯穿四季的叫卖调构成了老北京一道独特的风景,在全国也可算是独一份的特色,是有情有味、可感知的"地方"。可以说有叫卖的市场街巷都是"地方",这些市场街巷看似散落在城区各处,互不相关,但它们支撑了北京的城市空

---

① 朱竑,钱俊希,陈晓亮.地方与认同:欧美人文地理学对地方的再认识.人文地理,2010(6).

② "恋地情结"是人与地之间的情感纽带,是人类对地方的爱.
段义孚.恋地情结.志承,刘苏译.商务印书馆,2018:5.

③ "地方芭蕾"指有节奏地、按照习惯正常进行的综合行为;"时空惯常"指人按照每日惯常进行的习惯性的身体行为。

成志芬,周尚意,张宝秀."乡愁"研究的文化地理学视角.北京联合大学学报(人文社会科学版),2015(10):66.

间,是城市的"骨架",将大大小小的街道、房屋、庙宇紧密相连;这些区域也是人们感受"地方"的基本载体和活动空间,人们活动将这些区域串起,形成了对北京更完整的认识。不管人们认识的"地方"是大还是小,是街道还是城市,这都是他们熟悉的环境、依恋的家乡。从赵世瑜先生对民国初年一本佚名日记的分析中,可以看到京城某个旗人家庭在民国六年(1917)正月至八月的家庭生活和参加的民俗活动[①],其中涉及生活区域、节庆活动、祖祠祭祀、寺庙祭祀、日常庙会等,这个家庭通过这些生活实践与特定空间相联系,其中寄托了亲属关系、邻里关系、民间信仰,人们在庙会采购生活所需,庙会文化与生活交织在一起。这样的"地方"与人们的生活有充分的社会、心理意义上的互动,已然是人们心目中的"乡"。

而对那些未到过北京或初到北京的人来说,北京也许还只是一个"空间",要么是地图上所示的一个位置,要么是电视节目上出现的一个场景,要么是初到北京刚经过的一段路程,一切是那么新鲜和生疏。这个"空间"存在的声音、味道和视觉形象对个体都是陌生的,或许让个体联想到自己家乡的一些景象。这说明两个问题,一是个体还没有建立对新环境的"地方感","地方感"的形成是需要时间和过程的;二是客观环境能够唤起对家乡的思念,换句话说,"乡愁"或"地方依恋"能够让人触景生情。新环境能否成为新的家乡,或是取代原有的"地方依恋"呢?问题的实质关乎于"乡"能否改变或"移动",这也是许多移民群体所面临的问题。通过对移民群体的调查发现,人们对新乡和旧乡的认同可以同时存在,这说明人们给新乡赋予了意义,建立了与自己的情感联结。

所以,对于"乡"的认识,大小不是问题,时空不是问题,新旧不是问题,数量不是问题;问题的核心在于个体是否与地方存在情感上的联结,地方对个体是否有意义,这才是"乡"的认定标准。然而,"乡"和"地方"也不尽相同,"乡"应为"地方"的一个"子集",需要居住或接触的时间更长,以建立更丰富的

[①] 赵世瑜. 在空间中理解时间:从区域社会史到历史人类学. 北京大学出版社, 2017: 456-476.

情感联结;"乡"不同于短暂的旅行目的地,旅行目的地可能有很多,也可以称为"地方",但能称为"乡"的"地方"每人只有几个,甚至一生只有一个。而个体能否与地方建立情感上的联结,建立何种情感联结,强度如何,那属于"愁"的内容。

二、"愁"——心理现象

"愁"是一个较为模糊的心理状态,在汉语中也有多种含义,可以是较为具体的某种情绪,如忧虑、哀伤,也可以是一种忧愁低落的心境,还可以作为动词表示牵挂。人们对"乡愁"的认识是一个循序渐进的过程,早在十七世纪末医学领域曾将乡愁作为一种生理病症,十八世纪中期开始逐渐认识到乡愁是一种心理症状且无法根治,十九世纪中后期开始从多个角度反思其复杂性[1]。从认识乡愁的过程可以看出,乡愁是伴随着生理反应的一种心理现象,其产生过程以及带来的影响是较为复杂的。

乡愁的"愁"是什么,学者们给出了各自的解释,认为是一种对家乡的记忆,是一种深藏的情感,是一种文化认同感。从这些描述中可以确定乡愁的两个特点,一是都与心理过程有关,涉及记忆、情感和个体的主观意识等方面;二是与特定的地域人文有关,反映出个体的文化依恋和精神需求。因此,从某种角度讲,乡愁与地方感存在共同点,即对某个地方深切的感受和情感,主要涉及地方依恋和地方认同两个方面。地方依恋是指人与地方之间产生的情感联结,强调心理上对于地方积极的情感依附,这种情感联结能够给人们带来舒适感和安全感,包括认知、情感和行为三个维度[2]。地方认同是自我认同的组成部分,是人与地方互动的社会化过程,包括独特性、连续性、自我效能和自尊四个方面;[3]地方承载着文化,地方认同也是文化认同的一部分,

---

[1] 王新歌,陈田,林明水,王首琨.国内外乡愁相关研究进展及启示.人文地理,2018(5):2.

[2] 朱竑,刘博.地方感、地方依恋与地方认同等概念的辨析及研究启示.华南师范大学学报(自然科学版),2011(1):2.

[3] 庄春萍,张建新.地方认同:环境心理学视角下的分析.心理科学进展,2011(9):1388.

人们会认同地方的文化，有归属感，并能通过调节自我满足个体发展的需要。

乡愁产生的过程可以参见段义孚对"恋地情结"的分析，他以存在性的视角从人的感知（perception）、态度（attitude）、价值观（value）三个方面探讨人与地方、环境的关系。人对地方物质环境最基本的认识就来源于身体的感知觉，也包括身体在空间中活动的感受，这些感受看似相似，但其实都是主观感受，人与人之间存在微弱差异，这些感知觉的信息都可能影响人们对自然、对社会环境的态度，喜欢或厌恶、依恋或厌倦等。

时代在发展，城市的景观也随之变化，老北京的城墙减少了许多，胡同也在减少，旧式市场也逐渐消失，其他市场和庙会的售卖功能都已被大大小小的超市代替，城市中的视觉景象已和百年以前大不相同；城市中的声音，如叫卖声、各种响器声、驼铃声、笨拙的老水车声都已随着时光消逝，就连自行车的铃声都很少听到，城市声景发生了很大变化。在非遗文化越来越受重视的背景下，老北京最重要的商业区之一——前门大街，在经历了2008年以快时尚品牌店为主的"北京的香榭丽舍"商业步行街，转型为2013年"文化体验消费一条街"（包括"文化旅游体验区"、"文化创意体验区"和"城市生活体验区"）之后，终于在2015年定位于"非遗博览园"，包括一街（中国非遗大街，即前门大街），两核（非遗大戏院、非遗博览馆），三区（非遗博览区、非遗体验区、非遗创意区）。① 值得关注的是，早在2008年前门大街就已重现了原来只能在老照片上才能看到的街面样貌，76%为历史建筑风格（历史建筑、老字号门面、老牌楼、老牌坊、仿古建筑等）。② 国内外知名品牌以及老字号的入驻，在一定程度上带动了商业街的经济，但是前门大街却一直处于"舆论的旋涡"中，许多老北京人感慨"前门已经不是从前的前门了"。为何视觉上基本复原的前门大街没有得到老北京人的"认同"？这

---

① 旧消费的失败案例：前门大街"失去的十年". 吴睿. 三声官方百家号.（2018-05-07）[2018-07-06]. http://abjmm.com/wx/wz/57910.html.

② 王淑娇. 城市文化空间功能变迁与当代性重塑——以北京前门为例. 治理现代化研究，2019（2）：63.

应从老北京人对前门商业区的记忆说起。前面章节曾提到过,前门商业区是从元代兴起,明代形成规模,一直延续至今的,清代中期以后这里发展了老北京的会馆、梨园、钱庄和老字号等文化;这里也是北京中轴线上一个重要地标,是皇帝到天坛祭祀的必经之路。可以说前门地区是皇家文化和平民文化交融的地区。而重建的前门地区,只是恢复了街面形象,而街区功能与原来大不相同,加之快消品牌的进入,老字号寥寥,与复原街区古色古香的面貌形成了极大的文化反差,老北京的多重"京味文化"难寻踪影,老北京人找不到自己与前门的情感连接,自然会对"现代前门"有所抵触,而更加怀念"记忆中的前门"。

可见,能够触发"乡愁"和"地方感"的要素有很多,如声音、气味、生活物品、历史建筑等,这些要素在城市空间设计、旅游宣传片等方面多有涉及,但这些不是单一作用于人的情感体验,还需要有深层文化功能和社会功能上的满足。视觉、听觉等感知觉更容易唤起的是记忆,而与主体发生互动、建立联结的是实际的文化功能和社会功能,只有兼顾感知觉的感受和实际功能的作用,才能够唤起乡愁,并建立新的地方感。

三、听觉中的乡愁

听觉是重要的感知觉之一,听觉信息虽然没有视觉信息那么直观、形象,但听觉往往比视觉更能唤起更复杂、深层、强烈的情感、记忆和想象。老北京叫卖调是一份浓浓的乡愁,它们曾经在京城是那么普遍,飘荡在城市街巷,无须耳朵去寻觅,叫卖声自然送到耳边,人们只需筛选哪些是自己需要的。叫卖声延续了数百年,有历史传承,规模大、涉及行业广泛,把人们的生活和城市联结起来。

旧时老北京的叫卖调可以在许多京味文学中寻找,一些文学作品经过改编已搬上话剧、歌剧的舞台及电影、电视剧中,前面的章节已有涉及。若想听到老北京的叫卖调,更直接的方式就是听相声,这些是相声"说学逗唱"四个基本功中"学"的内容;许多老北京叫卖调也在戏曲、曲艺、小品等艺术形式中展现出来。这些是相声"说学逗唱"四个基本功中"学"的内容;这里仅梳理了与叫卖调有关的相声(见表6-1)。

表 6-1 相声中的叫卖

表演者	相声名称	作品中提到的叫卖	备注
马三立（单口）	《八大改行》	戏剧家改行卖菜 龚云甫——京剧老旦：卖菜（遇皇后） 李多奎—京剧老旦：卖菜（四郎探母）	传统相声 与叫卖没直接关系
侯宝林、郭全宝	《改行》 《八大改行》中的一段	刘宝全——京韵大鼓：卖粳米粥、砂锅煎饼、吊炉烧饼 龚云甫——老旦：卖菜	传统相声 侯宝林、胡仲仁也说过
侯宝林、郭全宝	《卖包子》 《八大改行》中的一段	抓髻（鬈鬏）赵、什不闲莲花落：卖切糕； 金少山、京剧花脸：卖馄饨 周信芳、京剧老生：卖包子 其中有相关的叫卖	传统相声 郭德纲、张文顺说过《八大改行》《改行》和《卖包子》
侯宝林、郭启儒	《卖布头》	卖菜、卖柿子、卖老倭瓜、卖糖葫芦（北京东西南北城区吆喝不同；天津叫糖墩）、晚香玉、海棠尖、玉兰花（瓣儿兰）、茉莉花 卖布头——北京：串胡同，推车，拨浪鼓软调——白布；硬调——赶庙会，骗人地方不定；八大祥 卖布头——天津摆摊	传统相声
郭全宝、郭启儒	《卖估衣》	卖豌豆、卖柿子、卖落花生、卖油炸鬼等	经典段落
马季、郭全宝	《卖布头》	（与侯宝林、郭启儒版本相似）	叫卖对应曲谱音高

续表

表演者	相声名称	作品中提到的叫卖	备注
郭德纲、于谦	《叫卖图》	卖菜、卖糖葫芦、卖包子（汉、回族，天津夜宵）、卖十三香（唐山人）、磨刀	
李增瑞、付强	《新旧叫卖》	卖估衣（新版）	
杨少华、杨议	《卖估衣》	卖柿子、卖菜、卖估衣	
陈印泉、侯振鹏	《学叫卖》	传统叫卖：切糕、江米小枣、磨剪子磨刀；现代叫卖：洗油烟机、糖炒栗子（剥好的）；打折信息（诈骗忽悠）	
刘金霏、陈曦	《新旧叫卖声》	卖菜；卖估衣（与李增瑞、付强版相似）	
周飞	《卖布头》	卖布头	
岳云鹏	《太公卖面》	卖面	
	《饽饽陈》	卖饽饽	
	《十三香》	卖十三香	
李寅飞、叶蓬	《叫卖》	卖香菜、韭菜、辣青椒、芹菜、化妆品、十三香、布头、白衣天使、脱贫	2021年春节晚会

相声能给人们带来很多欢乐，但其内容上有很多是具有讽刺意味的，特别是传统相声常讽刺一些社会现象，如表6-1所列的传统相声《八大改行》"系列"，虽然与叫卖不直接相关，但描述了因光绪皇帝驾崩百日国丧等原因禁止娱乐对戏曲、曲艺艺人的影响，这些艺人无奈暂时弃艺从商做起了小买卖，但只用自己原来的唱腔来吆喝，发生了一些趣事。在这些相声中，可以听到京剧、京韵大鼓、什不闲等经典唱段，带有戏曲、曲艺味道的吆喝别有一番风味。后经改编加入了老北京几个行当的叫卖，虽不多，但味道十足。不管

是叫卖还是京剧、评剧、京韵大鼓、什不闲、曲剧等戏曲、曲艺，都是老北京的声音，构成了丰富的声音记忆库。《卖布头》《卖估衣》是两段关于叫卖的经典段落，后来的许多相声小段都是在此基础上进行的改编，有些注入了新时代的"叫卖"内容。从相声表演的角度讲，这两段相声展示了表演者的学功和唱功，学唱各行业的叫卖，同行业不同城区的叫卖，同行业不同城市的叫卖等都需要表演者仔细聆听，反复练习之后才能惟妙惟肖地呈现叫卖的原汁原味。从相声创作的角度来看，这些原来在天桥卖艺的艺人关注了同样处于社会底层的穷苦商贩，他们能够体会彼此生活的不易，也能感受到小商贩们为了养家糊口的苦中之乐，相声艺人们取材于离他们生活最近的小人物、生活小事，将其提炼出来进行相声创作。对观众来说，人们很容易从这些来自生活的材料中找到与自己生活的关联，找到共鸣。从文化的角度来说，相声以自己的表达方式与地方文化建立联系，在京津地区形成了非常鲜明的文化特色，这些创作在无形中关注并展现了京津地区的民间民俗文化，用生动的模仿学唱保留了京津地区的叫卖，把"九腔十八调 棕绳跷扁担"的技艺以艺术的方式传承下来。

老北京叫卖调于2007年被列入北京市非物质文化遗产名录中"民俗"的一类，足以说明老北京叫卖调不仅仅在于吆喝，而是一个包罗万象的民俗"万花筒"。老北京叫卖调列入非物质文化遗产，是让人喜忧参半的一件事。喜的是，在节庆、庙会等民俗活动中叫卖出现的次数越来越多，老艺人、民间"叫卖队"纷纷加入了展演队伍，几乎所有庙会都曾看到过他们的身影，每次都会有很多游人驻足观看，有老北京人听其中的味道，有年轻人听其中的"新鲜劲"，也有来京游玩的人听个北京声腔的热闹。虽然每个人听的角度各不相同，但都有各自的收获，用耳朵触碰历史的声音故事，追忆老北京过去的生活，或是建构对过去生活的认识。

忧的是，失去的总会有些遗憾，老北京叫卖调生存的"土壤"发生了很大变化，以至于叫卖要以新的方式呈现，偶尔有骑自行车或电动自行车的收废品人穿行在小街区里，放着大喇叭，老远就能听到。正如相声《学叫卖》

所说,出现了新的"吆喝",商家用可以重放的电子产品,做着生硬的"广告",以至于被认为是没有艺术性、没有欣赏性、没有情感交流的"噪声污染"。老北京叫卖调生长于繁华的庙会和大大小小的胡同,而今天的北京已布满现代化的街道和商业区、高耸的住宅楼,邻里改变了模样。城市管理增加了新的规则,在城市里有的地方还存在早市,很多小商贩聚集在早市买卖货物,但已没有老北京吆喝声的感觉和意义。城市虽没有了走街串巷的小生意人,但也没有因此变得无声地"安宁","现代新货郎"——城市快递小哥,每天穿梭在高楼间的便道上,但他们的工作仅仅是送货,没有吆喝声,也许他们都不知道自己的货物是什么。但他们每天早出晚归、吃苦耐劳的敬业精神,受到市民的信任和爱戴。在2020年新冠肺炎疫情期间,还有一位快递小哥作为武汉的代表,在中央电视台每天的疫情播报节目中讲述了他们的感人故事。这些城市的快递小哥虽然没有了以往的吆喝声,但他们传承了传统的小生意人的精神美德,有诚信、有道德、能吃苦、亲民情。快递小哥的精神继续为新时代的城市注入了新的活力。

现代商业活动中,视觉广告取代了叫卖,有静态的海报,也有显示屏投放的动态广告;声音领域也有新的尝试,有些企业开始重视设计品牌的声音商标,借助电视、广播和网络传播。广告传播方式发生了改变,由室外转入室内,由人声转为电声,由电视转为网络,在一定程度上得到快速推广和认可。但有些广告缺少了地方特色,让人很难把这些与地域文化、与自己建立较强的情感联系。如网络购物中很常见的问题是,购买的是山东的产品,发货却在山西、东北或广东,产品的地方特色大打折扣,真是云里雾里的感觉。但大品牌要好得多,基本能够守信誉、保质量。

现在显得"过时"或不合时宜的人声吆喝方式在商业领域存留得不多了,也就消失了原有的商业广告意义,只剩下娱乐和欣赏的功能。每每在庙会或媒体上听到的叫卖,让人有些怀旧。听觉带着人们穿越到过去热闹的街景,那种对旧时光的向往可能唤起更久远、更具体的记忆,唤起个体曾经和地方的联结,唤起曾经的地方感和乡愁。

第二节　北京叫卖与文化心理研究

有关乡愁、地方感的心理研究已有不少，涉及的领域比较广泛，包括自传体记忆、情感、自我认同等多个方面。能够影响触发乡愁、地方感的因素有很多，如负性情绪、社交、感官刺激（音乐、味道）等。这里主要关注听觉要素，特别是音乐所触发的记忆、情感以及对文化认同的影响。

一、音乐与文化心理研究

音乐不仅是声音的组合，也是具有文化意义的符号。音乐的听赏过程需要对声音组合和文化意义进行"解码"。音乐听赏过程主要依赖两个线索，一个是心理物理线索，一个是文化特异线索。心理物理线索主要由听觉感觉器官获得，进而唤起相应的生理反应，如身体律动、情绪反应等，这是每个人都能体验到的；文化特异线索则需要高级的认知过程，包括已有经历、文化背景、记忆想象、审美判断等方面信息的综合。

人们在听本民族文化音乐时，会同时收集心理物理线索并调用文化特异线索来理解音乐。在听非本民族文化音乐时，会更加依赖心理物理线索来感受音乐的情绪，人们在缺乏文化经验的情况下，对音乐情绪的识别主要局限于基本情绪，而无法识别音乐表达的复杂情绪。由这些跨文化音乐听赏经验的研究可以看出，人们在听不同文化音乐所采用的听赏策略是不同的，听赏过程中唤起的生理反应、记忆、想象以及情绪体验等都是较为复杂的心理过程，并影响对音乐的理解和喜爱程度。这些音乐听赏心理过程都与文化认同感有一定联系，文化认同感离不开记忆、情感、对文化的熟悉度和偏爱。

除了上述跨文化听赏研究，音乐心理学领域涉及文化心理的研究并不多，但对音乐有关的记忆、情感、想象、偏爱等领域的研究有很多，从这些研究中可以看出音乐对人的心理活动的诸多影响，这里简要对这几方面的相关研究进行概述。

音乐可以唤起情景记忆，有些是与个人关系不大的情景记忆，有些是与个人生活密切相关的自传体记忆。相对于其他刺激，音乐唤起的记忆更加生动、具体，也伴随较强的情绪。在对阿兹海默病病人的干预中，音乐有助于改善患者的记忆力、认知能力等，延缓记忆力退化过程，而且相对于其他视觉、嗅觉等感官刺激，音乐能够唤起更多自传体记忆的细节。自传体记忆反映了个体存在的特定社会文化背景，其中包括地域和时代的信息，也是个体认同社会文化规范的过程。

音乐可以诱发情绪，包括简单情绪或复杂情绪，正向情绪或负向情绪，以及不同强度的情绪。音乐的各要素（旋律、节奏、和声、调式、音色等）都与情绪有一定联系，不同音乐带来不同的情绪感受，同一音乐对不同个体来说引起的情绪反应不尽相同，对于同一个体来说在不同时间可能也会引起不同的情绪感受。不仅如此，音乐还具有调节情绪的作用，而音乐本身的情绪积极与否与所要调节的情绪结果不直接相关，简单来说就是，悲伤的音乐具有调节情绪的积极作用。音乐通过情绪调节，还能促进希望感的产生以及助人行为。对于音乐诱发情绪的机制，有学者提出了多重机制模型，其中包括八种诱发机制：脑干反射、节奏律动、情绪感染、评价性条件反射作用、视觉想象、情景/事件记忆、音乐期待和审美判断，前三种与生物体适应机制有关，后五种与音乐文化经验有关。音乐文化经验也影响音乐偏好，两者成正相关。

音乐唤起的乡愁的研究较少，但已有研究都证明了音乐能够且容易唤起乡愁类的情感体验，有一项研究还提出了音乐唤起乡愁体验的启发式模型，其中包括情境层面和个体层面。情境层面包括个体与歌曲联系的各个方面，如对歌曲的熟悉程度、与个人记忆的关联度，还包括听歌曲时个人体验的各种特征，如聆听歌曲时的唤醒程度和特别的情感；个体层面涉及个体差异，如对乡愁的倾向性和人格差异性。情境和个体两个层面共同作用于乡愁，与个人有关的、熟悉的、能够唤起较强情绪体验（正向或负向情绪，或混合情绪）的音乐，以及大五人格量表的神经质人格和情感神经科学人格量表的悲伤维度能够预测乡愁的倾向性。

音乐与认同方面的心理研究相对较少，更多地集中在民族音乐学领域，涉及文化认同、族群认同、身份认同等。民族音乐学领域主要讨论主体性与空间的关系，认为人是具有自我概念和能动性的行动者，音乐是表达自我的一个途径，音乐信息中包含了自我认同、群体认同、地域认同、信仰认同、民族认同、国家认同等方面的信息。音乐以四种方式影响认同的形成，一是音乐的符号性，二是音乐表现以社区共享的方式为身份认同提供可能，三是音乐有助于形成认同的"感觉"或情感，四是音乐能够给予一份身份认同。这些认同是构成自我概念的一部分，反过来也会影响个体对音乐文化的情感体验和行为方式。

以上的研究可以为老北京的民间音调与乡愁、文化认同的关系提供音乐心理学视角的解释：民间音调是老北京人原来听到过的乡音，时过境迁，再听到时会唤起对过去生活的回忆，有的是普通的生活场景，有的是自己和家人、朋友共同的经历，如逛庙会、与伙伴玩耍、看演出杂耍等，生动的场景历历在目，回忆的过程伴随对过去时光的留恋、伤感的情绪，也会有追忆过去愉快经历的情绪感受，五味杂陈，身体上也会伴有相应的情绪生理反应。回到现在听到的民间音调，人们会细细听，听唱腔、听韵味，慢慢品其中的味道，内心自有评价。作为"老一辈"，老北京们再把这些心路历程分享给下一代，构建他们对"地方"的认识，联结他们对"家乡"的情感，亲身参与并感受文化传承的过程，把文化认同的接力棒传给下一代，内心满足，自我价值得以实现。

二、民间音调有关的心理研究

基于对老北京叫卖调以及民间歌曲的研究，尝试以这些民间音调为材料，研究人们在听赏这些民间音调时产生的心理感受。本研究中的民间音调分别包括老北京叫卖调、同宗歌曲和山东传统民间儿歌，研究中分别关注不同的听赏心理活动，如叫卖调音高轮廓再认、同宗歌曲地域风格辨别、山东传统民间儿歌节奏、旋律感知等，这些听赏过程都与地方音乐文化认同有千丝万缕的关系，有些涉及外显认知，有些涉及内隐认知。这三项研究选择了不同的被试参加，第一项被试多为北京人，第二项被试多为在校大学生，第三项被试为幼儿。这是根据不同的研究内容决定的。

1. 音乐文化启动条件下的听赏策略研究

北京叫卖调能够唤起老北京人的记忆，也可激发非北京人产生对北京的"地方感"，但不同文化背景的人们聆听北京叫卖调时关注的侧重点是否一样，或者说他们的听赏策略是否一样，由此引发的音乐想象是否一样，他们的听赏感受是否相似呢，这些问题令人思考。虽然是一些基本问题，但可以与之联系的应用领域有很多，如与当前音乐教育领域开展的"民歌进校园""传统音乐进校园"等活动有一定关系，学生能否在学习音乐的同时产生"文化认同"，从而建立"文化自信"，也与旅游景区的文化建设有一定关系，如民间音调能否激发本地人的"乡愁"，或因旅游产生的"地方感"，以吸引新老游客，还能为广告领域的声音设计提供一定借鉴。

本研究以老北京叫卖调作为文化启动的材料，是因为老北京叫卖调作为具有音乐性的听觉材料，会同其他声音、音乐材料一样具有唤起人们的记忆、情绪等心理活动。这项研究采用文化启动范式，即个体在先前任务中被启动的某种认知表征或思维过程，在后来的时间被激活，并产生不受个体控制的且未被意识到的影响。本研究中，根据指导语的引导，先聆听老北京叫卖调，完成一定任务，但任务与音高轮廓辨别任务没有直接关联，不同被试聆听时的关注点不同，这会影响其完成音高轮廓辨别任务的效果。

用音乐作为文化启动材料的研究不多。在跨文化音乐研究中，研究结果往往反映出人们在听异文化音乐时会利用已有的自文化音乐思维。另外，人们听赏器乐类作品和歌曲的心理加工过程不完全一样。在心理学研究中，学者们研究了听歌曲时人们对音乐和歌词的加工过程，在材料和任务不同的实验中得到的结果不同。一些结果表明音乐和语言加工是相互影响的；而其他研究表明这两种加工是相互独立的。加工过程依赖于注意资源的分配，但是，许多实验已经证明了歌曲相对于口述的歌词，更能辅助记忆歌词，甚至对婴儿同样有效。在研究儿童学习新歌曲的过程中发现，歌词很容易与音乐相匹配。在脑神经研究中发现，大脑的颞上沟是聆听熟悉和不熟悉的歌曲时反应差异较大的区域，主要参与熟悉歌曲的记忆。在关于音乐和语言意义的脑科学研究中，Koelsch 等发现音乐和语句在与单词意义不相关时会引发更大的 N400。

根据已有的研究，从跨文化的角度来看，本研究中的老北京叫卖调是老北京特有的文化，属于有特色的地域文化，对北京人来说是自文化，对非北京人来说是陌生的异文化，老北京叫卖调的音乐和语言特点主要表现在旋律轮廓、节奏、语音和地方语汇等方面；从听者对词曲的加工过程来看，听者对音乐材料的熟悉程度是影响词曲加工过程的重要因素，听者对词曲的注意分配会有不同。因此，本研究假设北京人和非北京人在听老北京叫卖调时的聆听感受不同，识记加工策略也不同，即北京人可能对北京叫卖调更熟悉，会关注曲调的部分，也许这些已经保存在他们的记忆中，曲调就能唤起对物体的联想，无须关注歌词；而非北京人可能对曲调不熟悉，可能会更关注歌词的部分。

被试：本研究中北京人定义为在北京出生并在京生活 15 年以上。参加实验的被试共 123 人，其中北京人 22 人，年龄在 19—63 岁，他们都是在北京出生，在北京长大，在北京生活时间平均为 29.36 年（SD=11.23）；非北京人 101 人，其中 59 人主要为大一非北京生源，年龄为 18—19 岁，在京生活不到 1 年，还有 42 人，年龄为 23—25 岁，在北京生活少于 5 年，在北京生活时间平均为 1.07 年（SD=1.44）。

材料：实验材料为 5 段老北京叫卖调，这些音频都来自随著作出版发行的 CD。被试听到的材料包括 5 段叫卖调音频原版，主要是蔬菜水果的叫卖，每段吆喝中有 4—9 种蔬菜或水果。除了原版，还有由吆喝中出现的某种蔬菜或水果的吆喝改编的只保留音高特点而没有唱词的音高轮廓版，使用 Praat 软件完成，把吆喝的语言模糊化，把音调提取出来共 8 个。

实验过程：被试先听完整原始版本的叫卖调两遍，同时准备回答一个与刚听的吆喝有关的问题，然后依次听 2—3 段仅保留音高轮廓的片段；每个片段听两遍，屏幕上呈现三个图片，被试根据音高轮廓想象是哪种蔬菜或水果，选出对应的图片，记录其选择的正确率。图片的选择有几个条件：①字词音调一致，如"大菠萝"和"大樱桃"都是去声+阴平+阳平；②叫卖的音高轮廓相似，如"芝麻蕉"和"石榴"（如图6-1）；③物品颜色一致，如"扁豆"和"芹菜"都是绿色的。不符合这三个条件的为干扰项，如架冬瓜—西红柿。每段吆喝实验之间休息1分钟，共5段。如图2。

实验程序用VB语言编写，按照上述实验过程呈现给被试，被试用鼠标和键盘作答。

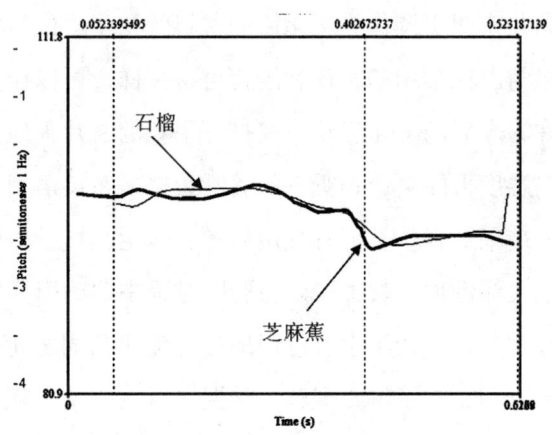

图6-1 叫卖中"芝麻蕉"和"石榴"的旋律轮廓

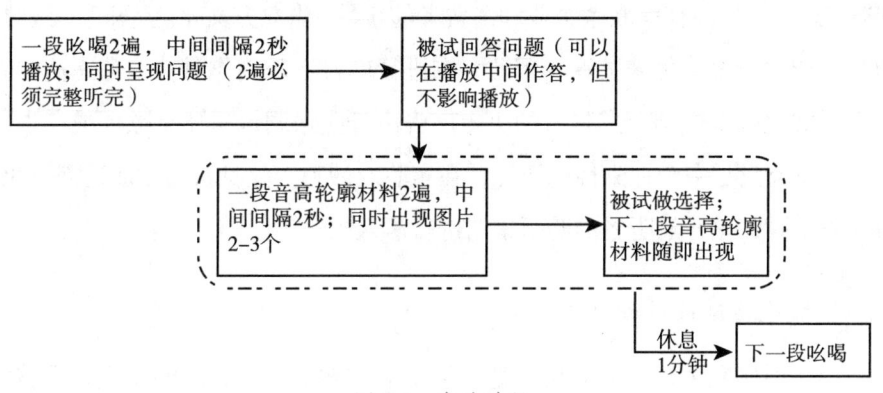

图6-2 实验过程

结果表明，北京人回答正确率为48.03%，非北京人正确率为38.57%，北京人的正确率显著高于非北京人的正确率（$p<0.05$）。对被试的错误进行分析发现，当音高轮廓相似时，北京人的错误会多一些；而字词音调相似时，

非北京人的错误会多一些。由此推测，北京人对北京叫卖调更具有文化熟悉感，更关注音乐方面的特点，即音高轮廓，而较少关注语音线索，也许他们早已建立了语音和曲调的关系，所以无须单独搜索语音；而非北京人更依赖于语音线索，也许在曲调的帮助下记住了唱词，但曲调并没有完全和唱词进行联结，只能根据语音的特点进行判断，而且他们还容易受到其他方面因素的干扰，如相似的音高轮廓、颜色等因素，这说明他们对老北京叫卖调并不熟悉，在聆听时需要更多的注意资源。

本研究是用老北京叫卖调作为文化启动材料的初步尝试，实验在一定程度上说明音乐材料与以往常用的图片和语言材料一样，可以作为文化启动范式的材料，这也许为今后的文化启动研究打开了新的一片天地。从实验结果可以看出，文化熟悉度可能会影响听者的聆听策略，在英语阅读理解中也存在类似现象。这一结果对音乐教育有一定启示，学生在接触陌生文化的歌曲时可能会下意识地关注歌词，教师可以在聆听过程中明确引导学生关注音乐或歌词，或两者分别分析，让学生有意识地建立旋律和词之间的关系，认识的过程也是熟悉的过程，在了解、理解、掌握之后文化认同随之产生。旅游景区的音乐文化应注重突出地域特点的音乐，可以考虑乐曲和歌曲兼有。在广告领域，音乐往往是联系企业和消费者的纽带，当双方文化"品味"一致时，商品可能才会得到更多关注，因此，在进行广告音乐创作时，应考虑消费者的音乐文化因素，结合广告目的决定广告声音应强调音乐还是歌词或广告词等。本研究只是一个探索性的研究，在实验设计和实验材料等方面还需细化，进而对不同文化背景听者的聆听策略进行深入探索。

2. 民歌地域风格感知调查

第二项研究关注听者对民歌地域风格的感知情况。我国的民歌是丰富的音乐海洋，其种类、题材、形式以及功能非常丰富，各地都有独具特色的民歌，这些都是在气候、地理、语言、历史、文学、宗教、劳作方式等多方面综合作用的结果。而在流行音乐泛滥的今天，人们是否还熟悉自己家乡的民歌，是否还能品出"乡音"，是要研究的问题，这既关乎个人对家乡的认识和文化认同,也关乎学校对本土音乐文化的传承。"乡音"能否唤起"乡愁"是研究的基本目标。本研究是一个相对基础的民歌地域风格感知调查研究,调查的目的不是检验音乐教育的结果,而是要调查人们是否能够辨别民歌不同地域风格。但考虑到一般听者接触的音乐范围也许有限,调查内容更加关注于人们是否能够辨别家乡地区的民歌风格。

在浩如烟海的民歌曲库中选择曲目并不容易。如果随意选,很有可能由于歌曲的内容、形式、种类等方面的信息辅助人们判断出音乐地域风格,因此,希望寻找在歌曲内容上较为一致,而音乐特点存在差异的民歌。这样,民歌中的同宗歌曲成了符合本研究要求的听赏材料。同宗民歌,即"由一首民歌母体,由此地流传到彼地乃至全国各地,演变派生出若干子体民歌群落"[1],各地流传的版本有些词曲差异不大,有些词同曲异,有些曲同词异,因此同宗民歌保证了歌曲在某一方面的相对一致性,前两个类型更适用于本研究。本研究选择了《茉莉花》和《对花》两组同宗歌曲,《茉莉花》[2]和《对花》[3]都是传唱很广的民间小调,也有较长的历史,可以追溯到明清时期。这两组同宗歌曲在各地民歌中词曲都各具特色。从歌词来看,《茉莉花》的歌词在各地传唱的版本相对一致,《对花》的歌词虽然不完全一样,但歌词的格式、句型大体相似;从乐曲特点来看,各地的《茉莉花》旋律有一定相似性,又不失地方音乐特色,《对花》的曲调在各地有较大差异。研究材料从这两组同宗歌曲中,找几个地区的版本,让被试报告歌曲的"原产地"——地域风格。被试可能会对传唱较广的版本和自己家乡的版本更为熟悉;另外,音乐教育经历是否会提高对民歌地域风格的感受性,也是本研究考查的内容。

---

[1] 冯光钰.中国同宗民歌.中国文联出版公司,1998:1.

[2] 音乐学研究表明《茉莉花》的旋律来自《鲜花调》,早在清代道光年间贮香主人编辑的《小慧集》中就有工尺谱的记载;唱词可追溯到清代乾隆到嘉庆年间的戏曲剧本《缀白裘》。

[3] 音乐学研究表明《对花》在东北地区传唱较广。《百本张钞本》中收录了对花的工尺谱,可追溯到清代乾隆时期。

调查一①：

调查对象：为两所大学的大一年级音乐专业学生和非音乐专业学生，他们来自全国20多个省、自治区、直辖市（如表6-2）。其中音乐专业学生117人，所学专业包括中西方器乐、声乐、音乐教育、录音技术和舞蹈；非音乐专业学生81人，所学专业包括数学、物理、生物、化学、材料、计算机和建筑。

表6-2 音乐专业和非音乐专业学生的地域分布

	黑龙江	吉林	辽宁	北京	河北		黑龙江	辽宁	北京	河北
音乐	7	4	4	19	13	非音乐	2	6	5	6
	山西	内蒙古	山东	河南	安徽		河南	山东	安徽	江苏
音乐	6	6	11	3	1	非音乐	7	8	1	9
	江苏	浙江	江西	湖北	湖南		浙江	湖北	湖南	广西
音乐	1	2	3	3	8	非音乐	6	3	6	3
	广东	广西	重庆	四川	陕西		贵州	陕西	重庆	四川
音乐	1	1	2	1	3	非音乐	1	4	1	8
	甘肃	云南	未作答				甘肃	云南	新疆	未作答
	3	1	14				1	2	1	1

材料：调查选用的材料为同宗歌曲《茉莉花》的四个版本，分别来自江苏、河北、黑龙江、辽宁，每个版本的《茉莉花》截取第一段。

研究过程：学生填写个人资料，包括音乐学习经历、家乡等信息。每个《茉莉花》连续播放两遍。听完每一个版本之后，凭直觉写出这一版本可

---

① 蒋聪.美育与乡愁乡音——以同宗歌曲《茉莉花》地域识别为例.美育学刊，2016（6）：22-28.

能来自的地域,地域越准确越好;然后对自己的答案进行自信度评价,利用李克特五点量表,1 为非常不自信,5 为非常自信。

调查结果:分别对四个版本回答的地域正确率、主观感受的版本所属区域、正确率与学生家乡的关系以及与学生对自己的回答自信度的关系进行分析。

学生对《茉莉花》四个版本所属地域的回答是自由作答,大多数学生的回答是省的名称,一些学生回答的是地区的名称,如陕北、江南、西北等。所有答案都进行地域上的量化,即离版本的地域越远分数越高,如江苏版《茉莉花》,如果回答江苏得 1 分,如果回答湖北得 3 分(以省为单位,中间跨越安徽省,安徽为 2 分,依此类推),如果回答江南得 3 分(根据江南的地理概念)。

按照这种评分方法,分别得到了每个版本回答的地域正确率(见表 6-3)和主观感受的所属区域(见图 6-3)。可见四个版本中,江苏版的《茉莉花》正确率最高,而其他三个版本的正确率相对较低。音乐专业学生(有效数据 103 份,有 14 位学生未完全作答)在四个版本中的正确率都比非专业学生(有效数据 80 份,有 1 位学生未完全作答)的正确率高。有意思的是各个版本学生主观认为的区域,有相当一部分音乐专业学生把江苏、河北、黑龙江版本认为是距这三省稍远省份的民歌,把辽宁版本认为是距辽宁较远地域的民歌;有相当一部分非音乐专业学生把河北、黑龙江版本认为是距这两地稍远的地区的民歌,把江苏、辽宁版本认为是距这两地较远地区的民歌。

表 6-3 音乐专业和非音乐专业学生四个版本的正确率

	江苏	河北	黑龙江	辽宁
音乐(103)	57.89%	40.3%	29.8%	14.9%
非音乐(80)	34.6%	13.6%	11.1%	8.6%

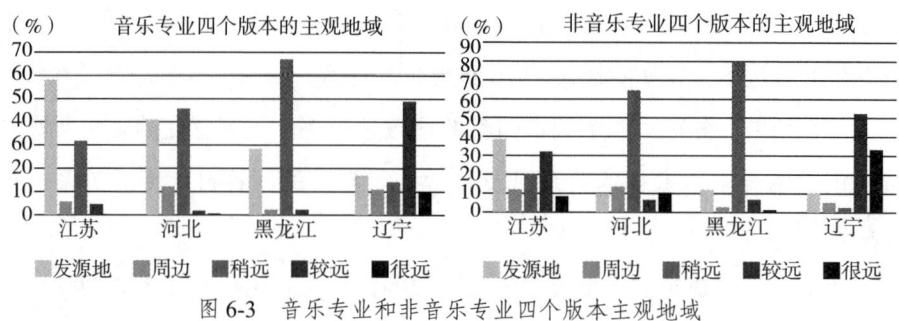

图 6-3 音乐专业和非音乐专业四个版本主观地域

同样按照上面评分方法，为学生四个版本的主观"发源地"打分，即学生家乡距主观"发源地"的距离。然后分别得到了音乐学生和非音乐学生相对于版本"发源地"远近的人数比例（见图 6-4），以及距四个版本"发源地"不同远近的学生的回答正确率（见图 6-5）。因有学生未报告自己的家乡，所以音乐专业学生有效数据为 103 份，非音乐专业学生为 80 份。从图中可以看出，来自四个版本"发源地"的学生比例相对较少，只有音乐专业的河北生源占到了 30% 以上；在音乐专业学生中来自周边地区的学生较多，而非音乐专业学生来自距"发源地"稍远地区的学生较多。有意思的是，除了音乐专业江苏（100%，因为仅一位江苏学生）和河北的学生（62.5%），以及非音乐专业江苏的学生（80%）正确率较高外，其他所涉及地区的学生对自己家乡民歌的识别率不高，都在 30% 以下，且和非涉及地区学生的正确率无太大差异，甚至更低。对江苏版本《茉莉花》，非江苏学生的正确率基本不受地域远近的影响，可见江苏版《茉莉花》的普及程度之广。

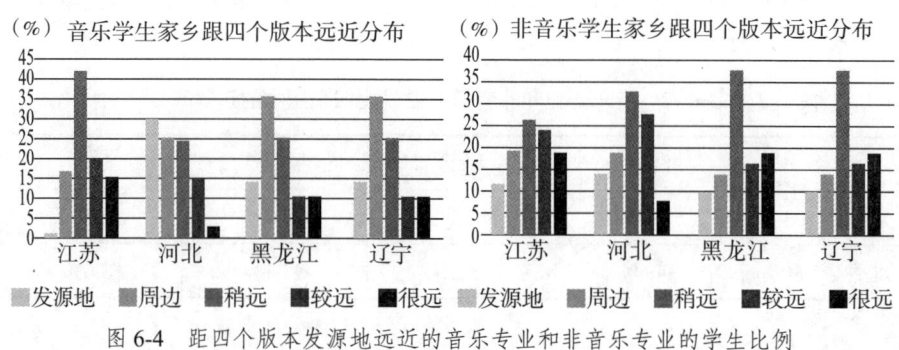

图 6-4 距四个版本发源地远近的音乐专业和非音乐专业的学生比例

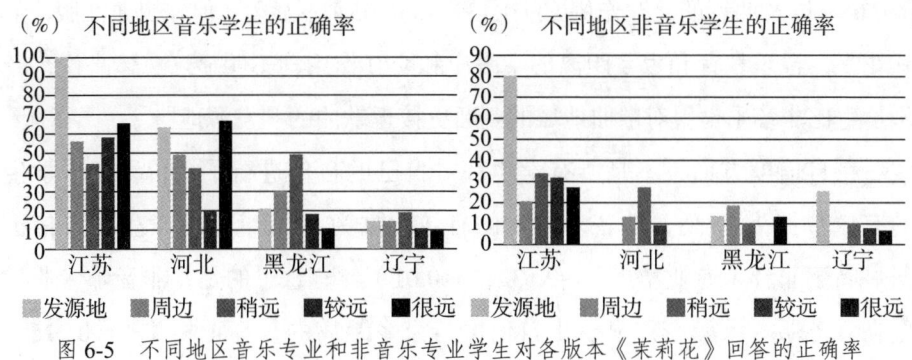

图 6-5 不同地区音乐专业和非音乐专业学生对各版本《茉莉花》回答的正确率

再来看看学生对自己回答的自信度（图 6-6）。整体来讲，不管回答正确与否，音乐专业和非音乐专业学生的自信度都不高，基本在 3 分以下；回答正确的音乐专业学生的自信度略高，而非音乐专业学生没有表现出很高的自信；回答错误范围在周边和稍远地域的学生自信度比回答错误范围在较远和很远的学生高。

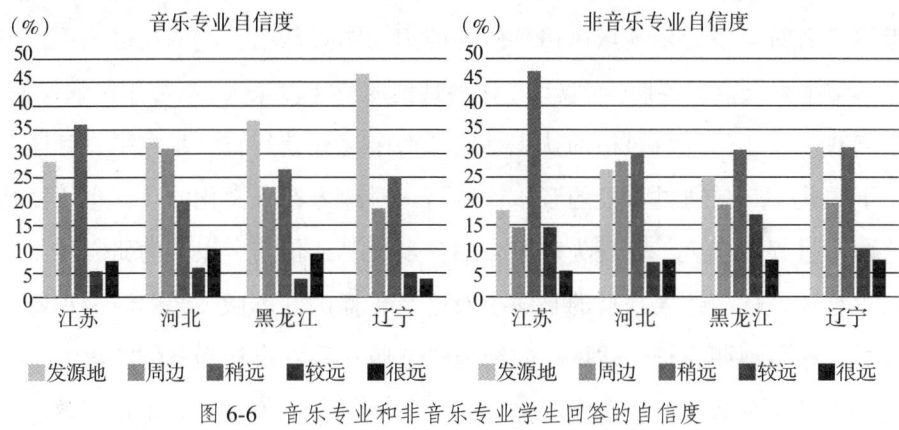

图 6-6 音乐专业和非音乐专业学生回答的自信度

进一步对家乡距离和音乐教育背景对学生回答选择的影响进行分析。经方差分析得出，江苏版《茉莉花》，音乐教育作用凸显，即音乐专业的学生明显好于非音乐专业的学生（F=6.848，p<0.05），而家乡距离（F=0.796，p>0.05）以及与音乐教育的交互作用（F=1.091，p>0.05）不显著；在河北版《茉莉花》，显示出了音乐教育的主效应（F=20.180，p<0.01），而家乡距离（F=0.919，p>0.05）以及两者的交互作用（F=0.787，p>0.05）不显著；在辽宁版《茉莉花》，同样显示出了音乐教育的主效应（F=6.125，p<0.05），而家乡距离（F=1.431， p>0.05）以及两者的交互作用（F=1.131，p>0.05）不显著，但在黑龙江版《茉莉花》，音乐教育和家乡距离的主效应和交互作用均不明显。总体来说，音乐学生比非音乐学生对歌曲地域的判断更接近歌曲的"发源地"。

在自信度方面，不是所有学生都对自己的自信进行了评价，音乐学生的有效数据为95份，非音乐学生的有效数据为57份。音乐学生的自信也明显高于非音乐专业学生（t=2.632，p<0.01）。有意思的是，非音乐专业学生在江苏版《茉莉花》显示出自信度与家乡距离的较高正相关（r=0.216，p<0.05），即家乡与江苏越近，判断越自信；在辽宁版《茉莉花》显示出自信度与答案的较高负相关（r=0.216，p<0.05），即回答与歌曲发源地相距越远，回答越自信（这个结果有些让人匪夷所思）。而音乐专业学生没有表现出任何自信度与家乡距离或与回答正确率的相关。

本研究以民歌中较为典型的同宗歌曲为听赏材料，以地域性为切入点，考察听者对家乡音乐地域风格感知的能力。本想从叫卖调的角度入手，但由于学生来自全国各地，而收集全国各地的吆喝难度很大，只好用民歌代替。人们对家乡音乐地域风格的认识一般从两个途径获得，一是在平日耳濡目染下内化，二是通过学校的音乐课习得，对地方音乐文化的认同也主要从这两个过程中产生，表现为对家乡的"乡愁"或依恋。以上的研究结果让人欢喜让人忧，让人欢喜的是学生对广泛传播的江苏版《茉莉花》识别度很高，这与预期相符，这可以归结为江苏版在课堂讲授和媒体的出现率远远高于另几个版本；让人忧的是大多数学生对自己家乡的版本很不熟悉，即使音乐学习经历较为丰富的音乐专业学生也没有表现出良好的音乐地域风格感受性。这不禁要问几个问题：是这几个版本相似性过高，以至于没有充分展示出地域特点，还是学校音乐教育以及社会音乐氛围对地方音乐文化重视和宣传不够？

通过对四个版本音乐形态和歌词的分析，发现四个版本的旋律轮廓确实存在较高一致性（p<0.01，如图6-7），而且都为徵调式，但各个版本还是存在一定差异。从歌词来看，只有江苏版无衬词，其他三个版本都有衬词；从

乐句结构来看，江苏版的乐句相对规整短小，而其他三个版本受到衬词的影响，并不十分规整，而且乐句较长；在旋律方面，江苏版音级跨度较小，其他三版有小六或小七度的下行跳进，另外，河北版中出现了强拍变宫，这是很具地方色彩的特点；从节奏上看，黑龙江和辽宁版本在句首多附点节奏型，这是东北民歌较为常见的一个特点，增添了活力和趣味；从腔词关系来看，有的版本旋律音调和字的普通话音调不一致，和地方方言有一定关系，如黑龙江中茉莉花的"茉"听起来像"mǒ"，这在东北方言中是有可能的，即普通话的去声在东北方言中为上声。根据这些音乐特点，地域风格还是有"依"可循的。

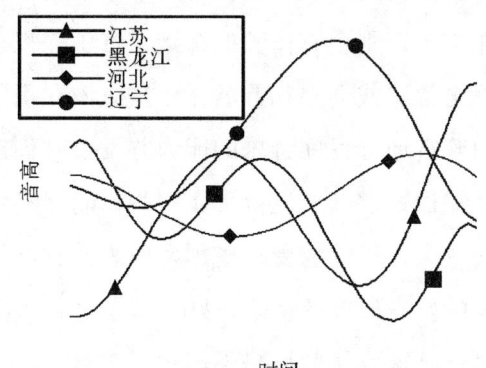

图 6-7 四首民歌旋律拟合图

在辨别民歌地域风格的过程中，可以看出学生使用了两种策略，一种是依据外显知识，如江苏版的辨识是根据"常识"来判断的，另一种是依据内隐知识，如其他几个版本的辨识也许依赖于"直觉"。"直觉"并不是盲目猜测，而是建立在已有的听赏经验基础上，听赏经验来自具有特色的地方音乐、流行音乐、西方音乐、戏曲曲艺等。听赏经验是建构"内隐知识"的基础，"内隐知识"是通过内隐学习过程获得的，是无意识条件下形成的，人们没有意识到其中的规则，却已经掌握了规则，儿童学习母语的过程就是很好的例子，音乐领域也是同样。在内隐知识的驱动下，他们会隐约感到某些版本带有家乡气息，可能是节奏的特点，也可能是旋律、调性的特点，根据主观感觉来完成任务。如果听者能够对其"乡音"识别度较高,意味着他们对家乡的歌曲风格比较熟悉,这种熟悉表明一种地域文化认同感,反映出对家乡的亲切感。但从研究结果来看,学生对于家乡音乐文化的"内隐知识"是缺失的,只有少部分人能够感受到乡音的味道,可见音乐文化在"乡愁"或家乡文化认同中起到的作用是微乎其微的。由此不禁让人们思考音乐教育是否起到了美育的作用,以及音乐教育的目的和成效到底应该是什么。学生是应该学会一首歌,还是应该学会感受某个音乐风格?音乐教育是应该授之以"鱼"还是授之以"渔"?相信其他科目,诸如数学、物理、化学或语文、地理、历史等,学习知识的目的不仅仅是会解一道题、会背一首诗歌或一篇散文,而是用知识去解新的题目或写篇新的文章,毕竟考试的题目不是都做过的或默写过的作文,否则会有作弊的嫌疑。音乐课程也是一样,不应局限在了解某些音乐史常识或会唱几首歌,而是应该在积累丰富听赏经验的基础上培养学生的鉴赏地方民间音乐的能力并发展其创造性,由"内隐知识"逐渐向"外显知识"过渡。说得具体一些,能够鉴别某个音乐类型或音乐风格、自由表达对音乐的感受,或用音乐表达自己的感受,这恰恰是音乐教育中所缺少的。本研究的结果正好反映了这种现状,学生对各地民歌风格不清楚、对自己家乡民歌风格不敏感、对自己的回答不自信,不得不说中小学音乐教育在加强民间音乐内容方面有些"慢拍",希望民间音乐的传承能像各地家乡方言和家乡小吃一样熟知。想象一下,仅仅会说家乡话,会品家乡美食,而唯独没有家乡的民间音乐,同样也像丢了"魂"。"声""音"或"歌""声"是一体的词语,缺一不可,消失了家乡语言不行,同样消失了家乡音乐也不行。消失是自然的,而丢失就不是自然的,丢失就是人为的不作为。我们不让祖先留下的根音乐丢失,家乡的民间音乐就不会消失,就会代代传承下去,家乡的人们才爱国乐、爱族乐、爱乡乐。同时也能充分理解国务院办公厅印发《关于全面加强和改进学校美育工作的意见》以及坚持"文化自信"的重要性。

调查二[①]：

调查对象：为两所大学的大一年级非音乐专业学生，所学专业包括数学、物理、生物、化学、材料、计算机和建筑。他们来自全国20多个省、自治区、直辖市，共76人，其中男生60人，女生16人。

材料：调查选用的材料为同宗歌曲《对花》的五个版本，分别来自安徽、山西、陕西各一首，山东两首，每个版本的《对花》截取第一段。

研究过程与《茉莉花》的研究过程完全一样。

调查结果：如前所述，《对花》与《茉莉花》系列的同宗歌曲不同，词相近和曲异。如果说《茉莉花》乐曲的相似性较高为听者辨别地域带来了一定干扰，那么《对花》乐曲的差异性是否更容易有助于判断出地域风格呢？本研究以知觉地域距离作为因变量，以家乡距离、版本相似性、熟悉感、喜爱度、家乡生活时间和判断依据[②]为自变量进行了多元线性回归分析，来看其对主观地域（即地域风格辨别）的贡献率。结果得出的模型中只有一个自变量对地域风格辨别贡献率较高，即家乡距离（R^2=0.04，$F = 17.04$，$p<0.001$；$b = 0.22$，$SE = 0.05$，$p<0.001$）。因结果违背了多元回归的独立性假设，基于回归结果建立了混合线性模型，以知觉地域距离为因变量，以家乡距离和熟悉性为固定因素，并在模型的固定和随机（效应）部分包含截距，结果得出家乡距离具有主效应[$F(1,377) = 16.51$，$p< 0.001$]，图6-8展现了地域距离与主观地域的线性关系，即如果被试家乡距民歌版本地域越远，那么主观判断的民歌版本地域距实际民歌版本地域越远。而主观感受的各版本相似度与家乡距离具有显著相关性（$r =-0.12$，$p<0.05$），在此基础上，建立混合线性模型，以知觉地域

---

① 本研究曾在第6届亚太音乐认知大会上报告。

Jiang Cong, He Hao. Style perception of a folksong family: Duihua (antiphonal song of flowers). APSCOM6, 2017. 8. 25–27.

② 知觉地域距离，即被试知觉的地域与民歌版本地域之间的距离；家乡距离，即被试家乡与与民歌版本地域之间的距离；判断依据，包括歌词、旋律和直觉。

距离为因变量，以版本相似性为固定因素，并在模型的固定和随机（效应）部分包含截距，结果得出主观相似性具有主效应 [F（1,302）=5.7, p<0.05, b = –0.19, SE =0.08]，图 6-9 展现了主观相似性与主观地域的线性关系，即主观判断的民歌版本地域距实际民歌版本地域越远，主观相似性越低。

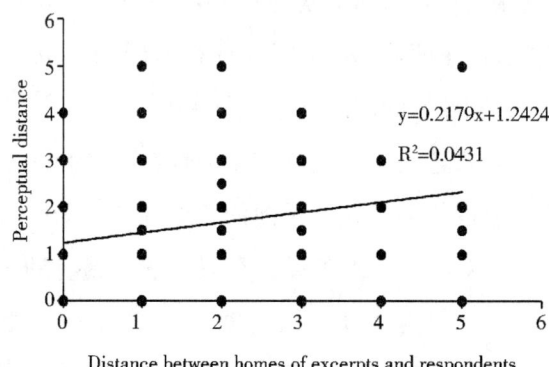

图 6-8　地域距离与主观地域关系的散点图

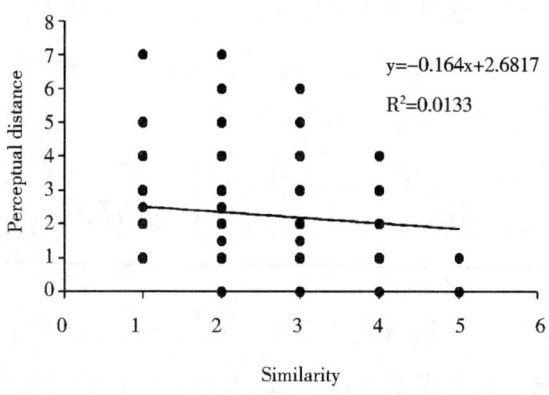

图 6-9　主观相似性与主观地域关系的散点图

以上研究结果说明了主观判断的地域与听者家乡所在地距民歌版本地域的距离存在正相关，简单来说就是，如果民歌版本不是来自听者的家乡，且距离越远，人们在主观上的判断也越远，主观感受的相似性也越低。这说明听者感受到了不同地域音乐文化的差异，而且对地域音乐文化差异的判断可能不仅是不同版本之间的比较，还会在潜意识中以家乡音乐风格为参考，但还需进一步研究。

《对花》系列同宗歌曲表现出与《茉莉花》系列不太一样的结果可能是由于词曲差异相对较大造成的。所选的五个版本《对花》中，有时序类两首，数序类一首，还有两首不属于时序类和数序类，只是以对唱的形式问答花名。音乐特点上，不都是徵调式，山东两首分别为羽调式和宫调式；在旋律和节奏方面，都体现出一定的地方音乐特色：安徽版旋律流畅，以小音程为主，山西版中大跳较多，其中纯五度和小六度都为下行，纯四度都为上行，山东版旋律中相对波音和切分音较多，可能和衬词有关，陕西版纯四度都为下行，且多波音和颤音。另外，演唱者咬字也反映出一定的地方语音特点。这些词曲特点可能让听者有了更多的判断依据，且减少了词曲相似性的干扰，从这点来说，词同曲异类的同宗歌曲更适合作为音乐地域风格辨识的材料。

3. 传统儿歌节奏和旋律感知调查

音乐风格的"内隐知识"是如何习得的，与早期语言习得是什么关系，是一个值得研究的问题。这对儿童音乐曲目的选择、儿童早期音乐能力的发展能够提供一定的实证基础，还为儿童国家认同感、文化认同感的发展打下基础。这里并不是说要培养"单一"音乐文化认识，我国由五十六个民族构成，各民族文化艺术表现非常丰富，音乐表现在地域、族群等方面也具有多样性。对于儿童，要培养的是对地方、家乡、民族、国家的文化认同感，如果当地存在多样的音乐文化，就可以培养"多乐种"的音乐感，这是我们音乐文化的"母语"。

我国有很多传统儿歌。在文化部各省民歌集成项目中，儿歌被列为单独的一类，每个省至少收集了20首儿歌。传统儿歌涵盖许多主题，如自然、游戏、田野劳作或家中玩耍、家庭、数数、传说、传统故事、不同节日或节气的习俗、摇篮曲等。传统儿歌的内容是多么丰富多彩！所以，许多学者都认为传统儿歌是儿童的启蒙"教科书"，特别是学校教育还没有普及的时候民歌发挥了传授知识培养道德的作用（Minks，2002）。孩子们通过传统儿歌，形成了道德观念，学习了常识，故事，历史故事和文化习俗。除此之外，母语和音乐也通过内隐学习而内化。

汉语是一种声调语言，不同的声调会有不同的语义，旋律应该基于歌词的声调，否则会导致歌词的歧义。方言在地区与地区之间，甚至村庄与村庄之间会有差异，所以民歌中的旋律也各有特点。本研究以山东传统儿歌为研究材料，由于山东方言与普通话不同，适合普通话的旋律不适合山东方言。因此，山东民歌的旋律有其自己的"方言"。

词曲关系也被称为"腔词关系"。赵元任先生的研究奠定了这一领域的基础，他认为"阴阳上去"四声可以按"高扬起降"的歌调进行处理。如果把四声分成平仄、两种，平声可以倾向于低音或平音，仄音可以倾向于高音或变度音。此外，他还总结了五个处理平仄音和曲调之间关系的方法，其中涉及平仄相连以及韵字的歌调特点。除此之外，还涉及节奏、重音等特点。赵元任先生所提的这些特点更多的是为新的声乐创作实践做指导。但民歌中也涉及这些问题，否则会出现"倒字"现象①，因此民歌演唱中经常强调"字正腔圆"。

对于声调的感知并非与生俱来，而是出生后才发展的能力。在早期阶段，婴儿通过妈妈语来发展对语言中音高变化的敏感性。学者们发现，儿童在唱歌和说话方面表现出了相似的言语特征，母语影响儿童歌唱的准确度和演唱风格，声调语言的儿童在音高和音程方面具有更好的演唱能力。节奏感知方面也受一定文化背景的影响。一些学者发现强弱变化或时长长短交替的信号中，不同文化背景的听者对信号分组的方式不同。第二语言习得过程中，学习者也常把母语的节奏特点带入，而且在辨认不熟悉的节奏特点时存在一定困难。研究者常将此归因于不同语言和音乐的差异，即一个民族的语言和音乐体现了一定的节奏特点。汉语的节奏是松紧控制轻重的"音节计数"或"音节定时"型，而非英语轻重控制松紧的"重音定时"型，②因此汉语的节奏在于音节的组合，音节停顿往往是感受句子节拍之处，在音乐的节奏型中有所

---

① 陈树林先生口述。

② 沈家煊，柯航．汉语的节奏是松紧控制轻重．语言学论丛（第五十辑），2014（2）：49.

体现。儿童能够识别与母语相似的节奏特点。

本研究关注山东传统儿歌的腔词关系,[①] 主要表现在旋律轮廓和方言声调的关系以及歌词韵律与节奏模式的关系,这些特点都会影响人们的听赏习惯的形成,反过来,人们也会根据听赏习惯来选择哪些听起来更加"顺耳"。本研究通过让儿童和成人辨别适合歌词的旋律轮廓和节奏模式,以检验音乐的旋律和节奏是否与语言特点有关,儿童与成人的听赏策略是否都基于语言的特点。在此感谢河南商丘的一所学校的儿童们参与了此次实验,因河南商丘与山东地域相连,在语言口音方面比较接近,在对听山东语言和音乐的感觉上影响不大。

调查对象:儿童和成人。

参加旋律调查的儿童共127人,其中3—10岁女孩64人,男孩63人,大部分来自河南商丘。成人共49人,主要为大学生,其中女生27人,男生22人,只有12名来自山东省。

参加节奏调查的儿童共162人,其中3—10岁女孩77人,男孩85人,大部分来自河南商丘。成人共82人,主要为大学生,其中女生46人,男生36人。

材料:在《中国民歌集成·山东卷》中收集了34首传统儿歌,来自16个县。因为要分析腔词关系,只找到山东6个县市(成武县、陵县、菏泽市、郓城县、曹县、莒县,其中后三个县属于菏泽市)市的语音学研究,所以只选择了相应6个县的18首儿童民歌进行分析,而其他县的语音无处参考,无法进行腔词分析。6个县市的方言声调特点如表6-4所示,可以与普通话声调对比了解其差异,可以说四个声调都与普通话不同,各

[①] 本研究曾在第十二届亚太音乐教育论坛上报告。

Jiang Cong, Liu Xinyu. The rhythmic features of Chinese children's folk songs for music and language learning, 12th Asia-Pacific Symosium for Music Education Research, Macao: 65.

Jiang Cong, Liu Zhuoqun. The melodic features of Chinese children's folk songs for music and language learning,12th Asia-Pacific Symosium for Music Education Research, Macao: 148.

县市有较小区别。

表 6-4　山东 6 县市和河南商丘方言与普通话声调对比 [①]

	一声	二声	三声	四声
山东省普通话	55 [②]	35	214	51
山东省陵县	213	42	55	31
山东省成武县	213	42	55	312
山东省菏泽市	213	52	55	412
山东省郓城县	213	42	55	312
山东省曹县	213	42	55	312
山东省莒县	213	52	55	31
河南省商丘市	23	42	55	31

表中呈现的只是单字的读音，在两字、三字等词中还会发生连读变调，如菏泽市、郓城县、曹县、莒县和陵县的连读变调特点如下：

菏泽市和 3 个县：213 + x → 23 + x

　　　　　　　　312+x → 31+x

　　　　　　　　55+55 → 42+55

陵县：213 + 213 → 23 + 213

　　　53+31 → 55+31

　　　55+55 → 53+55

　　　31+31 → 23+31

分析了 18 首山东传统儿歌的腔词关系，整体来说，儿歌都比较短小，不超过 8 个乐句，有 11 首歌曲在旋律轮廓方面，单字声调、连读变调的声调基

[①] 江语林. 山东菏泽市方言语音研究. 山东大学硕士学位论文，2016.
李龙. 山东陵县方言研究. 黑龙江大学硕士论文，2009；
郭东旭，赵铮，王颖. 商丘县方言语音校读. 商丘师专学报（社会科学版），1988（2）：129.

[②] 表中的数字表示声调，依据赵元任先生的"五度标调法"，把音高分为五度来定义调形（1 为最低，5 为最高），这在汉语语音学研究中普遍应用。

本与旋律中的音高关系基本对应，即听起来阴平、去声的字在旋律中的音高较高，听起来上声的字在旋律中的音高较低；在节奏模式方面，歌词中多有衬字，打破了七字句规整的结构，乐句并不规整，节拍主要以二拍子（2/4，4/4）为主，主要的节奏型如下：

- xx xx ｜xx x
- xx x ｜xx x
- x.x xx ｜xx x
- xxx xx ｜xx x

研究过程：从 18 首儿歌中挑选出歌词声调与旋律轮廓接近的 10 个乐句，让被试听用方言按节奏朗读歌词的音频，听的次数不做限制，可根据需要听多遍，然后根据直觉从三个选项中选择最适合歌词读音的旋律轮廓，三个选项分别包括一个原始版本，一个对应普通话声调的旋律轮廓，一个是与旋律走向相反的版本。三个选项为钢琴音色的旋律音频。为减少顺序效应或惯性的猜测，每个乐句的三个选项顺序不一样，按拉丁方顺序排列。

还挑选了具有典型节奏特点的 8 个乐句，让被试听用无重音、无感情念读的歌词音频，听的次数不做限制，可根据需要听多遍，然后根据直觉从三个选项中选择最适合歌词的版本，三个选项分别包括一个原始版本，一个不破坏音顿的节奏改编版，一个是破坏音顿的节奏改编版，三个选项为人声音频，排列顺序同上。

旋律测试和节奏测试通过问卷星制作和发放，儿童可以在家长的辅助下完成任务，但家长不能帮助孩子完成任务。每份问卷结束后有 2—5 元不等的红包随机发放。

调查结果：在旋律任务中，选择原始版本的人较多。但有意思的是，基于普通话的旋律轮廓也是参与者的首选之一。成年人并没有比儿童表现出更多优势（$t=-0.754, p>0.05$，见图 6-10 和图 6-11）。考虑到儿童的发展阶段，把儿童分为三个年龄组：4 岁以下（组 1）、4—5 岁（组 2）和 6 岁以上（组 3），发现不同儿童年龄组（4 岁以下，4—5 岁，6 岁以上）没有显著性差异。

山东籍的参与者也没有表现出任何优势（t=0.944，p>0.05）。

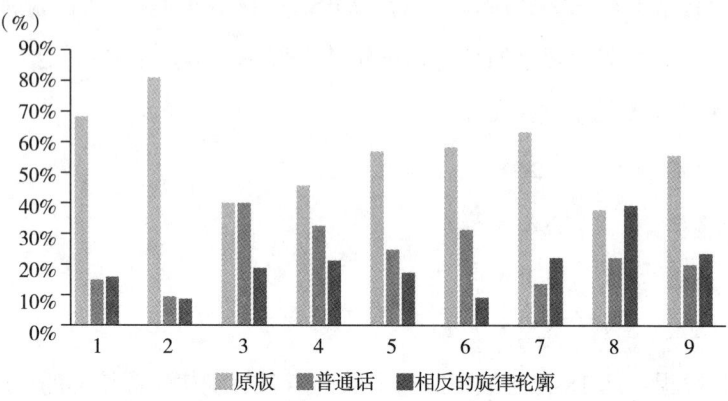

图 6-10　成人对歌词与旋律一致性的感知

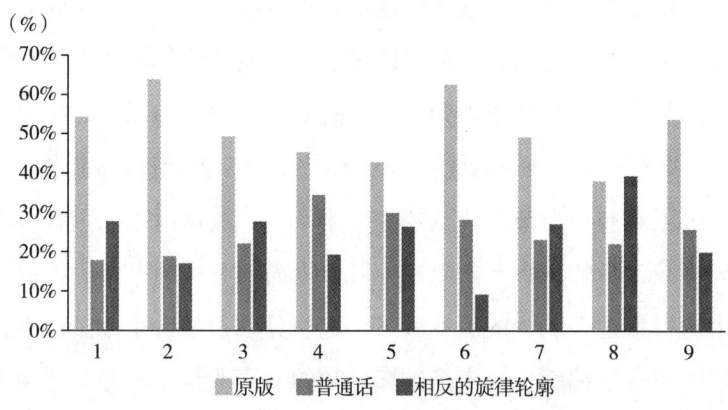

图 6-11　儿童对歌词与旋律一致性的感知

在节奏任务中，儿童和成人对歌词和节奏一致性的感知存在显著差异（t=-4.360, p<0.05），即成人的正确率显著高于儿童（如图6-12）。将成人和三个儿童组进行比较，发现儿童组1（4岁以下）与成人组存在显著差异，儿童组2（4—5岁）与成人组存在显著差异（t=-3.989, p<0.05），但儿童组3（6岁以上）与成人组无显著差异。

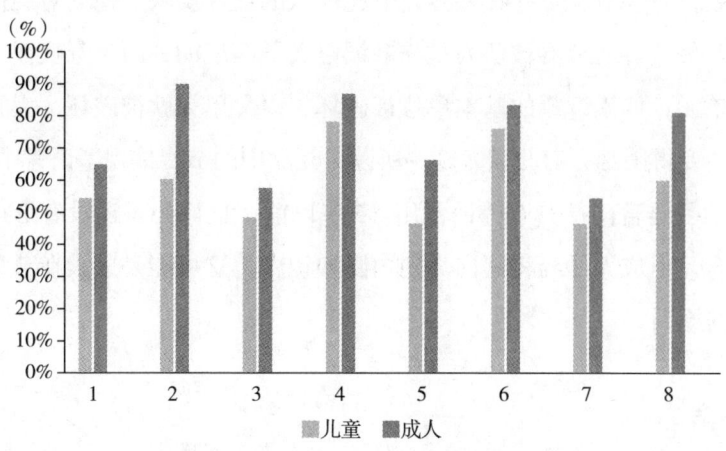

图 6-12 儿童和成人选择原版的情况

以上的研究结果表明,传统儿歌的曲调符合一定方言的声调、节奏的特点,同时也具有艺术上的灵活性。在歌词与旋律一致性感知过程中,虽然儿童和成人之间没有显著差异,但有趣的是,听者可能在他们的脑海中有两个"方言系统",一个是标准普通话,另一个是本地方言。如果听者不是来自山东省,他们就不会熟悉山东方言,那么在任务中,他们应该在做出选择之前首先记住"新方言",或者,他们也可能被两个"方言系统"干扰,那么选择的结果并不带有很强的倾向性。而来自山东省的参与者,虽然他们熟悉方言,但当听到标准普通话版本时,也可能会对哪个方言系统作为参考感到困惑,那么选择也是不明确的。由于大多数孩子来自河南商丘,虽然他们的方言与山东方言相似(方言四声大概为 24,51,45,41),其中一半孩子的父母说商丘方言,其中四分之三孩子的祖父母在家里说商丘方言,因此,他们在任务中面对复杂的情况,可能会感到困惑。从另一个角度看,这个结果反映出听众对旋律和歌词有更多的容忍度,而一致性可能不是"欣赏"的最重要方面,这可能受到流行歌曲的强烈影响。这些问题可以在今后的语言和旋律感知研究中继续探索。

在歌词与节奏一致性感知过程中,儿童和成人选择原版节奏的情况好于选择原版旋律,而且成人明显好于儿童,特别是低龄儿童。由于三个选项中旋律一致，只在节奏上存在差异，因此被试的选择反映了他们对旋律中节奏的感知。最适合的节奏被认为是与歌词语义最匹配的，因为音顿往往就是一个语义单元，如果音顿的基本单位被破坏，语义单元就被破坏，大脑接收的信息就会变得困难，对儿童尤是。所以，儿歌中的节奏体现了语言中的韵律，对儿童学习语言韵律具有辅助作用。5岁以前，也许儿童还没有形成良好的韵律概念，但成人已经将其内化到内隐知识中，这可能是成人在节奏方面优于儿童的原因。

本章小结

本章试从音乐心理学角度，通过心理学调查和实验来研究民间音调在文化认同形成过程中所起的作用。语言是文化认同中的重要因素，音乐作为一种艺术语言，既具有独特性，又对人类早期语言的习得起到辅助作用。幼儿音乐教育中应重视传统儿歌的习得与传承，这是播下文化的种子的第一步，然后是小学和中学的音乐教育，应注重积累当地音乐风格以及我国传统音乐的听赏经验，从而形成音乐文化的内隐知识。这种"我不一定知道自己知道"的内隐知识可能比"我知道我知道"的外显知识带来更多内在体验，不言而喻，其中带着一份美好的憧憬和留恋，也带着一份包容可以接受更多未知。

谢嘉幸教授早在2000年提出的"让每一个学生都会唱自己家乡的歌"[①]在今天看来仍意义深远。说家乡话、唱家乡歌都是让我们知道"我是谁"的过程，了解自己家乡的文化，才能认识到相对于外界的独特性，以及区别于其他文化而存在的价值和意义。这是自我认识和建构的过程，也是积极与外界交流、保持和发展自己特色的过程。这个过程不仅要在学校音乐教育中逐步实践，还应建立社会文化氛围，让人们在更多感知体验中积累认识和熟悉感，从而获得家乡、地方、民族、国家的认同感，实现真正的中国文化自信！

---

① 谢嘉幸.让每一个学生都会唱自己家乡的歌.中国音乐，2000（1）：35-39.

第七章 民间音调与教育

第一节 二十世纪初的民俗与民间教育

一、民俗教育

民俗教育,这个词听起来有些令人困惑,因为民俗和教育在某种程度上存在一定"矛盾"。民俗,简单来说,是"民众的知识"或"民间的智慧",[①]具体来说,是"普通民众始终保存的,未受当代知识和宗教影响的,以片段的、被动的或较为稳固的形式至今存在的传统信仰、迷信、生活尚实、习惯及仪式的总称"[②]。从中可以看出,民俗是通过一种较为朴素的、耳濡目染的、潜移默化的、非正式[③]的方式代代相传、隐性习得的。而对于教育,人们更多

---

① 乌丙安. 中国民俗学(新版). 辽宁大学出版社,1999:1.
② 李扬译. 西方民俗学译论集. 中国海洋大学出版社,2003:1.
③ 非正式教育:"存在与受教育者的一生当中,通过日常经验让受教育者获得关于知识、技能、态度等一切内容。"——引自:魏贤超,王小飞. 价值教育散论. 武汉大学出版社,2017:292.

地倾向于正式教育,即学校的正规教育①或较为系统的非正规教育②。正式教育中传授的知识和技能都是精细化、系统化的,不同于非正式教育的偶然性、随意性和隐性过程。如果从教育的角度来审视民俗习得的过程,民俗习得发生的场所是非教学性的,是通过社会交往获得的经验或知识;习得的经验或知识不是系统的,没有理论结构;民俗习得过程中没有明确的教育者和受教育者的身份界定,也没有明确的教育方法、教学计划和目的。因此,传统民俗习得的过程在学校教育出现之前是在一种"非正式教育"的情境下发生的,其发生的场所不是学校或培训机构,而是日常生活、所处的环境,通过个体自我调控、自主选择,在观察、体验中获得直接或间接的感受和知识,在自然状态下完成学习过程。在传统民俗习得过程中,民俗似乎和正式教育没有太多交集。然而,民俗只能依靠"非正式教育"的形式吗?当所处环境和日常生活发生变化,传统民俗是要任其消失,还是要以某种方式传承下去,这应该是民俗教育思考的问题。

民俗教育并不是二十一世纪面对的新问题,早在清末民初之时,有识之士(蔡元培、梁启超、胡适、陈独秀、鲁迅、周作人、董作宾、顾颉刚、钟敬文等)就已经开始思考民俗教育在文化启蒙和平民教育中的意义,他们先后倡导了"国民文术"研究,掀起了歌谣学运动,搜集整理民间的歌谣、童话、传说、谜谚等民间文化。民间文化不是旧礼糟粕,而是开启民智,做人的观念、规矩与信条,认识中国传统文化的重要途径。正是孔子所说的"礼失求诸野",丢失的传统礼节、文化、道德可以在民间寻找,吸取其中精华,将传统文化传承下去。

民俗学家钟敬文先生在二十世纪三十年代提出了他的民俗教育观——

---

① 正规教育:"依照外在、确定、均衡的空间、时间和材料形式,教师和学生都规定了合格标准,精心而系统地传授知识、技能与观点(重点是知识),典型的例证是学校教育方式。"
② 非正规教育:"时间、空间和材料的组织模式、人所发挥的作用及人际关系都极其多样且文化特色很浓、不经意地传授观点、知识与技能(重点在观点),如家族、家庭和社区的结构各具特色所隐含的启发作用。"

——[荷]图季曼主编. 教育大百科全书 成人教育 上,西南师范大学出版社,2011:58.

"社会整体教育观"①,其中分别阐述了他对民俗和教育的认识,以及民俗教育的意义,即将民俗文化视为中国传统文化的重要组成部分,"一切文化活动,在广义上都可以说是教育的"②。钟先生更多地强调民众教育,其教育对象不仅是学校的学生,还有民众。何为民众?民众就是大多数人民。民众教育就是大多数人民的教育③,是广义上的教育,即施教者是社会全体,受教育者是广大民众,风俗习惯和民间文学作为教育内容无处不在,人们在社会生活中模仿、学习、遵循普遍存在的社会规范,民众的语言、行为和心理得到规范,构成了相应的民俗模式④。他认为,民众教育的理论者和实施者不应着眼于民众的经济情况,或民众的文艺产品,而应充分细致地了解、探究民众生活模式和心理,才能达到民众教育的目的。也有学者认为民俗教育可以渗透在学校教育、社会教育和家庭教育之中,通过学习岁时节日民俗、人生礼仪民俗、经济民俗、社会民俗、信仰祭祀民俗和游艺竞技民俗,达到德育、智育、体育和美育的作用,培养出能够适应社会、满足社会需要的"全面发展的人"⑤。从历史发展的角度来看,民俗教育主要由社会承担了民众教育任务;随着社会发展和社会分工,学校教育出现,在某种程度上学校与社会存在着脱节现象,如何让学校与社会紧密结合,共同实施民俗教育是教育面临的重要问题,这关系到传统文化的普及和传承。

对于历史"交替"和"相承"之间的关系,钟敬文先生曾做出了辩证的说明:"'交替'固然是历史的一种法则,而'相承'不过是历史法则的另一种。……'交替'是打破'沉滞',而'相承'则丰富未来",认为学习目的一方面是要了解"过去教育的内容和方式",另一方面是"要从过去的那些文化遗物中,采取足以促进和丰富未来新文化的资料","要做一个民间文化的公平的评

---

① 黄涛.钟敬文先生论民俗教育与学校教育//罗杨主编.民间文化的忠诚守望者——钟敬文先生诞辰110周年纪念文集.中国文史出版社,2013:370.

② 钟敬文.民间艺术专号·序言.民众教育月刊,1937(5):3.

③ 干藻.论著:民众教育之历史的使命.民众教育月刊,1936(1):15.

④ 关溪莹.钟敬文的民俗教育观.中山大学学报(社会科学版),2002(4):95.

⑤ 姜文华.论民俗教育的基本特征.民俗研究,1991(4):32.

判者,起码须离开自己固有的习惯的种种观点,用客观的眼光去考察、去分析,方能得到它的真正意义"。① 在此基础之上,才能实现批判地继承传统文化,在其中加入新的因素,才能实现创新地发展传统文化。

学校教育中的民俗教育自二十世纪八十年代开始复兴,在非遗文化推广之后有了较为良性的发展。钟敬文先生在关注民众教育的同时,也关心学校的民俗教育。他曾主张编写民俗普及读物,并将民俗与中小学课程内容相联系。② 如今,钟先生的设想已在中小学得到了重视和落实,民俗教育融合在多个学科中,如语文、思想品德、历史、地理、美术、音乐等课程,有许多一线教师也逐渐认识到民俗教育的重要性,在各自学科进行教学上的探索,也有一些学校开设了专门的民俗课程,作为学校地方课程或校本课程③。除了课程,大中小学纷纷组织学生以亲身体验、场景重现、开设讲座、田野实践、社团活动、校园民俗文化活动、参观民俗博物馆等多种方式体验民俗、了解民俗、学习民俗,学生在这些活动中逐渐形成民俗观和民俗情感,将流传几千年的风俗礼仪、生活习惯、信仰禁忌、文学艺术传承下去。学校的民俗教育有了一定改观,不断推进而逐步开展起来。

二、民间音乐采集

民间艺术即为民众自己产生和流传的艺术,甚至还包括荒古社会的原始艺术和落后民族的蒙昧艺术。④ 民间艺术的分类,钟敬文先生参考了德国心理学家冯特(W. Wundt)的分类方法,将其分为两类,一类为摹写的艺术,即造型艺术,包括绘画、雕刻、建筑、装饰等,可以通过影像或摹写的方式记录;另一类为记述的艺术,即文艺艺术(或诗歌艺术、音乐艺术),包括诗歌、音乐、

---

① 钟敬文. 民众文艺之教育的意义. 民众教育月刊,1937(5):1-4.
② 赵世瑜. 钟敬文、民俗学与民众教育. 北京师范大学学报(人文社会科学版),2002(2):12.
③ 孙宽宁,王爱菊. 学校民俗教育课程的理性反思与实践优化. 当代教育科学,2015(3):21.
④ 钟敬文. 关于民间艺术. 艺风,1933(1):9.

舞蹈等,可以通过影像和灌音的方式记录,然后加以研究。[①]

我国的岁时节日民俗、消费民俗、游艺竞技民俗等包含大量的口头文学、服饰、剪纸、绘画、民歌、音乐、舞蹈、小戏等艺术形式。从功能上来看,民俗艺术是人们生活中不同形式的反映,"不是为仅供人们的玩弄消遣而存在"[②],具有调节社会生活(交际、装饰)和心理(陶冶性情)、教化思想、规范德行、维系团结和稳定(图腾)等作用。从特点上来看,民间艺术可能无法与艺术家的作品相比,缺少复杂的思想、细腻的情绪、巧妙的结构和富丽的修饰,但大多是简单朴素的、富有活力的。民众只要参与日常生活习惯、礼仪等习俗活动,学习的过程就开始了。不管这种参与是主动的还是被动的、直接或间接的,学习会不知不觉地发生。儿童从小参与其中,通过观察、模仿、角色扮演以及游戏等活动,习俗渐渐养成。民俗艺术的学习和传承也是如此,人们可以在生产生活中观察、参与、体验、学习,如学刺绣、学唱歌、学谚语等,在这些过程中学到的不仅是技艺本身,还包括所绣图案的文化象征意义、所唱歌曲的曲调特点和歌词含义,以及谚语中蕴含的为人处世的哲理。

民间艺术是逐渐被关注、接受、肯定、研究的。自 1913 年鲁迅倡导"国民文术"研究开始,先后经历了 1919 年掀起的新文化运动和之后开展的平民教育、1920 年成立的歌谣研究会[③]等事件,其目的都是搜集、整理、研究各地的歌谣、童话、俚谚、传说等民间文学。但民间艺术并没有得到像搜集民间文学这般的热情,钟敬文先生曾称之为"断片的关心"[④]。当时虽然全国各省份都有一两所专门的艺术学校,却没有一个研究民间艺术的学会。对于民间演剧、民间雕刻、民间图案、民间绘画、民间装饰、民间音乐、民间舞蹈

---

① 钟敬文.被闲却的民间艺术.民众教育月刊,1936(5):27.

② 钟敬文.关于民间艺术.艺风,1933(1):10.

③ 1918 年,刘半农在《北京大学日刊》上发表了《北京大学征集全国近世歌谣简章》,之后在蔡元培支持下成立了"歌谣征集处";1920 年,"歌谣征集处"改名为"歌谣研究会"。众多文学家、语言学家、史学家、音韵学家参与搜集工作。1925 年,歌谣搜集工作暂停;1935 年,歌谣研究会的工作继续。

④ 钟敬文.被闲却的民间艺术.民众教育月刊.1936(5):24.

的搜集是不系统的、不连贯的，对其研究更是少之又少。钟先生还对民间艺术与民众的关系进行了思考，他认为"中国的民众，他们自有种种和实际生活相应的艺术存在着。……中国现在的民间艺术，没有例外地是和宗教密切联结着"，[①] 随后列举了宗教事务中需要的艺术形式，如雕塑、绘画、建筑、装饰、服装、弦管歌唱、舞蹈、演剧等，以及生活中的种种艺术表现，如"樵子的采樵、农夫的播种、小贩的叫卖、工匠的建造或搬运"等。从中可以看到钟先生对小贩叫卖艺术性的认可。

音乐领域也对民间丰富的音乐资源开始重视，1927年刘天华创办的"国乐改进社"，其目的之一就是要"调查现在各地所存在的可作模范的大师，以及现存的乐曲、乐谱、乐器，并人们对于何种乐曲的感情最浓。我们应就经济能力之所及，搜集关于国乐的图书，并古今各种乐器，组织图书馆及博物馆，应当设法刻印尚未出版的古今乐谱，应当把无谱的乐曲记载下来；应当把音乐名奏用留声机收蓄，以期现有的国乐，不再渐渐地消失下去"。[②] 这段话语不仅表现出国乐以及民间音乐的重要性，也表现出刘天华对音乐与国人情感联结、与民风关系的重视。他不遗余力地在民间、寺庙、街头向民间艺人、僧道、卖唱乞者等收集皮黄、昆曲、锣鼓、小调、大鼓、梵音等音乐材料[③]，是民间音乐的先驱。

民间歌曲搜集从二十世纪三十年代开始。最著名的组织是1939年延安的鲁迅艺术学院由吕骥发起的"民歌研究会"，主要搜集陕北的民歌，以满足音乐创作、抗战宣传的工作需要。但实际上在1939年之前，搜集民歌的活动就已陆陆续续地展开了。根据已有的资料，安徽省音乐教育促进会于1935年在《安徽教育辅导旬刊》上发表了"安徽省音乐教育促进会征求民间歌曲"

---

① 钟敬文.被闲却的民间艺术.民众教育月刊.1936（5）：25.
② 刘天华等.国乐改进社缘起（1927）//方立平，闵惠芬主编.刘天华记忆与研究集成.上海教育出版社，2009.
③ 萧梅.中国大陆1900-1966民族音乐实地考察——编年与个案.博士学位论文，福建师范大学，2004：77.

的通知,这也许是最早的一份"响应"钟先生呼吁搜集民间音乐的文件。其征集目的如下:

> 本会为欲了解民间乐艺,沟通民族情感,促进国民文化起见,特征求各地流行之歌谣俗曲以便搜集整理。凡本省内教育界同志如有该项资料请多多惠赐,当择优选登教育辅导旬刊,并另出单篇印行,作为本省各校补充教材……①

所征集歌谣俗曲可以是用正谱简谱或工尺谱(也可两种谱对照)记录的有词有谱的民间"歌",也可以是有谱无词的独奏或合奏的民间器乐"曲",并须注明出处名称。

还有一则通知发表在1936年《生活知识(上海1935)》上,名为"征求各地民间歌曲",署名为穆华、罗明、霍士奇和吕骥(其中穆华、霍士奇为吕骥的笔名)。这则通知的征集词也很有意思:

> 因为流行在各地民间的俗曲、小调、山歌、秧歌,都是大多数人民自己创作的,也都是忠实地反映着他们的生活的作品:我们为了想明白近代中国大多数人民的生活,作为学习音乐的我们,尤其想明白各地人民对于音乐艺术的倾向,和他们对于音乐的各种特质之各种不同的理解,使我们想编一部中国民歌全集,但这决不是三两个人的能力所能做到的,因此,我们诚恳地请求本刊的读者给我们以帮助,使我们能早日完成这个有意义的工作。②

所征集民间歌曲类别非常明晰,曲谱的材料包括木刻本、石印本等,唱谱可以用简谱、五线谱、工尺谱记录。

1937年国民政府教育部发布了第六四三五号训令:"令直辖各机关:为准中央宣传部函请征集民间流行曲谱编制民歌曲由"。训令批复了关于编制国民歌曲集的几个办法:

---

① 安徽省音乐教育促进会.安徽省音乐教育促进会征求民间歌曲.安徽教育辅导旬刊,1935(1):14.

② 穆华,罗明,霍士奇,吕骥.征求各地民间歌曲.生活知识(上海1935),1936(2):114.

（一）由教育部通令各省市教育厅征集民间旧有流行曲谱（工尺或五线谱并附歌词）并由中央宣传部会同教育部审查改编。

（二）由教育部选择现有歌曲会同中央宣传部审查后定为汇编国民歌曲集第一集之材料。

（三）由教育部聘请专家并令音乐专科学校或大学音乐系从事编制国民歌曲以供选择。[1]

这则通知曾由《浙江省民众教育辅导半月刊》[2]转发。1938年教育部社会司发布第四七七一号令，请贵州、甘肃、宁夏各省教育厅、省立民众教育馆搜集民间歌曲，其中列举了民歌种类，如凤阳歌、五更调、道情等，要求曲谱（五线谱、简谱、工尺谱均可）歌词完整，调号节奏标记清晰。[3]

1939年延安鲁迅艺术学院音乐系主任吕骥发起了民间音乐的研究与采集活动，以"民歌研究会"为标志。1940年改名为"中国民歌研究会"，1941年改名为"中国民间音乐研究会"。各战区和后方的民歌采集工作逐渐有序开展，最终形成了"由陕北做起，及于华北，以及于全中国"的规模[4]，其目的是"利用民歌创作民歌，使民歌更适合抗战的需要，且使它完成为中国的新音乐艺术适用的宝贵素材而研究民歌"[5]。

从这些早期文件来看，搜集民间歌曲的机构主要是教育工作者和音乐工作者，他们搜集民歌的目的不尽相同。安徽省音乐教育促进会以了解民间文化、编写教材为目的；国民政府教育部主要为了汇编民间歌曲；鲁艺以民间歌曲研

---

[1] 教育部.教育部训令：第六四三五号（二十六年四月十三日）：令直辖各机关：为准中央宣传函请征集民间流行曲谱编制国民歌曲由.教育部公报，1937（9）：20-21.

[2] 民教信息（中央方面）：2.教部令各省征集民间歌曲.浙江省民众教育辅导半月刊，1937（3）：863.

[3] 教育部社会司.教育部社会司函：第四七七一号（二十七年八月十六日）：请代搜集民间歌曲由.教育部公报，1938（10）：65.

[4] 萧梅.从"民歌研究会"到"中国民间音乐研究会"——延安民间音乐的采集、整理和研究.音乐研究，2004（3）：10.

[5] 民歌研究会.民歌研究会组织大纲.新音乐月刊，1940（2）：36.

究和创作民族性新音乐为目的。但他们对民间歌曲的认识是一致的,即认为民间歌曲是国民文化的一部分,民间歌曲反映人民的生活和心理状态,民间歌曲有地域性的特质,民间歌曲与传说等民俗其他方面有联系,民间歌曲具有教育意义,等等。

钟敬文先生对民间艺术的教育功能有非常深刻的认识,"艺术,是文化的一部分。它表现着生活,同时也是促进生活的动力","民间艺术比起我们学校中所讲习的音乐、唱歌、工艺、诗文等,无疑尽着最大的、更实际的教育职能!"[①]"一则神话,可以坚固全团体的协同心,一首歌谣,能唤起大部分人的美感,一句谚语,能阻止许多成员的犯罪行为。"[②]"民众文艺,实在是培养民众道德和知识的一道不竭源泉。"[③]钟先生并不是把所有民众文艺都看作积极向上的可用于民众教育的材料,其中也有低俗的内容,但大多数带有教育意义,启发智慧和伦理思考,承载了传统文化的价值。因此,民俗文化可以作为教育的内容,也可以作为提升生活乐趣的必需品,在感受、体会的过程中增强民俗文化意识,增强民族凝聚力,进而提高民众素质和国民精神,促进民族自强,改善国情。[④]民间音乐如是。

第二节 二十世纪高校中的民俗与民间音乐教育

研究民俗的一个重要目的就是用于教育。鲁迅早在1913年就说明了民间文艺的用武之地,即要辅助教育;周作人也曾说明儿歌、童话、歌谣、游戏等对幼儿教育的意义,而且对青年的成长也有帮助,可以"养成明白的头脑"。[⑤]

[①] 钟敬文.民间艺术专号·序言.民众教育月刊,1937(5):1,4.

[②] 钟敬文.民间文学和民众教育.民众教育季刊,1933(1):4.

[③] 钟敬文.民众文艺之教育的意义.民众教育月刊,1937(5):4,6.

[④] 关溪莹.钟敬文的民俗教育观.中山大学学报(社会科学版),2002(4):96.

[⑤] 赵世瑜.钟敬文、民俗学与民众教育.北京师范大学学报(人文社会科学版),2002(2):6.

一、高校民俗教育的兴起与发展

早期高校的民俗教育主要是以研究为目的的，更确切地说是民俗学课程。北京大学于1918年成立的歌谣研究会可以说是我国民俗学开始的标志，并于1922年创办了《歌谣周刊》，后于1923年成立了北京大学风俗调查会，从歌谣的研究越来越倾向于民俗学，开设的课程较为零散地出现在中国历史系、文学系、哲学系等，先后有"民俗史及宗教史""风俗学""民间文艺"[①]；1928年顾颉刚、傅斯年、钟敬文等在中山大学语言历史学研究所成立了民俗学会，创办了《民俗周刊》，并开办了民俗学传习班，有意识地培养民俗学人才，这应该是最早较为系统地开设民俗学课程的大学；二十世纪二十年代开设民俗学课程的还有台湾"中央"大学社会科学院史地系、金陵大学中国语文系、国立成都大学英文学系、清华大学中国文学系、人类学系等。

二十世纪三四十年代，有近20所大学开设民俗学有关的课程，课程大多开设在文学系，也有一些开设在社会学系、史学系、人类学系等，课程内容多样，从歌谣到民间、民族文学，再到民间礼俗，逐渐形成一定规模和体系。

中华人民共和国成立初期，民间文学一直在高等教育中保留，钟敬文于1953年开始招收民间文学硕士生，但民俗学发展较为缓慢。中共十一届三中全会以后，民俗学全面开启，钟敬文于1979年提出"民俗学科"的设想，开设相关课程，并开始招收民俗学专业的硕博研究生，多个高校成立民俗学社，1983年中国民俗学会正式成立，多个省成立地方性民俗学会，在神话研究、故事研究、史诗和叙事诗研究、传说研究、歌谣研究、民间小戏研究、笑话研究、语言民俗研究、少数民族民间文学等方面成果丰硕，形成了"多民族的一国民俗学"[②]的特点。二十世纪九十年代之后，民俗学的研究视角逐渐拓宽，包括日常生活研究、实践民俗学理论、公民社会视角、感受生活的民俗学、家乡民俗学理念、记忆研究、身体民俗学研究、民俗主义讨论、历史民俗学

---

① 萧放，孙英芳.民国时期大学民俗学学科建设述略.中国大学教学，2017（2）：49.

② 钟敬文.建立中国民俗学派.黑龙江教育出版社，1999：29.

与礼俗互动研究、现代化、城市化背景中的民俗研究等多个领域。[①]

民俗学专业的研究支持并促进了国家文化建设,2004年中国加入联合国教科文组织《保护非物质文化遗产公约》,成为该公约的第6个成员;非物质文化遗产从2006年至2014年,通过国家非物质文化遗产国家级项目一共四批1372个(包含3154个子项),2011年《中华人民共和国非物质文化遗产法》正式实施,非物质文化遗产保护有了专门的法律依据;弘扬优秀传统文化、乡村振兴战略、非物质文化遗产传承等计划都离不开民俗学的研究基础,同时也提升了不同区域内公众对节日民俗、非物质文化遗产的认知度,社区、村镇、校园都开展了许多文化活动,这些活动让高校开设的民俗类、非遗类课程有了用武之地,也为研究新时代的民俗现象提供了新的土壤。

二、民间歌曲在高校

早在民国初年,近代有些音乐学家如王光祈等,就开始关注我国的本土音乐。王光祈在德国留学时,较早接触到比较音乐学,由此认识到国乐的重要性,他曾"希望中国将来产生一种可以代表'中华民族性'的国乐。而且这种国乐,是要建筑在吾国古代音乐与现今民间谣曲上面的。因为这两种东西,是我国'民族之声'"[②]。同时代的萧友梅、童斐等人也比较了中西方音乐的差异,并探讨了中国音乐的特点,如萧友梅撰写的《中西音乐的比较研究》(1920)、《古今中西音阶概说》(1928—1929),童斐编写的《中乐寻源》(1925)。"北京大学附设音乐传习所"[③]是我国第一所专门的教育机构,但这并不是学校一开始设立的,而是由北京大学学生自发成立的"北京大学音乐团"几经更名,于1922年经萧友梅提议最终改组并正式招生,其中一个教

[①] 萧放,贾琛.70年中国民俗学学科建设历程、经验与反思.华中师范大学学报(人文社会科学版),2019(11):176-177.

[②] 王光祈著,冯文慈,俞玉滋选注.欧洲音乐进化论(1924)//王光祈音乐论著选集.人民音乐出版社,2009:36-37.

[③] "北京大学音乐团"(1916),"北京大学乐理研究会"(1918),"北京大学附设音乐讲习会"(1918),"北京大学音乐研究会"(1919),"北京大学附设音乐传习所"(1922).

学目的就是传承古乐，只可惜"北京大学附设音乐传习所"于1927年解散了。在此基础上，刘天华于1927年创办了"国乐改进社"，其目的之一就是搜集、记录和保留国乐的乐曲、曲谱、乐器、图书等资料，拟开展暑期国乐义务教育[1]，同年提出举办夏令音乐学校[2]，旨在服务于中小学音乐教员及中等以上学校学生，传播音乐知识。这些早期音乐教育机构受到五四新文化运动"平民文学"思潮的影响，改进国乐、普及音乐、认识和了解民间音乐在当时既有教学研究的需要，同时也具有爱国主义和民主主义的需要。正如刘天华所说，"音乐要顾及一般民众"，并使其"普及到一般民众中去"，要创作"唤醒一民族灵魂的音乐"[3]。但此时的民间音乐只是作为国乐课的一小部分内容，并没有作为一门独立的课程来开设。

延安鲁迅艺术学院音乐系师生在吕骥带领下于1939年成立了民歌研究会（后改为"中国民间音乐研究会"），其宗旨就是要深入民间，搜集民间音乐的一手资料，然后整理、研究，用于教学以供创作。民间音乐的教学课上有时会请陕西的民间艺人[4]，让学生更鲜活地认识和体会民间音乐的韵味。这既是我国有规模的民间音乐研究的开端，也是有序的民间音乐教学的开端。中华人民共和国成立以后，全国多个地区的艺术院校先后成立了民族音乐研究机构：东北鲁艺音乐系于1949年成立了民族音乐研究室，后为东北音专以及之后的沈阳音乐学院继续发展，当年有开设相关课程，由马可、安波、寄明等授课；中央音乐学院于1950年成立的民族音乐研究部，后独立为中央文化部下属的民族音乐研究所，1952年开设相关课程；上海音乐学院于1952年成立了民族音乐研究室，1954年开设相关课程等。艺术院校成立的这些民

---

[1] 刘天华等.我对于本社的计划（1927）//方立平，闵惠芬主编.刘天华记忆与研究集成.上海教育出版社，2009：7.

[2] 刘天华等.向本社执行委员会提出举办夏令音乐学校的意见（1927）//方立平，闵惠芬主编.刘天华记忆与研究集成.上海教育出版社，2009：9-11.

[3] 刘天华等.国乐改进社缘起（1927）//方立平，闵惠芬主编.刘天华记忆与研究集成.上海教育出版社，2009：4-5.

[4] 魏艳.延安鲁艺音乐系教育体制初探.音乐研究，2008（4）：9.

族音乐研究机构为搜集、整理、保留和研究民族民间音乐做出了巨大贡献，同时也依托音乐院校锻炼、培养出一批致力于研究和发展民族民间音乐研究的教师和学生，课程内容和教材等方面内容初步确立，授课方式以学唱为主，其他知识（风格特点、历史发展、流传概况、演唱方法、曲种、剧情等）介绍为辅，为后来的民族民间音乐教育奠定了基础。这一阶段的民族民间音乐以独立课程来开设，在音乐院校中设为必修课程。[1]

二十世纪六十年代，九大音乐学院和其他音乐院系相继开设了民族音乐"四大件"，即民间歌曲概论、说唱音乐概论、戏曲音乐概论、民族器乐概论，除此之外还有中国民间音乐风格模唱、少数民族民歌、民间曲调写作、腔词关系研究等；中国音乐研究所于1960年举办"民族音乐研究班"，调集全国各艺术院校的师生和研究人员编写民族音乐课教材，最终于1964年出版了《民族音乐概论》，其中包括民歌和古代歌曲、歌舞与舞蹈音乐、说唱音乐、戏曲音乐、民族器乐。这本教材对民族音乐教学起到推动作用，也是民族音乐研究领域重要的参考资料，但使用的范围不大、时间不长。这一时期，民族民间音乐逐渐从课程建设走向专业建设。二十世纪八十年代以后，几大音乐学院在本科层次都设有中国传统音乐专业，并逐渐面向研究生层次培养。从课程设置来看，中央音乐学院、上海音乐学院和中国音乐学院课程设置较为全面，在理论、实践、研究方面有广度有深度；其他几所音乐学院借助地域优势，突出地区音乐特色，西安音乐学院、星海音乐学院、沈阳音乐学院在这方面尤为突出[2]。然而，目前的民族民间音乐课程群仍局限于音乐视角，并没有从更广阔的视角引导学生认识民族民间音乐，这也是与欧美民族音乐学的重要差异之一[3]。因此，有学者建议应增加人类学、社会学、民俗学、民族学、语言学、逻辑学、声学等方面的选修课程，培养学生的思辨能力和创新

---

[1] 高厚永.中国民族音乐学的形成和发展.音乐研究，1980（4）：17.

[2] 甘绍成.对中国传统音乐教学的再思考——以中国传统音乐课程设置为例.音乐探索，2019（2）：9-16.

[3] 高厚永.中国民族音乐学的形成和发展.音乐研究，1980（4）：19.

能力。正如杨荫浏在《国乐前途及其研究》中提出的"国乐研究多方面的准备","我们研究国乐,有时便不能不注意及相关的史实和相关的思想。……我们研究某种国乐的专门论著,有时便不得不注意及和它相关的或相反的其他论著。在有些专门论著里面,史实、成见、音韵、文学,甚至方技、星命、巫术,搅成一片,我们要充分了解这样的论著,从它们里面抽寻出来一些有价值的事实和理论来,我们自己便不得不有各方面的知识"。[1]以上论述虽然是从研究者的角度出发,但也说明掌握多学科知识的必要性,只有这样才能更全面地了解民族民间音乐及其生存的文化土壤。

综上所述,民间歌曲的收集是一个相当巨大的工程,对民间歌曲的研究和教学需要细心、专心和耐心。一方面要从音乐的角度研究,充分挖掘内在的艺术价值;另一方面要从民俗等人文学科的角度研究,充分挖掘其文化价值。这样才能将民间歌曲完整的意义传承下去。

第三节　叫卖歌新作

研究民间音乐,梳理其发展过程、历史脉络以及与其他艺术形式的关系,具有音乐史学意义;另一方面,挖掘民间音乐的旋律、节奏、调式、句式结构等特点,为音乐创作提供有力参考。这也是从刘天华成立"国立改进社"到鲁艺成立"民歌研究会"的初衷,要在搜集、整理、认识、了解民间音乐的基础上创作中国的"新音乐"。刘天华曾在《国乐改进社缘起》一文中提到研究国乐对应用的必要性,"国乐之在今日,有如沙里藏着的金,必须淘炼出来,才能有用"[2],他的二胡、琵琶曲的创作也是如此践行的,反映了他对改进国乐的努力和抱负,也反映了对社会生活的思索,在风格上具有民族性。吕骥曾在《中国民间音乐研究提纲》中提到了新音乐建设问题,他认为中国新音乐的创作"应从中国人民生活(包括思想感情)出发,研究中国民

---

[1] 杨荫浏.国乐前途及其研究(原连载于《乐风》1942—1944).中国音乐学,1989(4):6.
[2] 刘天华等.国乐改进社缘起(1927)//方立平,闵惠芬主编.刘天华记忆与研究集成.上海教育出版社,2009:4.

间音乐，区分其精华和糟粕，找出其发展的规律，适当地估计其对创作的参考价值，这才是实事求是的研究方法"①，在创作技法方面，他认为应该继承中国民间音乐的优秀遗产，同时还要借鉴近代西洋音乐的优秀部分。冼星海在《民歌与中国新兴音乐》中阐述了他对民歌研究的认识，认为研究民歌的真正目的是创作，"研究民歌不过是创作的参考材料与根据，必须吸收民歌的精华，创作真善美的民歌"②，他还从作曲的角度说明如何利用民间音乐进行民族化的新音乐创作，如吸收民歌旋律（以及曲艺）、配上和声或对位、歌词与曲调并重、灌以新内容等，让民歌更立体、形式更多样。杨荫浏也曾在《国乐前途及其研究》中强调了国乐研究对创作的重要性，国乐基础的广度和深度决定了创作水平，刘天华的研究创作生涯就是典范。

二十世纪中国作曲家们利用民间音乐创作的例子数不胜数，同时也探索尝试用新的音乐语言表达中国声音。叫卖也是众多民间音乐的一种素材，以下对二十世纪创作的与之相关的"新音乐"进行整理。

一、二十世纪上半叶的创作

二十世纪早期，出现了一些以叫卖歌为题材的作品，这些作品有些是触景生情而作，有些是为影片而作，有些是为新诗谱曲等。这些歌曲都反映了社会底层百姓的生活疾苦，说明作曲家和词作家都是在充分体验生活后创作的，不乏对叫卖音调的利用和改编。艺术化之后的叫卖歌曲得到了广大群众的喜爱，广为传唱。不仅那个年代广为传唱，延至今天这些歌曲仍在传唱，在"全民K歌、唱吧、爱唱"等网站中都可以找到这些歌曲，如《卖报歌》等。刘大白的新诗《卖布谣》由赵元任配曲，《卖花女》则用贝多芬的作品《土拨鼠》填词，两首新诗都反映了社会的苦难，有很深的社会意义。聂耳关注了街头报童小毛头的艰辛生活，写出了脍炙人口的《卖报歌》，现将其归为儿童歌曲。黎锦光的很多作品也都来自民间曲调，《卖杂货》也不例外，是

---

① 吕骥. 中国民间音乐研究提纲（1982年修改稿）. 音乐研究，1982（2）：37.

② 冼星海. 民歌与中国新兴音乐. 新音乐月刊，1941（3）：6.

改编自广东梅县民歌。黎锦晖的《五芳斋》是很有趣的一首歌，不知与浙江嘉兴二十世纪二十年代出现的粽子品牌是否有关，歌词中品遍了东西南北各地的美味，有些像报菜名。还有几首与具体的行当有关，如许如辉的《卖油条》，黎锦光的《卖杂货》《卖饼儿》《卖梨膏糖》，鲁旭、庄泽的《栗子大王》[唱的是北平良乡（今北京房山良乡）的栗子]，金钢的《卖花翁》，吉士的《卖烧饼》，梁乐音、李隽青的《卖糖歌》，等等。可见，这些早期的"流行音乐"作曲家关注了都市下层民众的生活，反映了平民生活的方方面面；音乐的表达方式多样，不拘泥于叫卖原本的音调，尝试用新的音乐语汇来表达，有民歌风味的，也有都市爵士乐风味的，甚是有趣。表 7-1 是叫卖题材歌曲的汇总。

表 7-1　二十世纪二十至四十年代叫卖题材歌曲汇总

时间	歌曲名称	作曲家	词作家	原唱	唱片公司	备注	网站演唱者
1922	《卖布谣》	赵元任	刘大白				全民 K 歌 李谷一（戴玉强、殷秀梅）
1923—1926	《卖花女》	贝多芬《土拨鼠》	刘大白			填词	唱吧 李丽华
1929	《卖油条》	许如辉	许如辉	江曼莉			全民 K 歌 童声
1933	《卖报歌》	聂耳	安娥			电影《扬子江暴风雨》	全民 K 歌 群星 唱吧
1937（大概）	《卖杂货》	黎锦光（编曲）		周璇	百代唱片	广东梅县民歌	全民 K 歌 唱吧

续表

时间	歌曲名称	作曲家	词作家	原唱	唱片公司	备注	网站演唱者
1937（或1938）	《栗子大王》	鲁旭	庄泽	周璇	百代唱片	鲍志超署名鲁旭，严折西署名庄泽	
1938	《五芳斋》	黎锦晖	黎锦晖	周璇	胜利唱片		全民K歌唱吧
1939	《卖花翁》	金钢	金钢	白虹	胜利唱片	黎锦光署名金钢	全民K歌
1940	《卖烧饼》	吉士	吉士	周璇		严折西署名吉士	全民K歌
1943	《卖糖歌》	梁乐音	李隽青	李香兰		电影《万世流芳》	全民K歌卓依婷唱吧
	《卖梨膏糖》	黎锦光		王人美			
	《卖饼儿》	黎锦光		王人美			全民K歌
	《大饼油条》			江曼莉			
	《油条花生米》			袁美云			

在古代，传统的口头叫卖逐渐过渡到叫声、嘌唱等"流行"的歌曲形式；在民国时期，随着"新"流行音乐的兴起，口头叫卖同样走向流行歌曲领域，以一种较新的方式呈现，融入当时的流行音乐。或者说，我国早期主要流传在城市的流行音乐并非纯商业化的，其题材广泛，关注民众生活的方方面面，符合社会各阶层的文化需要、审美需要和心理需要。城市中既有西方流行音乐元素的进入，也有本土民间音乐元素的坚守，叫卖也向这两个方向发展，用西方或传统民间曲调来描写社会生活，音乐上展现出较为多元的风格。当

时的流行音乐作曲家们也受到了五四新文化运动的影响，以平民音乐为旗帜，担负着宣扬文化、改造社会的时代重任，他们关注社会生活的点点滴滴，努力探索、勇敢尝试，用新的音乐语言表达时代面貌和人民心声。

二、二十世纪下半叶的创作

二十世纪五十年代末，也有一些与叫卖有关的歌曲，但不多。如《卖汤圆》，这是1957年电影《风雨桃花村》中的一个插曲，由姚敏作曲，陈蝶衣作词，方静音首唱。歌词的语言类似卖汤圆叫卖的语言，介绍了汤圆的价格、品质以及吃汤圆的意义；乐曲旋律具有一定闽南音乐的风格。也许是音乐风格感受的原因，这首歌一直被误认为是台湾民谣。[①] 在此确认这首歌曲来自电影插曲，曲味为闽南风调，与一些台湾歌曲风格有相似之处，因而忽略了原歌来源的"真貌"。

歌唱家郭颂曾于1959年创作了《新货郎》，这是一首带有二人转特点的民间小调，以货郎的口吻描述了卖货的经历，介绍了卖的物品、与一位老大娘的交流以及卖货归来的喜悦心情。郭颂长期深入民间采风，对民间音乐有深刻的感受和热爱，这首歌曲也融入了东北民歌的元素。对此目前有两种认识，一种认为东北民歌《卖线》的音调穿插其中[②]，另一种认为是源自东北大秧歌的《东北风调》[③]。他也关注普通民众的生活，这个货郎的形象不是旧社会的货郎，而是他在体验生活时看到的新时代面貌的货郎，想必是货郎的热情、朝气感染了他，所以写出了如此欢快、向上、朴实、亲切的"新民歌"。后来又有类似叫卖的一些新歌不断问世，提升了歌坛的民歌生活气息，如《冰糖葫芦》（京歌，1994），张和平、杜澎作词，冯晓泉作曲并演唱；《前门情思大碗茶》（京歌·戏歌，1996），阎肃作词，姚明作曲，李谷一演唱。

---

① 尤静波.中国儿童歌曲百年经典 第二卷.上海音乐出版社，2018：101.
② 旷晨，潘良编著.我们的1950年代.中国友谊出版公司，2006：225.
③ 张鸽.中国当代音乐创作中东北汉族民歌素材运用之研究.硕士学位论文.东北师范大学，2008：21.

这些京歌的词曲都更加凸显北京地方曲调民风，喜闻乐见，迅速传开。

之后描写货郎或小生意人的歌曲并不多见，可能与社会制度变革、生活方式和环境的改变有关。走街串巷的小生意人从生活中渐渐消失，人们对他们的感受也会慢慢淡去，生活中的"源泉"没有了，自然创作就少了。叫卖逐渐退出生活，以记忆的方式留在人们心中，以文字的形式留在文学作品中，以艺术的形式留在舞台艺术（曲艺、话剧）和影视剧中，以非遗的形式穿梭于年节展演和校园的教习、讲座教育中。

电影电视中根据百度检索中国老电影，整理出1949-2000年900多部电影（包括部分香港、台湾）目录，并从中筛选出24部北京题材的电影，经一部部观看，只发现有10部有叫卖声。"叫卖声"属于个体小经济时代的产物，反映了那个时代市井的特点，以老舍先生描写新中国成立前的作品最为突出，其次是描写改革开放后的《锅碗瓢盆交响曲》。表7-2是10部电影的名称、简介、原片路径、片中叫卖声的次数。叫卖声的具体内容几乎听不出来，只有个别的可以听清楚。

表7-2　电影中的吆喝叫卖

电影名称	出品年	叫卖次数	叫卖物品
我这一辈子	1950	3	破烂的卖、旧衣裳的、大小金鱼嘞；闷葫芦罐、冰糖葫芦金鱼（新婚逛庙会）、（夜市）爆肚、煎饼果子；磨剪子、磨刀、看报～卖报；卖小金鱼儿、豆腐脑、豆腐脑开锅；破烂、卖糖葫芦、两碗油茶～一盘沙琪玛（餐馆中）；剪子嘞～抢菜刀、红果、大山楂～凉嘞、西瓜、洋铁锅、花生仁
方珍珠	1952	10	
地下尖兵	1957	3	
青春之歌	1959	1	
骆驼祥子	1960	7	
茶馆	1964	4	
锅碗瓢盆交响曲	1983	7	
青春万岁	1983	3	
老店	1990	23	

以上由首都师范大学图书馆副研究员钟宇老师提供，在此感谢！

这一时期值得提及的是有关叫卖的创作歌曲不多，但作为我国文化部的重大项目课题,发掘出民间叫卖歌曲不少(见表7-3),这是音乐领域中值得重视和赞赏的工作。这些民歌"隐藏"于民间传唱,形成的时间不明,仅在一定的家乡范围内传唱,没有进入教育领域,因此现在人们知之甚少。

表7-3 北京叫卖歌

叫卖食品物品	首	区县
酸梅汤	1	崇文区
冰糖水	1	顺义县
雪花儿落	1	西城区
冰激凌	1	宣武区
西瓜	2	通县、顺义县
水果	6	崇文区、顺义县、东城区、西城区、城区
花生	2	西城区、顺义县
糖葫芦	1	东城区
果脯	1	东城区
元宵	1	东城区
豌豆黄儿	3	崇文区、东城区、通县
药糖	3	宣武区、城区
炸食	2	东城区、西城区
包子	1	崇文区
咸菜	1	通县
花	2	通县、崇文区
年画	1	顺义县
香面	2	崇文区、西城区
胰子碱	1	东城区
刮挠	1	崇文区

续表

叫卖食品物品	首	区县
箅子	1	通县
茶碗	1	顺义县

资料来源：《中国民间歌曲集成·北京卷》。

三、二十一世纪叫卖新作

老北京叫卖调在非物质文化遗产保护的政策下有了新的活力，不仅有许多国家剧团、民间组织开始在节日庙会等场合展演，在京味话剧、曲艺以及歌剧的舞台上和影视剧中都获得了新的活力。如北京曲剧团在近几年上演的曲剧《茶馆》《四世同堂》《龙须沟》《骆驼祥子》等中都有叫卖出现；在郭文景的歌剧《骆驼祥子》中有叫卖，其中也有艺术加工；在《芝麻胡同》《正阳门下》《情满四合院》等影视剧中也有叫卖。老北京叫卖已经成为烘托旧时和现在北京生活场景必备的材料。不仅如此，在博物馆、展览馆等领域也有一些古老的响器唤头展出，吆喝声作为展厅的声景响起。在首届交叉学科以"人文科学与自然科学"为主题的学术会上，上海音乐学院的张玄与上海理工大学的王文举宣讲了《基于虚拟现实技术的中国传统音乐活态传承保护研究——以叫卖调个案研究为例》一文。在他们的研究中，尝试"动态地看待中国传统音乐内部品种的沿革与变化，选取了叫卖调作为个案……将经典的叫卖调音乐复原至某一特定历史场景或文化语境中，附着于特定人物，运用虚拟现实技术实现新型保护模型建构……虚拟现实技术可以使体验者置身于立体环境中，视觉、听觉被全方位调动"[①]，三维虚拟技术与中国传统音乐相结合具有发展潜力和广阔的前景。这让古老的民间旋律与现代科技相结合，在展览、展厅中打造虚拟的气氛，让人们更容易穿越回过去，"设身处地"地体会过去的生活场景，提高"亲临感"。

[①] 张玄，王文举.基于虚拟现实技术的中国传统音乐活态传承保护研究——以叫卖调个案研究为例//2015第10届交叉音乐学大会会议手册，2015-11-27-29：24.

新创作的音乐作品中有很多涉及叫卖题材，其中以"磨剪子，抢菜刀"的素材较为突出。刘欢曾在二十世纪八十年代创作歌曲《磨刀老头》，并在1989年央视元旦晚会上演唱。这首歌曲描写了一个磨刀的老者穿梭于城市之间，乐观地面对磨刀这个职业。2007年发行了同名专辑。

在2020年8月央视的《乐龄唱响·全国老年合唱大赛》中，北京非常组合男声合唱团以一首《磨刀人》获得了第二名。这个合唱团成立于2003年，最初由宋晓汀等四人组成，从景山公园唱起，如今已发展为120多人的老年男声合唱团，吸引了来自各行各业的唱歌爱好者。他们参加的各级合唱大赛，也获得很多奖项。《磨刀人》是由宋晓汀作词、作曲，并指挥合唱团演唱的，团中一位团员扮演磨刀人，人物形象非常到位，他的叫卖声洪亮清晰，充满着怀旧沧桑感，把人们带回北京往事的记忆中。

有关北京的歌曲，如张伯宏的《北京土著》、何勇的《钟鼓楼》、儿歌《北京胡同》等，这些歌曲中都或多或少地描写了街巷间的叫卖和百姓生活景象。

从二十世纪末到二十一世纪初，叫卖歌的延续发展已进入流行歌曲领域，展现了另一片广阔天地，继续施展声腔多变的魅力。在全民K歌、唱吧、爱唱等网站里，都可以查到有关吆喝叫卖形式的一些新流行歌曲，很多新创作人捕捉到了过去老叫卖吆喝声的乐趣闲情，将现代新音乐与现实生活紧密联系在一起。歌曲多样，作词作曲巧妙，风趣而俏皮，使得听者为之震撼。虽然有的歌名与歌词内容不搭，有的歌词跳跃没有叫卖物的风味感，有的歌词与音乐平淡没有起伏，但现代音乐人对叫卖吆喝的理解，已经随民俗、民间音乐在他们意念中"扎根"，他们唱的是自己的乐趣、生活的感觉或想象中的叫卖旧时代，流行音乐延续传承的意义在于不忘乡音而创新乐，来实现自己音乐的梦想。旧时的吆喝声高昂，个性张扬，音韵分明，而现在的流行音乐已彻底变了旧模样，展示现代的音乐个性与品位，突出个人创作魅力，而不拘于约束与限制。流行音乐不求音与味的结合感，而求意念与梦想的实现。无论怎样，流行音乐展示了生活，如现在的快递小哥接替了旧日的吆喝叫卖货郎，几首《快递小哥》和一些叫卖歌新颖别致，引领了这类流行歌曲的新趋势。聂耳的那首《卖报歌》

印在一代一代人的记忆里,而新时代的"叫声"不同,为迎接新的未来,音乐梦想将激励更多的创作人去实现民族音乐的精彩"音魂"。

表 7-4　网络叫卖流行歌曲

歌名	演唱者	歌名	演唱者
《卖花姑娘》	杜美娜	《叫卖》	于海童
《卖花姑娘》	黑鸭子组合	《卖》	黄征
《卖花》	丽沙	《卖菜》	石占明
《卖花》	群众	《卖菜》	群星
《卖花姐》	兰斯	《卖菜歌》	小朋友
《卖花女孩》	冯松博	《卖菜乂丫》	白冰冰
《卖花曲》	郑君锦	《卖菜乂仔》	紫凌
《卖花歌》	奚秀兰	《卖菜姑娘》	江蕙
《卖花歌》	李隆基	《安童哥卖菜》	妮妮
《卖花歌》	李健	《大蒜》	儿歌
《卖花歌》	刘凤屏	《大葱》	老尸
《卖花歌》	史中	《辣椒萝卜》	小亮
《卖花声》	张霞	《韭菜炒大葱》	任永奇
《卖花词》	包美圣	《卖莲菜》	赵仰瑞
《卖花女》	黄红英	《卖土豆》	—
《卖花女神》	黄馨	《小水果》	筷子兄弟
《半夜卖花姑娘》	文夏	《卖水果捞的小男孩》	李梓阳
《南国卖花姑娘》	文夏	《卖水果的老大爷》	环饱
《省都卖花姑娘》	文夏	《不插播电卖水果》	—
《雾都的卖花姑娘》	文夏	《卖苹果》	王洛宾
《可爱的卖花姑娘》	文夏	《大叔卖我香蕉》	龙梅子
《半夜卖花姑娘》	邱兰芬	《小村姑卖西瓜》	邓丽君
《雨中走来卖花女》	田震	《柿子》	李忆莲

续表

歌名	演唱者	歌名	演唱者
《卖花的细阿妹》	颜志文	《卖木瓜》	胡松华
《喝豆汁儿》	李娜	《卖葡萄干的新疆阿卡》	关牧村
《卖肉粽》	邓丽君	《卖荔枝》	三十八度六人声乐团
《卖豆奶》	陈香美	《卖冰糖葫芦》	冯晓泉
《茶汤》	郁可唯	《卖糖歌》	卓依婷
《面条儿》	黑山大马猴	《辣糖》	曾轶可
《卖橄榄+卖汤圆》	风采姐妹	《卖花生》	庄鲁迅等
《卖玉米饼》	教学	《卖红薯的老大爷》	大龙
《卖饺子》	张也	《卖水》	儿歌
《卖饺子》	华语群星	《卖水.表花》	赵群
《嫂子卖饺子》	小绿苗	《前门情思大碗茶》	李谷一
《卖混沌》	邓丽君	《大碗茶》	群星
《豆浆油条》	林俊杰	《啤酒女郎》	郭炳坚
《卖油条》	群星	《卖酒歌》	华语群星
《卖油条的老张》	农民兄弟乐队	《卖豆腐馍》	网络歌手
《煎饼果子》	刘昊霖	《卖豆腐》	苏偻
《煎饼果子》	李亮节	《卖油翁》	宋娟
《煎饼果子》	任宇翔		

资料来源：全民 K 歌网、唱吧网。

第四节　北京叫卖调与音乐教育

老北京的叫卖调既是一种"未被注意的民间音调"，也是一种民俗事象。其蕴含的音乐信息涉及曲调、唱腔、乐器等方面，叫卖的历史与古代音乐、戏曲的发展有着千丝万缕的联系；其内在的民俗含义更是包罗万象，最直观的就是各行各业的商业民俗，每个行业都折射出行业的生产方式、服务模式、劳作形式，唱词中还涉及生活习俗、神话传说、民间故事、谚语隐语等。老北京叫卖可谓生活的百科全书，是多方面知识"混杂"的艺术。

杨荫浏先生的《谈谈未被注意的民间音调》发表至 2021 年已 66 年。66 年来，民间歌曲经历了二十世纪六十年代的搜集、七十年代的遗失、七十年代末至九十年代的国家重视，重新大量采集并正式出版，基本完成了民间歌曲（民歌中包含叫卖调）非物质文化遗产保护和传承的重要整理工作，在研究方面也取得了可喜的成果，为我国的音乐教育积累了宝贵的资料。音乐史学文献中追溯并探究了叫卖的历史渊源，音像制品中保留了一些"活态"的民间音调，这些资料是创作的原始资源和灵感来源，学校、社区、文化馆等开展的文化教育活动可以充分利用这些材料普及民间艺术，唤起更多的文化认同，传承久远的记忆。

一、中国音乐史教材中的叫卖调

在中国音乐史或中国古代音乐史的教材中，学者们不仅关注了社会上层的音乐，如宫廷音乐、军中用乐等，还关注了社会民众经常接触的民间音乐（其中包括叫卖调）。这说明民间音乐是我国音乐的重要组成部分，其古代的形态和发展对认识民族民间音乐起到重要作用。虽然民间音乐在史学研究中所占比例较少，或许仅是简短提到，但其在音乐史中的重要性是不容忽视的。

就叫卖调而言，与古代城市的发展和管理有关，与商业经济发展程度有关，与百姓市井生活习俗有关，与瓦舍勾栏中的表演艺术有关。音乐史学书籍中对民间叫卖的记录是从北宋时期文献开始多了起来，那时叫卖调已发展为一种民间说唱形式"叫声"[①]，"叫果子"（宋嘉祐年间称'叫紫苏丸'）

[①] 《都城纪胜》："叫声，自京师起撰；因市井诸色歌吟、卖物之声，采合宫调而成也。"

为模仿卖物之声的"戏乐"[①]，后演变成为一种曲牌（【叫声】、【紫苏丸】、【货郎儿】等）[②]。"叫声"可独立演唱，也可与"嘌唱"[③]相结合，以"嘌唱"为引子，形成新的歌曲形式"下影带"或"无影带""散叫"[④]。可见，民间艺术形式来源于朴实生活中的音调，经过艺术加工形成多种歌曲形式，以娱乐的方式表达百姓心声。表7-5为涉及叫声的中国音乐史著作（或教材）：

表7-5　中国音乐史学文献中的叫声

著者	书名	出版年	叫卖调	页码
杨荫浏著	《中国古代音乐史》（上）	1981	叫声 货郎儿	302 479-499
	《中国古代音乐史》（下）	1981	元杂剧乐谱表 元南戏乐谱表	518-532 649、667
刘再生著	《中国古代音乐史简述》	1989	【眼药酸】 【紫苏丸】 【叫声】	312 316 319
孙继南、周柱铨主编	《中国音乐通史简编》	1993	【紫苏丸】 【货郎儿】 【卖花声】	124 128-133

---

① 《事物纪原·吟叫》："嘉祐末，仁宗上仙，四海遏密。故市井初有叫果子之戏。盖自至和、嘉祐之间，'叫紫苏丸'，泊乐工杜人经'十叫子'始也。京师凡卖一物，必有声韵，其吟哦俱不同，故市人采其声调，间以词章，以为戏乐也。"

② 见《九宫大成南北词宫谱》。

③ 《都城纪胜》："嘌唱，谓上鼓面唱令曲小词，驱驾虚声，纵弄宫调，与'叫果子'、唱'耍曲儿'本为一体。本只街市，今宅院往往有之。"

④ 《都城纪胜》："叫声，……若加以嘌唱为引子，次用四句就入者，谓之下影带；无影带者，名散叫。"

续表

著者	书名	出版年	叫卖调	页码
刘钊、刘东升编著	《中国音乐史略》	1993	【紫苏丸】 【货郎儿】	156-157 163-168
臧一冰编著	《中国音乐史》	1993	货郎儿	117-118
金文达著	《中国古代音乐史》	1994	艺术歌曲的发展	266
祁文源著	《中国音乐史》	2002	4.说唱货郎儿	104
陈四海著	《中国古代音乐史》	2004	四、市声与叫卖调 货郎儿	267 268
叶明春著	《中国古代音乐审美观研究》	2007	【货郎儿】	172
曾美月著	《宋代笔记音乐文献史料价值研究》	2013	（三）叫声	117

二、高校的民间音乐教学

高校中多以讲座或艺术节的方式传承北京民歌（包含叫卖调）。传承北京民歌，当属陈树林先生。他是北京市艺术研究所研究员、北京市非遗处专家组成员（北京民歌、民间花会、民族民间音乐）、中国音乐学院音乐研究所驻所研究员。二十世纪七十年代，他在北京市顺义区文化馆工作，从那时起就开始搜集顺义的民歌；改革开放后，是北京市音乐舞蹈家协会首批会员；1982年，开始随《北京市民间舞蹈集成》到京郊进行花会普查并采集资料；1989年，他参与《中国民间歌曲集成·北京卷》和《中国民族民间乐曲集成·北京卷》的编纂工作，任副主编、责任编辑、编辑部主任；2008年，参与编著樊祖荫教授等编著《二十世纪中国音乐史论研究文献综录·中国传统声乐卷·中国民间歌曲》（上、下卷）并出版；2010年出版专著《老北京叫卖调》；从2008年开始，继续整理《北京民歌·顺义卷》《北京民歌·密云卷》《北京民歌·延庆卷》《北京民歌·怀柔卷》《北京民歌·大兴卷》《北京民歌·丰台卷》等区县的民歌集成。他还应邀参加主持澳门民歌的收集整理及编辑等工作。陈老师非常关注民歌的传承，一直希望能将北京民歌传承下去，为此做了大量工作。他曾担任北京市教委《北京市中小学地方民间音乐教材》编委，并参与教材的编写工作；先后在北京戏曲艺术职业学院、中国音乐学院、首都师范大学、廊坊师范学院、北京多个区县教师研修中心等高校院所举办讲座，介绍和教唱北京民歌（含叫卖调）；2015年4月受首都师范大学音乐学院之邀，专门以"老北京叫卖调"为题开设讲座，介绍了老北京吆喝的类别、时令特点、生活风俗、行当特点及隐晦语，结合陈老师自己采录叫卖调和生活的经历，把叫卖调和生活紧密联系起来，让学生们真切感受到过去的市井生活和商业习俗，从话语中了解了他对家乡地热爱和对整理民间音调地执着，受到老师和学生们的欢迎。

随着宣传和传承非遗力度的加大，在京的各大艺术院校纷纷开展相关课程，如中国音乐学院的"原生态民歌的传承与研究"、中央音乐学院的"中国民间音乐风格模唱"、首都师范大学音乐学院的"民歌戏曲说唱经典模唱"等课程，都会请非遗传承人或一线的文艺工作者来教唱。各校的艺术类通识课也开始增加地方非遗内容，如笔者担任的首都师范大学通识课程"音乐与文化"，课上曾做过一些调查，了解学生目前对民族民间音乐的了解情况，结果并不乐观（结果见本章附录）。因此，在课上通过讲述老北京叫卖调等非遗音乐文化，让学生在学习北京地区音乐文化的同时关注现在的生活，感受生活的变化，以及音乐和生活之间的关系。

在近几年的教学和研究中，发现大学生对传统音乐文化的兴趣相对于他们对流行音乐的兴趣有很大差距，对传统音乐文化的认识较模糊。笔者做过一些跟踪调查，195名学生回答了民间音调认知问题：认为地方小调（75%）、叫卖调（63%）、劳动号子（64%）、戏曲（62%）为民间音调多些，而选择说唱（24%）、吟诵（19%）的较少；260名学生回答了是否认为民间音调是民族民间音乐根基的问题，有74%认为是根基；238名学生回答了民间音调是否可以申请非物质文化遗产的问题，有 57% 认为可申遗。另有 65 名音乐专业学生参加了叫卖调课程选课态度的调查，44.6%（29 名）学生愿意选课，有 55.4%（36 名）学生不愿意选课，可见即使音乐专业学生对民间音乐课程也不是很在意。

三、中小学的民间音乐教学

二十世纪八十年代末，就有音乐教师关注到民族民间音乐进入中小学教育，有些教师分析了当时统编的中小学音乐教材，有些教师自己尝试编写适合中小学的地区音乐教材，都是为了说明民族民间音乐在基础音乐教育中的重要性。赵学勇分析了统编小学音乐课本的民族音乐比例，发现民歌、戏曲和民族民间乐器的内容较少，并提出了相应的改进意见[①]。朱则平、刘富煜等提出民族音乐教育的重要性，应有意识地挖掘并利用当地民间音乐用于教学，既用此传授乐理知识，还能促进地区的传统音乐文化延续发展。他们尝试对民间音乐进行适当改编，并按难易程度进行编排，尝试编写地方民间音乐补充教材，说明对儿童唱歌、欣赏、识谱、节奏训练等方面的可行性[②]。这些都是教师们在教学过程中对民族民间音乐用于音乐教育的反思与尝试，为民间音乐的传承做了一些有意义的工作。

改革开放以后，各省市编写的民间歌曲集成陆续出版，这为各级音乐教育提供了丰富的教学材料基础。但在民间音乐的实际教学中存在一定困难，问题在于音乐教师是否不了解或是否接触或学习过这些民间音乐。为此，全国统一要求各省市编出地区的"地方民间音乐教材"（广东、福建、山东、云南、河南、黑龙江、吉林、四川等省都在二十世纪九十年代以后编写了地方音乐教材[③]），涵盖民歌、民乐、戏曲、曲艺、舞蹈音乐五科[④]。

[①] 赵学勇. 中小学音乐教学的民族特性问题. 人民音乐，1984（6）：43.

[②] 朱则平. 民间音乐在教学中的运用. 中国音乐教育，1989（5）：9-11.

刘富煜. 中学的音乐教材应以传统的民族民间音乐为主体. 音乐探索 四川音乐学院学报，1989（1）：75-76.

[③] 崔学荣. 本土音乐文化进中小学课堂的实践与思考. 中国教育学刊，2009（S1）：66-67.

[④] 陈树林先生口述。

以北京为例，《中国民间歌曲集成·北京卷》于1994年出版，其中包括丰富的劳动号子、花会歌、小调、儿歌、叫卖歌/调、吟诵等，是北京有代表性地区传统音乐文化。北京市教育委员会聘请专家编写《北京市小学课本地方民间音乐》一至六年级、《北京市中学课本 地方民间音乐》初中一至三年级并配有教参，由人民音乐出版社于1997年出版，还录制了相应的录音教材，由中国音乐家音像出版社出版。小学四、五年级，每个年级两盘磁带，其他各年级各一盘磁带；歌曲都有伴奏版，方便学生学唱。

表7-6 北京市小学课本地方民间音乐

年级	学生用书	教师用书
一年级	第一册第三课《卖针线》	教学内容、教材简介、教学建议
二年级	第二册第一课《砍柴调》	同上
三年级	第二册第四课《锯大缸》	同上
四年级	第四册第六课《叫卖调》	同上
五年级	第五册第六课《卖酸梅汤》	同上
六年级	第六册第一课《卖扁食》	同上

这套音乐教材每册约7课内容，全套教材共57课，每册分为：民歌、戏曲、曲艺、民间器乐、民间歌舞等五部分。歌曲题材分为劳动号子、花会歌、小调、风俗歌、叫卖歌、儿歌六类。有关叫卖调的歌曲也放在民歌部分（见表7-5），此外民歌部分还收录了汉族、满族和回族民歌。这套教材于1997年出版，说明北京市对于青少年的传统音乐教育还是很重视的，对本地区的民歌做了细致的筛选工作，有计划地安排在一至六年级的音乐教学中，初中三个年级也有相应的教材，主要侧重于民歌和戏曲类。这套教材将北京民间歌曲深植于中小学生的心里，打下了传统音乐文化的烙印，为使他们热爱家乡音乐进行着启蒙教育。这项教学工作也是传统文化的不可分割的一部分。

据陈树林老师讲述，当时这套教材出版后反响很好，但大多数学校是以放录音欣赏学唱为主，教师能够演唱的极少，为此各区还开办了教师培训班。

陈老师曾经在平谷区（原平谷县）、西城区、东城区、朝阳区等区县给音乐教师培训，教唱北京民歌。第三届全国中小学音乐优质课评比中，朝阳区针织路小学吴雪蕾老师给三年级以《叫卖调》为主题上的创作课获得好评。吴老师的上课材料并不拘泥于老北京叫卖调，而是扩展到其他地区的叫卖调以及多种音乐形式，通过聆听叫卖调、与叫卖有关的歌曲和器乐曲、情境创编等方式让学生了解了叫卖调的特点及其作用，让学生感受不同音乐形式是如何展现叫卖或市声的，由此来拓展学生的创作思路。这个课例是对叫卖调的灵活应用，虽然没有从文化角度出发，但与其设定的创作课的目标较为吻合。

之后，从 2008 年教育部办公厅发布《关于开展京剧进中小学课堂试点工作的通知》[①]到 2017 年中共中央办公厅、国务院办公厅出台《关于实施中华优秀传统文化传承发展工程的意见》[②]和中宣部、教育部、财政部、文化部发布《关于戏曲进校园的实施意见》[③]，京剧等传统文化进校园的活动一直持续。从"京剧进校园"到"戏曲进校园"再到后来的"非遗进校园"，先后开展已有十多个年头。京剧作为国粹，在我国传统艺术中占有重要地位，其进校园的目的不仅仅是让学生学会几个唱段，而是通过京剧的传统剧目了解传统文化，典故中蕴含忠孝节悌礼义廉耻的中华传统美德，是很好的德育内容。这就是为什么在"京剧进校园"之初会存在选择曲目争论的问题[④]，其实质是对教育目的的争论。"京剧进校园"之初是以中小学为目标，试点为 10 个省，

---

① 教育部办公厅关于开展京剧进中小学课堂试点工作的通知.（2008-02-13）[2020-10-13]. http://www.moe.gov.cn/srcsite/A17/moe_794/moe_624/200802/t20080213_80578.html.

② 中共中央办公厅 国务院办公厅印发《关于实施中华优秀传统文化传承发展工程的意见》.（2017.01.25）[2020-10-13]. http://www.gov.cn/zhengce/2017-01/25/content_5163472.htm.

③ 四部委联合发布《关于戏曲进校园的实施意见》.（2017-08-03）[2019-10-12]. http://www.gov.cn/xinwen/2017-08/03/content_5215739.htm.

④ 政协委员孙萍当众炮轰教育部京剧曲目.成才之路，2008（8）：106.
　冯骥才：全民学京剧是"计划经济".成才之路，2008（7）：105.

每个省 20 个中小学[1]，以学习教唱为主；之后的传统艺术进校园全面铺开，"戏曲进校园"是面向大中小学，以观看欣赏、社团学习为主；非遗进校园，包括戏曲、曲艺、民歌、杂技等，其目的不仅停留在认识非遗项目上，而是要通过认识文化遗产了解文化价值，唤醒文化自觉，从而强化中华文化的根基[2]。国家对中小学的音乐艺术教育有计划有目的地部署，步步推进，真正改变了音乐基础教育中传统民间音乐弱化的状态。

老北京叫卖调于 2006 年被列为"崇文区非物质文化遗产"，2007 年列为第二批北京市级非物质文化遗产，当年叫卖就进入了北京中小学校园。"京城叫卖真人"张振元 2007 年带着弟子走进了石景山苹果园中学分校，给学生们讲解老北京叫卖。有意思的是，这节课不是音乐课，而是初三年级的思想品德课[3]。这也许是个偶然，但也说明民间文化可以作为德育的材料，激发学生对民间文化的好奇心，在体验中了解和学习叫卖技艺背后的传统文化，逐渐喜欢本地的文化。在课上，张振元展示了多个行当的响器和叫卖，让学生换上货郎的行头学唱，最后学生们自己发挥进行"汇报演出"，课堂气氛十分活跃。课后学生们纷纷表示，虽然现在生活中走街串巷的小贩少了，但吆喝作为一种京味文化需要保留。想必这也是老师希望达到的教学目标。

2012 年，老北京叫卖艺术团 83 岁的杨长河和 73 岁的宋骥汝两位老人到西城中华路小学开始了第一堂叫卖培训课，虽然孩子们没有完全听懂，但引起了他们的浓厚兴趣[4]。西城中华路小学成为北京第一家老北京叫卖教学示范

---

[1] 钟京.教育部部长周济表示 京剧进校园是为加强传统文化教育.中国京剧，2008（4）：1.

[2] 吴文科.非遗如何"进校园"？中国文化报．（2016-10-28）[2020-10-13]. http:// www.ihchina.cn/luntan_details/7760.html.

[3] 老北京吆喝进中学课堂 叫卖真人张振元收徒.京华时报．（2007-11-21）[2020-10-13]. http://www.chinanews.com/edu/dxxy/news/2007/11-21/1083463.shtml.

[4] 王妍.京味儿叫卖难住"00 后".法制晚报．（2012-05-10）[2020-8-10]. http://news.ifeng.com/gundong/detail_2012_05/10/14444700_0.shtml.

基地，之后朝阳沙板庄小学也挂牌为老北京叫卖教学示范基地[①]。老北京叫卖文艺表演团队的成员定期到学校为学生传授老北京叫卖的相关知识[②]。这是把老北京吆喝叫卖带入北京的小学校园的首支民间艺术表演团体。

2018年北京教育学院丰台分院艺体教研室联手首都师范大学音乐学院，在北京小学万年花城分校建立了"京韵之声"民族民间音乐工作坊，并编写了《北京民族民间音乐》的教材[③]，其中包括京剧、曲剧、京韵大鼓、单弦、琴书、岔曲、八角鼓、叫卖调等北京地方曲艺。课程反响较好，学生也感兴趣，对北京文化有了较深刻的认识。

在国家政策的支持下，文艺团体、民间艺人先后走进北京的中小学，给学生们讲吆喝、讲过去的老北京生活，传承着老北京的记忆。

四、叫卖文艺团体与社区培训

社区文化建设也是文化传承的一个重要方面。中共中央办公厅、国务院办公厅于2007年发布了《关于加强公共文化服务体系建设的若干意见》，2015年再次印发《关于加快构建现代公共文化服务体系的意见》。这两份《意见》中都提到了文化馆（站）、少年宫、博物馆、社区群众文化活动等各种基层文化单位应推进乡土文化、社区文化、红色文化等文化建设，鼓励和支持群众成立文化团队，开展群众性民俗活动和艺术普及等文化活动[④]，其目的是传播和传承优秀传统文化，并在此基础上进行创新。

---

① 孟雅男. 叫卖声声话北京. 北京兴联合旅游文化发展有限公司，北京正明圣达图文设计有限公司联合出品，2017：117.

② 老北京叫卖进校园.（2012-05-09）[2020-08-13]. http://news.cntv.cn/20120509/112112.shtml.

③ 杨俐嘉. "十三五"国家社科基金重点规划课题"艺术教育综合改革研究"研讨会. 课程改革.（2018-07-06）[2020-08-10]. http://ftfy.zone.ftedu.cn/cms/bjftfy/cxb/452.jhtml.

④ 中共中央办公厅、国务院办公厅印发《关于加快构建现代公共文化服务体系的意见》.（2015-01-14）[2020-08-13]. http://www.gov.cn/xinwen/2015-01/14/content_2804250.htm.

在老北京叫卖被列为非物质文化遗产之前，叫卖爱好者们自发组建了艺术团。2004年，北京的第一支以老北京吆喝叫卖为主的艺术团成立——老北京叫卖艺术团（现名为北京正明圣达老北京叫卖艺术团），孟雅男、郑光荣任艺术团团长，团员有30余人。这个团参加了很多公益演出和文化活动，如老北京传统民间艺术展演、京台文化周、龙潭湖庙会等，还走进了文化馆、少年宫、养老院、孤儿院、戒毒所、部队、农村、医院、机关以及多个知名企业，开设讲座或免费培训班，让大家了解吆喝、学唱吆喝。2006年被评为北京市级优秀文艺品牌团队，后改名为"老北京民间艺术团"，艺术种类有所增加，吸纳了许多老北京民间艺术的人才，包括相声、鼓曲、双簧、戏曲等，成为一支优秀的群众文化团队。除此之外，还有"史家胡同叫卖班"，由北京人艺剧作家蓝荫海和同事于2006年参与创办，杨长河为吆喝班负责人，他也是老北京叫卖艺术团成员之一，队员主要是史家胡同的老居民，约15人。目前他们已收集了300多条老北京叫卖声，并以《叫卖组曲》为蓝本不断扩充[①]，经常给来社区的国外旅行团表演，或进入社区、进入中小学表演。还有一只民间叫卖团为"什刹海货郎队"由宋振忠于2011年组建。他自己收集了几十万件北京老物件，建立了一个老物件博物馆，为了让这些老物件派上用场，成立了这个叫卖团，成员都是对叫卖感兴趣的退休人员，约10人，经常在各大庙会上表演。

北京一些区县的少年宫、社区以及春节庙会等场所也有老北京的叫卖艺术演出，有些是讲解加展演的方式，有些是表演的方式。如2011年，东城第二文化馆（原崇文文化馆）开设老北京吆喝叫卖培训班；2012年，西城少年宫与老北京叫卖文艺表演团队合作，为青少年讲述老北京叫卖调；2017年，老北京叫卖艺术团创建人孟雅男带着其团队赴北京市大兴区高米店社区，为

---

① 语言学家进胡同倾听京味儿叫卖声.北京日报.（2010-07-21）[2020-8-13]. https://news.sina.com.cn/c/2010-07-21/041017837486s.shtml.

丰富京城社区百姓业余文化生活，更好地宣传非遗文化，表演了老北京叫卖等文艺节目。

在北京春节庙会上，如地坛庙会、厂甸庙会、八大处庙会、龙潭湖庙会等主要场所都有老北京叫卖艺术团、什刹海货郎队等民间艺术团体或个人表演老北京的叫卖艺术，已成为每年北京春节庙会艺术展演的亮点之一。农历三月三的北京蟠桃宫庙会也有他们的身影。

老北京叫卖调走进社区、走进节日文化活动、走进多个基层单位，不仅是为了图个热闹，而是通过叫卖调追忆过去的生活，通过叫卖调了解旧时人们乐观的情绪及生活艰辛，叫卖艺术带给人们精神和心灵上的亲切感。使北京民间民俗的叫卖声能长久传承下去，深印在北京人的记忆里。

五、北京叫卖的传统拜师传承

老北京叫卖调在 2007 年被正式列入第二批北京市级非物质文化遗产保护名录之前，就有一些"叫卖迷"的活动。2005 年，"叫卖真人"张振元和"京城女叫卖大王"张桂兰组建了老北京叫卖艺术团，多次参加叫卖表演，共同宣传老北京文化。

京城叫卖这一行当也有和曲艺一样的师承关系，从"京城女叫卖大王"张桂兰之母算起到现在已有四代。第二代有"叫卖大王"臧鸿、"叫卖真人"张振元、"冰盏儿武爷"武荣璋、杨长河、卢志东、张桂兰、武绪增、赵荣祥、马松林等人。这几位老先生并不都是拜师学的叫卖，他们大多是因对叫卖的热爱以及儿时的经历与吆喝结缘。臧鸿老先生儿时的卖报纸、卖臭豆腐等经历是他传承吆喝民间艺术的宝贵财富，吆喝一句报纸卖完，卖臭豆腐改成"臭豆腐咧饶香油，酱豆腐蘸窝头咧"，生意变得红火。从那时起他就懂得吆喝对生意的重要，也开始关注吆喝，模仿吆喝，还拜了天桥的民间艺人为师，成就了他的叫卖艺术。他的叫卖源于市场、源于生活，让人听得真切、过耳不忘，老舍夫人称他为"京城叫卖大王"。张振元和臧鸿的经历有些相似，儿时随父亲以箍木桶为生，经常沿街吆喝，也学会了其他吆喝。武荣璋与前两位的经历不同，没做过买卖，但从小喜欢唱歌唱戏，也听过很多胡同的叫卖，听多了就学会不少，他的吆喝声音洪亮、字正腔圆。杨长河老先生的爷爷是买卖人，他从小受到熏陶，自然而然就会了。卢志东自幼和母亲学习吆喝，也跟随其他艺人学习吆喝，形成了自己的风格。张桂兰老人也是从小随母亲走街串巷卖洋取灯学唱的吆喝。现在生活环境变得美好了，他们不会再像过去的年代里为讨生活而叫卖，但这些老人对吆喝叫卖的那份热爱没有改变。

几位叫卖传承人希望能将这一非物质遗产传承下去。2005年"京城女叫卖大王"张桂兰要招收徒弟，学过相声的孟雅男团长对叫卖非常感兴趣，于是下决心要拜师系统学习叫卖调，按规矩举行了正式的拜师仪式，成为第三代传承人，开始了口传心授的传统教学。张振元收了常城等三个正式弟子，其他几位传承人也正式或非正式地教过一些徒弟，如今第三代传承人按照传统拜师收徒的习俗，已招收了新学员。第三代还有郑光荣（老北京叫卖艺术团团长）、臧全江、臧志彪、宋振忠（什刹海货郎队负责人）等。第四代传承人多了青少年的身影，让我们对这项民间艺术看到了希望。老北京叫卖的几个演出队老队员热情坚持活动，以老带新，新学员也慢慢成长起来，与其他艺术一样，热情洋溢地活跃在北京的各年节及商业活动中。

2011年，张振元逝世一个月时，老北京叫卖艺术团以上演情景剧《北新桥的故事》作为纪念；逝世一周年时，纪念京城著名叫卖艺人75周年诞辰即北京京味儿叫卖艺术团成立六周年专场演出。2015年，臧鸿逝世三周年后下葬，各方亲朋相聚举办了纪念演出。叫卖这一行当表现出了后人不忘前人之志的信念。

从老北京叫卖这一行当的传承来看，第一代和第二代传承人大多从小接触吆喝，有走街串巷做生意的经历，看到了许多生意人，也听到了各行当的吆喝，这些真实、丰富的生活体验鲜活地存在他们的记忆里。小时候生活环境的熏陶，加上自己的兴趣和努力学唱，让这项民间艺术传承下来。第三代和第四代对叫卖的认识可能首先出于兴趣，觉得吆喝有意思，学习过程中认识到叫卖并不是想象的那么简单，曲调和唱词都很有讲究，为之着迷。只是现在缺少了让人们真正"使用"吆喝的场景，这种生活艺术脱离了生活，只剩"艺术"。仅靠传承人的兴趣和热情维持不可能"留住"叫卖这艺术形式，但老人们的逝去让人惋惜，只能将记忆封存。现代超市的无声没有了也感受不到昔日那种人与人的交流的亲切感，也不可能在现代的商业卖场中唤回叫卖声。

过去有声的社会"卖场"不显"噪声"，城市街巷是叫卖生存与施展的广阔天地，是心灵开阔的空间，是生活尽情尽力地甜酸苦辣味道，是真正展现民间文化的人文"大舞台"。如今这一原始的商业交流方式消失后，二十一世纪初，新的商业快递模式快速崛起，小生意人边挑担推车边吆喝叫卖的模式，换成了如今的快递小哥。他们开着各自的小货车或摩托车送货的模式，飞速穿梭在北京的大街小巷中，能听到的是轻轻的小车声，偶尔也会听到快递小哥与各家收货人的电话声，简短而又亲切。有时会想为什么快递小哥这样送货的模式能很快得到市民的接受，是不是受到古老的过去小生意人走街串巷的吆喝叫卖的影响呢？跨越时空一直体现了"送货上门"的传统和对信誉至上的尊重，这种模式不仅仅是人与物的模式变换，也是深埋在民众观念里的社会平安，相互信任是最重要的。今天的快递小哥在变换，货物业在不断更新，在生活的求新求变中，快递小哥的存在会使人们回想到过去的小商贩送货的场景，好像接续着过去模式而焕装的新生命活力。人们也依旧不会忘记吆喝叫卖的声声风采，记忆中曾经的乐声快乐。

六、叫卖与社会影响

通过民歌搜集工作、大中小学开展的艺术进校园以及庙会、社区等文化活动，使越来越多的人认识并喜爱老北京叫卖。在北京居住的老街坊听到老北京叫卖觉得亲切，刚定居北京的人们听了会觉得有趣，年轻人也越来越接受和喜爱这种民间艺术形式，甚至外国人也为此着迷。人们逐渐开始有目的运用"叫卖"，用于博物馆、园林的声景，用在话剧、影视剧中，从声音的角度丰富人们的感官。

  2013年，史家胡同博物馆中的声音博物馆正式对公众开放，一间北京声音展室，展示了老北京的各种声音，有车水马龙的街道声、吆喝声、各种响器声、鸽哨声、驼铃声，甚至还有风雨雷电的声响，闭上眼睛聆听，瞬时把人们带回旧时的北京。令人想不到的是，这个声音博物馆是由一位英国策展人秦思源制作。他对老北京的声音情有独钟，一方面源于他的一部分中国血统，史家胡同博物馆所在地就是他的外祖母凌叔华的故居；另一方面，他认为北京的声音非常丰富。这些声音就是北京的历史[①]。他会随着声音的收集，不断丰富这个声音博物馆的内容。当代的青年也不落后，2018年9位中戏的学生组成"九零零零花甲合唱团"，开始酝酿"翻拍"人民艺术剧院1983版的《叫卖组曲》[②]。2019年做好的视频在网上一经发布，在年轻人群中广为流传，不仅如此，还激发了各地年轻人收集地方货声的热情，纷纷为他们提供素材，也许在不久的将来可以看到其他地方货声系列。

本章小结

  习近平总书记2014年五四青年节在北京大学师生座谈会的讲话中提道："中华文明绵延数千年，有其独特的价值体系。中华优秀传统文化已经成为中华民族的基因，植根在中国人内心，潜移默化影响着中国人的思想方式和行为方式。今天，我们提倡和弘扬社会主义核心价值观，必须从中汲取丰富

[①] 东城区史家胡同声音博物馆：听原汁原味的北京. 胡同游网. (2015-03-27) [2020-08-10]. http://blog.sina.com.cn/s/blog_140a6b5920102vpz0.html.

[②] 9位大一学生翻拍人艺83版《叫卖组曲》火了. 扬子晚报网. (2019-04-07) [2020-08-10]. http://k.sina.com.cn/article_1653603955_628ffe7302000kooi.html?from=fashion.

营养，否则就不会有生命力和影响力。"①中华文化积淀着中华民族最深沉的精神追求，包含着中华民族最根本的精神基因，代表着中华民族独特的精神标识，是中华民族生生不息、发展壮大的丰厚滋养。"不忘本来才能开辟未来，善于继承才能更好创新。"②中华传统文化是我们民族的"根"和"魂"，如果抛弃传统、丢掉根本，就等于割断了自己的精神命脉。

从国家层面提出的"中华文化积淀的精神基因"应是多方面组成的，民间音乐音调应是民族文化的一部分，民间音调是中国音乐的"根"，"根"在，就丢不了中华民族的音"魂"。

大力宣扬我国的优秀音乐家，大力传播我国的民族民间音乐作品，就是为了让音乐文化的"根"在人民心中生长，让民间音乐的魅力永不衰。每年的节日庙会上，大众驻足静听、欣赏老北京叫卖调，脸上洋溢着笑容。这笑容中有节日的喜悦，也有老北京叫卖调带来的欢乐；观众们常常都给予热烈的掌声，这不亚于坐在气派的音乐厅中欣赏高雅西方音乐人们的热情。各取所需，无可厚非，但植根于民间的乐音音调对百姓来说更喜闻乐见，不存在文化的陌生感。民间音调不会消失，来自生活回归生活，它的生命力会在调节人们的乐趣中延续下去。

附录：大学生民间音调（北京叫卖调）认知的调查

中小学音乐教材对我国民族音乐家及民间音调的介绍相对较少，有些学校编写了一些地方音乐的补充材料，但总体来说音乐教育在这方面重视程度不够，学生对民间音乐的了解还不够丰富。笔者在担任的音乐与文化的课上进行了"民间音调认知调查"，对学生是否了解北京叫卖调、对叫卖调接受程度以及对民间音调的认识进行了调查。音乐与文化是学校的通识课，主要是非音乐专业学生选修。调查问卷共发出 67 份，收回 67 份。

---

① 习近平总书记系列重要讲话读本。

② 2014 年，习近平总书记在中共中央政治局第十三次集体学习时的讲话。

1. 对北京叫卖调的认识和接受程度

民间音调（北京叫卖调）进课堂会是什么反应？在大学的音乐课堂上，首次将北京吆喝引进课堂，来看大学生的反应与接受情况。从学生们对吆喝的探讨中得出他们对老北京吆喝叫卖调的接受程度不同，其中有 1/2 的学生对"吆喝"进课堂表示惊讶；3/4 的学生对"吆喝"进课堂持喜欢和接受的态度，有几人热衷"吆喝"作为专题讨论，也有个别人不太接受。下面选出部分学生对吆喝的感受，体现了他们的思考。

1）对吆喝的认识：

学生 A："吆喝进堂课让我大开眼界，彻底颠覆了我对音乐的看法。这与我心中所谓的高雅，简直是两个极端。看到吆喝两字，顿时音乐从遥不可及的艺术殿堂来到了身边，走进了生活。艺术和科学不一样，科学是一座山峰，望不见顶端，艺术则是无数山峰，且每座山峰没有高低之分"。

学生 B："各种吆喝声如各种各样的商品，我对音乐的概念就在这种吆喝声里改变了，音乐无处不在，生活中处处都有音乐。"

学生 C："吆喝和叫卖，真觉得这是一种文化。不同风格、不同类别的底蕴。大家所记得的种种乡音，五湖四海齐聚一堂，强烈有一种文化交融与碰撞的感觉。千里迢迢从家乡来到北京上学，一下子感受到了首都的气息扑面而来。"

学生 D："音乐是阳春白雪，这节音乐课让我明白，其实音乐、艺术，是起源于民间的。"

这些都是学生们自己的总结，我没有给他们讲吆喝是民间音调的一种，不想给他们一个"定势"标签，固化他们的认知，而是让他们用自己潜在感觉来悟出并思考吆喝和音乐的关系。他们写的这些"定义"就是他们对吆喝的认识。学生们很有天赋，因为他们遇到新鲜的事物有自己的思考和见解，而且能用跨学科的思维去理解民间音调，令人很敬佩。

2）聆听吆喝的感受

学生 A："没有想到吆喝也能作为一种音乐去欣赏。我终于领悟，吆喝这神奇的声音是综合着唱腔和旋律给人一种全面立体的针对产品的直观感受。"

学生 B："吆喝既熟悉又陌生，熟悉的是它经常出现在我们耳畔，陌生的是我们未曾将之作为音乐来聆听。"

学生 C："通过聆听吆喝，确实从中感受了一些韵律美。给人一种厚重感，一种亲切感。"

学生 D："高雅的钢琴曲是一种风格，更加贴近日常生活的吆喝也是一种艺术风格。"

也有不同见解：

学生 E："'吆喝'是一种民间的叫卖不至于能够以'音乐'之角度去审评，但'吆喝'那自由的艺术形式确实有蕴含有值得'音乐'借鉴之处。"

学生 F："吆喝声是老北京的文化载体，间接地表现了一些当时的社会生活，但我不觉得它容纳了什么感情，我不认为它属于音乐。"

学生的感受反映了他们对音乐的认识，每个人对音乐的界定是不同的。学生对音乐的认识主要来自学校音乐教育和媒体宣传的音乐。音乐课上多涉及的是"完整"的中西方音乐作品，而杨荫浏先生所说的五类未被注意的民间音调在音乐课中是极少能听到的。所以，有些学生对吆喝是不是音乐，或吆喝在音乐课上出现，表现出既新鲜而又迟疑的态度，但也认为它贴近生活具有亲切感，聚集了他们对民间音调的一些情思。其中有两位学生直言不讳，认为吆喝不是音乐。这无可厚非，应尊重他们表达的真实想法，希望他们能在今后的学习中再寻觅答案。

3）对吆喝语言的感受：

学生 A："街头巷尾的吆喝，对我来说非常新鲜。人们在说话中加入自我审美，渗入了各种情感，才会有了各种音调。"

学生 B："听到了吆喝才知道中华文化语言的博大，一句普通句子，加入调和语气词，立即就有了那种味道"；"从小到大都听着爆米花、赤豆小元宵、鸡汤小馄饨的吆喝长大的，不能否认这是一种艺术"。"我想起了家乡的几种吆喝，韵味十足，让我想起了家和儿时的回忆：'换～豆腐''擦洗油烟机～''磨剪子～'"。

学生 C："每一句吆喝都十分响亮，都能达到'一张嘴就能抓住我们的心'的目的。"

学生 D："在一家老北京炸酱面面馆里听到过那种极具京腔的很厚重很响的吆喝声。吆喝应该算作一种交易的语言，在北京这种感觉很明显。这门语言的特色是音调"。"从来到北京开始一直想听到的吆喝在课堂上听到了。这种声音承载的文化底蕴与内涵，更值得研究与品味。"

很多学生大胆吆喝出了自己家乡的叫卖调，回忆了"豆腐""爆米花""元宵""小馄饨"的语言与味道，表达了对乡音乡味的情思。叫卖调与言语的表达是不同的，将语言赋予音调时，通过乐（yue）来传达乐（le）的情感，音调也赋予了新的意义。也许从远处传来的吆喝声，听不清词，但听音调也能判断出叫卖的货物，音调以"符号"的形式代替了言语的意义，既有广告"商标"的意义，也成了联系着货物和情感的特殊符号。其中一名学生悟出这课上的是"音调"课，很准确。

4）对吆喝传承的态度：

学生 A："吆喝既是对非物质遗产的保护，更是对传统文化的传承"。

学生 B："珍贵的文化遗产"吆喝"作为一种音乐形式，没有真正的人再能唱出那段令人熟悉的旋律的话，真的能算是流传下来了吗？所有传统文化……值得我们深深的去思考。"

学生 C："听见的吆喝越来越少了，我明白了非物质遗产设立的意义了。那种民俗的感觉，是真正来源于生活的艺术，是一种亲切，悟到了其中的文化底蕴"。

学生 D："吆喝作为一种城市的记忆，作为往昔的回音，它的确有被记住的价值。和许多文化遗产一样，现实中已经没有它生存的土壤。我们无法阻止这些文化遗产从日常生活中远去。但我们应该去记录它们，去研究它们。我们依然可以通过各种音频视频听到，看到我们祖辈生活的世界"。

学生们的每一句话都震撼着人心，简单的民间音调——老北京叫卖调打动并激发着他们发自内心地对祖国民间音乐的热爱。他们对此赋予了很真挚的话语与情思，也感受着文化碰撞带来的心理激荡，表达着怕遗失中国传统文化的深深地惆怅。吆喝让他们相聚快乐，思念乡音，追忆往昔。民间音调"无法阻止"地越来越少、越来越远去，"90后"大学生表达出了对国家传统音乐文化的眷恋与传承的使命感。

2. 对民间音调的认识

对民间音调的认识主要采用知识性的问题，先调查了 441 人，选择知道民间音调的有 175 人；又调查了 648 人，选择"杨荫浏"为最早提出重视民间音调（包括叫卖调）的学者的，选择正确的仅有 95 人。可见，音乐教育没有把致力于民间音调研究的音乐学者及其学术贡献作为重要的教学内容（尽管人民音乐出版社曾印有中学音乐教学挂图，现在网络资料也唾手可得），这在音乐教学与音乐研究的延续性上出现了问题。学生们也许知道《二泉映月》的人最多，知道演奏者是阿炳的人次之，知道演奏者原名为华彦钧的人更少，而知道杨荫浏和曹安和在阿炳的演奏中挖掘和录制《二泉映月》的人更是寥寥无几。

    这个调查说明音乐教育对民间音调的不重视。学生接触叫卖调之后，能够用心感受，认真思考民间音调和生活之间的关系，理解传承的意义和重要性。学生对传统音乐文化都没有接触过，何谈热爱、继承和发扬传统音乐文化？通过课上的聆听和讨论，可以看到学生对民间音调并不是反感，而是不了解，对其是否喜好就无从谈起。相对于充斥媒体的流行音乐而言，民族民间音乐宣传不够。高校传统音乐教育应不断与音乐学研究成果相结合，激发学生的兴趣，启发学生对传统音乐文化的思考，只有这样才能真正让中华优秀传统文化在青年一代的内心扎根，并传承下去。

参考文献

中文参考文献

著 作

［1］（明）刘侗，于奕正.帝京景物论［M］.上海：上海古籍出版社，（2001.7）2014.

［2］（明）史玄，（清）夏仁虎，（清）阙名.旧京遗事 旧京琐记 燕京杂记［M］.北京：北京古籍出版社，1986.

［3］（清）爱新觉罗·瀛生.老北京与满族［M］.北京：学苑出版社，2005.

［4］（清）潘荣陛.帝京岁时胜 燕京岁时记［M］.北京：北京古籍出版社，1981.

［5］（清）孙殿起辑，雷梦水编.北京风俗杂咏［M］.北京：北京古籍出版社，1982.

［6］（清）佚名绘；王克友，北京民间风俗百图［M］.王宏印，许海燕译.北京：北京图书馆出版社，2003.

［7］（宋）陈元靓编.事林广记［M］.耿纪朋译.南京：江苏人民出版社，2011.

［8］（宋）孟元老，等.东京梦华录 梦粱录 都城纪胜 西湖老人繁胜录 武林旧事［M］.北京：中国商业出版社，1982.

［9］（元）熊梦祥.析津志辑佚［M］.北京：北京古籍出版社，1983.

［10］［加］卜正民.纵乐的困惑：明代的商业与文化［M］.方骏等译.北京：三联书店，2004.

［11］［美］步济时.北京的行会［M］.赵晓阳译.北京：清华大学出版社，2011.

［12］［美］马丁·林斯特龙.感官品牌［M］.赵萌萌译.天津：天津教育出版社，2011.

［13］［美］西德尼·D.甘博.北京的社会调查（上下）［M］.陈愉秉等译，北京：中国书店，2010.

［14］［英］丹尼尔·M.杰克逊.声音品牌化［M］.潘建杰，张水军，李辉译.北京：经济管理出版社，2008.

［15］［英］约瑟夫·阿狄生，等.伦敦的叫卖声［M］.刘炳善译.北京：生活·读书·新知三联书店，2013.

［16］《新京报》社编.北京地理：传世字号·餐饮［M］.北京：中国旅游出版社，2007.

［17］《新京报》社编.北京地理：传世字号·民生［M］.北京：中国旅游出版社，2007.

［18］北京大学历史系《北京史》编写组.北京史［M］.北京：北京出版社，1999.

［19］北京丰台区花乡委员会编著.花乡花志［M］.（内部资料），2011.

［20］北京民俗博物馆编.老北京传统节日文化［M］.北京：商务印书馆国际有限公司，2010.

［21］北京市地方志编纂委员会编.北京志·农业卷·种植业志［M］.北京：北京出版社，2001.

［22］北京市第二商业局史志办公室编著.当代北京副食品商业［M］.北京：中国财政经济出版社，1994.

［23］北京市东城区园林局汇纂.北京庙会史料通考［M］.北京：北京燕山出版社，2002.

[24] 北京市东城区园林局汇纂. 北京庙会史料通考 [M]. 北京：北京燕山出版社, 2002.

[25] 北京市农业局编. 北京农业志稿 种植业篇 [M]. 北京：北京市农业局, 1997.

[26] 北京市政协文史资料委员会, 丰台区文史资料委员会, 丰台区花乡人民政府编. 花乡春秋 [M]. 北京：北京出版社, 1994.

[27] 蔡省吾原编. 周作人錄抄. 一岁货声 [M]. 北京：北京出版社, 2015.

[28] 曾陈明汝. 商标法原理 [M]. 北京：中国人民大学出版社, 2003.

[29] 常人春. 老北京的风俗 [M]. 北京：北京燕山出版社, 1996.

[30] 陈钢主编. 上海老歌名典 [M]. 上海：上海辞书出版社, 2002.

[31] 陈永祥绘. 北京老街 [M]. 北京：中国社会科学出版社, 2006.

[32] 丛子明, 李挺主编：中国渔业史编委会编著. 中国渔业史 [M]. 北京：中国科学技术出版社, 1993.

[33] 邓向东, 刘辉. 老北京那些事儿 [M]. 北京：当代中国出版社, 2010.

[34] 邓云乡. 云乡话食 [M]. 石家庄：河北教育出版社, 2004.

[35] 翟鸿起. 老北京的街头巷尾 [M]. 北京：中国书店, 1997.

[36] 丁维峻主编. 北京老字号（画册）[M]. 北京：人民日报出版社, 2009.

[37] 董梦知. 当代北京歌谣史话 [M]. 北京：当代中国出版社, 2009.

[38] 董树人. 新编北京方言词典 [M]. 北京：商务印书馆, 2010.

[39] 董晓萍编. 钟敬文教育及文化文存 [M]. 佛山：南海出版公司, 1992.

[40] 董学玉, 肖克之主编. 二十四节气 [M]. 北京：中国农业出版社, 2012.

[41] 樊丽丽主编. 趣味广告案例集锦 [M]. 北京：中国经济出版社, 2005.

[42] 方继孝. 撂地儿40位天桥老艺人的沉浮命运 [M]. 北京：生活·读书·新知三联书店, 2017.

[43] 方砚著绘. 逝水胡同 [M]. 北京：东方出版社, 2012.

［44］冯金忠，陈瑞青.河北古代少数民族史［M］.北京：民族出版社，2014.

［45］傅朗云.东北民族史略［M］.长春：吉林人民出版社，1983.

［46］高路加.中国北方民族史［M］.呼伦贝尔：内蒙古文化出版社，1994.

［47］高倩艺编著.二十四节气民俗［M］.北京：中国社会出版社，2010.

［48］高伟.胡同里的叫卖［M］.天津：今晚报合编，（内部资料），2008.

［49］顾端.渔史文集［M］.新北：淑馨出版社，1992.

［50］顾乃武.战国至唐之河北风俗研究［M］.北京：人民出版社，2012.

［51］郭子昇.北京庙会旧俗［M］.北京：中国华侨出版公司，1989.

［52］韩光辉.北京历史人口地理［M］.北京：北京大学出版社，1996.

［53］韩光辉.宋辽金元建制城市研究［M］.北京：北京大学出版社，2011.

［54］赫英忆主编.渐行渐远的吆喝声——北京老行当纪实［M］.北京：企业管理出版社，2017.

［55］侯仁之.北京城的生命印记［M］.北京：生活·读书·新知三联书店，2009.

［56］侯希三.北京史话·北京老戏院子［M］.北京：中国城市出版社，1999.

［57］胡小鹏，张嵘，张荣编著.西北少数民族史教程［M］.兰州：甘肃人民出版社，2013.

［58］胡玉远主编.日下回眸.老北京的史地民俗［M］.北京：学苑出版社，2001.

［59］华智亚，曹荣.民间庙会［M］.北京：中国社会出版社，2011.

［60］黄涛.语言民俗与中国文化［M］.北京：人民出版社，2010.

［61］姜维东，刘矩.东北地方民族史证［M］.长春：吉林人民出版社，2005.

［62］金汕.当代北京语言史话［M］.北京：当代中国出版社，2008.

［63］金受申.北京的传说［M］.北京：北京出版社，2003.

［64］金受申.老北京的生活［M］.北京：北京出版社，1989.

［65］柯玲编著.中国民俗文化［M］.北京：北京大学出社，2011.

［66］柯小卫.当代北京餐饮史话［M］.北京：当代中国出版社，2009.

［67］孔清溪，陈宗楠，朱斌杰.品牌重塑：老字号品牌突围路径与传播策略［M］.北京：中国市场出版社，2012.

［68］蓝玉崧.中国古代音乐史［M］.北京：中央音乐学院出版社，2006.

［69］李宝臣主编.北京风俗史［M］.北京：人民出版社，2008.

［70］李志强.中国北方俚曲俗情［M］.天津：天津人民出版社，1992.

［71］刘宝明，戴明超.当代北京商号史话［M］.北京：当代中国出版社，2012.

［72］刘复，李家瑞编.宋元以来俗字谱［M］.北京：文字改革出版社，1957.

［73］刘辉.认同理论［M］.北京：知识产权出版社，2017.

［74］刘鹏编著.北京老照片的故事［M］.北京：中国华侨出版社，2014.

［75］刘秋霖等编著.老北京的传说［招牌·招幌·市井］［M］.北京：中国文联出版社，2006.

［76］刘荣德，李殿明.冀东民歌研究［M］.北京：人民音乐出版社，2000.

［77］刘锡诚等主编.花与花神［M］.北京：学苑出版社，1994.

［78］刘延武编著.老北京方言俗语趣味词典［M］.北京：群众出版社，2015.

［79］刘仲华主编.朝阜历史文化带研究［M］.北京：知识产权出版社，2013.

［80］孟子厚，安翔，丁雪.声景生态的史料方法与北京的声音［M］.北京：中国传媒大学出版社，2011.

［81］暮鼓.老北京人的陈年往事［M］.北京：文化艺术出版社，2012.

［82］彭林.中国古代礼仪文明［M］.北京：中华书局，2004.1.

［83］彭南生.中国近代商人团体与经济社会变迁［M］.武汉：华中师范大学出版社，2013.

[84] 齐大芝, 任安泰. 北京近代商业的变迁 [M]. 北京: 首都经济贸易大学出版社, 2014.

[85] 齐大芝, 任安泰. 北京商业纪事 [M]. 北京: 北京出版社, 2000.

[86] 齐心编著. 中国庙会 [M]. 沈阳: 辽宁人民出版社, 2014.

[87] 钱茸. 探寻音符之外的乡韵 [M]. 北京: 中国青年出版社, 2019.

[88] 乔建中编著. 中国经典民歌鉴赏指南（上、下）[M]. 上海: 上海音乐出版社, 2002.

[89] 曲小月编著. 老北京皇都风貌 [M]. 北京: 北京燕山出版社, 2008.

[90] 曲小月编著. 老北京皇都风貌 [M]. 北京: 北京燕山出版社, 2008.

[91] 曲彦斌. 中国招幌与招徕市声——传统广告艺术史略 [M]. 沈阳: 辽宁人民出版社, 2000.

[92] 尚秉和著; 母庚才, 刘瑞玲点校. 历代社会风俗事物考 [M]. 北京: 中国书店, 2001.

[93] 邵晓峰. 中华图像文化史·宋代卷（上）[M]. 北京: 中国摄影出版社, 2016.

[94] 舒志钢. 古都商事 [M]. 北京: 机械工业出版社, 2011.

[95] 宋镇豪. 夏商社会生活史（上）[M]. 北京: 中国社会科学出版社, 1994.9（2005.10）

[96] 隋少甫, 王作楫. 京都香会话春秋 [M]. 北京: 北京燕山出版社, 2004.

[97] 孙进己, 等. 女真史 [M]. 长春: 吉林文史出版社, 1987.

[98] 唐文跃. 旅游地地方感研究 [M]. 北京: 社会科学文献出版社, 2013.

[99] 童书业. 中国手工业商业发展史 [M]. 北京: 中华书局, 2005.

[100] 王彬, 徐秀珊. 北京街巷图志 [M]. 北京: 作家出版社, 2004.

[101] 王秉愚. 老北京风俗词典. 北京: 中国青年出版社, 2009.

[102] 王彩梅. 燕国简史 [M]. 北京: 紫禁城出版社, 2001.

[103] 王成荣, 李诚, 王玉军. 老字号品牌价值 [M]. 北京: 中国经济出版社, 2012.

［104］王和平.津声津世，就是这么哏 流逝在时间里的市井吆喝［M］.北京：清华大学出版社，2015.

［105］王静，许小牙.中国民间商贸习俗［M］.成都：四川人民出版社，2009.

［106］王娟编著.民俗学概论［M］.北京：北京大学出版社，（2002.9）2008.

［107］王瑞年编著.京城琐谈——街巷·戏院［M］.北京：北京图书馆出版社，1998.

［108］王卫民.戏曲史话［M］.北京：社会科学文献出版社，2011.

［109］王文宝编著.吆喝与招幌［M］.上海：同心出版社，2002.

［110］王忆萍，文彦，张元立.中华老字号的故事［M］.济南：山东画报出版社，2012.

［111］王永斌.北京的商业街和老字号［M］.北京：北京燕山出版社，1999.

［112］王子光，王薇编著.老北京方言土语［M］.北京：北京燕山出版社，2008.

［113］王作楫.说年道节［M］.北京：中国旅游出版社，2011.

［114］王作楫.中国行业祖师爷［M］.北京：中国文史出版社，2007.

［115］翁敏华.古剧民俗论［M］.上海：上海古籍出版社，2012.

［116］乌丙安.民俗学原理［M］.长春：长春出版社，2014.

［117］乌丙安.中国民俗学［M］.沈阳：辽宁大学出版社，1985.

［118］吴国富主编.文化认同与发展［M］.北京：民族出版社，2011.

［119］吴剑.何日君再来——流行歌曲沧桑史话［M］.哈尔滨：北方文艺出版社，2010.

［120］吴剑编.民国流行歌曲［M］.北京：中国文化史出版社，2016.

［121］吴效群.妙峰山：北京民间社会的历史变迁［M］.北京：人民出版社，2006.

［122］吴熊和，萧瑞峰编选．唐宋词精选［M］．南京：江苏古籍出版社，2002.

［123］萧乾．北京城杂忆［M］．北京：生活·读书·新知三联书店，2014.

［124］谢国康．曲牌大全［M］．广州：中山大学出版社，2018.

［125］杨海军．中国古代商业广告史［M］．开封：河南大学出版社，2005.

［126］杨军，宁波，关润华编著．东北亚古代民族史［M］．北京：中国社会科学出版社，2014.

［127］杨良志编．寻味老北京［M］．北京：北京出版社，2017.

［128］杨米人，等．清代北京竹枝词（十三种）［M］．北京：北京古籍出版社，1982.

［129］杨铭华，焦碧兰，孟庆如．当代北京菜篮子史话［M］．北京：当代中国出版社，2008.

［130］杨荫深编著．事物掌故丛谈［M］．上海：上海书店出版社，1986.

［131］伊永文．行走在宋代的城市 宋代城市风情图记［M］．北京：中华书局，2005.

［132］殷登国．中国的花神与节气［M］．天津：百花文艺出版社，2008.

［133］尹庆民，高洪力主编．北京老字号企业文化创新与建设［M］．北京：中国时代经济出版社，2013.

［134］于德源，富丽．北京城市发展史-先秦·辽金卷［M］．北京：北京燕山出版社，2008.

［135］于敏中等编．日下旧文考［M］．北京：北京古籍出版社，1985.

［136］于永昌，于飞江．什刹海的老字号和特色店［M］．北京：当代中国出版社，2007.

［137］袁家骅．汉语方言概要（第二版）［M］．北京：文字改革出版社，1989.

［138］臧一冰编著．中国音乐史［M］．武汉：武汉测绘科技大学出版社，1999.

[139] 张勃. 明代岁时民俗文献研究 [M]. 北京：商务印书馆. 2011.

[140] 张博泉. 金代经济史略 [M]. 沈阳：辽宁人民出版社，1981.

[141] 张海洋. 中国多元文化与中国人的认同 [M]. 北京：民族出版社，2006.

[142] 张卉妍编著. 老北京趣味传说 [M]. 北京：中国华侨出版社，2013.

[143] 张惠英. 音韵史话 [M]. 北京：社会科学文献出版社，2011.

[144] 张军，等. 中国地方志民俗资料汇编（华北卷）[M]. 北京：北京图书馆出版社，1997.

[145] 张青仁编著. 幡鼓齐动进香来. 老北京的香会 [M]. 郑州：中州古籍出版社，2015.

[146] 张清常. 北京街巷名称史话（修订本）[M]. 北京：北京语言大学出版社，2004.

[147] 张善培. 老北京的记忆 [M]. 北京：社会科学文献出版社，2012.

[148] 张世方. 北京官话语音研究 [M]. 北京：北京语言大学出版社，2010.

[149] 张铁元主编. 老北京风味小吃 [M]. 北京：化学工业出版社，2010.

[150] 张秀艳，王燕琦. 当代北京说唱史话 [M]. 北京：当代中国出版社，2009.

[151] 张玄. 论叫卖调的艺术存续 [M]. 北京：文化艺术出版社，2019.

[152] 张永，徐振宇，郭崇义. 北京特色商业研究 [M]. 北京：企业管理出版社，2014.

[153] 赵书. 踏歌寻典 [M]. 北京：文物出版社，2003.

[154] 赵兴华编著. 老北京庙会 [M]. 北京：中国城市出版社，1999.

[155] 郑晓云. 文化认同论 [M]. 北京：中国社会科学出版社，1992.

[156] 中国古都学会编. 中国古都研究（第三辑）[M]. 杭州：浙江人民出版社，1987.

［157］中国民主建国会北京市委员会，等编，北京市工商业联合会．北京工商史话．第 1 辑［M］．北京：中国商业出版社，1987．

［158］中国民主建国会北京市委员会，等编．北京工商史话．第 2 辑［M］．北京：中国商业出版社，1987．

［159］中国民主建国会北京市委员会，等编．北京工商史话．第 3 辑［M］．北京：中国商业出版社，1988．

［160］中国农业博物馆编．二十四节气农谚大全［M］．北京：中国农业出版社，2016．

［161］周朝琪，等．品牌文化意蕴——哲学理念与表现［M］．北京：经济管理出版社，2002．

［162］周果．当代北京广告史话［M］．北京：当代中国出版社，2011．

［163］周家望．老北京的吃喝［M］．北京：北京燕山出版社，2007．

［164］周建设主编．一岁货声 孺子歌图［M］．北京：首都师范大学出版社，2015．

［165］周武忠主编，周武忠，陈筱燕．花与中国文化［M］．北京：中国农业出版社，1999．

［166］周小翔，等．贾道燕蕴——古都北京的商业文化［M］．北京：中华书局，2015．

期　刊

［1］陈浩然．西方文论关键词：地方［J］．外国文学，2017（5）：98-108．

［2］崔春华．中国古代城市的起源和发展的特点［J］．社会科学辑刊，1987（6）：34-39．

［3］董恺忱．试论月令体裁的中国农书［J］．北京农业大学学报，1982（1）：83-93．

［4］范金民．明代地域商帮的兴起［J］．中国经济史研究，2006（3）：93-103．

［5］高介华．祝融之虚——中国始有（造市）"市"探源［J］．华中建筑，2007（11）：176-179．

[6] 金受申.旧京货郎[J].立言画刊,1942（202）:15-16,1942（205）:11-12.

[7] 刘苏.段义孚《恋地情结》理念论思想探析[J].人文地理,2017（3）:4-52.

[8] 刘云,王金花.清末民初京味儿小说家蔡友梅生平及著作考述[J].北京社会科学.2011（4）:70-75.

[9] 鲁西奇,马剑.城墙内的城市?——中国古代治所城市形态的再认识[J].中国社会经济史研究,2009（2）:7-16.

[10] 马谐,杨玉芳,陶云,曹阳.音乐文化经验对音乐情绪加工的影响[J].科学通报,2017（20）,2287-2300.

[11] 穆昭阳.学科建设视域下的民俗学教学与民俗教育[J].赣南师范大学学报,2017（4）:51-56.

[12] 彭学龙.商标法基本范畴的心理学分析[J].法学研究,2008（2）:40-54.

[13] 平安俊,刘冠民,彭凯平.音乐对希望感的影响[J].心理学探新,2018（3）:254-259.

[14] 汤勤福.《月令》祛疑——兼论政令、农书分离趋势[J].学术月刊,2016（10）:131-152.

[15] 童书业.魏晋南北朝时期的手工业与商业（上）[J].文史哲,1958（5）:28-35.

[16] 王爱平,陈叔,舒华.不同文章难度条件下文化特征类型熟悉度对阅读理解的影响[J].心理学探新,2005（3）:28-32.

[17] 王健青.先秦、西汉商业发展探微[J].商洛师范专科学校学报,2002（9）:22-24.

[18] 席永杰,滕海键.夏家店下层文化研究述论[J].赤峰学院学报（汉文哲学社会科学版）,2011（4）,6-9.

[19] 向玉兰.论声音商标的可注册性[J].暨南学报（哲学社会科学版）,2007（4）:22-26.

［20］徐苹芳.元大都在中国古代都城史上的地位——纪念元大都建城720年［J］.北京社会科学，1988（1）：52-53.

［21］杨民康.中国传统音乐分类发的方法论转型及文化认同特征艺术探索，2018（5）：137-144.

［22］袁静芳.佛曲《频伽音》（【叫街声】）研究［J］.星海音乐学院学报，2017（3）：5-18.

［23］袁一丹.声音的风景——北平"笼城"前后［J］.北京社会科学，2012（6）：86-94.

［24］张本一.宋元都市叫卖声与曲乐的艺术生成［J］.民族艺术研究，2009（2）：4-8.

［25］张思文，李忠娴.我国古代对豌豆特征特性的观察及栽培利用［J］.农业考古，1984（4）：184-188.

［26］赵书峰.族群边界与乐认同——冀北丰宁满族"吵子会"音乐的人类学阐释［J］.中央音乐学院学报，2017（2）：41-46.

［27］钟敬文.民众生活模式和民众教育——一个粗略的序言［J］.民众教育月刊，1937（5）：1-4.

［28］周尚意，成志芬.关于"乡愁"的空间道德和地方道德评价［J］.人文地理，2015（6）：1-6.

［29］朱则平.民间音乐在教学中的运用［J］.中国音乐教育，1989（5）：9-11.

［30］九年辛苦不寻常 京腔京韵翰墨香——记首都师范大学"珍稀老北京话文献"整理团队［EB/OL］.（2016-02-21）[2020-08-10]. https://www.cnu.edu.cn/jdxw/mtsj/80481.htm.

［31］宋德金.金中都的历史地位——记念北京建都80周年［EB/OL］.（2003-11-11）[2020-11-12]. https://news.sina.com.cn/c/2003-11-11/12001096365s.shtml.

光 盘

［1］陈树林．老北京叫卖调［CD］．人民音乐出版社，2010．

［2］何静出品．北京童谣［4CD+2DVD］．中国唱片深圳公司出版，2002．

［3］孟雅男．老北京叫卖调经典唱段选集［CD］．中国唱片深圳公司出品，2016．

［4］孟子厚，安翔，丁雪．声景生态的史料方法与北京的声音［CD］．中国传媒大学出版社，2011．

［5］王文宝编著．吆喝与招幌［CD］．同心出版社，2002．

［6］臧鸿．老北京吆喝［CD］专辑．香港千思唱片，北京千思文化，中国科学文化音像出版社，2003．

［7］张振元．张振元叫卖原生态—京城叫卖拾忆［CD］．北京市民间艺术家协会录制，2010．

外文参考文献

［1］Areni, C. S. & Kim, D. （1993）. The influence of background music on shopping behavior: classical versus top-forty music in a wine store. Advances in Consumer Research, 20, 336-340.

［2］Barrett, F. S., Grimm, K. J., Robins, R. W., Wildschut, T. Sedikides, C., & Janata, P. （2010）. Music-Evoked Nostalgia: Affect, Memory, and Personality. Emotion, 10（3）, 390-403.

［3］Besson, M., Faita, F., Peretz, I., Bonnel, A. M., & Requin, J. （1998）. Singing in the Brain: Independence of Lyrics and Tunes. Psychological Science, 9（6）, 494-498.

［4］Beukeboom, C.J., Vermeulen, I., Boot, L., Utz, S. & Das, E.A. （2010, June）. Music and wine online: Background music increases congruent online wine sales. Paper presented at the 60th Annual ICA Conference, Singapore.

[5] Bigand, E., Tillmann, B., Poulin, B., D'Adamo, D. A., & Madurell, F.（2001）. The effect of harmonic context on phoneme monitoring in vocal music. Cognition, 81（1）, B11-20.

[6] Blais-Rochette, C., & Miranda, D.（2016）. Music-evoked autobiographical memories, emotion regulation, time perspective, and mental health. Musicae Scientiae, 20（1）, 26–52.

[7] Bonnel, A.-M., Faita, F., Peretz, I., & Besson, M.（2001）. Divided attention between lyrics and tunes of operatic songs: Evidence for independent processing. Perception & Psychophysics, 63（7）, 1201-1213.

[8] Chartrand, T. L., & Bargh, J. A.（1999）. The Chameleon Effect: The Perception Behavior Link and Social Interaction. Journal of Personality and Social Psychology, 76, 893-910.

[9] Chen-Hafteck, L.（1996）. Effects of the Pitch Relationship between Text and Melody in Cantonese Songs on Young Children's Singing. Unpublished doctoral dissertation, University of Reading, U.K.

[10] Chen-Hafteck, L.（1997）. Languages and Singing Styles of Children. Proceedings of the Third Triennial ESCOM Conference（pp. 418-423）, Uppsala, Sweden.

[11] Chen-Hafteck, L., Van Niekerk, C., Lebaka, E., & Masuelele, P.（1999）. Effects of Language Characteristics on Children's Singing Pitch: Some Observations on Sotho- and English-Speaking Children's Singing. Bulletin of the Council for Research in Music Education, 141, 26-31.

[12] Davis, K. L., Panksepp, J., & Normansell, L.（2003）. The Affective Neuroscience Personality Scales: Normative data and implications. Neuropsychoanalysis, 5, 57–69.

［13］Dupoux, E., Peperkamp, S., & Sebastián-Gallés, N. (2001). A Robust Method to Study Stress "Deafness." Journal of the Acoustical Society of America, 110, 1606-1618.

［14］Fernald, A. (1985). Four-month-olds Prefer to Listen to Motherese. Infant Behavior and Development, 8, 181-195.

［15］Fraile, E., Bernon, D., Rouch, I., Pongan, E., Tillmann, B., & Lévêque, Y. (2019). The Effect of Learning an Individualized Song on Autobiographical Memory Recall in Individuals with Alzheimer's Disease: A Pilot Study. Journal of Clinical and Experimental Neuropsychology, 41 (7), 760–768.

［16］Fujita, F. (1990). The Intermediate Performance between Talking and Singing - From an Observational Study of Japanese Children's Music Activities in Nursery Schools. In J. Dobbs (ed.), Music education: facing the future (pp. 140-146). Christchurch, NZ: ISME.

［17］Iversen, J.R., Patel, A.D., & Ohgushi, K. (2006). How the Mother Tongue Influences the Musical Ear. 4th ASA/ASJ Joint Meeting Proceeding.

［18］Jackson, D. (2003).Sonic Branding.London: Palgrave Macmillan UK.

［19］Janata, P. J. (2009). The Neural Architecture of Music-Evoked Autobiographical Memories. Cerebral Cortex, 19 (11), 2579–2594.

［20］Janata, P. J., Tomic, S. T., & Rakowski, S. K. (2007). Characterization of music-evoked autobiographical memories. Memory, 15, 845–860.

［21］Jensen, K., L. (2001). The Effects of Selected Classical Music on Self-disclosure. Journal of Music Therapy. 38: 2-27.

［22］Juslin, P. N., Liljestrom, S., Vastfjall, D., Barradas, G., & Silva, A. (2008). An Experience Sampling Study of Emotional Reactions to Music: Listener, Music, and Situation. Emotion, 8, 668–683.

[23] Kilgour, A.R., Jakobson, L.S. & Cuddy, L.L.（2000）.Music Training and Rate of Presentation as Mediators of Text and Song Recall. Memory & Cognition, 28, 700-710.

[24] Koelsch, S., Kasper, E., Sammler, D., Schulze, K., Gunter, T., & Friedrich A.D.（2004）. Music, Language and Meaning: Brain Signatures of Semantic Processing. Nature Neuroscience, 7（3）, 302-307.

[25] Leboe, J. P., & Ansons, T. L.（2006）. On Misattributing Good Remembering to a Happy Past: An Investigation into the Cognitive Roots of Nostalgia. Emotion, 6, 596–610.

[26] Lindstrom, M.（2010）. Brand Sense: Sensory Secrets Behind the Stuff We Buy. Manhattan, New York CIty: Simon and Schuster.

[27] North, A. C., Hargreaves, D. J.（1997）. Liking for Musical Styles. Musicae Scientiae, 1, 109–128.

[28] North, A.C., Hargreaves, D. J., & McKendrick, J.（1997）. In-store Music Affects Product Choice. Nature, 390（6656）, 132.

[29] North, A.C., Tarrant, M., & Hargreaves, D.J.（2004）. The Effect of Music on Helping Behavior: A Field Study. Enviroment and Behavior, 36（2）, 266-275.

[30] Peretz, Gosselin, Belin, Zatorre, Plailly, Tillmann（2009）. Music Lexical Networks: The Cortical Organizaion of Music Recognition. The Neurosciences and Music III - Disorders and Plasticity: Annals of the New York Academy of Sciences, 1169, 256-265.

[31] Poulin-Charronnat, B., Bigand, E., Madurell, F., & Peereman, R.（2005）. Musical structure modulates semantic priming in vocal music. Cognition, 94（3）, B67-78.

[32] Sachs, M. E., Damasio, A., & Habibi, A.（2015）. The Pleasures of

Sad Music: A Systematic Review. Frontiers in Human Neuroscience, 9, Article 404.

[33] Schön, D., Gordon, R.L., Besson, M. (2005). Musical and Linguistic Processing in Song Perception. Annals New York Academy of Sciences, 1060, 71-81.

[34] Schubert, E. (1996). Enjoyment of Negative Emotions in Music: An Associative Network Explanation. Psychology of Music, 24(1), 18-28.

[35] Sedikides, C., Wildschut, T., Arndt, J., & Routledge, C. (2008). Nostalgia past, present, and future. Current Directions in Psychological Science, 17, 304–307.

[36] Stokes, M. (1994). Ethnicity, Identity and Music: The Musical Construction of Place. Oxford: Berg Publisher.

[37] Thiessen, E.D., & Saffran, J.R. (2009). How the Melody Facilitates the Message and Vice versa in Infant Learning and Memory. The neurosciences and music III - Disorders and Plasticity, Annal of the New York Academy of Sciences. 1169, 225-233.

[38] Thompson, W. F. Cross-cultural Similarities and Differences (Music and Emotion). In: Juslin P N, Sloboda J A, eds. Handbook of Music and Emotion: Theory, Research. Oxford: Oxford University Press, 2010.

[39] White, L.S. & Mattys, S.L. (2007). Rhythmic Typology and Variation in First and Second Languages. In: P. Prieto, J. Mascaró, & J.-J, Solé (Eds)., Segmental and Prosodic Issues in Romance Phonology, 237-357. Current Issues in Linguistic Theory Series. Amsterdam: John Benjamins.

[40] Wildschut, T., Sedikides, C., Arndt, J., & Routledge, C. (2006). Nostalgia: Content, triggers, functions. Journal of Personality and Social Psychology, 91, 975–993.

[41] Zentner, M., Grandjean, D., & Scherer, K. R. (2008). Emotions Evoked by the Sound of Music: Characterization, Classification, and Measurement. Emotion, 8, 494–521.

后 记

　　这一课题历时几年时间,是在一个个繁忙的学期和假期中穿插进行的。民间音调与民俗相结合研究是个新课题,也是跨学科的新尝试。几年来,在做课题期间查阅了大量资料,对北京历史、城市发展、商业发展有了更细致的了解,也走访了京津冀的多个村镇,参加民间庙会,与当地民间艺人交流,从中了解到许多民俗风情信息,许多是书本上不曾涉及的,对深刻理解北京民歌内涵有很大帮助,为完成课题奠定了较为重要的基础。课题中的调研报告和阶段性成果分别在国内外学术会议上报告:国际音乐认知与感知大会、亚太音乐认知科学大会、国际音乐学大会、东亚音乐学大会、全国音乐心理学大会、中国民俗学会年会、中国传统音乐学会年会等。科研教学相长,研究资料不仅用于课题中,也用于授课。我在学校搭配的通识课"音乐与文化",讲民歌时也会把自己的采风和查阅的资料在课堂上分享,希望学生也能认识到民歌不仅仅是歌,更是民间生活的凝练和民俗文化的传承。

　　准备提交结题材料时,头脑中把研究过程的点点滴滴回想一番,在此感谢对我的课题有帮助的老师、学友、朋友和家人等。在中国音协音乐心理学学会创建之初,学会的老前辈罗小平教授就一直强调"立足本土",当时没能完全理解,但一直记在心上;罗老师也一直关心我的成长,关注我的研究。在读了大量音乐心理学文献之后,我大概能够理解罗老师"立足本土"的深意,西方的音乐心理学研究主要基于西方音乐文化和西方的听者,而我国的音乐文化不同于西方音乐文化,听者的听赏过程不得而知,这与文化传统、民族认同都有密切联系。①研究中国人音乐认知始于我的博士学位论文，在导师 W. Auhagen 教授的鼓励和指导下完成了博士学位论文。在汉堡声音公司的实习也进一步拓宽了视野，这是可以把音乐心理学的基础研究用于实践的领域。回国后，我所在德国大学音乐学院的民族音乐学 Schwoerer-Kohl 教授带我走进广西多处乡村进行铜鼓的田野采风。在这个过程中初步了解了民间田野调查的各个方面，认识到书本知识与民族音乐、民俗风情还是有所不同的。这些阅历都为这个课题做好了铺垫。

　　课题早期，请教过李西安教授腔词关系。他早在1982年就写过《汉语声调与汉族旋律》，他认真讲解词和曲的关系，使我很受益。张鸿懿教授称我"老小知己"，引导我学音乐治疗学，指导我的文章。虽然他们已经离去，但他们的教诲永记心里，我永远缅怀我的好知己。尊敬的师长张前先生，多年来对我寄予厚望，在很多学术会议上都有先生的身影，他的以身作则和学术精神印在我心里，他一直期盼我做出成绩，在此感谢先生的教诲和殷切的期望！感谢谢嘉幸教授对本课题的大力支持，他为我引荐陈树林老师。感谢陈树林老师把我带入北京民歌的世界，去北京多地村镇采风，了解到民间还保留着那么多鲜活的音乐形式。陈树林老师对北京民歌的热爱深深地感染了我，我也希望能从音乐心理学的角度去研究民间音乐文化对人们心理的影响，并尽我所能把北京民歌传承下去。感谢文博学院祖京强老师多次带我赴河北、天津多地民间实地调研采风，了解当地民间音乐和风俗习惯。感谢邢台内丘李恒坤老师几次带我赴当地民间调研采访，感受古代名医扁鹊家乡的民俗音乐与民风。感谢系主任郑莉教授带我们赴少数民族地区民间实地采访，学到看到不同的民风和民间音乐！我校心理学院张力副教授。是我心理学本科老师，为我提供了不少跨文化心理学的研究，非常感谢张老师的多多鼓励和帮助。感谢深圳大学的何昊老师，在课题研究中讨论多次，也给予了很多好的建议，并合作提交文章参加会议。还要感谢我校图书馆钟宇副研究员不辞辛苦帮我

---

① 罗小平. 从转型走向整合——中国音乐心理学在新世纪的发展趋势. 黄钟（武汉音乐学院学报），2001（1）：19–20.

后 记

查询过去众多老电影中的叫卖声片段。感谢王老师为我全书审阅校对。还要感谢给予帮助的赵玉闪老师、韩梅老师、慈艳老师。感谢周世斌教授对我的关心和鼓励。周老师是我研究生的导师，现在想来已经相识有二十年，是他把我领进了音乐心理学的大门，亦师亦友，留学期间一直关心我的学业，鼓励并帮助我克服学业和生活上的难关。我院冯兰芳副教授是我的辅修班导师，是跨学科研究的先导者，并做出突出成绩，她一直鼓励我进行跨学科的研究，得知我的课题获得教育部批准很高兴，她像一直在身边的好朋友一直关注，也给予许多支持和建议，在此对帮助过我的所有老师和朋友们一并感谢！

还要感谢我的爸爸妈妈，感谢他们一直无微不至的照顾、陪伴和支持。多次开会或采风都是爸爸接送，回来与我讨论新的收获和心得；爸爸是个北京通且记忆超好，是家里的"活字典"，我们永远问不倒他，他带我走访了很多老北京的地方，是我的好旅友好导游。与我一起回德国参加我的博士毕业典礼，这是他最高兴的。爸爸要求我完成学业必须回国为国家建设尽力，我按期回国工作没有辜负他的期待。妈妈对我的学业一直都很严格，鼓励我多参加国内外的学术会议，多了解学术前沿信息，常对写作方面提出一些意见和建议。他们也会把平时看到的相关信息、新闻分享给我。有时也会一起讨论问题，更深刻地认识现象。这本书献给我的爷爷和姥爷，他们是西南联大和西北联大的老大学生，无论做人、做学问都是我学习的榜样，发自内心的尊重和思念，也献给我的父母，对他们养育辛劳深表谢意。

鉴于时间和篇幅有限，书稿难免有不足之处，欢迎读者批评指正！

蒋 聪

2020 年 11 月于阜成门